Crète

© Giovanni Simeone/Sime

Aude Bracquemond, linguiste, voyage en Crète depuis plus de trente-cinq ans. Elle vous emmène dans le monde mythique de cette île bénie des dieux, nimbée du mystère des grandeurs minoennes. Vous cheminerez avec elle sur ses côtes découpées, découvrirez un port au fond d'une crique et de jolies plages, vous respirerez les parfums d'origan et de sauge sur les chemins muletiers menant aux gorges... Un pur bonheur !

sommaire

repères

itinéraires

bonnes adresses

pratique

focus

cartes et plans

préambule

Vous n'êtes jamais allés en Crète ?, ou alors il y a longtemps ? Vous aviez adoré votre premier voyage, mais voulez découvrir autre chose ? Alors que voir, à quel moment et surtout, comment ne pas passer à côté de l'essentiel ? Grâce à nos cartes, nos conseils, nos programmes et nos itinéraires, construire le voyage qui vous ressemble devient un jeu d'enfants !

Construire son voyage

Que voir ? Commencez par regarder la carte la ***Crète en un coup d'œil*** — sur les rabats avant et arrière de couverture — pour repérer les sites essentiels et les coups de cœur de notre auteur. Chaque zone encadrée (comme Heraklion et son département et sa région, en bleu) renvoie à un chapitre, repérable à son onglet de la même couleur. Exemple : Heraklion (encadré bleu sur la carte) correspond au chapitre 1, également repéré en bleu dans le guide.

Nos itinéraires. Nos conseils d'itinéraires sont tracés sur les cartes régionales et les plans de ville. Ils sont décrits en détails dans les pages qui suivent.

Consultez les bonnes adresses et les informations pratiques. L'ensemble des adresses (hôtels, restaurants, loisirs) est regroupé à la fin du guide et signalé par un onglet rose. Enfin, le chapitre « pratique » vous donne toutes les infos utiles pour préparer votre voyage et vous organiser sur place.

Bien gérer son temps

Comptez au minimum une semaine pour visiter la Crète.

Des programmes sur mesure. Nous vous proposons plusieurs circuits, dont « le grand classique », idéal pour une première visite *(p. 6)*.

Allez à l'essentiel. Les « Essentiels » *(p. 12)* signalent les sites à ne pas manquer lors de votre séjour. Nos pages « Si vous aimez... » *(p. 16)* vous permettent de construire votre séjour en fonction de vos goûts et envies du moment.

Prévoir son budget. Notre page « Budget » *(p. 274)* vous aide à anticiper vos dépenses sur place. Nous avons prévu trois options pour s'adapter aux bourses de chacun.

Se documenter

Formalités. Avant votre voyage, lisez nos pages « Pratique » *(p. 272)* pour tout savoir sur les passeports, visas et vaccins obligatoires.

Comprendre la Crète. Découvrez nos pages « Repères » *(p. 20)*, une mine d'informations sur le pays, ses traditions et sa population. ◆

© Patryk Kosmider/ Shutterstock

Symboles

- Office de tourisme
- Coup de cœur de l'auteur
- Bonne initiative : des adresses attentives à la préservation de la nature et des cultures
- Site, activité, adresse pour les enfants
- Randonnée
- Hébergement
- Restaurant, snack
- Café, bar
- Vie nocturne

Sites, monuments, musées, œuvres

- Intéressant ★
- Remarquable ★★
- Exceptionnel ★★★

La Crète orientale

HERAKLION - KNOSSOS - LASSITHI - AGIOS NIKOLAOS - KRISTA - PLAKA - SPINALONGA - GOURNIA - SITIA - MONI TOPLOU - VAÏ - KATA ZAKROS - IERAPETRA - HERAKLION

Durée : une semaine.

On aime surtout : le monastère de Moni Toplu, la vue sur la baie depuis Agios Nikolaos, l'île de Spinalonga.

Conseil : prévoyez vos visites des sites archéologiques plutôt en matinée, pour éviter la chaleur et l'affluence.

Jour 1 : **Heraklion**, découverte de la ville et de ses musées ; visite du site archéologique de **Knossos** ···> ***Itinéraires 1, 2 et 3***

Jour 2 : vous gagnez le plateau du **Lassithi** particulièrement bucolique avec ses moilins à voiles blanches et vous arrivez à **Agios Nikolaos**, un ancien port de pêche, charmant et animé (nuit). ···> ***Itinéraires 12 et 10***

Jour 3 : départ pour **Kritsa** et la remarquable église byzantine de la Panagia Kera ; déjeuner à **Plaka**, idéal point de départ pour l'île de **Spinalonga** où vous pourrez vous baigner et visiter une forteresse contruite au XVIIe s. par les Vénitiens. Le soir, gagnez **Agios Nikolaos** et profitez de la vue sur une des plus belles baies de l'île, le golfe de Mirabello (nuit). ···> ***Itinéraires 11 et 10***

Jour 4 : quittez Agios Nikolas, vers le sud et visitez les ruines de **Gournia**, **Sitia**, et l'est de l'île. Profitez des plages et d'une délicieuse douceur de vivre (nuit). ···> ***Itinéraires 11 et 14***

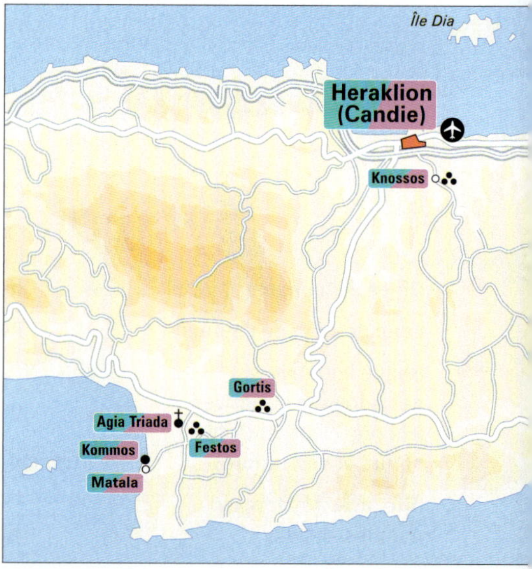

La Crète express

Si vous souhaitez profiter de la Crète le temps d'un week-end, voici un petit programme qui allie découverte de sites archéologiques, farniente sur la plage et église bizantine.

Jour 1 : visite du **Musée archéologique d'Heraklion** le matin et des ruines de **Knossos** l'après-midi. ⇢ ***Itinéraires 1 à 3***

Jour 2 : excursion à **Festos** et à **Agia Triada** (150 km aller-retour) pour découvrir plusieurs facettes de l'île en profitant de ses charmes bucoliques. À combiner avec la visite des sites voisins, les ruines de **Gortis** et **Kommos**, une magnifique plage, la crique de **Matala** et ses grottes, et les fresques de l'église byzantine **Agios Fanourios**. ⇢ ***Itinéraire 7***

Jour 3 : les sites de **Malia**, **Gournia** et **Kato Zakros** et la découverte de la Crète orientale avec **Agios Nikolaos** et **Sitia** ; une longue journée avec 400 km de route. ⇢ ***Itinéraires 11 et 13***

Si vous disposez de trois jours supplémentaires mais que vous vous ne voulez pas passer trop de temps dans les transports, découvrez notre programme « La Crète en réduisant les kilomètres », page suivante.

Retrouvez également nos programmes en Crète sur notre blog www.guide-evasion.fr

Jour 5 : consacrez votre journée à la découverte de l'extrème est de l'île : le vieux monastère de **Moni Toplou** ; **Vaï**, et sa plage de sable fin ; **Kato Zakros** ; son site archéologique et ses ... banareraies. Nuit à Sitia. ⇢ ***Itinéraire 14***

Jour 6 : découvrez la côte sud jusqu'à **Ierapetra**, et sa forteresse vénitienne avant de regagner **Agios Nikolaos** – voie express Malia/Heraklion ou par la route du centre, par Ano Vianos et Arkalohori, pittoresque mais plus longue – puis **Heraklion**.
⇢ ***Itinéraire 13***.

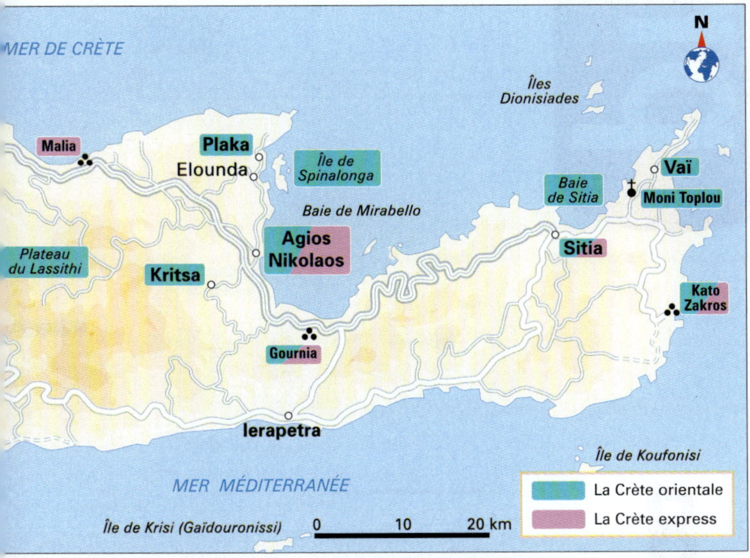

La Crète occidentale

HERAKLION - KNOSSOS - RETHIMNON - LA CANÉE - GORGES DE SAMARIA - AGIA ROUMELI - HORA SFAKION - PALEOHORA - PLAKIAS - FESTOS - AGIA TRIADA - MATALA - KOMMOS - HERAKLION

Durée : Une semaine

On aime surtout : La Canée et son port vénitien, la fraîcheyr du palais de Festos, les gorges de Samaria pour les sportifs, la plage de Paleohara.

Conseil : pensez à loger chez l'habitant, les offres sont nombreuses en Crète.

Jour 1 : **Heraklion**, decouverte de la ville et de ses musées ; visite du site archéologique de **Knossos**. ···› ***Itinéraires 1 à 3***

Jour 2 : départ pour **Rethimnon**, déjeuner dans la vieille ville ; **La Canée**, dîner sur le port (nuit). ···› ***Itinéraires 5 et 20***

Jour 3 : les sportifs se lanceront à la découvertes des somptueuses **gorges de Samaria** à pied ; les autres fileront directement profiter des joies de la plage : **Agia Roumeli/Hora Sfakion** en bateau. ···› ***Itinéraire 22***

Jour 4 : journée plage à **Plakias**, et découverte de la côte ; soirée à **Agia Galini**, dont les places et les ruelles sur le port s'animent en fin de journée. ···› ***Itinéraires 19 et 18***

Jour 5 : journée placée sous le signe de l'antiquité avec la visite de sites majeurs **Festos**, **Agia Triada** et **Kommos** (nuit dans la région de Matala). ···› ***Itinéraires 7***

Vivre la Crète en réduisant les kilomètres

Si vous n'avez pas envie de passer trop de temps dans votre voiture, concentrer vous sur le cœur de l'île.

Jour 1 : **Heraklion**, musée ; **Knossos** (nuit). ···> ***Itinéraires 1 à 3***

Jour 2 : **Mirtia**, le musée Kazantzakis ; **Arhanes**, le musée, le village, les sites archéologiques, le mont Ioukhtas au coucher du soleil et les vignobles (nuit à Heraklion). ···> ***Itinéraire 5***

Jour 3 : la plaine de la **Messara** en visitant les sites archéologiques de Gortis, Festos, Agia Triada et Kommos, et le Musée ethnologique de Vori ; plage à Matala ou à **Kommos** (nuit à Zaros). ···> ***Itinéraire 7***

Jour 4 : journée de grande randonnée : la **gorge de Rouvas** ou la **grotte de Kamares** pour les plus courageux ; **Moni Vrondisi** et l'église byzantine d'**Agios Fanourios** pour les petits marcheurs (nuit à Zaros). ···> ***Itinéraire 9***

Jour 5 : la **province d'Amari** ; soirée à **Rethimnon**. ···> ***Itinéraires 17 et 15***

Jour 6 : retour à Heraklion par la **route côtière** (profitez de la plage et déjeunez à Bali ou à Agia Pelagia) ou par la route de montagne (**village d'Anogia** et **mont Ida**). ···> ***Itinéraires 15, 4 et 1***

Jour 6 : visite de l'ancienne cité dorinene de **Gortis**, balade dans les vignes retour à Heraklion. ···> ***Itinéraire 7***

Variante : si vous circulez avec les transports en commun, reprenez le même programme pour les deux premiers jours et remplacer les jours 3 et 4 ainsi :

Jour 3 : de La Canée, gagnez **Paleohora**, plage, soirée (nuit). ···> ***Itinéraire 24***

Jour 4 : ferry pour **Agia Roumeli**, marche dans les **gorges de Samaria** ; ferry d'Agia Roumeli à **Hora Sfakion** (nuit). ···> ***Itinéraire 22***.

Une semaine en Crète avec des enfants

Heraklion - gorge de Karteros -Tombrouk - Water City Water Park, Anapolis - Cretaquarium Thalassokosmos - plages du sud - gorge de Rouvas - Rhetimnon

Durée : 8 jours.

Conseil : la Crète est une bonne destination pour voyager avec des enfants : belle nature pour courir, la mer jamais loin pour se baigner et des activités pour les distraire. Pas de problème dans les tavernes : ils sont bien accueillis et la cuisine crétoise est suffisamment diversifiée pour leur plaire (pas de menu enfant proposé en revanche). Ne prévoyez pas d'étapes trop longues, les routes peuvent être très sinueuses.

Jour 1 : Heraklion. Balade sur les remparts (à ne pas faire quand le soleil est au zénith) ; aire de jeux Porte Kenouria (sortie S de la ville). Le **musée d'Histoire naturelle de Crète** : la grotte mystérieuse, un dinosaure en pied, et des animaux vivants et empaillés. Goûter place Morosini avec une **bougatsa**, feuilleté plein de crème à la vanille.

Jour 2 : balade à l'est d'Heraklion, au bas de la **gorge de Karteros** (belle randonnée à effectuer jusqu'en haut, pour les plus âgés). Plage à **Tombrouk** et déjeuner dans l'une des tavernes de bord de mer. Les ados préfèreront sans doute passer la journée au centre aquatique **Water City Water Park** à Anapolis *(p. 223)*.

Jour 3 : le **Cretaquarium Thalassokosmos** pour plonger dans le monde magique et coloré de la mer (tout âge). Le **musée Lychnostasis**, près d'Hersonissos, pour goûter, en petit, à la Crète ; activités de plein air.

Jour 4-5 : excursions dans le Sud, sur les plages de la **Messara**, **Matala** et ses grottes. Petite randonnée (1 h de marche aller) dans la gorge d'**Agiofarango** jusqu'à une belle plage donnant sur la mer de Libye. Dans l'arrière-pays, au nord de la Messara, près du village de Zaros, déjeuner au bord du **lac Votomos** après une randonnée plus ou moins courte dans la **gorge de Rouvas**.

Jour 6 : Rethimnon. Balade dans la vieille ville : **musée de la Mer** (visite courte) et à proximité la maison du commandeur vénitien Clodio qui fabrique la pâte à **kadaïfi**, une patisserie au miel (en vente sur place ; idéal pour le goûter). Plage sur la grande promenade dans la ville, côté est. ◆

bonne initiative

En Crète, comme ailleurs, la protection de la nature est un sujet qui interpelle. Comment préserver ce joyau de nature en Méditerranée, au riche patrimoine, des convoitises mercantiles qui défigurent les paysages et appauvrissent les ressources naturelles? Comment limiter les dégâts déjà causés, souvent par ignorance: constructions sauvages qui choquent, notamment sur la côte N, égouts qui se déversent dans la mer, mer dynamitée par les pêcheurs, forêts dévastées par le feu?

Les enjeux

La Crète, île de paix et de soleil aux traditions ancestrales, attire des vacanciers de plus en plus nombreux, pas toujours respectueux de la vie locale. La Crète peut-elle perdre son âme? Les besoins en eau et en énergie augmentent avec une population touristique en hausse, mais aussi des cultures irriguées destinées au marché local et à l'exportation. Enfin on construit beaucoup avec le risque de défigurer des espaces harmonieux et les nouvelles routes sont souvent une menace pour la flore et la faune.

Les innovations

Les Crétois, avec l'aide de l'Europe, s'organisent. De gros efforts financiers sont faits pour favoriser la protection de la nature: collecte des ordures avec tri sélectif, propreté des plages, réglementations des constructions avec leur destruction en cas de transgression des lois. L'île se crée ses sources d'énergie en développant le solaire *(voir Gavdos p. 214)*, l'éolien *(voir Moni Toplou p. 146)* et le photovoltaïque *(voir Alikampos p. 203)*; elle se fait des réserves d'eau *(p. 23)*. De nombreux sites s'inscrivent dans le projet européen Natura 2000, créé pour la sauvegarde des espaces naturels et de la biodiversité.

Du côté du tourisme

Pour trouver un tourisme éthique et de qualité, respectueux des traditions, c'est souvent dans l'arrière-pays qu'il faut aller. L'habitat a du charme et s'intègre bien dans la nature; on y goûte aux produits locaux, bio. Une expérience de vie crétoise et à un prix raisonnable. Des associations ou agences proposent des programmes séduisants pour un tourisme responsable *(p. 278 et p. 282)*. Les initiatives se développent partout: Heraklion favorise les zones piétonnières, ouvre la voie aux bicyclettes; les gorges de Samaria *(p. 196)*, très protégées, sont un modèle, etc.

Pratique. Grâce au symbole ☘, retrouvez les adresses jugées respectueuses du développement durable. ◆

les essentiels

Knossos★★★

Knossos est le premier palais minoen découvert en Crète et le site archéologique le plus visité de l'île. Comme un mythe sorti de terre, ses ruines sont habitées par une histoire prestigieuse et mystérieuse. Le Minotaure n'est jamais loin dans ce dédale où l'on cherche un fil d'Ariane. Pour apprécier la richesse et le raffinement qui régnaient à Knossos au temps de Minos, visitez aussi le **Musée archéologique d'Heraklion** ···> *Itinéraire 3, p. 77.*

Heraklion★★

Avec son port, son aéroport, une économie dynamique, la capitale de l'île est, à première vue, peu harmonieuse. Elle cache pourtant des trésors dans son cœur historique : une forteresse vénitienne, une muraille, des fontaines, l'incontournable **Musée archéologique**, le très joli **Musée historique**... On se promène au marché et dans les rues piétonnières, on boit l'ouzo au **kafenion** ···> *Itinéraire 1 et 2, p. 62.*

♥ L'ouest de la Messara★★

Grenier à blé de la Crète, la Messara recèle des trésors. À **Gortis**, on se promène dans les vestiges romains et la basilique Saint-Tite. Depuis les ruines du palais minoen de **Festos**, le regard embrasse un paysage magnifique jusqu'à la mer et le mont Ida. On se baigne à **Matala**, au pied de falaises trouées de grottes, et à **Kommos**, près du site antique. Que des merveilles dans un périmètre d'une trentaine de kilomètres ! ···> *Itinéraire 7, p. 101.*

Le plateau du Lassithi★ et les ruines de Malia★★★

Tout proche de la mer et pourtant si loin des tumultes de la côte ! Des **ruines minoennes de Malia**, montez au village de Krassi, puis sur le plateau, espace bucolique. Peu de sites culturels, mais une belle nature qui donne envie de partir pour de longues marches. Un retour à la vie simple, où le fromage et les légumes ont du goût. ···> *Itinéraire 12, p. 126.*

Moni Toplou★★★

Ce monastère (XIIIe s.) fut construit dans une région aride qui ne semble fréquentée que par des moutons. On est frappé par l'élégance des formes et de la mosaïque qui couvre le sol. L'église abrite une peinture exceptionnelle de **Kornaros**. Toplou, c'est aussi une entreprise de produits naturels (vins, raki, miel, huile d'olive). Poursuivez par une étape à la taverne, une baignade sur la **plage de Vaï**, puis un saut au site de **Kato Zakros**. ···> *Itinéraire 14, p. 139.*

Mosaïque de Knossos

Heraklion

La baie de Matala

La région du Lassithi

les essentiels

Rethimnon★★

La vieille ville de Rethimnon possède un charme vénitien avec ses maisons aux porches sculptés, son petit port et sa forteresse. Les minarets apportent une touche ottomane à l'ensemble. La longue promenade le long de la mer invite à la baignade ou à la nonchalance. S'arrêter pour boire un petit ouzo ou un raki, manger une pâtisserie est une autre manière d'apprécier l'ambiance de cette jolie ville toujours animée. ··› *Itinéraire 15, p. 156.*

Moni Arkadi★★★

Lutter pour la liberté, mourir plutôt que de se rendre : par l'histoire qu'il évoque, ce monastère à l'élégante façade Renaissance cristallise toutes les aspirations et toute la fierté des Crétois. D'Arkadi, la route descend dans une des plus belles provinces de l'île, celle d'**Amari**, où la végétation est ponctuée de petites chapelles byzantines. On y fait de magnifiques randonnées au pied du mont Ida, en partant de Thronos ou de Fourfouras. ··› *Itinéraire 17, p. 168.*

♥ La Canée★★★ (Hania)

Son vieux port et ses arsenaux, ses ruelles qui débouchent sur d'élégants palais aux porches sculptés, ses joyaux de l'époque vénitienne, ses quartiers d'antan, juif ou ottoman, en font, selon certains, la plus belle ville de Crète. On musarde, on s'assoit dans un **kafenion** sur une place ombragée dominée par un minaret, on y court les boutiques ou les musées. Et une bonne taverne n'est jamais loin... ··› *Itinéraire 20, p. 184.*

Les gorges de Samaria★★★

Un spectacle saisissant : 18 km de randonnée dans une gorge des montagnes Blanches, la plus longue gorge d'Europe à parcourir à pied. Elle commence au plateau d'Omalos et plonge vers la mer de Libye (1200 m de dénivelé). Au-dessus de soi, des sommets impressionnants. Autour, la flore et les oiseaux. Après l'effort, le retour en bateau le long de la côte sud est un moment délicieux. ··› *Itinéraire 22, p. 196.*

♥ Elafonissi★★★

À 100 m de la côte, cette petite île est battue par les vents qui creusent des vaguelettes sur les dunes. On y trouve l'une des plus belles plages de Crète dans un lagon aux eaux bleu émeraude : le sable fin légèrement rosé et les dunes plissées par le vent ajoutent une touche délicate à un paysage naturel sauvage. Pattes de mouettes, plumets de fleurs blanches, tout invite à la rêverie. ··› *Itinéraire 24, p. 207.* ◆

Rethimnon

Moni Arkadi

La Canée

Les gorges de Samaria

si vous aimez

Les randonnées

Massifs montagneux, gorges impressionnantes, côtes hérissées de falaises et entaillées de criques attendent les randonneurs !

Messara : gorge de Rouvas *(p. 114)*, sentiers vers la **grotte de Kamares** *(p. 115)*, le **mont Psiloritis** et la **grotte de l'Ida** *(p. 164)*.

Agios Nikolaos : gorge de Kritsa *(p. 129)*, sentiers vers les **grottes de Pelekita** *(p. 148)*, **Peristeras** et **Oxo Latsidi** *(p. 144)*, **gorge des Morts** *(p. 149)*.

Rethimnon : la **gorge des Moulins** *(p. 170)*, celle **de Patsos** *(p. 171)*, la **province d'Amari** *(p. 171)*, **Thronos** et le **monastère d'Arkadi** *(p. 169)*, les alentours fleuris de **Spili** *(p. 174)*, la **gorge de Kourtaliotiko** *(p. 166)*, les pistes côtières depuis **Plakias** *(p. 179)*.

La Canée : les alentours de **Therisso** *(p. 194)*, les **gorges de Samaria** *(p. 196)*, **d'Imbros** *(p. 204)*, la côte **via Sougia**, le chemin vers **Koutsomatados** *(p. 211)*, **Lissos** et **Paleohora** *(p. 216)*.

La civilisation minoenne

Durant treize siècles, elle a imprimé sur la Méditerranée la spécificité crétoise. *Voir p. 44.*

Les palais : Knossos *(p. 77)*, **Malia** *(p. 98)*, **Festos** *(p. 104)*, **Kato Zakros** *(p. 149)*.

Les sites : Galatas *(p. 93)*, **Agia Triada** *(p. 106)*, **Kommos** *(p. 107)*, **Gournia** *(p. 125)*.

Les musées archéologiques : Heraklion *(p. 71)*, **La Canée** *(p. 190)*, **Kasteli Kissamos** *(p. 210)*.

L'inspiration byzantine

Parmi les sites les plus intéressants : l'église **Panagia de Lumbinies** à Fodele *(p. 86)*, **Agios Pandeleimon** *(p. 94)*, **Agios Fanourios** *(p. 115)*, **Panagia Kera** à Kritsa *(p. 127)*, **Agios Kir Ioanis** à Alikianos *(p. 195)*, de **Kiriakoselia** *(p. 201)*, **l'église byzantine** d'**Aradena** *(p. 205)*. **Musée historique et ethnographique** et **musée des Icônes** à Heraklion *(p. 73 et 76)*.

La spéléologie

On dénombre plus de 3 000 grottes. Des lieux mythiques, cultuels, habitations, refuges... souvent spectaculaires.

Heraklion : grotte de Kamares *(p. 115)*.

Lassithi : Milatos *(p. 130)*, **Trapezas** *(p. 131)*, la **grotte de Zeus** *(p. 132)*, **Peristeras** *(p. 144)*,.

Rethimnon : Melidoni *(p. 163)*, **Sfedoni** *(p. 163)*, **grotte de l'Ida** *(p. 165)*.

La Canée : la **grotte de Katoliko** *(p. 94)*.

Le mont Ida

Fresque minoenne à Knossos

La Panagia de Lumbinies

Au pied de la grotte de l'Ida

si vous aimez

Le farniente

Plages de sable au nord et criques au sud...

Sud: Matala et **Kommos** *(p. 107-108)*, **Red Beach** *(p. 109)*, **Palm Beach** et **Rodakino** *(p. 178 et 179)*.

Nord: Kolokitha *(p. 124)*, **Marathi** *(p. 194)*, **Malia** *(p. 98)*, **Georgioupoli** *(p. 202)*.

Est: Vaï *(p. 147)*, **Ambelos** *(p. 151)*.

Ouest: Balos *(p. 210)*.

Îles: Golden Beach (Krisi, *p. 135*) , **Koufonisi** *(p. 138)*, **Elafonissi** *(p. 212)*, **Sarakiniko** (Gavdos, *p. 214*).

Merveilleuses icônes

Inspirées de l'imagerie religieuse byzantine, elles ornent églises et monastères, copies fidèles, appliquées et naïves ou réalisations flamboyantes d'un art crétois dans toute sa maturité. *Voir p. 30.*

Le calme des monastères

En Crète, les monastères ont toujours associé la foi et la résistance à l'occupant, que ce dernier soit turc ou allemand.

Heraklion: Moni Savathianon *(p. 86)*, **Moni Gouverniotissas** *(p. 97)*, **Moni Vrondisi** *(p. 114)*.

Agios Nikolaos: Moni Faneromenis *(p. 125)*, **Moni Kapsa** *(p. 138)*, **Moni Toplou** *(p. 146)*.

Rethimnon: Moni Arkadi *(p. 169)* et **Preveli** *(p. 177)*.

La Canée: Moni Gonia *(p. 208)*.

Les plaisirs de la bouche

Le miel nourrit Zeus, l'huile de l'olivier fut offerte aux Grecs par Athéna, et le vin a pour divinité Dionysos. Bienvenue au pays des dieux! Les produits crétois sont en vente partout. *Voir p. 48.*

Les régions vinicoles: **Arhanes** *(p. 90)*, **Peza** *(p. 92)*, **Moni Ampezanon** *(p. 111)*, **Mouliana** *(p. 141)*.

Le dictame et le miel au **marché de la rue 1866** à Heraklion *(p. 224)*.

La **Fête du vin de Rethimnon**, en juillet *(voir p. 55)*.

Essences et espèces rares

Lauriers-roses et genêts fleurissent au printemps. Mais la garrigue est la plus odorante en été: origan, thym, romarin, sauge... sans oublier le basilic géant dont toute terrasse est ornée. Rares et protégés: les palmiers de la **forêt de Vaï** *(p. 147)*, les cèdres de **l'île de Krisi** *(p. 135)*, les tortues de **Kommos** *(p. 108)*, les chèvres sauvages, les oiseaux des **gorges d'Agia Irini** *(p. 217)* et **de Samaria** *(p. 197)*, la vie animale de la **grotte de Sfedoni** *(p. 163)*. ◆

La côte Ouest de La Canée
© Patrick Forget/Sagaphoto.com

Icône du Christ
© Musée Historique de Crète

Monastère de Preveli
© J. Huber/Sime/Photononstop

La région d'Arhanes
© Patrick De Wilde/Hoa Qui

repères
20

Les hommes aiment se retrouver pour discuter : au *kafenion* ou dans la rue. © Patrick Forget/Sagaphoto. com

Impressions de Crète

▲ La baie de Mirabello (*p. 123*) est l'une des plus belles baies de Crète. Un régal pour les yeux et un paradis pour les baigneurs.

Avec ses 12 à 56 km de largeur et 260 km de longueur seulement, la Crète est pourtant la plus grande des îles grecques, la cinquième en Méditerranée après la Sicile, la Sardaigne, Chypre et la Corse. Les paysages y sont d'une étonnante diversité. Ses 1 000 km de côtes n'y changent rien : la Crète est avant tout une région montagneuse dominée par de hauts massifs. À l'ouest, les montagnes Blanches (Lefka Ori) ; au centre, le mont Ida, dont le plus haut sommet, le Psiloritis, atteint 2 456 m, et, vers l'est, le mont Dicté puis les montagnes de Sitia. L'Afrique n'est pas loin (300 km au sud à vol d'oiseau), mais son influence n'est que tectonique: la Crète a subi les mouvements des plaques et, en se soulevant, s'est plissée, puis craquelée. Ainsi se sont creusés dans le Sud des canyons et des gorges, dont les plus célèbres sont celles de Samaria *(p. 196)*. Entre agriculture et tourisme, la Crète s'engage sur les chemins d'une économie moderne, l'agriculture restant toutefois prédominante. Les sources d'énergie traditionnelles sont insignifiantes, mais le soleil et le vent offrent de belles et nouvelles perspectives.

Le soleil, une énergie à l'étude

Outre l'industrie du tourisme qu'il favorise, le soleil est une source d'énergie inépuisable qu'il suffirait de contrôler pour que la Crète devienne riche. On a étudié l'énergie « soleil » sur l'île de Gavdos, loin des regards curieux *(p. 214)*. Le pari n'est pas gagné mais le nombre de villages autosuffisants qui produisent leur électricité par un système photovoltaïque est en augmentation. ◆

3 000 grottes à explorer

Dotée d'un sol calcaire à 97 %, la Crète a subi toutes les formes d'**érosion**. Elle est creusée de grottes, cavernes, passages souterrains: tout un monde tellurique qui passionne les géologues, les archéologues ou les spéléologues.

Des plaines fertiles

Dans ce relief tourmenté, il ne reste de fertile que les **plaines côtières**, plantées de cultures maraîchères et fruitières, la Messara au sud, l'unique grande plaine de l'île et de tout temps son grenier à blé, et quelques hauts plateaux (800 m d'altitude environ), comme le plateau du Lassithi, où poussent céréales et pommes de terre.

La forêt, belle mais rare

L'île était autrefois couverte de forêts de cyprès, de pins et de châtaigniers, déjà exploitées par les Minoens. Mais les arbres furent victimes de l'occupation turque: cherchant refuge dans les montagnes, les Crétois les ont coupés et brûlés pour survivre. L'élevage a ensuite contraint les propriétaires à agrandir les pâturages. Aujourd'hui, la situation inquiète: aucun grand projet pour replanter n'est amorcé et les nombreuses chèvres de l'île se régalent des tendres pousses des jeunes arbres.

Le feu, enfin, dans cette île brûlée par le soleil, est un ennemi implacable qui détruit tous les ans de vastes étendues.

Une agriculture en mutation

Malgré le relief accidenté et le sol pierreux, plus de 30 % des terres sont cultivés. On imagine le travail que cela exige: il faut aménager des terrasses et bien souvent irriguer les cultures, les sources étant très inégalement réparties entre l'Ouest, bien nanti et très vert, et l'Est, sec et désertique. L'**éolienne** *(p. 24)* permet de pomper l'eau là où se trouve une nappe phréatique. De grandes réserves d'eau voient le jour pour une meilleure irrigation: Faneromenis au nord de Mires, Bramiani au nord-ouest de Ierapata. L'amélioration souvent vitale du rendement est liée aux progrès de la mécanisation; les méthodes de travail, autrefois entièrement artisanales, se sont beaucoup transformées. Le petit paysan qui vivait en autarcie fait place à des entreprises de plus en plus importantes et ambitieuses.

La vigne et l'olivier

L'olivier et la vigne viennent en tête de la production agricole. Il y aurait sur l'île plus de **50 millions d'oliviers**. Quant aux vignes, elles couvrent toutes les régions vallonnées, surtout au sud d'Heraklion. Olives, huile, raisins de nature

Faune et flore

La flore sauvage, surtout au printemps, est d'une richesse inattendue. Quand le voyageur suit la côte entre Heraklion et Malia, il imagine la Crète dénudée. Fausse impression ! Les animaux sont peu variés. La Crète a toutefois une originalité : l'***agrimi***, ou ***kri-kri***, une chèvre sauvage très rare, qui n'existe plus que dans des régions protégées de l'Ouest ; elle est souvent représentée sur des vases et sceaux minoens. ◆

table et surtout raisins secs sont destinés à l'exportation. Le **vin**… on se le garde, même s'il s'exporte de mieux en mieux *(p. 50)*. Les serres, souvent en plastique, sont de plus en plus nombreuses dans les plaines côtières, où elles abritent **cultures maraîchères** et **fleurs** : concombres, tomates et bananes dans la région de Ierapetra ou à l'ouest de Paleohora, œillets et giroflées à l'est d'Heraklion. Quelques régions se sont spécialisées dans la culture de l'**orange** et du **citron** (La Canée, Fodele). Près de La Canée, on tente d'acclimater l'**avocat**. Une surprise : les **petits escargots gris** achetés surgelés en France proviennent de Crète, qui exporte aussi des **herbes** (sauge, camomille…), surtout pour la pharmacie, et des **caroubes**, utilisées pour nourrir le bétail, fabriquer Celluloïd et papier photo.

Meltem et sirocco

Au cours de l'été, le **meltem**, vent du nord parfois extrêmement violent, se lève sur le plateau anatolien et se dirige vers le sud par le détroit des Dardanelles. Il prend toute sa puissance au milieu des Cyclades (autour de Tinos et de Mykonos), canalisé par les montagnes de l'Épire et de Macédoine (à l'ouest) et par celles de Turquie (à l'est). Il n'est plus aussi fort quand il arrive en Crète… mais assez pour empêcher les petits bateaux de quitter le port et les touristes de se baigner.

Le meltem souffle à 35 km/h environ, de façon constante et pendant plusieurs jours, parfois plusieurs semaines. Il se lève le matin, forcit au cours de la journée et se calme le soir. Il lui arrive de s'emballer jusqu'à 90 km/h. Alors, la peau se dessèche et l'esprit s'affole… Mais en dehors de ses crises de violence, le meltem transforme en chaleur agréable ce qui sans lui ne serait que fournaise. De mai à août, le **sirocco**, ce vent très sec et très chaud venu du désert de Libye, se manifeste sur la côte sud, lorsque des basses pressions règnent sur la Méditerranée.

Le vent domestiqué

Les **moulins à vent** du plateau du Lassithi illustrent tous les livres consacrés à la Crète. Le vent faisait tourner les petites voiles blanches, permettant ainsi de puiser l'eau dans la nappe phréatique et d'irriguer les cultures. Les Vénitiens avaient déjà su exploiter cette énergie : les carcasses de ces moulins d'antan se détachent encore au sommet des cols et sur les crêtes.

Avec les progrès de la technique et l'apparition du moteur, le vent ne semblait plus présenter d'intérêt. Erreur ! Des **éoliennes** modernes au profil esthétique ont d'abord fleuri dans l'est de l'île, près de Toplou *(p. 146)*. Financées en grande partie par l'Union européenne, elles constituent un exploit technique : ce sont les plus grosses turbines d'Europe (hélices et turbines pèsent 37 t). Aujourd'hui, d'autres sites se développent sur les crêtes. Elles pourraient fournir jusqu'à 30 % de l'énergie consommée en Crète, une énergie propre qui réjouit les écologistes. ◆

© Patrick Forget/Sagaphoto.com

À rapporter...

Albâtre et onyx. Dans toutes les boutiques touristiques, on achète des objets taillés dans ces pierres : cendriers, vases, bougeoirs, etc.

Antiquités. N'achetez pas trop cher un objet dont la valeur vous semble incertaine. Quant aux **icônes**, ne soyez pas dupe : il n'y a plus que de bonnes imitations d'icônes anciennes (exportation contrôlée ; *voir Douanes, p. 275*).

Bijoux. Les Crétois sont experts dans l'art de reproduire les **bijoux de musée**. Pour ce faire, ils utilisent un procédé original : la granulation. Ils proposent également leurs propres créations.

Bois. Il est utilisé pour la sculpture et la fabrication d'**instruments de musique** comme la *lyra (p. 52)*, tout à fait crétoise, ou le luth. On trouve aussi divers ustensiles en **bois d'olivier** (saladiers, bols, couverts).

Broderie et tissage. Les femmes et les jeunes filles « crochètent », tricotent des ouvrages pour les trousseaux de mariage, mais aussi pour les boutiques des grandes villes. Grand choix de **vestes de laine**, **tapis**, **sacs** crochetés ou tissés, napperons, **nappes**, etc. C'est du beau travail, bien fait et pas cher. Attention aux nappes trop bon marché, elles viennent d'Asie.

Cuir. Le cuir est vendu à un prix intéressant : ceintures, sacs, porte-monnaie, pochettes, bottes, etc. Pour trouver les meilleurs prix, faites vos achats à **La Canée**, dans la rue du cuir (Skridlof, *p. 265*), ou à **Rethimnon** *(p. 253)*.

L'huile d'olive. Bio ou non, elle est d'excellente qualité et bien moins coûteuse qu'en France. On la trouve dans les supermarchés, à la coopérative de Sitia *(p. 244)* ou dans les boutiques de produits crétois.

Miel. Il est parfumé, riche de toutes les fleurs crétoises. À acheter au cours d'excursions chez les vrais Crétois.

Vins, raki *(tsikoudia)* et *retsina*. Les vins, rouges, blancs ou rosés, sont à acheter dans les chais de l'arrière-pays d'Heraklion *(p. 92)*, à Moni Toplou *(p. 29)* et à la coopérative de Sitia *(p. 244)*. Le résiné *(retsina)* de La Canée est à goûter. Le raki, l'alcool crétois par excellence, souvent présenté dans de jolies bouteilles, se trouve dans toute boutique de produits locaux.

Plus original. Le ***komboloï***, passe-temps crétois *(p. 27)*, est vendu à petit prix dans les kiosques. Vous trouverez la **couronne de mariage**, pain doré orné de motifs, sur les marchés d'Heraklion *(p. 224)* et de La Canée *(p. 265)* ; et les **herbes** et **aromates** (origan ou dictame, aux vertus vulnéraires et aphrodisiaques...) sur tous les marchés.

› *Voir aussi l'encadré Shopping p. 269.* ◆

Crétois, Crétoises, image et réalité

▲ En Crète, pas de route sans chapelle commémorative.

Si, au gré de vos rencontres, vous ne voyez que des gens habillés à l'occidentale, n'en déduisez pas trop vite que la Crète perd ses « traditions ». Le Crétois a la réputation d'être rieur, pieux, fidèle en amitié et proche de sa famille. Une image séduisante et romanesque, qui n'a pas encore été démentie…

Portrait de Crétois

Dans les romans de Nikos Kazantzakis *(p. 90)*, le Crétois a pour trait essentiel son **attachement aux traditions**. Il est vrai qu'à la campagne, il est courant de voir

© Patrick Forget/Sagaphoto.com

les hommes vêtus du costume traditionnel, surtout pendant les fêtes : bottes de cuir noir, culottes larges au-dessus du genou *(vraka)*, tête ceinte d'un foulard à franges *(mandili* ou *sariki)* ; dans la ceinture, ils glissent encore le poignard d'argent et d'ivoire, comme à l'époque minoenne.

Peut-être parce que la montagne lui a toujours servi de refuge contre les envahisseurs, qu'il ait été dorien, turc ou italien, le Crétois « modèle » est fier, libre, patriote. Passionné jusqu'à en être violent, prisant l'honneur et prêt à laver un outrage dans le sang, il se sépare rarement d'une arme ; les bergers ont ainsi refusé de livrer leurs fusils aux gendarmes du régime des colonels, chargés de réquisitionner toutes les armes.

Le kiosque *(periptero)*

C'est un supermarché en miniature, un kiosque campé au coin des rues ouvert jusque tard dans la soirée. On y trouve de tout : cartes de téléphone, cigarettes, journaux, bonbons, lacets, coton, aspirine, lames de rasoir, lampes, piles électriques, cartes postales, timbres, savons, *komboloï*, breloques, etc. Une curiosité : le « presto café metrio ». On achète dans un sachet un « Nescafé frappé » en kit... Il suffit d'ajouter de l'eau glacée et de secouer. ◆

Petits, bruns, de type méditerranéen, ou grands, blonds, les yeux bleus, comme l'étaient probablement les Doriens : l'histoire et sa kyrielle d'invasions ont laissé leurs marques sur les visages des habitants de l'île, rendant caduque la notion de « type crétois ». Seul le nom de famille, qui se termine souvent en « akis » ou « aki », signe peut-être réellement l'appartenance à la population de Crète.

La passion des armes

Bon nombre de Crétois sont armés. Il s'agit d'une longue tradition pour cette population qui fut menacée et souvent martyrisée par des occupants successifs. Autrefois, pour montrer qu'on était un homme, on volait un Turc. Aujourd'hui, on tire sur les panneaux de signalisation routière. Les jours de fêtes, mariages, baptêmes, une salve est de rigueur, histoire de manifester sa joie, sa virilité, son indépendance. Les cibles préférées sont les « O » et les « A » sur les panneaux des villages. Une campagne d'information a été lancée pour dissuader les tireurs. On peut ainsi lire, sur de grandes affiches en bordure de route : « Ne tirez pas sans raison ». Le civisme grec a du mal à venir à bout de cette coutume crétoise.

Garant de la foi et visionnaire

L'**higoumène Filotheos** est un moine respecté, rayonnant et visionnaire qui est à la tête du monastère de **Toplou** *(p. 146)*. Voyageur, il est allé à Moscou, au Brésil, à « Constantinople », en Égypte. Conservateur dans sa foi, il veille à ce que la tradition orthodoxe se perpétue parmi ses ouailles, garde un regard sur l'école où la religion est matière obligatoire, veille sur la qualité de vie des personnes âgées et reste vigilant face aux problèmes sociaux. S'il est ouvert aux autres, il l'est aussi au monde, sa conscience portée sur les gens et leur environnement. La région est pauvre ; il fournit du travail. Il a monté une entreprise de produits locaux, tous biologiques, de haute qualité : d'excellents vins blancs et rouges estampillés « Toplou », de la *tsikoudia*, de l'huile d'olive « extra vierge », du miel. Tout est moderne, mécanisé. Il fait vendre sur place et il exporte, même loin. Le monastère a un immense domaine foncier. Il invente un nouveau concept avec l'implantation de trois hotels en bord de mer où tout est pensé écologiquement : sortir du tourisme uniforme, préférer la qualité, valoriser le goût. Et il crée en plus du travail pour les jeunes de cette région isolée. On peut être homme de foi et homme d'affaires, non pour soi, mais pour les autres. ◆

Le poids de la famille

L'usage voulait que le père règne en maître incontesté sur une famille très solidaire et qu'il préfère avoir des fils. Ainsi, interrogé sur sa famille, il pouvait dire : « J'ai trois enfants et aussi deux filles » signifiant par là qu'il avait cinq enfants dont trois garçons. La femme a longtemps vécu en retrait, vouée aux travaux ménagers et agricoles, et à ses devoirs de mère, les vieilles et les veuves s'habillant en noir. La fille, dès son plus jeune âge, filait, crochetait et tricotait sa dot pour trouver plus vite un époux, que son père choisissait. Un frère ne se mariait pas avant que toutes ses sœurs ne soient mariées. Mais si une forte tradition demeure, il est vrai que les jeunes générations la font évoluer.

Images du quotidien

La **bienveillance** et l'**hospitalité** marquent le quotidien. Souvent, l'étranger est convié à partager une tomate, une grappe de raisin, quelques amandes, un bol de lait de chèvre ou un verre de raki, quels que soient les moyens (souvent réduits) de son hôte.

Les ***kafenions*** sont au cœur de la vie sociale. Dans les campagnes, le décor est vite planté : murs défraîchis, vieilles photos, chaises et tables bancales. Le *kafenion* n'est jamais désert. Toute la journée, les hommes y poursuivent d'inlassables parties de cartes ou de *tavli* (le jacquet local), à peine interrompues par des pauses café, ouzo… et par la sieste – n'en profitez pas pour photographier le patron qui somnole devant sa porte ! Le soir, tout le monde – y compris le pope – se retrouve. Les discussions, élément primordial de la vie intellectuelle grecque, s'animent au rythme des *komboloï*, sortes de petits chapelets que les Crétois font tourner avec dextérité. Mais parler donne soif… c'est le moment de savourer l'ouzo. Il peut arriver qu'un villageois que vous ne connaissez pas règle votre café. Cela ne se refuse pas…

Un personnage familier en Crète, c'est le **pope**, cheveux tirés en un petit chignon serré dans le cou. Vous le trouverez au marché, mais aussi au *kafenion*, discutant avec les hommes du village. Comme l'autorise la religion orthodoxe, il peut être marié et père de famille, à la différence des moines et des évêques.

Pas de village sans église

Après le passage de saint Paul, l'île est devenue chrétienne. Mais son destin a suivi celui de Byzance et quand, en 1054, l'**Église d'Orient** s'est séparée de Rome, la Crète est restée dans son giron. L'Église crétoise a réussi à maintenir chez ses fidèles la langue et les traditions byzantines, rituelles et populaires, et ce malgré les tentatives renouvelées des Vénitiens pour la ramener vers Rome, puis des Turcs pour lui imposer l'islam.

L'Église de Crète, aujourd'hui indépendante de celle de Grèce, est toujours sous l'obédience de Constantinople. Autonome, elle mène une **politique d'ouverture œcuménique** et d'**action sociale**. Pour entrevoir sa dimension, il suffit d'observer: il n'est pas de village sans église, pas de sommet sans chapelle, pas de route ni de chemin sans sanctuaire. Elle a tissé la trame de presque tous les rites: hommes, femmes et enfants vont au service religieux du dimanche, communient (non pas d'une hostie, mais de pain et de vin); le pope vient bénir, en général au début du mois, maisons et boutiques; baptêmes et mariages sont de grands événements.

Alors, piété ou habitude? La foi, en tout cas, est teintée de superstition; on ne s'adresse pas tant au bon Dieu qu'à ses saints ou à la Vierge (la *Panagia*) pour qu'ils adoucissent la vie quotidienne. Pour conjurer le mauvais œil, on attache le « bon œil » (petit pendentif qui s'achète au kiosque ou en bijouterie) au cou du bébé, au tableau de bord du taxi ou de l'autocar. Malgré cette ferveur religieuse omniprésente, certains monastères se dépeuplent et les constructeurs d'églises ne sont plus animés de l'inspiration spirituelle d'antan. *Voir aussi « Une année de festivités » p. 53.*

Le *kafenion*

Coup de fatigue? Ou grosse soif? Envie de mieux comprendre l'âme crétoise? Rendez-vous au *kafenion*. On les trouve partout, et bien sûr tout autour de la place du village, toujours ombragée. L'hospitalité crétoise est chaleureuse. Vous ne risquez guère de vous sentir isolé; on vous prendra à témoin et il y aura toujours un volontaire pour traduire en anglo-français l'essentiel de la discussion. Une soirée au *kafenion*, c'est une bonne façon « d'entrer en Crète »! ◆

Et l'image d'aujourd'hui?

L'image romantique et romanesque du Crétois est une image d'Épinal qui se brouille, qui se fait rare. Il y a certes la Crète des villes et la Crète des montagnes; mais l'ouverture de nouvelles routes, l'euro qui s'est infiltré partout et les bergers au volant de leur voiture à crédit ont changé le visage du Crétois qui reste cependant rieur, gai, attaché aux valeurs amicales et familiales, prêt pour danser à la moindre occasion. Sur la place du village ou au *kafenion*, vous aurez d'ailleurs peut-être la chance d'approcher l'atmosphère des joueurs de ***lyra*** ou de ***bouzouki***, qui s'enivrent de rythmes et d'alcool pour oublier leur spleen... *(p. 52)*

Réalité économique oblige, les jeunes descendent des villages, des montagnes pour la ville et les emplois sur la côte. On y retourne pour la famille, mais on a quitté un peu du passé. Malgré tout, la Crète demeure fidèle à ses racines et n'abandonne rien de sa piété.

⋯› Pour plus de détails sur les **us et coutumes** en matière de restauration, et sur les différents types d'**établissements**, voir notre rubrique « Cuisine » p. 280.

⋯› Vous trouverez la liste des kiosques et une sélection de *kafenions* dans nos **Bonnes adresses** *(p. 218 et suivantes)*. ◆

focus

Les icônes

Du grec *eikonion*, « petite image », les icônes sont des peintures sur bois, métal ou ivoire qui matérialisent le culte des saints ancré au cœur de la foi orthodoxe. Aux yeux des fidèles, elles sont véritablement habitées par le saint ou le dieu qu'elles représentent.

De l'Égypte à nos jours

Les icônes naissent avec le christianisme et survivent encore de nos jours. Les plus anciennes (v^e^ et vi^e^ s.) sont fortement inspirées par les portraits du Fayoum qui remplaçaient, sur le visage des morts, les masques funéraires placés dans les sarcophages de l'Égypte pharaonique. Du vi^e^ au viie s., la peinture d'icônes se développe. Cependant, aux yeux des empereurs dits iconoclastes, qui tentent d'imposer un art religieux sans images comme le judaïsme ou l'islam, leur culte entraîne certains excès dangereux. L'empereur Léon III prend, dès 726, les premières mesures contre la vénération des icônes et amorce la persécution des moines (et de ses fonctionnaires peu zélés). Son fils et successeur Constantin V Copronyme continue et amplifie la lutte. Quelles qu'aient été les causes politiques réelles, extérieures (islam en expansion) ou intérieures (montée en puissance du clergé), la crise iconoclaste déclenche un siècle de persécutions contre les monastères et les œuvres d'art qu'ils abritent. Sans succès, puisque l'art figuratif survit ; le rôle et la place des icônes dans la liturgie orthodoxe sont définitivement établis par un concile sous le règne de l'impératrice Théodora en 843. L'art des icônes connaît alors son apogée durant plusieurs siècles. Objets de ferveur pour les fidèles, les icônes jouent un rôle capital de soutien et de propagation de la foi orthodoxe sous la domination ottomane.

Les icônes sont doublement vénérées, les saints étant deux fois martyrs, durant leur vie et dans leur icône.

Icônes à portraits ou à scènes

Dans les icônes à portraits (Vierge, saints, martyrs), tous les détails de la peinture sont codifiés ; les peintres d'aujourd'hui – des moines essentiellement – les utilisent encore : les expressions, les attitudes, les vêtements, leurs drapés, leurs couleurs... sont indiqués avec précision. On peut comparer le peintre à un musicien exécutant fidèlement une partition ; seule la sensibilité de l'interprète peut intervenir. Les icônes à scènes (vie des saints, Nouveau Testament) connaissent une évolution sensible de leur style. Il n'est pas rare d'y voir des éléments historiques intégrés (un dragon aux allures de soldat janissaire, par exemple !).

▲ *Christ*, icône peinte par Emmanuel Tzanes Bounialis en 1675 (Musée historique d'Heraklion, *p. 73*).

L'école crétoise

Aux XVe et XVIe s., l'école crétoise est florissante. Plus de cent vingt peintres, dont les plus célèbres sont Théophane et Damaskinos, essaient, sans renier la tradition et la manière byzantines, de l'enrichir d'emprunts faits à l'art italien de l'époque. Les œuvres de jeunesse du Greco appartiennent d'ailleurs à cette école *(p. 39)*.

Des règles strictes

La technique de la peinture d'icônes n'a pas évolué depuis le Xe s. Elle obéit aux règles très strictes élaborées alors. Le support (le plus souvent une planche de bois) est recouvert d'un enduit composé de poudre de plâtre blanc et de colle. Les couleurs sont diluées dans de l'eau additionnée d'huile de lin. La peinture achevée et sèche est recouverte d'un vernis à base d'huile. Depuis, l'art et la technique de l'icône se perpétuent dans bon nombre de monastères orthodoxes du monde entier. ◆

© Eliott Slatter/Hemis.fr

Les dates qui ont fait la Crète

▲ Fresque du corridor de la Procession de Knossos *(p. 77)*.

À l'origine, racontent les poètes de la Grèce antique, Homère et surtout Hésiode, était Éros, l'Amour, qui unit Gaïa, la Terre, à Ouranos, le Ciel. De cette union naquit le Titan **Cronos**, le dieu du Temps, qui épousa **Rhéa**. De crainte d'être détrôné par l'un de ses enfants, Cronos avalait sa progéniture. Rhéa, en bonne mère, usa de stratagèmes pour tenter d'épargner ses enfants. Enceinte de Zeus, elle s'en fut accoucher secrètement en Crète, revint à l'Olympe et présenta à Cronos, à la place de son dernier-né, une pierre langée que ce dernier avala, persuadé qu'il s'agissait de son fils. C'est donc en Crète, dans la grotte de l'Ida ou du mont Dicté, selon les traditions, que naquit **Zeus**, fils de Cronos et futur dieu des dieux. Il passa son enfance parmi les Courètes, un peuple de génies guerriers, allaité par la chèvre Amalthée ou nourri par des nymphes qui lui donnaient à boire du lait de chèvre.

Avec le roi **Minos**, le mythe rejoint l'histoire de la Crète. Certes, les poètes disent que Minos fut désigné par les immortels pour siéger aux Enfers comme juge, en compagnie d'Éaque et de Rhadamante. Il aurait régné sur l'île vers 1500 av. J.- C. et été un monarque vénéré, grand législateur, estimé pour sa haute sagesse. Pourtant, bien des éléments échappent encore aux archéologues et aux historiens : qui anima l'âge d'or de la Crète ? Est-ce Minos ? Fut-il le maître incontesté, ainsi que le prétendent les mythes ? Minos est-il le nom d'un roi ou bien celui d'une dynastie ? Autant d'hypothèses dont aucune n'emporte toutes les certitudes.

Il y a 130 000 ans

Lors de récentes fouilles archéologiques, effectuées à proximité de Plakias et de la plage de Preveli sur la côte sud, des pierres taillées dans le quartz ont été exhumées : il s'agit d'outils coupants, pointus et de tailles variées, de lames à double tranchant. Certains auraient **130 000 ans**, voire plus. La Crète **n'étant pas accessible par la terre** depuis plus de 5 millions d'années, cette découverte exceptionnelle révèle que des hommes ont pu gagner les côtes crétoises par la mer en ces temps extrêmement reculés. Elle bouleverse l'histoire de la navigation en Méditerranée et l'installation de peuplements dans les îles. D'où venaient-ils, et avec quel type d'embarcation ? La première présence humaine en Crète jusqu'à ce jour attestée remonte à **9 000 ans**…

Le culte de la déesse-mère

Les fouilles révèlent la présence sur l'île de peuplades vers le **V^e^ millénaire av. J.-C.** Elles vivent alors de pêche, de chasse et de cueillette, utilisant des outils en pierre et en os ; elles se logent d'abord dans les nombreuses grottes de l'île et construisent plus tard des cabanes en torchis sur une base pierreuse. Les populations de cette époque adorent la grande divinité-mère, une **déesse de la Fécondité**. Cette croyance, propre à toutes les cultures primitives, sera une des constantes de la civilisation minoenne.

Les premiers envahisseurs identifiés

Au cours du **IIIe millénaire av. J.-C.**, des envahisseurs venus du Nord s'implantent dans l'île, y introduisent le **bronze**, leur culture et des techniques nouvelles. Le mariage des méthodes est heureux puisque la Crète devient vite compétitive sur les **marchés d'Égypte et du Proche-Orient**, où elle fait commerce de ses poteries et achète les matières premières ainsi que les pierres précieuses et semi-précieuses qui lui font défaut. Dans les îles de Milo et de Iali, elle trouve l'**obsidienne**, qui lui sert à fabriquer les objets tranchants tels qu'armes et lames. Les **tombeaux** nous révèlent la vie d'alors : dans ceux qu'on a retrouvés dans la **plaine de la Messara**, à proximité de Gortis, les défunts étaient enterrés avec toutes sortes d'objets, des bijoux, des sceaux faits d'ivoire, de cristal de roche et de pierres semi-précieuses.

Durant cette période, la Crète orientale est très active, comme en témoignent les fouilles des îlots de **Psira** ou de **Mohlos**. Mais la Crète d'il y a plus de 4 000 ans a surtout ce talent de concevoir avec art les objets les plus communs ; les poteries, d'abord grossières, modelées à la main et cuites en plein air, trouvent un style original, appelé **style de Vas-**

focus

Henri Schliemann et Sir Arthur Evans

Un jeune Allemand, **Henri Schliemann** (1822-1890), accorde aux récits légendaires une valeur historique et, s'appuyant sur l'œuvre d'Homère, retrouve à la fin du XIXe s. la ville de Troie. Fort de cette expérience, Schliemann gagne la Crète, en quête de ruines qui prouveraient les dires d'Homère : « Au large, dans la mer vineuse, est une île aussi belle que riche, isolée dans les flots, c'est l'île de Crète, aux hommes innombrables, aux quatre-vingt-dix villes ; parmi elles, Knossos, grande ville de ce roi Minos [...]. »

Mais les troubles politiques qui secouent l'île à la veille de son indépendance empêchent l'archéologue d'accomplir son travail de fouilles, et c'est un amateur, l'Anglais **Sir Arthur Evans** (1851-1941), qui réalise plus tard son projet : à partir de 1900, il exhume Knossos. Son zèle est aussi fantastique que la découverte : Evans et son équipe libèrent des pierres, des murs, des escaliers, des amphores, mais aussi de petits trésors, des statuettes, des bijoux, des morceaux de fresques ; ils recollent, ajoutent, reconstituent avec du ciment, repeignent des murs à partir de quelques petits restes de couleurs pour essayer de comprendre et de faire comprendre la civilisation qu'ils mettent au jour *(p. 44)*.

Recherches passionnées où cohabitent observations, hypothèses et contradictions, tel est le climat qui règne autour de ces fouilles. Malgré des interprétations souvent peu scientifiques, le travail d'Evans a une énorme répercussion sur les cercles archéologiques qui entrevoient l'espoir de résoudre une énigme et de remonter plus avant dans leur connaissance de l'histoire. Ses démarches ont révélé l'existence d'une civilisation intermédiaire entre l'Égypte et la Grèce, florissante entre 2000 et 1450 av. J.-C., les dates restant approximatives. Cette Crète dite « minoenne », caractérisée par son rayonnement économique et culturel sur toute la Méditerranée, serait l'aube de la Grèce antique.

Aucun texte écrit n'a permis d'établir une chronologie satisfaisante ; nous laisserons de côté celle d'Evans, qui s'est appuyé sur l'évolution de l'art de la céramique et a distingué trois périodes (Minoen ancien, Minoen moyen et Minoen récent), pour préférer celle du Musée archéologique d'Heraklion *(p. 71)*, plus facile à suivre. Elle est établie en fonction de l'architecture et se divise en quatre périodes dont les grandes constructions, les palais de **Knossos** *(p. 77, et en photo ci-contre)*, **Festos** *(p. 104)*, **Malia** *(p. 98)* et **Kato Zakros** *(p. 150)* constituent les points de repère. ◆

◄ Le palais de Knossos, qui doit beaucoup aux travaux de restauration de Sir Arthur Evans. Ici, la salle du Trône *(p. 80)*.

siliki, du nom de leur lieu d'origine, ou encore « flammé » : des flammes sombres lèchent le fond clair de cruches avec un long bec à l'allure d'oiseaux, le versoir séparant les yeux.

Les anciens palais : la période protopalatiale (2000-1700 av. J.-C.)

Vers **2000 av. J.-C.** commence une ère nouvelle et prospère marquée par quatre grandes constructions : des palais, dit-on souvent, « des sanctuaires », a suggéré l'historien Paul Faure. Les édifices s'élèvent à **Knossos**, au milieu des vignes, non loin du mont Ioukhtas, à **Festos**, face au mont Ida, sur une colline dominant la plaine de la Messara, à **Malia**, sur le littoral fertile de la côte nord, et à **Kato Zakros**, dans une baie souriante de la côte orientale. Les trois premiers sites étaient probablement les capitales d'une fédération de petits royaumes qui, rapporte la mythologie, auraient été gouvernés par les trois fils de Zeus et d'Europe, Minos à Knossos, Rhadamanthe à Festos et Sarpédon à Malia.

L'ère minoenne

Durant cette période, appelée « **ère minoenne** », la Crète intensifie ses relations commerciales avec l'Égypte et l'Orient, élargit ses marchés, installe des comptoirs en Phénicie, à Chypre, dans les Cyclades et en Argolide ; important des matières premières et exportant des produits transformés, elle détient alors le monopole du commerce. Elle est peut-être le premier empire maritime jamais connu, selon Arthur Evans *(ci-contre)*, qui n'hésite pas à parler de « **thalassocratie minoenne** ». L'île connaît alors trois siècles de prospérité : les grandes jarres se remplissent des produits du terroir, olives, huile, céréales, légumes et fruits secs, vin. L'aisance favorise le **développement des arts** qui gagnent en finesse et en créativité : les sculpteurs travaillent le métal et les pierres précieuses, les peintres exécutent des fresques, les artisans, en découvrant la technique du tour, créent une poterie remarquable, la **céramique de Kamares**, où les motifs polychromes du monde végétal et animal s'impriment sur des fonds sombres.

Les nouveaux palais : la période néopalatiale (1700-1450 av. J.-C.)

Vers 1700 av. J.-C., l'**île est ravagée** et les palais de Knossos, de Festos, de Malia et de Kato Zakros sont détruits. La cause reste mal connue : un tremblement de terre ? Un raz de marée ? Après ce désastre, la Crète se relève. Des palais sont reconstruits sur les ruines des anciens, mais avec plus d'ampleur. La société minoenne rayonne par sa culture et son raffinement *(p. 44-45)*. Il semble que **Knossos**, dont la ville est importante, impose son autorité sur toute l'île, après avoir détruit Malia et soumis Festos. Les archéologues ont bien retrouvé des signes, des caractères hiéroglyphiques qui datent d'environ 2000 av. J.-C., ainsi que des tablettes recouvertes d'écritures, qu'ils regroupent sous le nom de « **linéaire A** », mais leurs efforts pour les déchiffrer demeurent vains. En revanche, une deuxième écriture, le « **linéaire B** », a pu être déchiffrée ; elle a démontré l'existence d'activités économiques et religieuses d'une partie de la Crète centralisées et contrôlées par Knossos *(p. 77)*. On constate ainsi que l'**industrie textile**, dispersée dans toute l'île, était prospère, grâce à un cheptel de 300 000 moutons ; que les salaires étaient payés en nature, que des familles entières, hommes, femmes et enfants, travaillaient. Les offrandes aux dieux étaient elles aussi comptabilisées. Tous ces renseignements permettent de mieux comprendre la vie courante de l'époque néopalatiale, sans pourtant éclaircir tous les aspects de cette civilisation.

▲ L'église d'Agios Pavlos, qui brave les vents marins depuis près de neuf siècles.

focus

L'architecture byzantine

Plus de huit cents églises ou chapelles ornées de fresques et d'icônes et de nombreux monastères témoignent de la richesse du style byzantin en Crète.

Le rayonnement de Byzance

La Crète, rattachée à l'Empire romain d'Orient dès 395, bénéficie du rayonnement religieux, intellectuel et artistique de sa capitale, Byzance. Dans ce creuset culturel entre Asie et Europe, la civilisation gréco-romaine élabore des formes architecturales nouvelles, aux décorations intérieures somptueuses, pour célébrer la révélation chrétienne et répondre aux exigences de la liturgie orthodoxe. À la ligne droite initiale de la basilique (le plus souvent à trois nefs séparées par des piliers), les architectes byzantins substituent, au IXe s., les sanctuaires à plan carré surmontés de coupoles dont les modèles seront aménagés, perfectionnés mais jamais remis en question. Dans le type le plus répandu, la coupole centrale repose sur quatre colonnes ou piliers (comme à Agios Dimitrios et à Rethimnon). Pour les édifices aux dimensions plus ambitieuses, la coupole, plus large, repose sur huit colonnes ou piliers par l'intermédiaire de triangles incurvés.

Église et liturgie

L'église est au service de la conception théologique et de la liturgie orthodoxe. La coupole symbolise le ciel, les murs la terre. L'iconostase – une cloison ornée d'or et d'icônes – sépare la nef, où se tiennent les participants à l'office, du sanctuaire où le prêtre s'isole pour célébrer l'eucharistie. ◆

Glossaire

Absidiole: petite chapelle arrondie de l'abside, du chevet (extrémité extérieure) ou du transept (corps transversal qui sépare la nef du chœur, formant les bras de la croix) d'une église.

Achéens: nom générique donné aux peuplades indo-européennes qui s'installèrent en Grèce vers le début du IIe millénaire av. J.-C.

Agios, agia: saint, sainte. Désigne une chapelle ou une église.

Amphore: gros vase pansu à anses verticales symétriques et col rétréci, destiné à la conservation ou au transport des denrées alimentaires (huile, vin...).

Arc: élément architectural qui franchit un espace en dessinant une ou plusieurs courbes (un demi-cercle dans le cas de l'arc en plein cintre).

Architrave: partie inférieure de l'entablement, juste au-dessus du chapiteau (en général l'entablement superpose architrave, frise, corniche).

Catholicon: église principale d'un monastère ou d'un couvent.

Chapiteau: élément élargi, au sommet d'une colonne, d'un pilier ou d'un pilastre (saillie rectangulaire d'un mur) qui supporte l'architrave ou directement l'arc. On distingue trois ordres grecs qui régissent la construction et le décor: dorique, ionique et corinthien. Chaque niveau d'élévation comporte le soubassement, le support (colonne ou pilier avec son chapiteau) et l'entablement, qui supporte le toit.

Coupole: élément architectural de forme hémisphérique, parfois surhaussé d'un tambour (assise de pierre cylindrique d'une colonne), qui recouvre la salle d'un édifice. Le passage du plan carré au plan circulaire se fait à l'aide de triangles de maçonnerie courbes (système à pendentifs). La coupole est caractéristique des églises byzantines.

Cratère: gros vase à large ouverture et anses servant au mélange de l'eau et du vin.

Croix grecque: croix à quatre branches égales. Dans les églises à plan en croix grecque inscrite, le centre du sanctuaire est surmonté d'une coupole.

Doriens: dernier des peuples indo-européens à avoir émigré en Grèce, à partir du XIIe s. av.-J.-C.

Hache bipenne: double hache, principal symbole minoen.

Higoumène: supérieur d'un monastère d'hommes.

Icône: image du Christ, de la Vierge ou des saints peinte sur bois, ivoire ou métal et vénérée dans la religion orthodoxe.

Iconostase: dans toutes les églises orthodoxes, cloison séparant la nef du sanctuaire où le prêtre s'isole pour célébrer l'eucharistie. L'iconostase est ornée d'icônes disposées de part et d'autre de la porte centrale dans un ordre immuable.

Mégaron: salle principale des palais mycéniens.

Métropolite: évêque orthodoxe qui administre un diocèse.

Nymphaion: bassin consacré aux nymphes, souvent décoré de fontaines ou de statues.

Ogive: arc diagonal de renfort destiné à faciliter la construction d'une voûte et à augmenter sa résistance.

Péristyle: colonnade sur le pourtour d'une salle, d'une rotonde, d'une cour, ou en avant d'une façade, formant un porche.

Pithos (pluriel pithoi): grande jarre ovoïde, servant à la conservation des provisions.

Propylée: entrée monumentale d'un temple comprenant un porche à colonnes.

Rhyton: vase à libations en forme de tête d'animal.

Salle hypostyle: salle dont le plafond est soutenu par des colonnes.

Tholos: rotonde à péristyle.

Trésor: édifice élevé dans un sanctuaire en témoignage de gratitude pour la divinité du lieu.

Voûte d'arêtes: voûte complexe, formée par l'intersection de deux voûtes en plein cintre. ◆

1450 av. J.-C : seconde destruction des palais

Vers 1450 av. J.-C., une terrible catastrophe anéantit une partie de l'île et les palais sont à nouveau détruits. Plusieurs hypothèses ont été avancées : invasions, révoltes intérieures, ou encore éruption du volcan de Santorin, thèse qui est la plus retenue actuellement. L'**éruption de Santorin**, d'une terrible violence, eut en effet lieu vers 1500 av. J.-C. et on a retrouvé en Crète de la pierre ponce, des cendres, des traces d'incendie. Le seul fait non éclairci reste un décalage de chronologie d'une cinquantaine d'années entre l'éruption et la destruction des sites crétois. Après cette catastrophe, seul Knossos réussit à revivre ; mais la civilisation minoenne, atteinte par ce coup fatal, décline rapidement.

La période postpalatiale (1400-1100 av. J.-C.)

Vers 1400 av. J.-C., les conquérants **mycéniens** arrivent. Ce peuple venu du Nord s'était d'abord installé dans le Péloponnèse sous le nom de peuple **achéen**, avant de prendre le contrôle de Mycènes – d'où leur nouveau nom –, puis de s'emparer de la Crète. Les Mycéniens ont commercé pacifiquement avec les Crétois avant de les conquérir, assimilant une partie de leur culture ; pendant trois siècles, la Crète, toujours active, se teinte de culture mycénienne. Les morts, par exemple, sont enterrés avec des armes ou des épées, une tradition des peuples guerriers, ce qui n'était pas le cas sous les Minoens.

La domination dorienne (1100-env. 70 av. J.-C.)

Puis arrivent les **Doriens**, des Barbares venus des Balkans au XIIe s. av. J.-C. Ils occupent bientôt toute la Crète, qu'ils dévastent. Conquérants vainqueurs, ils imposent à l'île leur système social, une législation et une Constitution ; les célèbres **lois écrites de Gortis**, où figurent les droits des

► La fresque du Paradis (XIVe s.) de l'église byzantine de la Panagia Kera à Kritsa *(p. 127)*.

citoyens et des esclaves, datent de cette époque (500 av. J.-C. ; *p. 103*).

Les Doriens développent le commerce et l'industrie et fondent de nouvelles villes. Le **fer** remplace lentement le bronze. Les **arts** connaissent une impulsion nouvelle et le style de cette époque, caractérisé par une certaine raideur, est appelé « **dédalique** ». Mais la rude politique dorienne fait souffrir une population qui quitte la côte et se réfugie dans les montagnes et les sites d'accès difficile, comme les abords du plateau du Lassithi, Karfi et surtout Pressos *(p. 144)*, qui porte encore les traces d'une acropole et de l'enceinte d'une forteresse. Ces Crétois minoens qui résistent aux envahisseurs conservent la langue et la religion de la civilisation minoenne anéantie : on appelle communément les derniers porteurs de ces survivances les **Étéocrétois**.

La conquête romaine (de 67 av. J.-C. à 395 apr. J.-C.)

Soucieux d'agrandir leur empire, les **Romains** s'attribuent la Crète en 67 av. J.-C., après deux ans de combats. Ils rattachent l'île à la **Cyrénaïque** – cette région orientale de la Libye devenue province romaine en 74 av. J.-C. – pour former une province, dont Gortis, cité-État, devient la capitale administrative. De cette époque, il reste des mosaïques, temples, sculptures, aqueducs, routes, bâtiments de briques… La Crète fut aussi égyptienne, le temps d'un amour : Antoine offrit à Cléopâtre une partie de l'île. En l'an 59, l'**apôtre Paul**, lors de son voyage vers Rome, débarque sur la côte sud ; il laisse à Titus, son compagnon, futur évêque de Crète, le soin de christianiser l'île (épître de saint Paul à Tite).

La peinture crétoise du XIIe au XVIIe s.

Durant l'occupation vénitienne, la Crète reste imprégnée des **traditions artistiques de Byzance.** Plus de huit cents petites églises et chapelles byzantines, dont beaucoup sont encore à découvrir, sont décorées de fresques : si les plus anciennes datent du XIIe s. – au village d'Episkopi, l'église dédiée à l'archange Michel *(p. 161)* – la majorité fut réalisée aux XIVe et XVe s. – monastère de Vrondisi *(p. 114)*, église Agios Pandeleimon *(p. 94)*, etc.

Une terre d'asile

À la chute de Constantinople en 1453, la Crète devient une terre d'asile pour de nombreux artistes et hommes de lettres qui fuient devant les Turcs. Sous leur impulsion, monastères orthodoxes, universités et écoles se multiplient : c'est le début d'une **renaissance artistique et intellectuelle**. Le style original des nouveaux peintres leur confère une solide réputation ; leurs œuvres s'inscrivent dans l'art byzantin sous le nom d'**« école crétoise »**. Certains sont appelés à exercer leur activité artistique loin de l'île, au mont Athos, comme Théophane, entre 1535 et 1558, ou aux Météores, par exemple. L'**icône** supplante lentement la fresque. Entre 1570 et 1591, un peintre s'impose dans cet art : **Michel Damaskinos** (six de ses œuvres sont exposées au musée des Icônes d'Agia Ekaterini à Heraklion, *p. 76*).

L'influence italienne

Dès le XVIe s., l'**influence italienne** transparaît dans la peinture. Un artiste crétois, **Domenikos Theotokopoulos** (1541-1614), peut-être originaire de Fodele, affirme son génie en Espagne sous le nom plus connu du **Greco** (deux de ses peintures sont à voir au Musée historique d'Heraklion, *p. 73*).◆

focus

Domination byzantine et intermède arabe (395-1204)

Dans le partage de l'Empire romain entre Orient et Occident, au IVe s., la Crète passe sous obédience byzantine pour un peu plus de huit siècles. Seuls les **Arabes**, pirates de la mer qui détiennent alors tout le commerce méditerranéen, réussissent à l'occuper de 824 à 961, établissant un port de refuge avec une forteresse; son nom, **El-Kandak**, qui veut dire « le retranchement », deviendra **Candie**, l'actuelle Heraklion. Libérée des Arabes par **Nikiforos Fokas** en 961, un général qui devient empereur de Byzance en 963, la Crète accueille des familles nobles byzantines, des négociants, des chrétiens de tous pays, jusqu'au jour où, pour trente livres d'or, elle est vendue.

Venise dicte sa loi (1204-1669)

La IVe croisade (1202-1204) n'aboutit pas en Terre sainte, mais à Constantinople, l'ancienne Byzance, et s'achève par le partage des biens de l'Empire byzantin, en 1204. **Boniface de Montferrat**, chef de l'expédition, cède la Crète, qui lui revient, à la république de Venise; celle-ci, soucieuse de maintenir sa puissance dans le commerce du Levant, a besoin de s'assurer les ports crétois. La soumission de l'île ainsi bradée se révèle difficile et Venise, qui veut lever une dîme et installer ses colons, doit dompter plus de **trente révoltes entre 1205 et 1363**. Malgré cette résistance, le lion de Saint-Marc, son symbole, s'imprime sur les forteresses qu'elle construit sur le pourtour de l'île, à Heraklion, Ierapetra, Sitia, Rethimnon, Frangokastello... Les façades vénitiennes, les fontaines, comme la fontaine Morosini à Heraklion ou la fontaine Rimondi à Rethimnon, l'église Saint-Marc à Heraklion, sont autant de traces laissées par la sérénissime république au long d'une dictature qu'elle exerce durant plus de quatre siècles sur l'île rebelle, dont les montagnes assurent le refuge des insoumis.

L'épanouissement des arts que la Crète connaît sous la domination vénitienne ne peut masquer le profond malaise de la population. Quand les **Turcs**, puissants, décident de déloger les Vénitiens, ils **attaquent La Canée en 1645**, puis **Rethimnon en 1646**. Ils ne réussissent à s'emparer de Candie qu'après un siège de vingt et un ans (1648-1669) et grâce à l'aide de Crétois animés par l'espoir de se libérer du joug des Vénitiens; ces derniers résistent et gardent quelques forteresses côtières jusqu'au début du XVIIIe s. : celles de l'île de Spinalonga et de Gramvoussa tomberont respectivement aux mains des Turcs en 1714 et 1715.

« La liberté ou la mort » : l'occupation turque (1669-1898)

L'occupation turque (1669-1898) est longue, cruelle, sanguinaire et entrecoupée de révoltes. La Crète doit se soumettre aux nouveaux maîtres, pachas, agas, janissaires ou beys, des oisifs qui ont le pouvoir et exploitent les chrétiens. Aussi les plaines et les villes non abritées se font-elles musulmanes par intérêt plus que par conviction; quant aux chrétiens insoumis, ils gagnent les montagnes. L'agriculture et le commerce vont en se dégradant et la colère gronde dans les âmes orthodoxes. En 1770, les Crétois, d'abord soutenus par la puissante Russie, qui s'approprierait volontiers une partie de l'Empire ottoman s'il sombrait, se soulèvent avec à leur tête un Sfakiote: **Daskaloianis**. Mais la cause est perdue et la rébellion violemment réprimée.

Au cours du XIXe s., les soulèvements se multiplient, surtout à partir de 1821, date de l'insurrection victorieuse des Grecs contre les Turcs. Quand, en 1832, la Grèce obtient son indépendance, la Crète ne veut plus être esclave. Mais la politique des grandes puissances et leurs intérêts ne vont pas dans le sens des Crétois, qu'elles abandonnent à leurs tristes réalités quotidiennes. **Nikos Kazantzákis** *(p. 90)* a dressé, dans son roman *La Liberté ou la Mort*, le tableau de la misère intolérable subie par ses compatriotes.

L'île de Crète devient grecque

La lutte n'est pas vaine. En 1898, la situation est si critique que les puissances alliées décident le départ des Turcs et accordent à la Crète son autonomie ; elles désignent le **prince Georges**, haut-commissaire de Crète (1898-1906), pour l'administrer. Il est le fils cadet du roi de Grèce alors régnant, Georges Ier. Sa politique est dénoncée par **Eleftherios Venizelos** *(ci-dessous)* ; cet homme politique influent et actif réussit enfin à donner à la Crète le statut auquel elle aspirait : en 1913, après la guerre des Balkans, l'île est rattachée au royaume de Grèce. Son autonomie n'aura duré que quinze ans. En 1922, Grèce et Turquie redéfinissent leurs frontières ; tous les musulmans de Crète sont expulsés de l'île qui accueille, en contrepartie, de nombreux réfugiés grecs d'Asie Mineure.

L'occupation allemande et italienne

Lors de la Seconde Guerre mondiale, la Crète, plus que jamais convoitée du fait de sa position privilégiée en Méditerranée, retombe aux mains de nouveaux occupants en nombre impressionnant : le 20 mai 1941, les parachutistes allemands se posent à **Maleme**, à l'ouest de La Canée. Malgré la résistance farouche des Crétois, soutenus par les Alliés en majorité néo-zélandais, qui ont mal coordonné leurs actions, et après un combat de dix jours, la **bataille de Crète** (nom de code : Opération Mercury) est pour Hitler le succès sans précédent d'une grande opération aéroportée payée cependant du prix du sang : les pertes humaines sont considérables. Les Italiens occupent l'est de l'île, les Allemands l'ouest.

Pendant trois ans et demi, famines, répressions et déportations sont les fléaux contre lesquels les Crétois se battent. Quand, **en octobre 1944, la Crète est libérée**, le bilan des dommages subis est impressionnant : villes bombardées, villages anéantis, misère, souffrances physiques et morales. À la Libération, le redressement de l'île, la reconstruction des maisons et de villages entiers se font avec l'aide des Alliés. Les États-Unis prennent vite la relève d'une Angleterre épuisée

Eleftherios Venizelos

Personnage emblématique de la vie politique en Grèce, dont il devient le Premier ministre en 1910, Eleftherios Venizelos (1864-1936) est né à La Canée. Il se bat dès 1897 pour l'*enosis* : le rattachement de la Crète à la Grèce. Il est partisan d'une grande nation hellénique et rassemble, au lendemain de l'indépendance crétoise (1898), l'opposition contre la politique de Georges Ier, alors roi de Grèce. Il réclame, en 1905, une révision de la Constitution crétoise. Trois ans plus tard, le gouvernement grec proclame l'union de la Crète à la Grèce, qui sera ratifiée en 1913. Chef du parti libéral, ses défaites et victoires se succèdent au long des années instables que la Grèce traverse entre les deux guerres, sans qu'il perde jamais de vue la consolidation d'une nation hellénique au sein de l'Europe. Il démissionne en 1932, quitte la Grèce et meurt à Paris en 1936. On visite sa maison dans le quartier Halepa *(p. 191)* de La Canée.

> *Voir aussi p. 194 et www.venizelos-foundation.gr.* ◆

© C. E. Mamalakis Archives

© C. E. Mamalakis Archives

focus

Mission en Crète

À l'aube du 10 juin 1942, **quatre Français** (Georges Bergé, Jacques Mouhot, Pierre Léostic et Jack L. Sibard), un Britannique (Lord Jellicœ) et un Crétois (Costas Petrakis), débarquent, au large de la Crète, d'un sous-marin en provenance d'Égypte, pour rejoindre en pneumatique la côte nord de l'île. Le vent les pousse à l'est de Malia. Leur mission : **faire sauter les avions des forces nazies**, occupantes depuis la bataille de Crète *(p. 41)*. Ces avions interceptent les convois maritimes alliés et menacent le ravitaillement de l'île de Malte que les Britanniques ne veulent pas perdre. Les hommes de l'unité S.A.S., chargés de matériel, de bombes et d'explosifs parcourent 35 km de nuit pour atteindre l'**aéroport d'Heraklion**. Dans la nuit du 13 au 14 juin 1942, **le sabotage réussit** : 17 avions sont anéantis, 5 endommagés, un dépôt de munitions est détruit. Les représailles nazies sont terribles : 50 Crétois sont fusillés. Le commando S.A.S. traverse la Crète pour regagner la côte sud et rejoindre la base en Égypte. Traqué, il sera finalement trahi : Léostic, 17 ans, est tué ; Bergé, Mouhot et Sibard sont arrêtés et condamnés à mort, à laquelle toutefois ils échapperont ; Jellicoe et Petrakis réussissent à regagner l'Égypte.

Dans son livre *Mission en Crète. Juin 1942*, Société des études historiques crétoises, Heraklion, 2006 (en vente au Musée historique d'Heraklion, *p. 73 ; voir p. 289*), le 34e Parachutiste de la France Libre (1941-1945), Jack L. Sibard, fait le récit de cette mission avec une précision et un réalisme bouleversants. Homme d'honneur au courage exemplaire, il nous fait vivre la Crète qu'il a connue et qu'il aime toujours. Le film *Les Canons de Navarone* (1961) est inspiré de cette mission. ◆

Pour la mémoire :

– **À l'aéroport d'Heraklion** : le monument commémoratif de la mission, où flottent en juin les drapeaux grec, français et anglais.
– **À Heraklion** : la rue Pierre Léostic.
– **À Gazi** (4 km à l'O d'Heraklion) : la chapelle où reposent les restes des otages fusillés à la suite du sabotage.

◀ **1962 : lors de son premier retour en Crète, Sibard retrouve à Karkadiotissa les bergers qui avaient tué le mouton et préparé le *kokoretsi* (boyaux de mouton à la crétoise) pour le groupe S.A.S. en fuite après le sabotage.**

par ce second conflit mondial. Et la Crète, dont l'histoire politique se calque désormais sur celle de la Grèce, devient un pion sur l'échiquier mondial, une base importante de l'OTAN et l'oreille des États-Unis en Méditerranée, dit-on ! Ainsi la partie se joue-t-elle avec la Crète, mais sans les Crétois.

Nouvelle menace turque

Un jour de l'été 1974, le conflit opposant Grecs et Turcs pour **Chypre** laisse réapparaître l'ombre menaçante de l'ennemi héréditaire en Crète. Victime de cet événement, l'économie crétoise risque de retomber, entraînant dans sa chute le tourisme, nouvelle « industrie » encore artisanale que les « colonels », au pouvoir à Athènes, veulent favoriser par leurs crédits hôteliers – injustement distribués, dit-on.

En 1974, les « colonels » cèdent le pouvoir et la démocratie est restaurée avec le retour de **Constantin Caramanlis** qui, comme beaucoup de Grecs rebelles à la dictature, avait trouvé refuge en France. Depuis lors, les Crétois manifestent de la sympathie pour les Français. Mais ils n'apprécient guère les Américains qui ont soutenu les « colonels » (1967-1974) et dont les bases ont occupé tous les points stratégiques.

Une île aux marches de l'Europe

La nouvelle situation politique ne bouleverse pas le profil économique d'une île essentiellement montagneuse et toujours agricole. Seul le **tourisme** (35 % des revenus), selon ses partisans, peut contribuer à équilibrer la balance commerciale, créant des emplois et enrayant donc une émigration. On craint que l'inflation ne grignote les maigres économies ou les espoirs de modernisation de certains. Pourtant, la Crète connaît un développement spectaculaire, le meilleur par tête d'habitant en Grèce. Elle semble animée d'une frénésie de construction. Les paysans augmentent leurs surfaces cultivées d'oliviers ; ils se tournent vers les cultures maraîchères qui s'exportent bien et s'enrichissent en plaçant leur argent dans l'immobilier. La Grèce vit au rythme de l'Europe et les grosses exploitations d'oliviers ou de cultures destinées à l'exportation supplantent la propriété du petit paysan qui vivait sobrement en autarcie.

Les Crétois, qui étaient contre l'entrée de la Grèce dans le Marché commun, reconnaissent que leurs produits s'exportent bien. Conscients de l'importance de leur participation à la Communauté, ils s'orientent vers la qualité. Même si les Crétois ont constaté que l'arrivée de l'euro a conduit à une surenchère sur les prix, le drapeau de l'Union européenne flotte sur les routes en construction et sur de nombreux bâtiments en restauration, subventions européennes obligent.

La grave crise économique que connaît la Grèce depuis 2010 a engendré une politique d'austérité drastique en échange d'une aide de 110 milliards d'euros débloquée par l'Union européenne et le Fond monétaire international. Avec la réforme radicale du secteur et des organismes publics, la Crète devient une région avec suppression de ses quatre départements (*nomos*) et diminution importante de personnels. Une nouvelle donne pour la Crète qui vote toujours majoritairement PASOK, le parti centre-gauche au pouvoir et qui a décidé de ces mesures. ◆

© Eliott Slatter/Hemis.fr

focus

Quelques pas
dans la vie minoenne

La société minoenne n'a pas laissé de traces de conflits. Elle a révélé en revanche une culture qui connut son âge d'or il y a près de trois millénaires (vers 1600 av. J.-C.) et qui émerveille par son éclat, sa créativité, son harmonie et ses mystères.

Elle s'éclaire à la lueur des objets exposés au Musée archéologique d'Heraklion *(p. 71)* : peu d'armes – les Minoens, à l'évidence, n'étaient pas des guerriers –, mais des bijoux, des objets cultuels à orfèvrerie savante et des objets quotidiens d'un grand raffinement.

Une orfèvrerie joyeuse et savante

Les pierres précieuses et semi-précieuses sont travaillées d'une main habile, qui maîtrise parfaitement les matériaux utilisés et des techniques très sophistiquées, comme la granulation de l'or. Les bijoux comme les sceaux indiquent un souci du détail, une aspiration à la perfection et une sensibilité où s'exprime la joie. Les vases sont peints, les céramiques s'animent de motifs floraux ou marins, qui traduisent la créativité des artistes et leur souci de traduire la nature en mouvement.

Des femmes déesses et séductrices

La femme minoenne cultive une beauté subtile, avec une grande recherche quant à son apparence. Elle affiche un goût délicat : bijoux, miroirs, accessoires de toilette, pinces à épiler, épingles à cheveux en or, brûle-parfums.

© Eliott Slatter/Hemis.fr

Ses vêtements mettent en valeur sa silhouette : poitrine découverte, taille serrée et jupe à volants. Elle incarne pourtant la divinité suprême, la déesse mère, déesse de la Fécondité. Les deux déesses aux serpents, statuettes trouvées à Knossos et conservées au Musée archéologique d'Heraklion, en sont des incarnations.

Une architecture claire et harmonieuse

Le niveau de vie est étonnant par rapport aux autres cultures de la même époque. Dans les villes aux rues pavées, les maisons respectent des normes. Palais, grands et petits, et villas sont construits selon des plans très élaborés ; bâtiments à étages où les ailes s'intègrent dans l'ensemble ; cour centrale, puits de lumière. Les matériaux précieux sont choisis avec une extrême recherche, comme à Festos *(p. 104)*. Les couleurs s'harmonisent, les peintures murales décorent les palais avec des formes ni rigides ni statiques. Jardins, plantes, oiseaux et autres animaux perpétuent un monde en mouvement où s'exprime une grande liberté.

Le taureau, animal mythique

La religion, qui joue un rôle prépondérant dans la vie minoenne, est aussi énigmatique que la politique. Beaucoup d'objets à usage cultuel ont révélé certains rites pratiqués dans les sanctuaires de sommets ou les palais. Les doubles haches et les cornes de taureau cultuelles, deux signes symboliques dont le sens nous échappe, sont représentées partout sur les pierres, les murs, les vases. Fréquentes aussi sont les scènes spectaculaires de tauromachie dont le caractère tient sans doute plus du rite que du jeu sportif. L'expression « prendre le taureau par les cornes » vient de là. Mais elle a, en chemin, perdu son sens magique. ◆

◄ Les fresques minoennes qui ornent les parois intérieures du palais de Knossos *(p. 78)* furent exécutées selon la technique de la détrempe sur un enduit de stuc humide. Ces trois femmes de profil sont d'une facture classique quoique stylisée, comme en témoigne la simplicité des traits, contrastant avec la minutie des bijoux et des boucles.

▲ La mosaïque aux dauphins ornant le mégaron de la reine (1600 av. J.-C., appartements royaux du palais de Knossos, *p. 78*).

Hadès

Apollon

Héphaïstos

Héra

Athéna

La Crète,
ses héros et ses dieux

Les poètes de la Grèce antique, Homère et surtout Hésiode, nous ont transmis une version écrite des mythes grecs. Ces récits épiques, où s'entremêlent légende et histoire, racontent les aventures des dieux, des héros et des simples mortels. Dans cette « production à grand spectacle », la Crète tient l'un des premiers rôles.

Les dieux de l'Olympe

Pour arriver et se maintenir au sommet de l'Olympe, les dieux ont dû écraser les Titans avec l'aide des Cyclopes, précipiter les Géants aux Enfers… Zeus lui-même ne s'impose comme dieu des dieux qu'après avoir obligé son père Cronos à restituer ses frères et sœurs qu'il dévorait à leur naissance ! Une fois la famille réunie, les frères se partagent le monde : Zeus se réserve les cieux et la terre, Poséidon reçoit la mer, Hadès les Enfers. Dieux et déesses sont anthropomorphes. Ils s'intéressent comme les mortels aux personnes du sexe opposé et procréent un grand nombre d'enfants légitimes et illégitimes auxquels ils font une place, selon leur mérite, dans l'Olympe. Ils déploient, en permanence, un génie fertile en inventions. Il est bien normal que les mortels demandent leur intercession quand l'univers se déchaîne et qu'ils ont peur.

Zeus et sa fratrie

De l'union de Rhéa et de Cronos naissent six « rescapés ». Poséidon, dieu de la Mer, est identifiable à son trident. Hadès, dieu des Enfers mais aussi du monde, est le maître des richesses du sous-sol. Hestia est la déesse protectrice du Foyer et la gardienne du feu sacré. Déméter est la déesse de la Fertilité. Elle donne une fille,

Zeus

Artémis

Poséidon

Perséphone (divinité du monde souterrain), à son frère Zeus. Héra, sœur et épouse de Zeus, est la déesse du Mariage, protectrice des foyers et mère d'Athéna, Hébé, Arès et Héphaïstos. Elle est furieuse des infidélités de son époux, dont elle cherche sans cesse à se venger.

Le mythe du Minotaure

Tout commence avec l'enlèvement d'**Europe** *(p. 108)*. Des amours de Zeus et d'Europe naissent trois fils : Minos et ses deux frères Rhadamante et Sarpédon qu'il évince pour devenir roi de la Crète, dont la civilisation rayonne sur toute la Méditerranée. Pour montrer à ses frères qu'il est l'élu des dieux, **Minos** demande à son oncle de lui offrir une victime digne de lui ; **Poséidon** fait surgir de l'eau un taureau blanc... que Minos omet de sacrifier aux dieux. Pour se venger, Poséidon inspire à **Pasiphaé**, la femme de Minos, une folle passion pour le taureau. **Dédale** lui construit une vache en bois dans laquelle Pasiphaé se cache. Elle peut ainsi assouvir cet amour contre nature et donne naissance à un monstre à corps d'homme et à tête de taureau, le **Minotaure**.

Thésée et le labyrinthe

Minos, furieux et vexé, demande à son architecte **Dédale** de construire à Knossos un labyrinthe dans lequel il enferme le Minotaure. Mais il faut nourrir le monstre, et celui-ci s'abreuve de sang humain. Après sa victoire sur Athènes, Minos exige en tribut que sept jeunes gens et sept jeunes filles soient chaque année livrés au Minotaure. Thésée, le fils du roi d'Athènes, se mêle aux jeunes Athéniens et part pour la Crète. Il y rencontre **Ariane**, fille de Minos, et en tombe amoureux. Elle lui donne une pelote de fil dont il attache une extrémité à l'entrée du labyrinthe et qu'il dévide durant son parcours. Il affronte le Minotaure, le tue et regagne la sortie du labyrinthe en enroulant sa pelote. Thésée s'enfuit avec Ariane, mais l'abandonne pendant son sommeil. La justice divine est clémente avec elle : à son réveil, elle rencontre **Dionysos** qui l'épouse. Il la conduira sur le mont Olympe où elle accédera à l'immortalité. ◆

Mettez-vous au régime crétois !

▲ Le pope, une image familière de la vie quotidienne.

La cuisine crétoise est savoureuse et originale, et les Crétois vivent bien et longtemps. Leur secret : ils marchent et mangent sainement. L'huile d'olive « extra vierge » est utilisée en grande quantité pour la cuisson, les salades, les pâtisseries ; un sésame, entre autres, pour la santé !

Le régime crétois pour la longévité !

Peu de viande, mais des fruits frais à profusion, des légumes et des légumineuses, des céréales, des fromages et des yaourts au lait de brebis et de chèvre, du miel et beaucoup d'huile d'olive. Goûtez au **pourpier**, cueillez des **figues** et accompagnez vos repas d'un petit vin rouge local : il possède des vertus inégalées *(p. 50)*. Outre des saveurs, les **herbes aromatiques** apportent aussi de la vitalité. Et si vous n'êtes pas dans votre assiette, un petit verre de raki *(tsikoudia)*, à toute heure du jour ou de la nuit, vous remettra d'aplomb *(p. 51)*.

Toujours simple et goûteux...

Beaucoup de plats crétois sont communs au reste de la Grèce *(moussaka* ou *souvlaki)*, voire à l'espace méditerranéen. Mais en Crète, chaque région a ses spécialités : un Crétois sait tirer la saveur première des légumes frais ou secs, des herbes, des viandes et poissons, sans mêler les goûts.

Pour calmer une petite faim. Outre les nombreux mezzés *(p. 50)*, vous goûterez les *tiropita*, feuilletés triangulaires au fromage ; les *spanakopita*, feuilletés aux épinards ; les *créatopita*, feuilletés à la viande ; ou encore les *kalitsounia* et les *mizithitropites*, chaussons et feuilletés au *mizithra*, fromage au lait de brebis non salé.

Pour ouvrir l'appétit. Vous avez l'embarras du choix : *salata koriatiki*, salade de tomates, concombres, oignons, pourpier et fromage de brebis *(feta)* ; *dolmadès*, feuilles de vigne farcies au riz ; ou *tzatziki*, fromage blanc agrémenté de concombre et d'ail haché. Le *dakos* est fait de *paximadi*, pain séché trempé dans l'eau et arrosé d'huile d'olive, garni de belles tomates juteuses et couvert de fromage de brebis.

Les viandes *(kreas)*. Elles sont servies grillées, en brochettes ou en sauce. Les *souvlaki*, brochettes de viande, s'arrosent de citron ; les *keftedes* ou *biftakia*, boulettes de viande, sont assaisonnées. Agneau, mouton ou chèvre, grillés, rôtis ou cuisinés régalent.

Les produits de la mer et les poissons *(psari)*. Vous avez le choix entre l'*octopus* (poulpe servi en salade), les *kalamares* (calamars frits) et le *barbounia* (rouget), le poisson le plus répandu. Picarels et petits poissons frits ou poissons entiers vendus au poids sont assez chers.

Les plats cuisinés tenus au chaud. Goûtez la *moussaka*, gratin d'aubergines et de viande hachée recouvert de sauce béchamel ; les *boureki*, feuilletés de légumes variés, souvent à base de courgettes ; et les *papoutsaki*, aubergines farcies gratinées.

Les plats mijotés. Essayez le *stifado*, veau ou lapin braisé aux oignons ; le *briam*, des légumes mélangés, un peu à la mode « ratatouille » ; les *souzoukia*, boulettes de viande très épicées à la sauce tomate, et les *saligaria*, des petits escargots gris en sauce.

Les légumes. Toujours les *patates* (pommes de terre, coupées en gros morceaux et revenues avec les plats mijotés ou frites) et les *melitsanes* (aubergines), *iémista* (légumes farcis), courgettes, tomates, poivrons, artichauts, choux...

Les desserts. On ne finit pas un repas par une pâtisserie ; on

Commander ses plats dans une taverne

Ne pas se fier au cadre rudimentaire d'une taverne : c'est là que l'on mange le mieux. L'usage, qui voulait que chacun aille à la cuisine et aux fourneaux et compose soi-même son menu, tend à disparaître. À partir d'une liste des plats proposés, le client choisit ce qu'il veut manger. La commande n'est pas pensée individuellement : on se partagera les plats. Le vin est souvent proposé au kilo et non au litre. ◆

préfère les fruits *(frouta)*, délicieux et nombreux dans ces îles pleines de soleil ; *stafilla* (raisins) ; *karpouzi* (pastèque) ; *peponi* (melon). On déguste aussi le délicieux *iaourti mé meli* (yaourt au miel).

Les pâtisseries. Elles sont à déguster en dehors des repas dans des établissements prévus à cet effet. *Bougatsa*, feuilletés chauds garnis de crème à la vanille, saupoudrés de cannelle ; *loukoumades*, beignets au miel et au sésame ; *baklava* et *kataifi*, gâteaux très sucrés, avec du miel, des noix, des amandes. Tant pis pour la ligne !

Ce vin chanté par Homère

Toute la partie sud de la Crète, protégée des vents trop chauds, est propice à la culture de la vigne. Et cela ne date pas d'aujourd'hui, puisqu'elle peut se targuer de posséder le plus ancien vignoble de la Méditerranée. Dans l'Antiquité, Knossos, Gortis et Festos entretenaient déjà un florissant commerce vinicole. On a retrouvé dans le département d'Heraklion, à Vathipetro *(p. 92)*, les vestiges d'une vaste exploitation agricole datant de l'époque minoenne, près de 1 500 ans av. J.-C. Homère a d'ailleurs été le premier à chanter les vins crétois, puisqu'il écrivit dans l'Odyssée, à propos de la Crète : « Il y avait là des *pithoi* d'un vieux vin suave à boire. »

Longtemps, les vins crétois furent réservés à la consommation locale. Aujourd'hui, on soigne les cépages et la vinification, et on exporte.

Plus de 50 000 hectares de vignoble

Quelques vieux cépages crétois remontent à la nuit des temps. Actuellement, plus d'une cinquantaine de milliers d'hectares sont plantés en vigne (y compris la production des raisins de table). Ils produisent des vins blancs et rouges, des **raisins secs** *(soultanita)* et le délicieux **raisin de table** *rasaki*. Les **vins rouges**, puissants, issus de vieux cépages tels que le roméïko de La Canée, le kotsifali et le mandilari d'Heraklion, le liatiko de Lassithi, sont les plus réputés. Les **cépages blancs** à raisins de cuve (vilana, athiri, ladiniko) permettent l'élaboration de vins plus doux, fruités et floraux.

Quatre appellations d'origine

Quatre vignobles ont droit à l'appellation d'origine : Sitia, Dafnes, Arhanes et Peza. Les vignobles de Sitia et de Dafnes donnent des rouges secs et des rouges doux. Le **vignoble de Sitia** grimpe jusqu'à 600 m. Son rendement est faible. De son cépage à petites baies, le **liatiko**, on tire des vins robustes et francs et un vin de liqueur généreux, au bouquet fruité quand il est jeune. En vieillissant, il prend une saveur spéciale qui en fait un bon vin d'apéritif, très apprécié locale-

► Au *kafenion*, on se retrouve pour discuter et siroter un verre. C'est un lieu encore très masculin.

Pour le plaisir du palais

Pour accompagner les vins crétois, rien de mieux que les **mezzés**, ces délicieux amuse-gueules. Choisissez les olives noires et juteuses, les soucoupes de poulpes marinés au vinaigre, les picarels (petits poissons frits relevés d'un trait de citron), les *kolokithakia* (courgettes frites assez aillées), etc. N'oubliez pas non plus que l'on trouve en Crète une excellente huile d'olive *(agouro lado)* produite à Apokorono, dans la région de La Canée, à partir d'olives pas tout à fait mûres. À goûter aussi : d'excellents **fromages** de vache d'Ambelouzos, le *kefalotiri* de Yerakari (brebis et chèvre), à pâte dure un peu piquante et qui s'utilise râpé, et le ***mizithra***, au lait de brebis non salé dont on frit de délicieux palets. ◆

© Patrick Frilet/Hemis.fr

ment. Plus à l'ouest, dans le département d'Heraklion, on retrouve le même cépage liatiko, cultivé dans la **région de Dafnes**. Il donne lui aussi un vin de liqueur très proche de celui de Sitia.

Les **appellations contrôlées Arhanes et Peza** viennent, quant à elles, de régions du département d'Heraklion où la vigne est cultivée depuis l'époque minoenne. Elles proviennent du cépage rouge **mandilari** qui donne un vin riche en bouquet et en saveur, à la belle robe rubis. On trouve aussi à Peza un blanc frais et fruité issu du **vilana**, très vieux cépage crétois.

♥ **La route du vin**. Un parcours à suivre dans la région de Peza. *Voir p. 92.*

D'autres breuvages crétois

Le **retsina** est un vin grec résiné, qui vient souvent du continent; on aime ou on déteste, mais il faut l'essayer. Il se boit frais. Le **retsina de La Canée** et **d'Heraklion** a un goût plus doux et moins âpre que son homologue grec. Le **raki** (ou tsikoudia) est le véritable alcool du Crétois: une eau-de-vie de raisin naturelle, toujours préparée de façon artisanale; il ne grise pas et se boit « sec ». À ne pas confondre avec le raki turc, anisé, qui ressemble à… l'ouzo grec. L'**ouzo** est un alcool de raisin fortement anisé, à boire « sec » sur des glaçons ou allongé d'eau fraîche. Goûtez les jus de fruits frais: **khimo portokaliou** (orange) et **rodakina** (pêche).

En matière de café, une seule précaution: évitez de froisser la sensibilité nationale en réclamant un café turc, commandez « ena helinikos kafès, parakalo », que vous prendrez sans sucre (sketo), un peu sucré (metrio) ou très sucré (gliko). Et si vraiment vous n'aimez pas, rabattez-vous sur le Nescafé que les Crétois servent « frappé » (glacé). ◆

focus

Lyra et *bouzouki* :

danses et chants crétois

À la moindre occasion, sur la place du village ou même dans un *kafenion*, tout le monde danse, les jeunes gens des villes aussi bien que les vieux ridés des campagnes. Ainsi se tisse entre générations un lien très fort...

Le courage, l'amour, l'exil

Même si elle a tendance à s'effacer, il existe toujours une forme de poésie à la fois populaire et savante, conservée et véhiculée par des bardes de village. Ils chantent la *levendia*, la vertu courtoise, les paysages de l'île, l'amour et souvent, plus sombrement, l'exil, la *xenita*. Plus vigoureuse encore est la coutume des ***mantinades***, musique, chant et danse, toujours prêtes à jaillir à l'occasion d'une fête, d'un mariage ou d'un soir de belle lune où le vin a eu sa partie.

Une musique pour pleurer ou danser

Le joueur de ***lyra***, poète, conteur autant que musicien, chante l'histoire de la Crète, ses amours et ses drames. Sa musique langoureuse ou endiablée fait pleurer ou danser ceux qui l'entourent. Il est souvent accompagné du **laouto**, un instrument à cordes joufflu. Les pas de danse varient du facile à l'acrobatique ; les bras écartés du corps ne bougent guère, mais les pieds « tricotent » avec une étonnante rapidité. À chaque danseur son style, et l'homme qui mène la ronde (jamais fermée) cherche à mettre en valeur sa souplesse et son agilité.

Le *bouzouki* contre le spleen

Le sirtaki que danse Zorba n'est pas crétois ; le **pendozali** est la danse la plus courante. Le ***bouzouki*** est d'abord un instrument à cordes (sorte de mandoline), puis une musique, et enfin le lieu où on l'écoute. Mais c'est surtout une atmosphère : les hommes, plutôt des citadins, l'aiment par-dessus tout et s'enivrent de son rythme, de mélodie et d'alcool. Autrefois, ils se manifestaient souvent avec passion, en jetant sur la scène des assiettes, leur verre et même la table. Au *bouzouki*, on vendait à boire et à casser. Aujourd'hui, la danse n'y est plus un privilège masculin : n'importe quel spectateur peut monter sur la scène ; on se laisse aller au gré de la musique et on lance des fleurs. ◆

Une année de festivités

Il n'est pas de fête sans rites religieux, pas de manifestation officielle sans représentation du pouvoir spirituel. Pour approcher le vrai visage de la Crète, saisissez le contraste de la foule recueillie lors des fêtes religieuses qui, le devoir sacré accompli, s'anime d'une effervescence profane. La fête peut être un pèlerinage pour rejoindre l'église du village où est vénéré un saint. Elle débute la veille du jour à célébrer et dure toute la nuit. On danse sur la place du village. À la kermesse, autour de l'église, pacotilles en plastique côtoient images saintes dans une joyeuse cacophonie et dans les effluves de *souvlaki*…

▲ La danse est de toutes les fêtes : une occasion de revêtir ses plus beaux atours pour vibrer au son de la *lyra*.

···› Reportez-vous à l'index *(p. 296)* pour savoir où sont traitées les localités citées dans ce chapitre. Pour plus de détails sur les fêtes, lire également les encadrés *p. 225 et 244*.

Septembre. **Le 8 : Nativité de la Vierge**, fête à Sougia. **Le 14 : fête de la Croix**, jour de jeûne. Messe à Heraklion ; fête dans les villages autour du mont Ida et dans la chapelle de la Cime ; grande procession au mont Afendis Kavousi (montagnes de Sitia). **Du 20 au 25** : démonstrations sportives des clubs de sport et de natation d'Agios Nikolaos.

Octobre. Le 7 : **Saint-Jean-l'Ermite**. La veille au soir, service religieux au monastère de Gouverneto ; le matin, procession jusqu'à la grotte de Katoliko, où vécut et mourut l'ermite (Akrotiri). **Le 26** : **Saint-Dimitri**. Fête dans les églises dédiées à ce saint très populaire. L'avant-dernier **dimanche** du mois : **Fête de la châtaigne** à Elos. **Le 28** : **commémoration du « *ochi* »** (« non ») prononcé par le gouvernement de Metaxas et marquant le refus de se rendre malgré l'ultimatum de Mussolini en 1940. Jour férié national pour célébrer la victoire des Grecs au mont Pindos (Seconde Guerre mondiale).

Novembre. **Du 7 au 9** : **fête nationale crétoise**. Hommage à la mémoire du millier de Crétois qui, en 1866, s'étaient réfugiés au monastère d'Arkadi et durent se donner la mort pour échapper aux Turcs. Rethimnon organise des concours sportifs et une fête populaire. **Le 11** : **Saint-Minas**. Grande procession à Heraklion à partir de l'église Agios Minas. **Le 21** : **Présentation de la Vierge au Temple** (célébration du rite byzantin).

Décembre. **Le 4** : **Sainte-Barbara**. Fête villageoise à Agia Varvara. **Le 5** : **Saint-Savas**. Fête à Moni Savathianon (près d'Heraklion). **Le 6** : **Saint-Nicolas**. Fête à Agios Nikolaos. **Le 24** : les enfants chantent les *kalanda* de Noël, allant de maison en maison. **Le 25** : **jour de Noël**. Début d'une fête qui dure douze jours. **Le 31** : peu avant minuit, il est d'usage d'ouvrir la fenêtre pour faire sortir l'année écoulée et laisser entrer la nouvelle. À minuit, on partage le gâteau du Nouvel An, la *pita*, dans lequel est cachée une pièce de monnaie, qui est supposée porter bonheur à celui qui la trouvera. C'est une tradition byzantine.

Janvier. **Le 1er** : **Saint-Basile**. Agios Vassilis, avec son manteau et sa barbe blanche, apporte des cadeaux aux enfants. **Le 6** : **Épiphanie**. Fête de la visite des Rois mages. Jour de la bénédiction des eaux. La messe est célébrée au bord de la mer et dans les villages de pêcheurs ; le célébrant bénit une croix, qu'il jette ensuite à la mer ; on fête celui qui réussit à la rapporter. **Le 7** : **Saint-Jean-Baptiste**. Fête dans les églises qui portent le nom de ce saint, Agios Ioanis.

Février-mars. Le **carnaval** : il commence une semaine avant le « lundi maigre », premier jour du carême. Défilés à Heraklion et à Rethimnon ; mascarades dans toute l'île. **Le 25 mars** : **fête de l'Annonciation, fête nationale grecque**. **Le 29 mars** : liturgie, le matin, au séminaire d'Agia Triada.

Pâques. *Voir encadré ci-dessous.*

Avril. **Le 23** : **Saint-Georges**. Fête dans toutes les églises consacrées à Agios Georgios, un saint très

La Pâque orthodoxe

Elle ne coïncide pas avec le Pâques catholique. **Dimanche des Rameaux** : les églises sont décorées de croix de feuillages tressés. **Vendredi saint** (avant le dimanche de Pâques ; férié) : célébration de la mort et de la mise au tombeau du Christ. **Samedi saint** : la messe est célébrée tout au long de la soirée et, à minuit, on chante la résurrection du Christ : *Kristos anesti !* **Dimanche de Pâques** : la messe est célébrée dans toutes les églises. On allume parfois un bûcher au sommet d'un rocher ou sur la grève pour brûler symboliquement Judas. ◆

populaire. Messe et fête populaire à Agios Georgios Selinari, sur la route d'Agios Nikolaos. **Ascension**: dans la paroisse d'Almiros près d'Agios Nikolaos, messe et fête populaire avec danses folkloriques et feu d'artifice. **Pentecôte**: célébrée solennellement dans toutes les églises. Le **lundi de Pentecôte** est aussi jour de fête.

Mai. Le 1er: **Fête du travail; Fête du printemps et des fleurs**. On tresse bouquets et couronnes de fleurs pour les suspendre au-dessus des portes. On ne les décrochera que le 24 juin. **Le 5**: **Sainte-Irène**. Fête villageoise à Kroussonas (département d'Heraklion) et à Agia Irini (derrière l'aqueduc après Knossos). **Du 20 au 27**: **anniversaire de la bataille de Crète** (1941), lors de laquelle les Crétois résistèrent aux parachutistes allemands; discours et concours d'athlétisme, les **Venizelia** à La Canée. **Le 21**: **Saint-Constantin et Sainte-Hélène**. Fête dans les églises qui leur sont dédiées. **Le 25**: **célébration de la révolution de 1821** en l'église de la Panagia Thymania à Hora Sfakion.

Juin. **Du 1er au 7**: **rendez-vous des pêcheurs** du Club hellénique à Agios Nikolaos. **Le 24**: **feux de la Saint-Jean** et célébration du début de l'été. **Le 29**: **Saint-Pierre** et **Saint-Paul**. Fêtes dans les paroisses et les chapelles du nom des apôtres.

Juillet. Le 17: **Sainte-Marine**, martyre qui guérit du mal. Fête populaire et grande affluence à Voni. **Le 26**: **Sainte-Paraskevi**. Fête populaire à la grotte Skotino (près de Gouves). **Le 27**: **Saint-Pandeleimon**, grand martyr. Fête à Kounavi (après Knossos); à Pigi, près de Kastelli (département d'Heraklion); à Fournes. **Fête du vin** à Rethimnon: danses populaires, représentations musicales et dégustation de vin dans le parc de la ville. **Festival culturel d'Heraklion**: représentations théâtrales et musicales.

L'année liturgique

L'année liturgique orthodoxe commence le 1er septembre et se termine le 31 août; elle commémore les épisodes de la vie de la Vierge. Seules quelques fêtes purement profanes se glissent entre ces fêtes religieuses. Les liturgies de Noël, de Pâques et les réjouissances populaires qui en découlent sont de grands moments. Par ailleurs, chaque église de Crète est dédiée à un saint, qui est vénéré avec ferveur au moins une fois par an, surtout dans les villages. ◆

Août. **Le 6**: **Transfiguration**. Fête religieuse en l'église du mont Ioukhtas; à Skines (au sud de La Canée). **Le 8**: **Saint-Miron**, qui vécut d'eau sacrée dans une grotte. Fête à Agios Miron (route d'Heraklion, vers le sud). **Le 15**: **Assomption**. Toutes les églises et les monastères prennent un air de fête; grande fête à Neapolis dès le 14 août avec musique folklorique, danses traditionnelles et feu d'artifice; fête au village de Mohlos; à Alikampos; à Moni Khrissoskalitissas (au sud-ouest de l'île). **Le 25**: **Saint-Tite**, le patron de l'île et de la ville d'Heraklion. Grande procession qui part de l'église Agios Titos. **Le 27**: **Saint-Fanourios**. Fête en la remarquable église d'Agios Fanourios (près de Kamares). **Le 29**: **Saint-Jean**. Fête religieuse au nord de Rodopou (dans la presqu'île à l'ouest de La Canée); pendant toute la nuit qui précède le 29, des milliers de fidèles se rendent à pied à une petite église isolée (environ 1 h de marche sur un mauvais chemin); célébrations et baptêmes se succèdent. Fête à Moni Kapsa. **Fin août**: mariage crétois à Kritsa, au son de la *lyra*. **Les 30-31**: grande fête sur le plateau du Lassithi, parcouru par les villageois à dos d'ânes et de mules; fête à Psihro. **Fin août-10 sept.**: **festival Renaissance**, dans le fort vénitien de Rethimnon (théâtre, danse, etc.). ◆

itinéraires

Sur la route de Vai © Romain Cintract/Hemis.fr

Heraklion

et son département

58

Le nom d'Heraklion (*Iraklio*) désigne à la fois la ville et le département qui s'y rattache. Capitale et port principal de la Crète, Heraklion est un pôle d'attraction pour tout visiteur de l'île : un prestigieux Musée archéologique, une ambiance de vieille ville bousculée par l'histoire et attachée à valoriser son patrimoine, les ruines minoennes de Knossos toutes proches… L'ouest d'Heraklion offre un bon aperçu des richesses de la Crète. La vieille route de l'Est, quant à elle, traverse une région très touristique et mène au site minoen de Malia. La route d'Arhanes conduit vers les vignobles de l'arrière-pays. La plaine de la Messara, au sud, abrite entre autres les vestiges romains de Gortis et les ruines minoennes de Festos. Les randonneurs s'attarderont au nord de la Messara, avant de partir à l'aventure dans les criques de la côte sud.

Programme

Heraklion est un bon port d'attache pour découvrir la route du vin et les sites minoens. D'un accès facile, ils se combinent, pour ceux qui sont motorisés, avec d'autres excursions : Festos/Agios Fanourios, Malia/Lassithi, Gournia/Kritsa, Agios Nikolaos.

Durée

1 à 10 jours si vous voulez profiter des plages et faire des randonnées.

Cartes et plan

Département p. 60-61. Heraklion p. 64-65 ; palais de Knossos p. 78-79 ; palais de Malia p. 99 ; palais de Festos p. 104-105.

Bonnes adresses p. 218

◄Le port d'Heraklion et sa forteresse vénitienne.

Le département d'Heraklion.

Île de Dia
MER DE CRÈTE
N
HERAKLION
plan p. 64
Tombrouk
Kokini Hani
Amnissos
Gournes
Nirou Hani
Gorge de Karteros
Gouves
Anapolis
Limenas Hersonisou
Piskopiano
Hersonisos
E 75
Palais de Malia
Malia
Knossos
Skalani
Agia Irini
Moni Gouverniotissas
Mohos
Potamies
Avdou
Krasi
Moni Kardiotissa
Kera
SELENA OROS
AGIOS NIKOLAOS
Anemospilia
Arhanes
Mirtia
Moni Agarathou
Pigi
Agios Pandeleimon
Agios Antonios
Peza
Kaloni
Agios Paraskies
Kastelli
Lyttos
Vathipetro
Agios Vasilios
Sklaverohori
Voni
Trapsano
Galatas
Tzermiado
Plateau du Lassithi
Le département du Lassithi p. 118
Partheni
OROSEIRA DIKTI
DÉPARTEMENT DU LASSITHI
Moni Epanossifi
Arkalohori
Panagia
Mont Dicté 2148
D'HERAKLION
Garipa
Martha
Ano Vianos
Kefalovrisi
Kato Vianos
Anapodiares
Kato Kasteliana
Protoria
IERAPETRA
Pirgos
Keratokampos
Arvi
Tsoutsouros
Ahendrias
Maridaki
Akrotiri Sidonia
4. Les environs d'Heraklion p. 84
5. L'arrière-pays d'Heraklion p. 89
6. Autour de la baie de Malia p. 95
7. La plaine de la Messara p. 101
8. La côte au sud de la Messara p. 110
9. Au nord de la Messara p. 113

© Patrick Forget / Sagaphoto.com

itinéraire 1

Heraklion★★

programme pour une journée

Optez pour une large visite de la vieille ville, à suivre en prenant son temps. Le voyageur pressé se contentera de l'axe qui va de la forteresse vénitienne à la fontaine Morosini, en passant par la rue du 25-Août.

à ne pas manquer

Patrimoine: la forteresse vénitienne *(p. 67)*.

Marché: celui de la rue 1866, haut en couleurs *(p. 66)*.

côté pratique

Durée: une demi-journée sans la visite des musées *(p. 70)*.

Départ: place Eleftherias **D2**.

Conseil: stationner est difficile. Préférez les parkings payants, mais à tarifs modiques: près du Musée archéologique en contrebas de la place Eleftherias **D2**, en se dirigeant vers l'aéroport; entre la marina et le port commercial, à proximité des arsenaux, côté mer **D1**; à l'extérieur de la porte de Kenouria, au pied de la muraille **C3** (contournez la muraille par l'E). Parking couvert au centre commercial Iraklio Center, à l'O du Musée historique **B1**. On trouve aussi des petits parkings privés.

Plan de la ville: p. 64-65. **Bonnes adresses :** p. 219.

◀ Le marché de la rue 1866 à Heraklion est un régal pour les sens. On y trouve une grande variété de légumes et de fruits, frais ou secs. Ne vous y trompez pas, le poisson est en grande partie importé.

Heraklion, ville animée et en pleine expansion, compte quelque 220000 hab. dans l'agglomération. Son maire, très dynamique, veut en faire une ville européenne moderne tout en préservant son caractère historique et son identité crétoise. Il favorise les projets d'aménagements: nettoyage biologique des eaux usées, ouverture de zones piétonnières, promenades le long de la mer, dégagement de toute la muraille vénitienne; on fleurit, on gazonne. Un stade olympique (Pankritio Stadion), construit pour les jeux Olympiques de 2004 et les épreuves de football, accueille quelque 2640 spectateurs. Le port et l'aéroport connaissent un très fort trafic.

Capitale administrative de l'île, ville universitaire avec un pôle technologique avancé, Heraklion est également une ville d'affaires; les produits crétois s'exportent bien. Ses lignes architecturales ne sont pas toutes harmonieuses et elle peut décevoir le touriste pressé; elle a pourtant beaucoup de charmes, souvent cachés. Quelques moments « perdus » à flâner au marché ou dans ses ruelles vous offriront une excellente occasion de découvrir le vrai visage des Crétois.

Heraklion, Candie, Megalo Kastro...

La baie d'Heraklion abrita, à l'époque minoenne, l'un des deux ports de Knossos (l'autre étant situé plus à l'E, à Amnissos) ; les Grecs l'appelèrent Heraklea, d'où l'actuel nom d'Heraklion. Le nom, selon une légende, dériverait de celui d'**Héraclès**. Le héros grec aurait débarqué en Crète pour dompter le taureau de l'île, que Poséidon avait rendu fou (pour punir Minos qui n'avait pas respecté sa promesse de le sacrifier aux dieux).

Les Arabes, lorsqu'ils s'emparèrent de l'île en 824, y construisirent une forteresse, El-Kandak. Ce mot, mal prononcé, évolua en Chandax à l'époque byzantine et, au XIIIe s., les Vénitiens en firent Candia, qui désignait à la fois la ville et l'île tout entière. La ville, aux mains de la sérénissime république de Venise, devint capitale et connut ses années de prestige. Florissante et surtout point stratégique, elle fut toujours convoitée par les Turcs; en 1462, les Vénitiens renforcèrent la forteresse pour en faire une véritable arme de dissuasion.

En 1648, elle devint le théâtre d'une sanglante épopée qui dura vingt et un ans: le **siège de Candie**. La lutte farouche que se livrèrent les Turcs et les Vénitiens pour la domination de la capitale se transforma en guerre de religion et mobilisa l'Europe occidentale. Candie passa sous obédience turque, fut baptisée Megalo Kastro (grande forteresse) et devint la résidence d'un pacha. Les églises furent transformées en mosquées. La ville ne retrouva son nom d'Heraklion qu'après le rattachement de la Crète à la Grèce en 1913.

La place de la Liberté

···> D2 **Platia Eleftherias.** À l'E, dans l'enceinte de la ville, près de la porte Saint-Georges. De l'aéroport, on arrive par cette place. En se dirigeant vers le N, on descend vers la mer. La grande rue au S-E de la place permet de rejoindre Knossos ou la voie rapide du N de l'île (New Road).

Adossée à la **porte Saint-Georges** (ou *porta del Lazzaretto*, construite en 1565), la place de la Liberté, toujours animée, est la plus impor-

···> *suite p. 66*

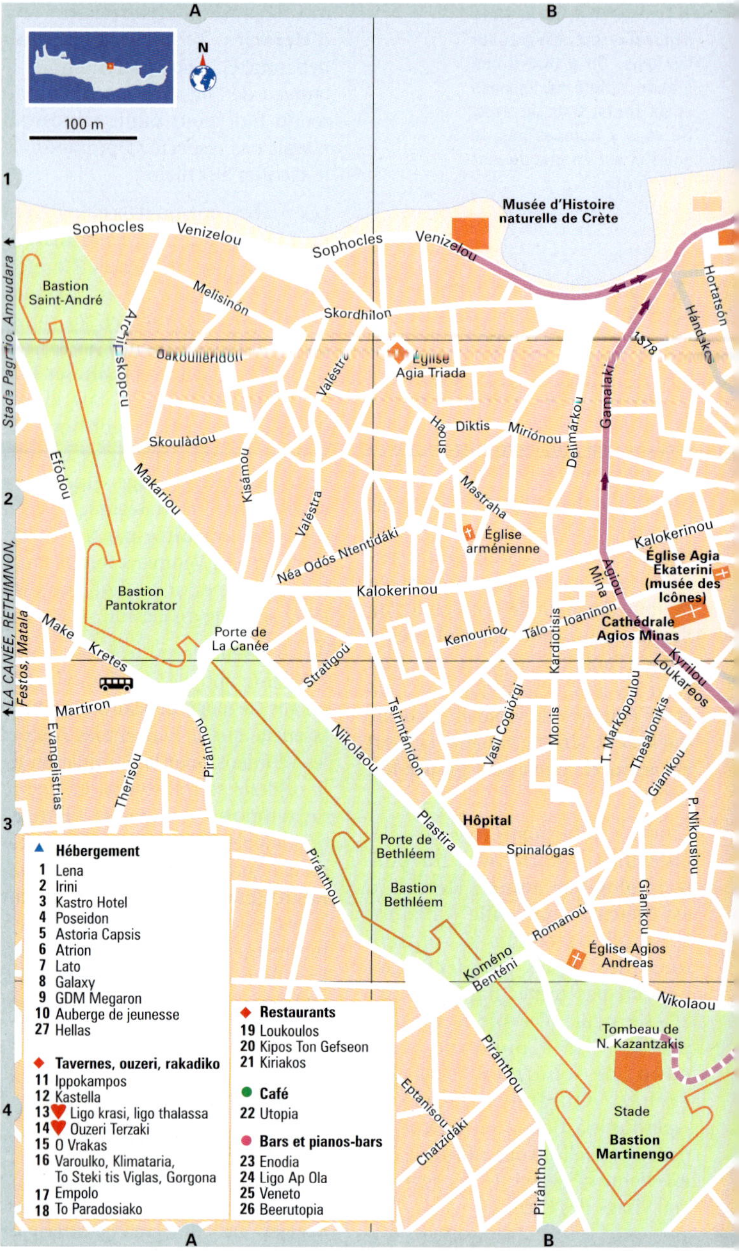

Heraklion.

S'orienter

La partie intéressante de la ville se trouve dans l'enceinte des remparts vénitiens. On ne risque pas de se perdre dans le dédale des quartiers d'habitation qui s'étalent au-delà de leurs limites. Point de repère facile à trouver, la **forteresse vénitienne D1**, à l'entrée du port de plaisance : il suffit de longer la mer pour la voir ou de suivre les pancartes indiquant la

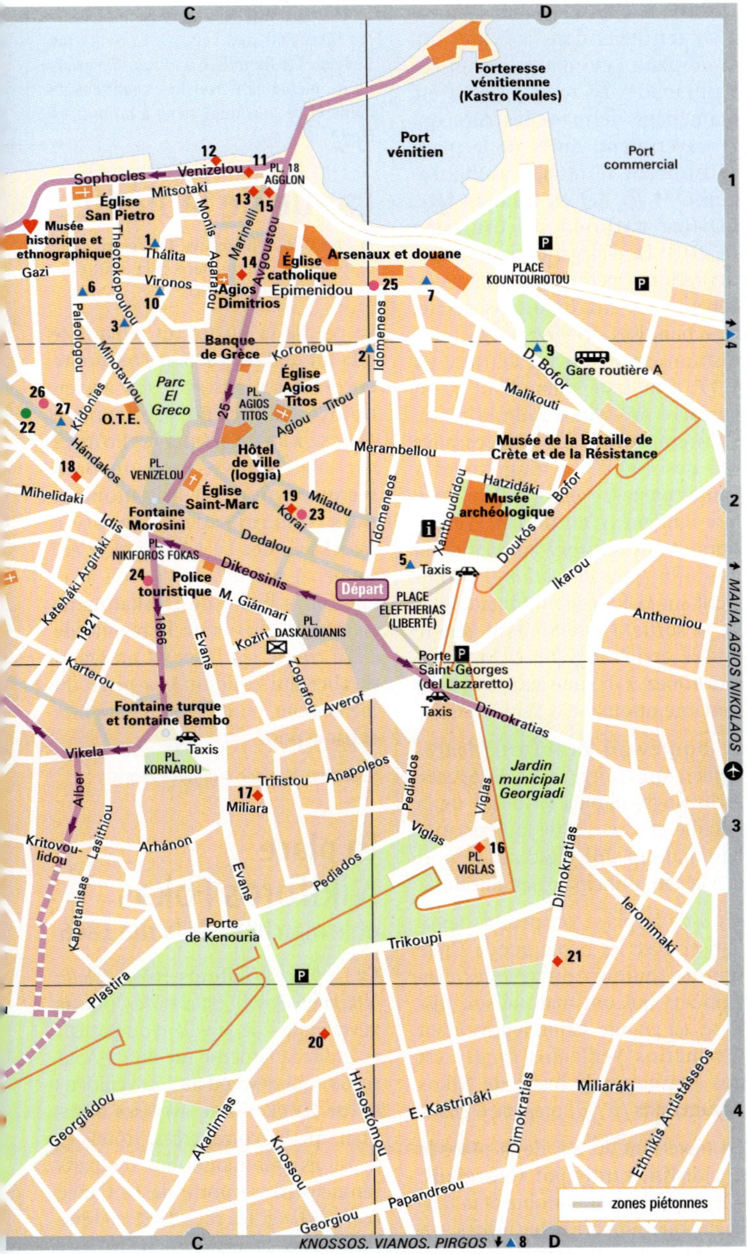

dir. du port (« harbour »). En face, la rue 25 Avgoustou **C1-2** monte vers la fontaine Morosini **C2**. De la place Eleftherias **D2**, en longeant le Musée archéologique **D2**, on peut descendre aux ports ou prendre les dir. indiquées de Knossos ou de l'aéroport. Il n'est pas facile de circuler, sauf à l'heure de la sieste. Une zone piétonnière couvre le centre historique. ◆

tante de la ville. Les Crétois aiment à s'y retrouver dans les cafés qui la bordent. Les enfants jouent sur l'esplanade. Le rond-point a été réaménagé, fermant les rues qui la traversaient. Au N de la place se trouvent le **Musée archéologique***** *(p. 71)* et, juste en face, l'**Office national du tourisme** *(p. 219)*. De l'élégante porte Saint-Georges qui permettait, à l'époque vénitienne, aux habitants et aux marchandises de traverser la fortification, mais qui fut détruite en 1917, il ne reste aujourd'hui qu'un passage: au coin S-E de la place, vous empruntez un large escalier qui descend à un long corridor voûté, un bel exemple d'architecture militaire. C'est un lieu d'exposition. Vous ressortez au pied de la muraille *(près du parking)*. Coup d'œil sur la fontaine ottomane près de la sortie. En remontant vers le Musée archéologique et la place, remarquez, à dr., une autre très belle **fontaine ottomane**, « **Yenicar Aga** ».

Le **boulevard Beaufort** *(doukos Bofor)*, qui longe à l'E le Musée archéologique puis le musée de la Bataille de Crète et de la Résistance nationale *(p. 76)*, descend au port et à la gare principale des autobus.

Au S de la place, on peut se familiariser avec les héros que la Crète honore toujours ou avec les événements qui ont marqué son histoire. La grande statue représentant **Eleftherios Venizelos** *(p. 41)* est dos à la mer et le **buste de Nikos Kazantzakis** *(p. 90)* presque en face.

En traversant au S-E de la place le **jardin municipal Georgiadi**, très agréable pour l'ombre et la fraîcheur que procurent les arbres, on rejoint la grande **rue Dimokratias** qui mène à Knossos. La colonne de marbre à l'angle fut édifiée en l'honneur de **Nikiforos Fokas** *(p. 40)* et, quelques mètres plus loin, un monument assez imposant célèbre la résistance crétoise aux nazis en 1941.

shopping. Du centre de la place, la rue Dikeosinis part vers l'O. La petite **rue Dedalou** C2 *(parallèle à la rue Dikeosinis au N)*, piétonnière avec ses boutiques de mode et de musique, mène à la fontaine Morosini *(p. 69)*.

La rue de la Justice

→ C2 **Odos Dikeosinis.** Du centre de la place de la Liberté, face à la statue du Soldat inconnu, vers l'O.

La rue de la Justice fut rebaptisée à la fin de l'été 1975 et l'on trouve encore des plans avec son ancien nom: rue du Roi-Constantin *(odos Konstantinou)*. Longez sur la g. la préfecture, un bâtiment construit par les Ottomans puis remanié dans le style néoclassique. Le bâtiment a été coupé en son milieu: on voit à cet endroit le **buste de Daskaloianis** *(p. 40)*, un héros de la révolte de 1770 contre les Turcs, et un grand escalier qui conduit à la place du même nom, bordée par des tavernes et par la poste.

> *Gagnez la place Nikiforos Fokas.*

La place Nikiforos Fokas
et le marché** de la rue 1866

C2 La **place Nikiforos Fokas** *(platia Nikiforou Foka)* est un des points névralgiques de la ville d'où partent en étoile la fameuse rue du 25-Août *(p. 68)* qui descend au fort vénitien; la rue Kalokerinou, avec ses nombreux petits commerces, hôtels et pensions, qui aboutit aux remparts vénitiens par la **porte de La Canée** A2 *(à l'O)*; et les **rues 1821** et **1866** (ces dates correspondent à deux insurrections importantes des Crétois contre les Turcs), artères d'un petit et très actif quartier d'artisans.

La **rue 1866** C2, bien que petite, est très animée et haute en couleur et en senteur. Elle sert de cadre au

marché★★, qui abonde en miels, huiles d'olive, fruits secs et épices de toutes sortes *(ouv. de l'aube à 14h et de 17h à 20h les mar., jeu. et ven.; de 7h à 14h les lun., mer. et sam.)*. Les boutiques touristiques, en augmentation, cachent, voire chassent, les étals crétois.

Au bout du marché de la rue 1866 se trouve la place Kornarou avec **deux fontaines**: la fontaine turque, hexagonale, abrite un petit café qui dispose de quelques tables sous les arbres où il fait bon s'asseoir; dans sa proximité, la **fontaine Bembo**★ **C3**, du nom de celui qui la fit construire grâce aux fragments recueillis sur les ruines romaines de Ierapetra, est un ouvrage de la Renaissance italienne construit dans la seconde moitié du XVIe s.

La rue Alber

C3 De la place Kornarou (au bout de la rue 1866), suivez à dr. la rue Vikela. La rue Alber est sur la g.

Une très belle **maison turque**★ remarquablement restaurée, avec son avancée caractéristique et ses fenêtres à moucharabieh, sert de siège à l'École italienne d'archéologie.

détour. Au bout de la rue Alber, on est tout près du **bastion Martinengo** où se trouve la tombe de **Nikos Kazantzakis** *(p. 69 et p. 90)*.

Agios Minas et Agia Ekaterini★★

B2 Revenez rue Vikela et suivez la rue qui la prolonge.

La cathédrale **Agios Minas** (XIXe s.), grande et froide, est l'une des plus vastes de toute la Grèce. L'église **Agia Ekaterini**★★, plus modeste et située un peu en retrait de la cathédrale, possède deux nefs. Elle fut édifiée aux XVe s et XVIe s. et transformée en mosquée sous les Turcs; elle abrite le **musée des Icônes**★★ *(p. 76)*.

> Suivez la rue Agiou Mina. Traversez la rue Kalokerinou et poursuivez vers les quais. Un raccourci: prenez à dr. la rue Kalokerinou jusqu'à la place Nikiforos Fokas **C2** *et la fontaine Morosini.*

Les quais à l'ouest du port

BC1 Suivez la rue Gamialaki qui prolonge la rue Agiou Mina. Descendez vers la mer.

Sur la g., la promenade le long de la mer mène au **musée d'Histoire naturelle** *(p. 76)*. En tournant à dr., on passe devant une **maison de style néoclassique** construite en 1903 et propriété de la famille **Kalokerinos**, dont le nom est lié aux premières fouilles de Knossos *(p. 77)*. Elle est un peu le symbole de la renaissance gréco-crétoise. En effet, le père du fondateur du ♥ **Musée historique**★★ *(p. 73)*, qu'elle abrite, fut tué à Heraklion par les Turcs lors du grand massacre de 1898, et sa maison totalement pillée et incendiée. Sur les cendres de cette maison, l'actuel bâtiment fut reconstruit au lendemain de l'autonomie crétoise.

En suivant les quais, on longe les ruines imposantes de l'église médiévale **San Pietro C1** (XIIIe s.), qui faisait partie d'un monastère dominicain et que les Turcs ont plus tard transformée en mosquée. Reconstituée, elle est conforme aux plans d'origine. On arrive ensuite au port, où l'on aperçoit, sur la g., la forteresse vénitienne.

La forteresse vénitienne★★

D1 Kastro Koules. Ouv. du mar. au dim. de 8h30 à 19h. Entrée payante.

Le port est fermé par une longue jetée dont l'entrée est gardée par un fort, très bel exemple de l'architecture militaire du XVIe s. Construit par les Vénitiens entre 1523 et 1540 pour prévenir une attaque ottomane, le *Rocca al Mare* (« fort sur la mer »), comme il s'appelait, est marqué sur trois côtés du lion de Saint-Marc, l'emblème de la république de Venise.

Quand, au XVIIe s., les Turcs s'en emparèrent, ils lui donnèrent le nom de **Kastro Koules**, encore employé aujourd'hui. Il est intéressant à visiter pour son architecture intérieure avec ses murs massifs en belle pierre de taille et ses voûtes… Un tour de ronde derrière les mâchicoulis offre une vue magnifique sur le port, la ville, le mont Ioukhtas et l'île de Dia.

spectacles. Les amateurs de musique et de théâtre pourront assister à des représentations en plein air dans l'enceinte de la forteresse…

> *En face de la forteresse, le long du port, on aperçoit les* ***arsenaux*****, grands bâtiments voûtés, où les Vénitiens construisaient et réparaient les bateaux. Plus à l'E se trouve le port moderne où accostent ferries et bateaux de croisière.*

La rue du 25-Août

C1-2 Odos 25 Avgoustou. Revenez sur la place 18 Agglon **C1**, d'où monte la rue du 25-Août.

La date du 25 août, gravée dans les mémoires, rappelle le massacre de la population par les Turcs en 1898. C'est la rue des banques, des agences de voyages et de location de voitures, des compagnies maritimes, des boutiques de souvenirs et des petits *kafenions*.

En bas de la rue, à dr. en la remontant, se dresse la façade originale et bien préservée d'une **maison turque baroque**. Passez à g. devant le siège de la compagnie maritime Minoan Lines, aux intérieurs luxueux. Plus haut, au coin de la rue Epimenidou, une belle **maison vénitienne** se reconnaît à ses balcons. Par un léger détour dans cette rue, gagnez le petit square sur lequel donne, à g., l'**église catholique C1**. Du parking, ou plus loin dans la rue du café ● **Veneto**, vous aurez une très belle vue sur le port et la forteresse.

Au milieu de la rue du 25-Août, sur la g., après la Banque nationale de Grèce, apparaît un peu en recul la façade byzantine de l'église **Agios Titos* C2** (du XVIe s.). Transformée en mosquée par les Turcs, elle en garde l'allure avec sa large coupole. C'est aujourd'hui l'église du métropolite, où sont célébrés des cultes orthodoxes. Venise lui a restitué, en 1966, sa plus précieuse relique, la tête de Saint-Tite, le patron de l'île. Prenez le temps d'en faire le tour pour apprécier cette curieuse église, et pour découvrir l'arrière de la loggia, à voir de préférence le soir lorsque ses vitraux colorés sont éclairés. Une agréable taverne sous un vieux platane borde la place.

Revenez sur la rue du 25-Août. Sur le trottoir de g. se trouvaient à l'époque vénitienne une célèbre **loggia** et l'**Armeria** (armurerie), qui furent endommagées puis détruites pendant la Seconde Guerre mondiale. La loggia, reconstruite dans son style original du XVIIe s., abrite aujourd'hui la municipalité.

L'**église Saint-Marc C2**, qui fut construite en 1239 et rebâtie en 1303 après un tremblement de terre, présente une façade vénitienne. Transformée en mosquée par les Turcs, elle sert aujourd'hui de salle d'expositions, de conférences et de concerts. Après le bâtiment, la base d'un minaret se distingue.

> *L'église donne sur la place Venizelos.*

envie de sortir ? Les ruelles situées derrière l'église Saint-Marc, particulièrement « Korai », sont très animées le soir avec leurs bars et leurs cafés ; c'est le **quartier branché** d'une Crète ouverte aux influences extérieures du moment. *(Voir aussi les Bonnes adresses p. 218.)*

La fontaine Morosini★

···> C2 Sur la place Venizelos (platia Venizelou).

Inaugurée en 1628, elle a le charme des ouvrages vénitiens ; les quatre lions qui soutiennent sa vasque supérieure datent du XIVe s. Son support est orné de bas-reliefs. Même si l'eau ne coule plus de la fontaine, cette place est un savoureux **point de rencontre** : deux cafés, créés en 1922, proposent de fameux *bougatsa*, feuilletés parfumés à la cannelle *(au S de la place)* ; goûtez aussi les *gyros*, viandes grillées coupées en lanières et glissées dans un pain *pita* garni. À l'angle de la rue Dedalou, la **bibliothèque municipale Vikelaia**, nouvellement restaurée, témoigne d'une vie culturelle crétoise florissante.

> De la fontaine Morosini, la rue Handakos part vers l'O. Piétonnière et agréable, avec ses boutiques et ses tavernes, elle mène jusqu'à la mer.

Le parc El Greco

C2 Au N de la place Venizelos, le **parc El Greco**, avec le buste du célèbre peintre **Domenikos Theotokopoulous**, dit le Greco (1541-1614, *p. 86*), est un jardin agréable. Plusieurs bars y distillent de la musique le soir. De l'autre côté de ce jardin se trouve le **bureau de l'OTE** (téléphone et télégrammes).

Les remparts★

Les remparts vénitiens, de 3 km de périmètre, constituèrent une muraille d'une résistance exceptionnelle qui, pendant vingt et un ans, défia l'assiégeant turc. Ils sont renforcés par sept gros bastions qui dessinent une étoile, et sont coupés de quatre portes.

Les portes. À l'O, la **porte Panigra, ou porte de La Canée A2** ; au-delà se dresse la statue en bronze du capetan Mikhalis Korakas, héros crétois célèbre pour sa lutte acharnée contre les Turcs au XIXe s. (évoqué dans *La Liberté ou la Mort*, de Nikos Kazantzakis). Au S-O, la **porte de Bethléem B3**. À la pointe S, le **bastion Martinengo B4**, en forme de triangle, où repose le grand écrivain crétois Nikos Kazantzakis *(p. 90)*. Au S-E, la **porte de Jésus** ou **de Kenouria C3**, avec deux inscriptions datées de 1567 et 1587. À l'E, la **porte Saint-Georges** ou **del Lazzaretto D2**, datée de 1565.

Le tour des remparts. Une **promenade sur les remparts** permet d'apprécier leur épaisseur. Une partie se parcourt à pied : au S de la place de la Liberté, longez le jardin public jusqu'à la place Viglas **D3** pour prendre, vers l'O, le chemin sur les remparts ; la perspective sur la ville mérite l'effort. Passez au-dessus du théâtre en plein air Nikos-Kazantzakis.

Au bastion Martinengo **B4**, montez jusqu'à la **tombe de Nikos Kazantzakis** *(p. 90)*, d'une grande sobriété. Ancrée dans la pierre, l'épitaphe reprend ses propres mots : « Je n'ai peur de rien, je n'espère rien, je suis libre. »

9 un temps pour s'amuser. Agréable **aire de jeux** pour les enfants, ouzo pour les parents, le tout au pied des remparts, à la sortie de la vieille ville, après la porte de Kenouria **C3**, sur la dr. ◆

itinéraire 2

Les musées d'Heraklion★★★

programme

Pour chaque musée, nous indiquons une durée de visite approximative. Le programme et le temps de visite d'Heraklion sont à établir en combinant la visite de la ville (traitée dans l'itinéraire 1, *p. 62*) et celle des musées choisis.

à ne pas manquer

Culture : le Musée archéologique *(p. 71)* ; le ♥ Musée historique et ethnographique de Crète *(p. 73)*.

Avec les enfants : le musée d'Histoire naturelle de Crète *(p. 76)*.

côté pratique

Plan de la ville : p. 64-65. **Bonnes adresses :** p. 219.

◄ *Le Baptême du Christ* (conservé au Musée historique et ethnographique) a sans doute été exécuté pendant le séjour du Greco à Venise entre 1567/68 et 1570.

Les musées présentent les richesses les plus variées de la Crète. Le Musée archéologique, prestigieux, embrasse toute la civilisation minoenne, mais il est actuellement fermé pour restructuration. Toutefois, une exposition des œuvres majeures permet de voir l'essentiel de ses collections. Les autres musées de la ville réservent aussi d'agréables surprises : le Musée historique et ethnographique, qui remonte le temps jusqu'aux premières traces chrétiennes dans l'île ; le musée des Icônes d'Agia Ekaterini ; en passant par le musée de la Bataille de Crète, évocation de la douloureuse période de la résistance nationale, et le musée d'Histoire naturelle.

Le Musée archéologique★★★, exposition temporaire

···> D2 Au N de la place Eleftherias. **Fermé depuis nov. 2006. Entrée de l'exposition temporaire** côté N du nouveau bâtiment. Longez-le par l'O, côté office du tourisme, et tournez à dr. ☎ 2810-279000. Ouv. en été t.l.j. de 8 h à 20 h, dim. de 8 h à 15 h, lun. de 13 h à 20 h ; F. à 15 h en hiver. Entrée 4 €. **Durée** : 1 h 30 de visite.

Ce musée prestigieux, consacré à la civilisation minoenne, fort de 800 000 pièces provenant de fouilles pratiquées en Crète depuis les années 1900, méritait un site à la hauteur de sa collection unique, qui ne cesse de s'enrichir. Sa conception est totalement revue : construction de nouveaux bâtiments plus vastes avec 4 000 m² à aménager à chaque étage, nouvelle muséographie qui implique de repenser le choix des pièces à exposer et les parcours. Pendant la durée de ces longs travaux de rénovation, une **exposition temporaire**★★★ des pièces les plus significatives, souvent les plus célèbres, permet au profane comme au passionné d'archéologie ou d'ethnologie, de découvrir les 450 objets considérés comme les plus importants de l'époque minoenne.

En entrant, à dr., est exposée la fresque en relief du *Prince aux fleurs de lys* trouvée à Knossos.

Les vitrines sont numérotées *(en ht., à g.)* et présentées de façon chronologique et thématique. Dans le descriptif ci-dessous, les **numéros en couleur** renvoient au numéro de vitrine, puis à celui de la pièce commentée de ladite vitrine.

Vitrine 1

Période néolithique (5800-4800 av. J.-C.). Poteries, outils et figurine de Crète centrale et de l'E.

1. Figurine en terre cuite représentant une femme à large assise, la grande divinité mère, déesse de la fertilité vénérée à l'époque (Ierapetra, 5800/4800 av. J.-C.).

Vitrines 2-3-4

Période prépalatiale en Crète centrale et de l'E (3200/3000-2000 av. J.-C.).

2.2. Vase à libations en terre en forme de taureau avec trois petits personnages qui l'attrapent aux cornes (2000/1900 av. J.-C.).

2.6. Cruche au versoir en bec d'oiseau au décor de flammes de Vasiliki (2500 av. J.-C.).

3. **Bijoux en or** de Mohlos, feuilles, fleurs et rosettes d'or de la parure du mort (2500-2300 av. J.-C.). Dague en argent avec les trous pour l'attacher (2800-2300 av. J.-C.).

4.4. Petite figurine en marbre d'une femme assise, type art cycladique, Tekes (2500-2300 av. J.-C.).

Vitrines 5-6-7-8

Période protopalatiale (2000-1700 av. J.-C.) avec des objets de la période des premiers palais de Knossos, de Festos et de Malia. Vers 2000 av. J.-C., la population atteint un haut degré de prospérité ; la céramique s'affine, surtout grâce à l'invention du tour de potier. Les **vases du style de Kamares***** (du nom de la grotte cultuelle située au-dessus du village de Kamares, où furent trouvés les premiers vases de ce style, *p. 115*) portent des motifs (spirales, disques, feuilles, etc.) blancs, rouges et orange qui se détachent sur un fond sombre avec élégance et mouvement. Cette **céramique polychrome** a été exécutée entre 1900 et 1700 av. J.-C.

5.2. Remarquable coupe sur pied aux bords dentelés, pièce de la vaisselle du palais de Festos. **4.** Vase aux lys en forme de cratère, Festos (1800-1700 av. J.-C.).

6.4. Vase à bec d'oiseau, polychrome sur fond noir, Festos. **6.** Pièce polychrome à deux anses en forme de bateau, avec un versoir en bec d'oiseau, Festos. **14.** Jarre avec un décor de palmiers blancs sur fond sombre, Knossos (1700-1650 av. J.-C.).

7.8. ♥ **Pendentif***** en or (repoussé, filigrane, granulation) orné de deux frelons suçant une goutte de miel, nécropole de Chrissolakkos, Malia *(p. 98)*.

8. Modèle de maison minoenne en miniature. Plaques de faïence figurant des façades de maisons à deux ou trois étages.

Vitrines 9-18

Période néopalatiale (1700-1450 av. J.-C.) : les nouveaux **palais** de Knossos, Festos, Malia et Kato Zakros. Après la grande catastrophe qui, vers 1700 av. J.-C., a anéanti tous les bâtiments de l'île, de nouveaux palais, plus importants, sont reconstruits. C'est l'âge d'or minoen.

L'énigme du disque de Festos

Parmi les documents découverts en Crète, le plus célèbre est le disque d'argile mis au jour dans les ruines du premier palais de Festos en 1908 *(p. 104)*. Les deux faces de cette médaille de 1,2 cm d'épaisseur et de 16 cm de diamètre sont couvertes d'inscriptions ; les signes pictographiques sont estampés en spirale et se liraient de l'extérieur vers l'intérieur. Cette première forme d'écriture hiéroglyphique est composée d'idéogrammes et de signes, dont certains ont été identifiés, quoique le texte global reste indéchiffrable. Il date de 1650 av. J.-C. et serait donc contemporain du « linéaire A » *(p. 35)*. Sur les 242 signes que compte ce document, 45 signes différents ont été recensés.

Ce disque a été réalisé à l'aide de cachets, ce qui en fait le premier document de type mécanique du monde. Pourquoi ? Pour qui ? Il n'a pas encore livré son mystère. ◆

9.1. Poterie à décor marin (poulpes), Palekastro (1500-1450 av. J.-C.). **5.** Vase à décor floral, Festos (1450 av. J.-C.).

10.6. Écriture en linéaire B sur tablette d'argile *(p. 35)*, Knossos (XIVe-XIIIe av. J.-C.).

Vous découvrez ensuite les chefs-d'œuvre de l'âge d'or de l'époque minoenne.

11. Jeu d'échecs sur bois incrusté d'ivoire, de cristal de roche, couvert à la feuille d'or et d'argent.

12.1. Élégante amphore de marbre veiné, Zakros. **2.** Magnifique **rhyton en cristal de roche*****, Zakros (1450 av. J.-C.).

13. Remarquable **rhyton en forme de tête de taureau***** venant du palais de Knossos *(p. 78)*. On versait dans le cou le liquide, qui s'échappait par les narines. Le côté droit est authentique, avec l'œil en cristal de roche et en jaspe et le museau entouré de nacre ; oreilles et cornes ont été reconstituées. Quel que soit l'angle sous lequel vous observez ce taureau, son regard vous suit et ne vous quitte jamais (1600-1500 av. J.-C.).

14.10. Célèbre ♥ **déesse aux serpents★★★**, statuette en faïence, provenant du sanctuaire central de Knossos (1600 av. J.-C.). Déesse de la fertilité avec sa poitrine dénudée, un félin sur la tête, un serpent dans chaque main, elle est maître de la nature. 11 à 17. Doubles haches votives en or, grotte d'Arkalalohori (1600-1450 av. J.-C.).

15. **Rhyton à tête de lion,** Knossos (1600-1500 av. J.-C.).

16. Deux vases à libations en stéatite représentant une procession de moissonneurs, Agia Tiada (1500-1450 av. J.-C.).

17. Magnifique ♥ **acrobate★★★ en ivoire** trouvé à Knossos, sauteur de taureau représenté en plein effort avec d'étonnants détails anatomiques.

18. **Disque de Festos★★★** *(voir ci-dessus)*, une des pièces les plus remarquables du musée. Il est couvert de signes hiéroglyphiques imprimés dans l'argile à l'aide de cachets, une première forme d'imprimerie !

Sur le mur du fond, les **fresques de Knossos** sont en grande partie reconstituées : le saut de l'acrobate sur le dos du taureau ; et une figure peinte, célèbre et attachante, « **la Parisienne** »★★★, ainsi baptisée par Sir Arthur Evans pour son élégance (il s'agissait en fait d'une prêtresse, *p. 82*).

Vitrines 19-24

Le monde de la mort à l'époque néopalatiale.

19. **Le sarcophage d'Agia Triada★★★** *(p. 106)*, remarquablement peint avec des scènes qui témoignent du culte rendu au mort.

20. Vases, bijoux et sceaux des cimetières de Knossos : 6. coupe en or avec spirales et arcades ; 9. bague en chalcédoine avec une représentation de lion et de deux femmes ; 17. **bague de Minos★★★**, remarquable orfèvrerie représentant une déesse en plusieurs scènes miniatures ; 18. bague-sceau en or, danse rituelle de déesse.

21.1. Vase à pointe. 7. Vase à décor marin, Poros.

22. 2-12-16-17. Colliers et bagues-sceau de Fourni, Arhanes.

23. Vases, bijoux, sceaux de Festos. 5. Petit sanctuaire en argile avec une scène d'offrandes.

Avec le déclin de la civilisation minoenne, les objets exposés ressemblent plus à ceux que l'on peut trouver ailleurs en Grèce.

Vitrines 25-26

Période postpalatiale (1350/1300-1100 av. J.-C.). Figures de déesses les avant-bras levés, Gazi, Karfi, Gortis.

Vitrines 27-29

Période archaïque et géométrique. Vases, bijoux, statuettes de sanctuaires et de cimetières de Crète centrale et de l'E.

Vitrine 30

Période hellénistique et romaine. Vases, figurines, pièces, bijoux de Crète centrale et de l'E.

♥ Le Musée historique et ethnographique de Crète★★

···> **BC1** Maison Kalokerinou, Sofokli Venizelou, à l'O du fort vénitien en suivant les quais ☎ 2810-283219, www.historical-museum.gr. Ouv. l'été du lun. au sam. de 9h à 17h ; hors saison de 9h à 15h30 ; F. dim. et j.f. Entrée payante. Tarifs réduits pour les groupes et les étudiants. Plan du musée en français à la caisse. Agréable **café** au 1er ét. avec terrasses (vue sur la mer ou le jardin). Les numéros en couleur correspondent aux numéros des salles indiqués sur le plan du musée.

itinéraire 2

Dans l'élégante maison qu'il occupe *(p. 67)*, agrandie d'une aile en verre bien intégrée, ce musée assure la suite logique du Musée archéologique, en couvrant une période qui va des IVe-Ve s. apr. J.-C. jusqu'à l'ère moderne.

Rez-de-chaussée (niveau 0)

Dès l'entrée, à dr., dans la **salle Kalokerinos** 1., apparaît la **ville vénitienne de Chandax** (Heraklion) telle qu'elle était au milieu du XVIIe s. (au meilleur de l'époque vénitienne) avec ses monuments, grâce à une grande maquette (4x4 m) et à un jeu de projecteurs que l'on anime soi-même. Un diaporama complète la visite *(en grec et en anglais, à demander à la caisse)*. En face de la maquette se trouvent les restes trouvés au fond de la mer (pièces de monnaie, poteries) du **galion *La Thérèse*** envoyé par Louis XIV pour aider la ville assiégée (guerre de Candie, 1645-1669). Il fut détruit par les Turcs le 24 juillet 1669 et 286 des 336 hommes à bord périrent.

présentation. Les collections de céramiques et de sculptures présentées ensuite sont classées par ordre chronologique et thématique.

La **salle des Céramiques** 2. présente seize siècles de cet artisanat, allant de la première période byzantine jusqu'à l'époque ottomane, avec des pièces de la période arabe, qui reste encore à découvrir.

Le couloir 3. et la salle 4. à dr. présentent des œuvres de la première période byzantine (330-827/28) : mosaïques, sculptures, mobilier de la basilique Saint-Tite à Gortis (Gortyne). La petite salle 5., en face, contient des sculptures de la seconde période byzantine (961-1204). La grande salle 6. nous fait entrer dans la période vénitienne (1204-1669) avec des sculptures et des inscriptions, dont une en hébreu qui rappelle l'existence d'une communauté juive dans la Crète d'alors. Dans l'espace 7. on longe les blasons.

Premier étage (niveau 1)

8. Fragments de **peintures murales byzantines**.

9. Riche **collection de monnaies**, témoignages des échanges économiques en Crète du début de la chrétienté à nos jours.

10. **Petite chapelle byzantine** reconstituée avec les fresques de l'église de la Vierge (Kardouliana) : naissance de la Vierge, du Christ, ascension, fuite en Égypte. Notez la richesse des couleurs, des drapés, des mouvements.

11. Sur le mur N *(en entrant à g.)*, les deux seuls tableaux exposés en Crète de Domenikos Theotokopoulos, dit « **Le Gréco** » : la ***Vue du mont Sinaï et du monastère de Sainte-Catherine****** est une œuvre de jeunesse (1570) qui s'inscrit dans la tradition des icônes de l'école crétoise et préfigure la peinture occidentale.

Le Baptême du Christ*** (23,6 x 18 cm ; *photo p. 70*), détrempe et huile sur bois, date de la même époque : saint Jean-Baptiste, vêtu de rouge, se tient sous un arbre sur la rive g. du Jourdain aux eaux transparentes ; il verse l'eau sur la tête du Christ, pudiquement couvert d'un pagne bleu ; dans une belle lumière blanche, le Saint-Esprit, sous la forme d'une colombe descend du ciel sur la tête du Christ ; trois anges sous l'apparence de femmes, à dr. de cette remarquable composition ; en arrière-plan, une ville en miniature.

Des écrans tactiles présentent ses peintures et sa biographie *(en anglais)*.

Belles icônes et objets de la **période byzantine et post-byzantine**.

12. Dans ce couloir, des panneaux retracent l'historique de la « **Règle**

ottomane » imposée de 1669 à 1898 (1re période) avec un système administratif et financier rigoureux *(p. 40)* jusqu'au déclin de l'Empire ottoman 1898-1911 (2e période ; *p. 41*). Une introduction aux salles 13 et 14.

13. La fresque de la *Réception dans la résidence Fazyl Bey* à Heraklion au XVIIIe s. est un témoignage intéressant et peu courant de la **présence ottomane en Crète** à cette époque, de même que les documents exposant la place de l'Église orthodoxe avec ses privilèges et ses obligations dans la machinerie administrative ottomane. Documents attestant la présence de deux ordres dervisch.

14. Objets et témoignages des **insurrections du XIXe s.** (portraits des révolutionnaires crétois, drapeaux, armes, uniformes) et de leur **répression**. Notez le revolver, modèle français Le Faucheux de 1855. Sur l'écran tactile, au centre, se lisent des articles du journal l'*Univers illustré* ou *Le Nouvel Illustré* ainsi que des caricatures françaises de l'époque. La période de l'**Union de la Crète à la Grèce** est également illustrée : photos, panneaux évoquant le prince Georges de Grèce mort en France en 1957 *(p. 41)*, rappel de la guerre des Balkans (1912-13).

Deuxième étage (niveau 2A)

15. *(face à l'escalier)* La **Seconde Guerre mondiale** sous le titre « De Mercury à Ariadni ». L'*Opération Mercury* fait référence à la bataille de Crète en 1941 *(p. 41)* ; le 9 mai 1945, les allemands se sont rendus dans la villa Ariadni, à Knossos. Photos, documents audiovisuels font revivre les événements, la vie sous l'Occupation, la résistance, les services secrets, les sabotages et les exécutions, la tragédie du *Tanais*... Ce bateau allemand, transportant à son bord des juifs crétois et des résistants chrétiens vers des camps de concentration, fut torpillé et coulé par un sous-marin britannique. Retrouvez la voix de Jack Sibard *(en anglais)* relatant la mission de sabotage des avions sur l'aéroport d'Heraklion en 1942 *(voir aussi « Mission en Crète », p. 42)*.

16. Une salle consacrée à **Emmanuel Tsouderos** (1882-1956) qui était alors Premier ministre de Grèce : vous y verrez sa bibliothèque avec de précieux documents (notamment une lettre de De Gaulle).

17, 18, 19. Salles consacrées au célèbre écrivain **Nikos Kazantzakis**, son bureau et sa bibliothèque d'Antibes reconstitués (1954-1957), ses carnets personnels, ses manuscrits, des photos (sa biographie est disponible sur écrans tactiles).

Deuxième étage (niveau 2B)

Accès par l'escalier.

20, 21, 22, 23. 17. La **collection ethnographique★** nous emmène dans la **Crète rurale**, une très belle évocation de tous les travaux ancestraux accomplis par les Crétois avec les oliviers, la vigne, la culture des céréales, l'élevage des bêtes. On parcourt les différents cycles de la vie : naissance, baptême et mariage. On s'initie aux fêtes, à la musique. Magnifiques broderies et dentelles de l'époque byzantine. Visite d'une maison traditionnelle.

Dans la cour S, six **pierres tombales de notables ottomans**. Elles proviennent du cimetière musulman pour les hauts dignitaires de la mosquée Huknia (XVIIe-XVIIIe s.), qui était située près de l'emplacement du Musée archéologique (aujourd'hui détruite).

à noter. Les salles 24 et 25 sont consacrées à des expositions temporaires.

Le musée des Icônes d'Agia Ekaterini★★

···> B2 Platia Agia Ekaterini, dans l'église Agia Ekaterini, à côté de la cathédrale Agios Minas. Ouv. mar.-dim. 9 h-16 h en haute saison ; hors saison, 8 h 30-15 h. F. le lun. Photos interdites.

Cette église byzantine était le siège *(metochion)* du monastère Sainte-Catherine-du-Mont-Sinaï, qui eut un large rayonnement en Crète pendant la Renaissance crétoise (XVe et XVIe s.) jusqu'à la prise de la ville par les Turcs en 1669. Elle fut alors transformée en mosquée.

Elle abrite de très belles icônes, représentatives d'un **art créto-byzantin original**. Les six plus précieuses viennent du **monastère de Vrondisi★★** *(p. 114)* et sont signées **Michel Damaskinos**, sans doute le maître du Greco. Elles dateraient de la fin du XVIe s. On y décèle déjà une forte influence italienne. Dans la nef centrale, sur le mur de dr., on voit successivement : *L'Adoration des mages, La Cène, L'Apparition de Jésus à Marie-Madeleine, Le Buisson ardent, La Sainte Trinité dans sa gloire* et *Le Concile de Nicée*, daté de 1591. D'autres icônes, souvent anonymes et provenant de couvents de la région, des fragments de fresques de tradition byzantine et quelques objets sacerdotaux ornent le chœur et les transepts.

D'anciens livres liturgiques, dont certains manuscrits, complètent cette belle collection.

Le musée d'Histoire naturelle de Crète

···> B1 Avenue Sofokli Venizelou, sur la promenade le long de la mer, à l'O de la forteresse ☎ 2810-282740. Ouv. l'été du lun. au ven. de 9 h à 16 h, sam. et dim. de 10 h à 18 h. Entrée payante.

Cette ancienne centrale électrique située en bord de mer a été recyclée, sous l'égide de l'université de Crète, en un musée très écologique consacré au patrimoine naturel de la Méditerranée orientale, de Grèce et de Crète. Sur quatre niveaux, le visiteur est invité à découvrir les écosystèmes des forêts et des animaux qui les peuplent *(r.-d.-c.)*, des hautes montagnes *(niveau 1)*, des eaux et des déserts *(niveau -1)*. La découverte de magnifiques animaux empaillés ou vivants est aussi une incitation à protéger notre environnement. Curiosités incontournables : le Dinothérium, un énorme mammifère reconstitué (5 x 7 m) qui a vécu en Crète il y a plus de huit millions d'années, et la plaque sismique qui simule un tremblement de terre. Et pour les enfants, centre de découverte avec une « grotte mystérieuse » à explorer.

▶ L'attrait des Minoens pour l'exploit sportif se révèle ici, sur cette fresque du palais de Knossos représentant un saut acrobatique.

Le musée de la Bataille de Crète et de la Résistance nationale 1941-1945

···> D2 Sur doukos Bofor, au coin de la rue Merambeliou. De la place Eleftherias, longez le Musée archéologique à g. en dir. du port, après la 1re intersection à g. ☎ 2810-346554. Ouv. t.l.j. sf sam. et dim., de 8 h à 14 h 30. Entrée gratuite.

Il évoque cette période douloureuse *(p. 41)* à travers des récits écrits, des armes et des photos. Des visiteurs venus d'Australie ou de Nouvelle-Zélande rappellent parfois avec émotion le souvenir de proches qui étaient dans la Résistance. ◆

itinéraire 3

Knossos★★★

programme

Bienvenue dans le site archéologique de Crète le plus visité ! Nous vous conseillons d'effectuer la visite tôt le matin ou après 16 h (sinon la chaleur est écrasante et les visiteurs, trop nombreux). **Prévoyez au moins 2 h.**

à ne pas manquer

Pour ceux qui n'ont que peu de temps à consacrer à la découverte du palais, voici une sélection des lieux clés de la visite : la cour centrale pour accéder à la **salle du Trône***** 11. (**trône en albâtre***** et **vasque de porphyre*****) ; les **appartements de la reine**** 21. ; la **voie royale**** 32. ; l'**aire théâtrale**** 33.

côté pratique

Accès : à 5 km au S d'Heraklion (voir carte p. 64). Bus n° 2 ttes les 20 min depuis la gare principale A (port) D1-2, arrêt rue 1821 C2. Possibilités d'excursion organisée par une agence, au départ d'Heraklion ou de la plupart des hôtels. **Visite :** ☎ 2810-231940. Ouv. t.l.j. en été de 8 h à 20 h, le reste de l'année de 8 h à 15 h. Entrée payante. Fascicules en français, avec plans-dessins, en vente à la boutique après l'entrée. À noter que le palais n'est n'est pas entièrement accessible (restauration toujours en cours).

Guides diplômés francophones : à g. après l'entrée. Guides « culture et randonnée » : Eleana Gaitanopoulou ☎ 6944-762476 ; Ekati Faitaki ☎ 6944-421609 (prix selon le nombre de pers. ; réservez).

Plan du palais : p. 78-79. **Bonnes adresses :** tavernes à Agia Irini (♦ O Xreiazomenos) et à Skalani (♥ ♦ Eliat Kai Diosmos), p. 222.

Modeste village avec cafés, tavernes et boutiques, Knossos est aussi le site archéologique le plus visité de Crète. C'est le **premier palais minoen** découvert et le seul reconstitué.

Les fouilles de Knossos

C'est à **Minos Kalokerinos** que l'on doit la localisation du palais de Knossos en 1878. Evans et son équipe, qui lui succédèrent, achevèrent de mettre au jour les ruines vers 1900. L'archéologue entreprit de reconstituer une partie de l'ensemble architectural vieux de plus de 3 500 ans. C'est à partir de ces fouilles que **Sir Arthur Evans** *(p. 34)* fonda son découpage de l'histoire minoenne : entre 2000 et 1900 av. J.-C. fut construit un premier palais qui, trois cents ans plus tard, fut détruit par un tremblement de terre ; vers 1600 av. J.-C., sur les ruines de celui-ci fut réédifié, comme à Malia et à Festos, un Nouveau palais, plus grand et plus beau que le précédent. Ce sont les ruines de cet édifice que l'on visite aujourd'hui. Une catastrophe, causée peut-être par l'éruption du volcan de Santorin, anéantit le palais vers 1450

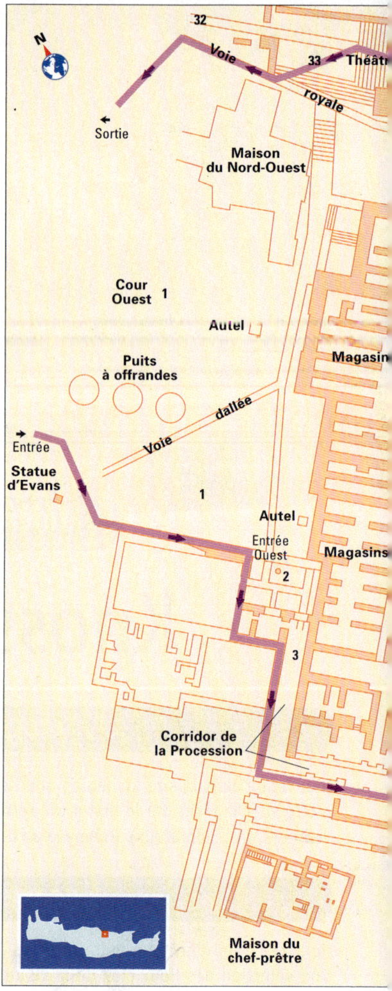

Le palais de Knossos : rez-de-chaussée

av. J.-C. Knossos continua encore à vivre jusque vers les années 1400 à 1350 av. J.-C., mais sous domination mycénienne. L'immigration des Doriens mit définitivement fin à la civilisation minoenne.

Se repérer à Knossos

Les trois entrées principales du Nouveau palais, appelé aussi « Second palais », étaient situées au N, à l'O et au S. Aujourd'hui, c'est par l'O que l'on pénètre dans le palais. Le plan permet d'en imaginer la disposition, mais n'aide qu'en partie à s'orienter : les murs indiqués sont souvent réduits à des soubassements ou bien inexistants. Entrez dans le palais en vous repérant toujours par rapport à la cour centrale et en vous aidant des indications qui figurent dans les parties reconstituées. Prenez les couloirs, montez les escaliers : vous ne retrouverez sans doute pas le fil d'Ariane, mais bien les dédales du labyrinthe ; c'est le meilleur moyen d'apprécier le climat qui règne encore à Knossos. ◆

Le palais de Knossos★★★

⋯> Les **chiffres en couleur** renvoient au plan du palais ci-dessus.

Le circuit proposé fait découvrir le Nouveau palais (1700-

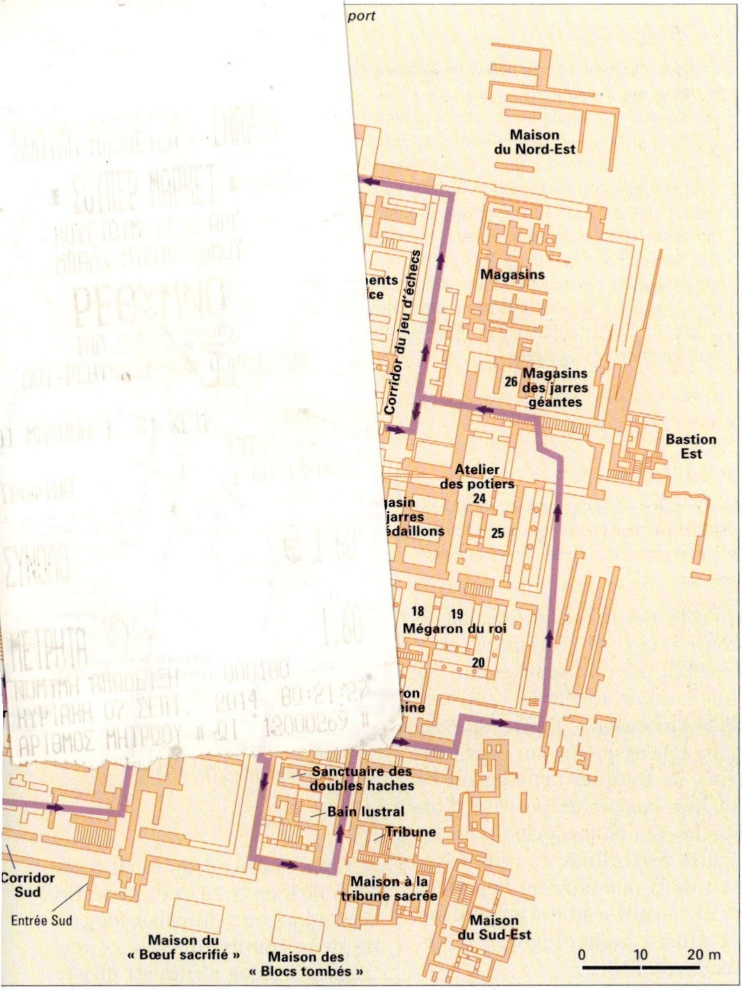

(plan reconstitué d'après les fouilles).

1450 av. J.-C.) reconstruit sur le Premier palais, détruit *(p. 75)*. Tables d'orientation et panneaux en anglais aident à se repérer. La salle du Trône et les appartements royaux ne sont plus directement accessibles au public. Les ruines sont situées sur une colline dans une région vallonnée, dominée par le mont Ioukhtas, et habitée depuis la période néolithique.

De l'entrée du site, on pénètre dans le palais par la **cour occidentale 1.** dallée. Elle était utilisée pour les fêtes religieuses ; on y a retrouvé, dans les trois *kouloures* (citernes circulaires), à g., objets de culte et restes de cérémonies. On se tient devant la façade O du palais, dont le soubassement existe encore sur une hauteur d'environ 1 m (c'est ce qu'on appelle le « socle à orthostates »). On considère que ce rez-de-chaussée n'avait pratiquement pas d'ouvertures. On passe devant **le buste en bronze d'Evans** qui rappelle son rôle dans la découverte de Knossos *(p. 34)*.

L'art de capter l'eau

L'alimentation en eau du **palais de Knossos** était remarquablement installée. Dès le début du IIe millénaire av. J.-C., de l'eau de source était amenée de loin dans des conduites d'argile soigneusement façonnées. À l'extrémité S-E du palais, un énorme puits de 16 m de profondeur et de 8 m de diamètre avait été creusé dans le calcaire jusqu'au niveau du lit de la rivière ; malheureusement, l'imposant ouvrage s'est effondré peu après les fouilles. On l'a comparé au pozzo di San Patrizio d'Orvieto, parce qu'il possédait aussi une rampe en spirale, creusée dans les parois, qui descendait jusqu'au fond. Mais le puits italien ne date que du XVIe s. de notre ère ! Au reste, les Minoens étaient même capables de transporter de l'eau sous pression et ils aménagèrent des jets d'eau dans les jardins du palais, comme en témoigne une image de la maison dite « des fresques ». Dès l'époque de l'ancien palais, un viaduc enjambait la rivière au S-O du palais par une arche de 8 m de hauteur et de 3 m de large. ◆

En suivant le corridor de la Procession

···› Le parcours longe la façade S-O du palais. Une passerelle contourne l'angle S-O et permet d'accéder à sa cour centrale.

Du côté S de la cour occidentale se trouve l'entrée O **2.** du palais ; on y pénétrait par un propylée dans un long couloir appelé le « corridor de la Procession » **3.** parce que ses murs étaient revêtus, sur deux hauteurs, de **fresques** représentant de longues rangées de porteurs d'offrandes. On estime à cinq cents les figures masculines de cette frise ; c'est de là que provient le porteur de rhyton qui se trouve aujourd'hui au Musée archéologique d'Heraklion *(p. 71)*.

Au bout de 20 m, le corridor tourne à angle droit vers l'E et atteint un **« puits de lumière »** **4.** *(à g.)*, petite cour intérieure fermée autrefois par trois portes. De semblables puits, traversant plusieurs étages et dépourvus de toit, sont disposés en de nombreux endroits du palais. On accède à une porte monumentale, le **propylée S** **5.**, reconstruit en partie par Evans avec la copie de la **fresque du porteur de rython** *(à g.)*, et à deux vestibules à piliers. À l'extrémité des vestibules, un large escalier **6.**, une autre reconstruction, monte vers l'étage noble *(piano nobile, voir plus loin)*.

On revient dans le corridor de la Procession (dans le prolongement de la passerelle) qui oblique ensuite vers le N : c'est le **corridor du Prince aux fleurs de lys** **7.** (copie de la fresque dont l'original, très retouché, est au Musée archéologique d'Heraklion, *p. 71*), qui conduit de l'entrée S vers la cour centrale.

Les cornes de consécration, dans leur puissance *(côté S)*, rappellent l'importance du culte du taureau chez les Minoens *(p. 45)*.

La cour centrale

8. Celle-ci s'étend du N au S sur 50 m de long et 28 m de large. Les ailes principales du palais longent les deux grands côtés de ce rectangle. Chacune d'elles est divisée en deux par un corridor : celui de l'O coupe les bâtiments du N au S, celui de l'E est perpendiculaire à la cour. Le palais est ainsi partagé en **quatre « quartiers »** qui facilitent un peu l'orientation. Les bâtiments donnant sur la cour centrale avaient une importance particulière, parce qu'ils servaient aux cérémonies religieuses. Selon une esquisse d'Evans, la façade intérieure, à deux étages, aurait été somptueuse.

L'aile occidentale

La salle du Trône*.** À dr. d'un escalier **9.** conduisant à l'étage supérieur *(piano nobile)*, on accède par un vestibule 10. à la **salle du Trône** 11. *(F. mais visible à travers une vitre)*. On descend d'abord par quelques marches dans le vestibule, au centre duquel se trouve une imposante **vasque de porphyre*****. Bien qu'elle ait été retrouvée dans un corridor situé dans le bâtiment N, réunissant la cour centrale et les celliers O, Evans la plaça ici parce qu'il la considérait comme une sorte de bénitier appartenant à la dotation de la salle du Trône. On pénètre dans cette dernière par une double porte que sépare un pilier. Le **trône***** élevé, en albâtre, les bancs qui courent le long des murs et la fresque monumentale, avec ses imposants griffons, soulignent le caractère royal de cet endroit. Face au trône, quelques marches conduisent à une **pièce en sous-sol** 12., sorte de **bassin sacré** *(s'aperçoit de l'étage supérieur)*, qui, n'ayant pas d'écoulement, ne pouvait servir au bain, mais jouait certainement un rôle rituel pour la purification et la prière. Il existait déjà de tels locaux en contrebas dans les anciens palais. Il n'est pas certain qu'on y ait gardé des serpents sacrés, mais leur disposition était peut-être, en partie, un souvenir des cavernes cultuelles du Minoen ancien.

À g. de l'escalier qui monte vers l'étage noble *(piano nobile)* s'étend le groupe des pièces à usage cultuel : le **sanctuaire** 13., avec ses cinq colonnes en façade (une grande à l'entrée de la nef centrale, deux plus petites de chaque côté devant les nefs latérales) ; les **cryptes cultuelles** 15. soutenues par des piliers, et leur vestibule 14. ; et les **chambres du trésor** 16. avec leurs fosses souterraines d'où proviennent une grande partie des précieux objets du culte – par exemple les « **déesses aux serpents** » et leurs attributs. Au S de l'aile occidentale se trouvent un temple grec et une salle de bains minoenne.

Le piano nobile *(étage supérieur de l'aile occidentale. Accès par le S 6. ou par la cour centrale 8.)*. De l'étage on voit s'étirer au r.-d.-c., côté O, la longue série des **magasins**, couloirs étroits d'inégale longueur dont dix-huit étaient remplis de *pithoi* (jarres géantes) dans lesquelles étaient versés huile, vin et céréales, et qui sont en partie demeurées à leur place. On y gardait aussi les objets précieux, autant d'indices sur la richesse du palais.

L'étage semble avoir été constitué essentiellement de pièces d'apparat, sans doute à usage cultuel. On ignore sa disposition exacte et l'on est réduit à des hypothèses. À l'O du corridor central se serait trouvée une vaste salle à colonnes dans laquelle furent découverts les vestiges d'une fresque comportant sur deux hauteurs différentes des figures humaines assises et debout. En raison de la forme des sièges, on lui a donné le nom de **fresque des Pliants**.

La tête de femme connue sous le nom de la « **Parisienne** » *(p. 82)* en faisait peut-être partie. Dans la **salle des Fresques**, pièce reconstruite où sont exposées des copies de fresques de tout le palais, on se trouve au-dessus de la salle du Trône et le regard plonge, grâce au puits de lumière, jusqu'au bain lustral. De la véranda, jolie vue sur la cour centrale.

> *L'escalier montant de la cour centrale au* piano nobile *conduisait primitivement à un second étage.*

L'aile orientale et les installations royales

···> L'aile à l'E de la cour centrale est coupée par un corridor orienté E-O. Au N se trouvent les ateliers, et au S les appartements royaux.

C'est au S du corridor *(orienté E-O)* à plusieurs niveaux qu'on a dégagé les **appartements privés de la famille royale**. Déjà, dans l'ancien palais, les bâtisseurs avaient, pour des raisons de climat, disposé les parties d'habitation sur la pente conduisant à la rivière et avaient réuni les différents étages par une **grande cage d'escalier 17.** *(couverte d'une protection)*. Evans put la retrouver pratiquement intacte. Seules les colonnes de bois, détruites dans un incendie au XVe s. av. J.-C., ont été remplacées par des colonnes en pierre. Par des degrés larges et bas, on descendait commodément de la cour centrale dans les appartements royaux (*non ouverts au public; on les découvre de l'extérieur*). Un puits attenant, fermé sur trois faces par des colonnes, fournissait l'éclairage et l'aération aux parties inférieures du bâtiment.

Un corridor aux murs couverts d'une belle et originale décoration menait vers la **salle des Haches bipennes 18.**, ainsi nommée à cause des haches à deux taillants gravées dans la paroi d'un puits de lumière attenant.

Le même corridor conduisait aussi au **mégaron du roi 19.**, pièce dans laquelle on peut accéder par des portes percées sur trois côtés. Le long du quatrième mur, Evans trouva les restes d'un trône de bois avec baldaquin. Grâce aux portes à deux battants, la pièce pouvait être réunie à son vestibule et former une salle unique utilisée pour les audiences. Du mégaron partait un **portique couvert 20.** qui dispensait ombre et fraîcheur.

Les appartements de la reine**

→ Accès en suivant le passage aménagé qui part du S-E de la cour centrale et longe les bâtiments de l'aile orientale par l'extérieur.

21. Ils étaient décorés de fresques magnifiques. Les plus connues sont le *Bain des dauphins* et la *Danseuse aux cheveux flottants*. Dans la salle de bains de la reine **22.** se trouvait une baignoire d'argile peinte et une petite pièce en retrait **23.** comportait même un lieu d'aisance avec chasse d'eau.

Une Parisienne à la cour du roi Minos

De sa découverte du palais de Knossos, **Sir Arthur Evans** *(p. 34)* ne fait pas une radioscopie rigoureuse et ses certitudes n'apparaissent à certains que comme des hypothèses osées. En revanche, il baptise ! Les ruines, ce sont celles du palais du roi Minos, pense-t-il sans que personne n'ait pu le prouver : « minoen » sera donc tout ce qui se rattache à ces ruines, et « minoenne » la civilisation relative à cette époque. Autre exemple, il découvre un morceau de fresque où apparaît le visage d'une femme et il l'appelle « la Parisienne » (exposée au Musée archéologique d'Heraklion, *p. 71*). Le rapprochement est sans doute flatteur de la part d'un Anglais ! Des interprétations fantaisistes d'Evans nous viennent toutes les histoires imagées, parfois bien imaginées, souvent racontées dans les journaux et même dans les livres d'école, présentant une Crète minoenne romancée, élégante et raffinée, prélude à toute l'histoire de la Grèce. ◆

Des artisans au palais. Au N du corridor E-O s'étendaient les **ateliers** des potiers **24.**, des tailleurs et des polisseurs de pierres **25.**, des orfèvres et d'autres artisans. S'y trouvaient aussi des magasins. C'est dans ces locaux de l'aile orientale **26.** qu'on a découvert les plus grands exemplaires de *pithoi*. À la vue de ces jarres géantes, on comprend mieux l'aventure survenue à **Glaucos**, un fils de Minos : la légende rapporte qu'en essayant d'attraper une souris ou bien en jouant l'enfant serait tombé dans un *pithos* rempli de miel et s'y serait étouffé.

L'aile nord et l'aire théâtrale

Une entrée royale. L'entrée N du palais **27.**, dont le portique O surélevé est décoré avec la fresque du taureau, servait à ceux qui venaient soit des quartiers d'habitation situés à l'O et au N de la cité minoenne, soit des installations portuaires de Katsembas et d'Amnissos. Par un vestibule, on pénétrait dans une salle à piliers dite « salle hypostyle » **28.**, qu'Evans appelait « la Douane », de l'angle S-O de laquelle partait une rampe **29.** que pouvaient même emprunter des véhicules. Cette voie d'accès en pente douce, qui menait à la cour centrale, était notablement plus large dans l'ancien palais; lors de la reconstruction, elle avait été rétrécie et encadrée de murs surmontés de colonnades. Les fresques en relief des parois de ces péristyles représentaient des scènes animalières. À l'O de cette voie, l'ensemble des salles **30.** appartenait probablement à l'ancien palais, dont le bain lustral reconstruit par Evans **31.**

L'entrée N était accessible par la **voie royale**** **32.** qui, d'une largeur approximative de 4 m, était composée d'une chaussée centrale surélevée et dallée, flanquée de deux bandes latérales, et conduisait aux degrés de l'escalier en plein air. Le chemin bifurquait, à g., pour se terminer dans l'**aire théâtrale**** **33.** et à dr., jusqu'au portail de l'angle N-O du palais.

Autour du palais

···> Comptez 30 min de marche.

Le site archéologique de Knossos ne se réduit pas à son seul palais, même si c'est l'unique partie ouverte au public et la plus spectaculaire. Les fouilles ont révélé des quartiers d'habitation au N et d'autres bâtiments de grande importance; elles se poursuivent aujourd'hui. Faute de pouvoir les visiter, on peut, en se promenant, apprécier la dimension de l'espace minoen de Knossos.

Le « Caravansérail ». Du côté de la route actuelle, on a retrouvé un bâtiment qui semble avoir servi de maison de réception; une salle était ornée de fresques: la *Frise des perdrix*, exposée au Musée archéologique. Evans lui a donné le nom de « Caravansérail ». Les voyageurs qui venaient des contrées plus chaudes du S, de la mer de Libye ou de la plaine de la Messara pouvaient s'y rafraîchir aux fontaines, s'y baigner dans des piscines et y abreuver leurs bêtes *(p. 80)*.

Le temple-tombeau. *Plus au S, à dr. de la route, alors que le palais n'est plus en vue.* Le temple-tombeau, un bâtiment de la période néopalatiale, est composé d'un **vestibule**, d'une **salle hypostyle** et d'une **chambre sépulcrale**. Il était destiné au culte des morts et on y enterrait les princes minoens.

La villa royale. *Située au N-E du palais, à dr. en contrebas du chemin.* Constituée d'un rez-de-chaussée et d'un étage, elle dominait la vallée du Kairatos. Elle était richement décorée et on y a retrouvé un trône encastré dans le mur.

Le petit palais. C'est en cherchant le prolongement, à l'O, de la voie royale qu'on a découvert le petit palais, deuxième bâtiment, par son importance. Il fut construit dans la dernière période de l'époque néopalatiale et servait surtout à des fins cultuelles. Dans des cryptes à piliers, on retrouva des objets de culte d'une grande valeur, comme par exemple le **rhyton en forme de tête de taureau***** exposé au Musée archéologique d'Heraklion *(p. 71)*.

> *Pour prolonger l'itinéraire dans l'arrière-pays, voyez les itinéraires n° 5, 7 et 9, p. 89, 101 et 113. Pour longer la côte, suivez les itinéraires n° 4, 6 e 8 p. 84, 95 et 110.* ◆

© StockThings/Shutterstock

itinéraire 4

Les environs d'Heraklion★

programme

Nous vous proposons 2 circuits, chacun au départ d'Heraklion, le premier d'1j., le second de 1/2j. Celui de l'O se fait en voiture, mais chaque village est accessible individuellement en bus. Celui de l'E se fait en voiture ou en bus.

à ne pas manquer

Patrimoine : le monastère de Moni Savathianon à Rodia *(p. 86)*.

Plongée sous-marine : à Agia Pelagia *(p. 86)*.

Avec les enfants : de Kokini Hani part une route qui monte à Anopolis avec de jolies percées sur la côte. Elle donne accès au centre aquatique **Water City Water Park** *(p. 223)*. Le Creta quarium Thalassokosmos *(p.88)*.

côté pratique

Départ : Heraklion.

Conseils : pour apprécier la nature, préférez l'O. À l'E, ne vous laissez pas impressionner par certaines zones peu attrayantes car très touristiques : il y a toujours un bout de vraie Crète en vue (voir l'escapade à Krousonas ci-contre).

Carte du département : p. 60-61. **Bonnes adresses :** p. 218.

◄ La Panagia de Lumbinies à Fodele a été construite sur une basilique à trois nefs. En croix grecque, elle est dotée d'une coupole à tambour.

En peu de kilomètres, l'ouest d'Heraklion offre tous les charmes de la Crète : un peu de montagne, des villages charmants, une superbe côte découpée, quelques ruines minoennes, une remarquable église byzantine à Fodele, village du peintre Le Gréco, et toujours une plage pour se baigner. En revanche, on s'aventure à l'E d'Heraklion avec un objectif bien précis : les plages les plus proches de la ville, les tavernes de Tombrouk, ou encore le très bel aquarium. On y passe pour aller vers l'E de l'île, mais les paysages ne nous retiennent pas, et on regrette que beaucoup de constructions les dénaturent.

À l'ouest d'Heraklion

···> **Itinéraire** de 42 km jusqu'à Fodele. **Départ** d'Heraklion ; sortez d'Heraklion par l'O et prenez la vieille route de Rethimnon (*Old Road*, p. 87). **Durée** : prévoyez 1 j. **Carte**, p. 60-61.

À l'O d'Heraklion, la vieille route offre une palette intéressante des points d'attrait de la Crète : la montagne et la mer, les sites archéologiques, les monastères, sans oublier le village de Fodele et son église byzantine.

Le village de Krousonas et son plateau

···> À 20 km de Gazi ; plateau à 30 km ; sortie O d'Heraklion. **Bonnes adresses**, p. 226.

Cette route permet, en peu de kilomètres, de découvrir une Crète rurale, avec ses paysages de vignobles et d'oliviers, et un gros village, Krousonas, niché au flanc de la montagne, loin du tumulte de la côte. Il est agréable de flâner dans ses ruelles pour rencontrer ses Crétois qui vivent encore au rythme d'une Crète traditionnelle.

La route monte, ensuite, avec de magnifiques **percées*** sur Heraklion et la mer de Crète. Le paysage devient sauvage. Au sommet de la haute colline, une piste rejoint le **plateau Livadi de Krousonas**, réputé pour ses arbres fruitiers (pommiers, poiriers, noyers), ses activités agricoles et d'élevage. Vue sur les montagnes et notamment le Psiloritis, nature protégée (programme Natura 2000), découverte de grands oiseaux de proie : tout invite à randonner à pied ou en VTT.

Arolithos*

···> À 10 km à l'O d'Heraklion par Gazi. **Hébergement** près de Tilissos, p. 229.

Ce joli village-hôtel, créé de toutes pièces pour les touristes, semble sortir d'un livre d'images crétoises. La vie s'anime dans les intérieurs reconstitués avec goût.

En flânant dans les **ateliers d'artisanat traditionnel**, on suit les gestes du ferronnier à l'enclume, du potier sur son tour, de la vieille femme penchée sur son métier à tisser. On s'arrête au *kafenion* et sur la grand-place, on mange à la crétoise au son de la *lyra* en regardant les danses traditionnelles exécutées en costumes folkloriques. Les ateliers et les boutiques sont ouverts à des horaires variables.

Le **musée de l'Histoire de l'agriculture et de l'art populaire** (*☎ 2810-821050 ; ouv. du lun. au ven. 9 h-17 h, sam.-dim. sur demande ; entrée payante*) expose dans sa partie interne tous les objets de la vie quotidienne crétoise (bijoux, broderies, sculptures sur bois, objets de culte, armes), puis dévoile un intérieur crétois. On découvre dans une troisième section les métiers traditionnels de l'agriculture et, enfin, en extérieur, tout ce qui est lié à l'élevage et à la production de l'incontournable *tsikoudia* ou raki. Une belle évocation de la Crète.

une petite faim ? On dîne sur la place du village d'Arolithos entre 20 h et 22 h 30.

Tilissos

À 11 km au S-O d'Heraklion. Sur la vieille route de Rethimnon, à 4 km après Gazi, tournez à g. en dir. d'Anogia. Tilissos est à 2 km. Accès par le **bus** d'Anogia; départ de la gare routière B d'Heraklion, porte de La Canée. **Bonnes adresses**, p. 229.

Le détour par Tilissos se justifie si l'on veut étudier l'époque minoenne et que l'on aime les paysages montagneux. Cette route qui monte à Anogia constitue en soi une très belle excursion *(p. 164)*.

Tilissos, au milieu des vignes et des oliviers, vit de son agriculture locale et offre une bonne image du village crétois: on y trouve le *kafenion* sur la place, une fontaine turque et les **ruines de trois villas minoennes** contemporaines des seconds palais de Knossos et de Malia (env. 1600 av. J.-C.; *ouv. t.l.j. de 8 h 30 à 15 h; petit droit d'entrée*).

Rodia

À 17 km à l'O d'Heraklion. De Tilissos, revenez à Gazi et prenez la dir. de Rodia-Ahlada.

À 300 m d'altitude, sur le flanc de la montagne, Rodia domine la baie d'Heraklion et l'île de Dia. À l'entrée du village, à g., une pancarte indique le chemin de **Moni Savathianon**★★ *(f. de 13 h à 17 h env.)*. Ce monastère, un havre de paix harmonieusement fleuri, abrite toujours des religieuses qui vaquent aux travaux des champs et d'aiguille. L'église, encastrée dans la paroi rocheuse, contient encore quelques belles icônes; le Musée historique d'Heraklion *(p. 73)* conserve les autres.

► Artisanat traditionnel.

Agia Pelagia

À 6 km au N de Rodia; 21 km au N-O d'Heraklion par la voie express. De Rodia, redescendez vers la mer et laissez à g. la route d'Ahlada, beau village dans la montagne. **Bonnes adresses**, p. 218.

Avant de connaître l'envahissement estival, Agia Pelagia était un tout petit village de pêcheurs dans une baie protégée, agréable pour sa **belle plage**. Devenu très touristique, le village offre toutes les facilités: tavernes, magasins, pensions, hôtels de bon standing ou plus modestes poussent comme des champignons. La circulation en voiture y est souvent difficile. Tous les **sports nautiques**, et surtout la plongée *(p. 218)*, y sont proposés. Le dimanche, la plage est surpeuplée, car très prisée par les autochtones. La petite crique de Mononaftis, dotée de deux tavernes, est encore calme.

Fodele

À 7 km au S-O d'Agia Pelagia; 28 km au N-O d'Heraklion. De la voie express, continuez vers Rethimnon jusqu'à la bifurcation de Fodele. **Bonnes adresses**, p. 219.

La route chemine dans une vallée d'orangers et de citronniers. Fodele serait le village natal du Greco; rien ne le prouve, mais qu'importe, il est très pittoresque.

À 800 m du village, l'église byzantine *(ouv. t.l.j. sf dim. de 9 h à 15 h; entrée libre)* de la **Panagia de Lumbinies**★★★ est remarquable par son architecture. Le tambour, qui soutient la coupole, inscrit dans le plan d'une croix grecque, est doté de onze fenêtres. La finesse des détails, les frises taillées dans la pierre témoignent d'une grande recherche artistique. À l'intérieur,

© Patrick Forget/Saga

admirez les **remarquables fresques** des XIIIe et XIVe s. À 50 m, sur une hauteur, un **petit musée** entouré par la verdure évoque le Gréco à travers des reproductions de ses œuvres (☎ *2810.521500; ouv. t.l.j. de 9 h à 19 h; entrée payante*).

9 retour vers Heraklion. Une longue piste carrossable permet de grimper et de rejoindre la **vieille route** *(Old Road)* Heraklion/Rethimnon *(voir plus bas)*, puis Arolithos, et enfin Heraklion. Il est conseillé de se munir d'une carte précise *(p. 276)*.

À l'est d'Heraklion

···› **Itinéraire** de 15 km. **Départ** d'Heraklion; sortez d'Heraklion par l'E et prenez la vieille route *(Old Road)* vers Agios Nikolaos. **Durée**: prévoir 1/2 j. **Carte**, p. 60.

Pour qui vient découvrir la Crète et ses traditions, l'E d'Heraklion ne présente que peu d'intérêt: les beaux paysages y sont rares, et la côte dévastée par un tourisme anarchique. On ne fait donc qu'y passer ou on y séjourne dans un hôtel pour la plage et la mer, en y faisant quelques excursions organisées.

La vieille route *(Old Road)*

Pour gagner l'E de l'île, la voie express E75 est le moyen le plus rapide. La vieille route, en revanche, chemine le long de la côte. Elle part des faubourgs E d'Heraklion, contourne l'aéroport et donne accès à **Amnissos** *(**Bonnes adresses** p. 219)* et aux premières plages proches de la ville *(p. 223)*, ainsi qu'à quelques agréables tavernes de bord de mer, comme à **Tombrouk** *(p. 221)*.

Après un beau passage en corniche, on a l'impression de traverser les faubourgs d'une ville mal dessinée où les hôtels, les maisons à louer, les tavernes, les boutiques touristiques se succèdent à un rythme déconcertant pour le visiteur en quête d'une Crète sauvage.

La gorge de Karteros (ou d'Astrakiano)

··› À 12,5 km, chemin bien indiqué. D'Heraklion prenez la voie rapide vers l'E, sortie Karteros; puis à g. et à la « Kantina », prenez à g. la dir. de Prasas (indication « Canyon Karteros »); suivez ensuite sur cette route en épingles à cheveux les indications « Canyon Karteros ». Prudence: une piste balisée, carrossable mais difficile, descend durement jusqu'au lit de la rivière asséchée en été. Aire de pique-nique. **Durée**: 3 h 30.

La gorge remonte de Karteros, à l'O de l'aéroport d'Heraklion, au village de Kato Astraki *(départ possible de Mirtia, p. 90)*. La nature y est magnifique au printemps, l'eau coule en cascades où abondent tortues d'eau et têtards. Arbres en fleurs (styrax, lauriers-roses), platanes, euphorbes arborescentes, origan, orchidées… Des petites chapelles, de vieilles bergeries et un ancien relais turc ponctuent le parcours.

Nirou Hani

··› À Kokini Hani, à 10 km à l'E d'Heraklion. Site ouv. t.l.j. sf lun., de 8 h 30 à 15 h. Entrée libre. **Bonnes adresses** de Gouves, p. 219.

Le petit **site archéologique de Niros** permet de voir les restes d'une villa minoenne, un megaron d'une grande superficie, sans doute de la période néopalatiale (vers 1550 av. J.-C.).

Longez ensuite l'**ancienne base américaine**, autre ville aux maisonnettes proprettes. Avec sa clôture de barbelés, cette base a vécu isolée du reste de l'île, comme mise entre parenthèses, mais tout à l'écoute de ce qui se passait dans le champ balayé par ses impressionnants radars. Cet espace est en voie d'aménagement. On y a construit un **centre de recherche marine**,

► À partir de la fin août, le vignoble crétois autour d'Arhanes s'anime à l'occasion des vendanges.

dont la vocation est également d'instruire, avec trente-deux **aquariums** de toute taille d'une contenance totale de 1 600 000 l.

Creta quarium Thalassokosmos**

··› Commune de **Gournes**, à 15 km à l'E d'Heraklion par la E75, en bord de mer. Accès bien indiqué par des pancartes quelle que soit la route choisie (voie express ou vieille route). Arrêt de **bus** n° 9 ☎ 2810-337788, www.cretaquarium.gr. Ouv. t.l.j. de mai à sept. de 9 h 30 à 21 h, hors saison 9 h 30-17 h. Entrée payante; gratuit pour les - 4 ans. Audioguide en français payant.

Cet aquarium propose une magnifique plongée, vivante et colorée, dans le **monde sous-marin de la Méditerranée** à travers des hublots (aussi à hauteur d'enfant) ou de vastes vitres donnant sur de grands espaces marins joliment reconstitués. Une signalétique astucieuse permet d'identifier facilement les espèces: de petits hippocampes ou de gros requins; « Nemo », le poisson tropical aux trois couleurs; les méduses évoluant en un merveilleux ballet… Un spectacle pour tous, très apprécié des enfants.

9 œillets et giroflées. À Gournes, on retrouve la route principale. Dans la plaine côtière se multiplient les serres, sous lesquelles sont cultivés œillets et giroflées destinés à l'exportation vers l'Europe du N. Une industrie en pleine expansion.> *Prolongez l'itinéraire jusqu'à Limenas Hersonisou (p. 96) et Malia (p. 98), puis prenez la route du Lassithi (p. 96), ou rebroussez chemin vers l'arrière-pays d'Heraklion.* ◆

© Patrick De Wilde/Hoa Qui

itinéraire 5

L'arrière-pays d'Heraklion★★

programme

Cet itinéraire ravira les amateurs d'archéologie autant que ceux du bon vin. Prévoyez 1/2 j. pour Mirtia, Arhanes et Peza ; davantage pour visiter les sites ou randonner. Une bonne journée pour le circuit complet, et plusieurs jours pour apprécier les vignes !

à ne pas manquer

Patrimoine : le village ♥ d'Arhanes *(p. 90)* ; la ♥ route du vin *(p. 92)* ; le ♥ palais Minoen de Galatas *(p. 93)*.

Culture : l'♥ atelier musical à Houdetsi *(p. 93)*.

Panorama : le ♥ mont Ioukhtas *(p. 92)*.

Pause : au café ♥ ● **Le Clos**, au milieu des vignes *(p. 93)*.

côté pratique

Accès : l'arrière-pays d'Heraklion est accessible à pied, en bus (voir « Gares routières » p. 225) ou en voiture. À 3 km au S de Knossos, quittez la route d'Arhanes et empruntez, à g., la route de Skalani, vers Mirtia (pancarte).

Départ : Heraklion.

Carte du département : p. 60-61. **Bonnes adresses :** p. 218.

Une promenade au pays de Nikos Kazantzakis, une visite du joli village d'Arhanes, berceau de l'Antiquité, et de passionnantes découvertes archéologiques toujours en lien avec Knossos. L'arrière-pays d'Heraklion offre de magnifiques perspectives sur la Crète rurale et les vignobles.

Mirtia (Varvari)

···› À 15 km au S d'Heraklion.

La **route**★★ offre de belles vues sur les vignobles et les oliviers, et une nature vallonnée bien ordonnée. Mirtia est un paisible village où il fait bon flâner et s'asseoir aux terrasses ombragées des modestes tavernes.

Sacrifice à Anemospilia ?

Quatre corps ont été mis au jour lors des fouilles du site d'Anemospilia *(voir p. 92)*. Le premier se trouvait dans le corridor; la position de ses os suggère qu'il fuyait en emportant un remarquable vase. Les trois autres squelettes furent découverts dans la pièce O: une femme d'abord, avait été apparemment tuée par le poids du plafond s'abattant sur elle; le deuxième, un homme de haut rang, avait dû tomber sur le dos sous l'effet d'un choc; enfin, le dernier, un garçon, était placé sur une petite surface aménagée qui suggère un autel. La présence proche d'un couteau (poignard ou épée) avec une lame de 40 cm, n'a pas manqué de susciter une grande curiosité.

Il pourrait s'agir d'un sacrifice humain pratiqué avant qu'une catastrophe n'anéantisse les lieux et ne tue les trois officiants. À l'heure où la Crète était menacée par des tremblements de terre, il est possible d'imaginer que la population ait cherché à conjurer le mauvais sort, non plus en sacrifiant un animal, mais un être humain. Cette hypothèse n'est pourtant pas toujours admise. ◆

Sur la place du village se trouve le **musée Nikos-Kazantzakis**★ *(☎ 2810-742451, joli site en français www.kazantzakismuseum.gr ; ouv. de mars à oct., t.l.j. de 9h à 17h; entrée payante, gratuit pour les – 15 ans)*, une grande maison familiale restaurée. Il rend hommage au célèbre écrivain Nikos Kazantzakis (dit Kazantzaki selon son souhait), dont la famille paternelle était originaire de Mirtia. Le village s'appelait alors Varvari; il fut rebaptisé après la guerre pour en effacer la sonorité « barbare ». Le fondateur du musée, soucieux d'authenticité, ignore le nom de Mirtia, que vous ne lirez sur aucun des documents relatifs au musée. Dans une très belle muséographie sont présentés des documents authentiques, souvenirs personnels, manuscrits, photographies, mais aussi affiches des films tirés de ses livres, tout évoque la vie et l'œuvre de Kazantzakis pour permettre d'en approcher sa personnalité. Il est conseillé de regarder d'abord le diaporama de 20 min, commenté en français *(sur demande)*.

♥ Arhanes★★ et ses environs

···› À 16 km au S d'Heraklion; 11 km au S de Knossos. **Bus** ttes les heures de la gare routière A d'Heraklion. www.e-archanes.gr.

La route de Knossos monte à **Arhanes-le-Haut** *(Epano Arhanes)*, important chef-lieu d'une riche région agricole *(pensions et tavernes sur la place)*. Les collines avoisinantes sont couvertes de vignes, dont la récolte (raisins de table et raisins secs) est destinée à l'exportation. Les grappes de *rosaki* donnent un **excellent vin**. Il règne alentour une joyeuse ambiance au moment des vendanges. La région est riche en découvertes archéologiques. Bien située, au milieu de terres fertiles, jouissant d'un climat privilégié, elle fut habitée depuis la plus haute Antiquité.

Le village

La **conception des maisons**, souvent en forme de L avec une cour intérieure, remonte à l'époque vénitienne. Cette cour a une fonction intéressante : en effet, elle représente le passage entre l'espace public et l'espace purement privé. Plusieurs églises sont décorées de fresques. L'église principale du village, la **Panagia**, contient de belles icônes. Sur la place, la **statue d'un capetan**, avec son fusil et sa cartouchière, rappelle que la résistance aux Ottomans fut ici sans merci.

Le Musée archéologique**

☎ 2810-752712. Ouv. t.l.j. sf mar., de 8 h 30 à 15 h ; entrée gratuite. Un ouvrage en français sur Arhanes, écrit par les archéologues du site, documenté et très complet, est en vente sur place.

Installé dans l'ancienne école du village, ce musée offre la meilleure introduction possible à la découverte des sites que comptent le village et ses alentours. Très informatif, il présente, dans un minimum d'espace, sous forme de tableaux et à partir d'objets découverts lors des fouilles et reproduits dans les vitrines, une **image complète de la vie des Minoens**. Les rites funéraires et les trois manières d'enterrer les morts (à même le sol, dans des sarcophages ou dans des *pithoi*) sont expliqués, de même que le travail du bronze ou de l'or, ou encore la façon dont s'organisaient les transports ou dont se déroulaient les relations avec les pays de l'E de la Méditerranée. Voyez aussi : la presse à raisin, les amphores, le métier à tisser, les coupelles à teinture.

Autres meubles, artisanats et travaux d'aiguille au **musée d'Art Populaire** (*fléché depuis le Musée archéologique ☎ 2810-752891*).

Les ruines minoennes

Le bourg actuel est construit sur des ruines minoennes parmi lesquelles a pu être identifié un édifice d'une importance comparable, semble-t-il, à celle des palais déjà découverts ; sa taille correspondrait à celle du palais de Knossos et son raffinement rappellerait celui de Festos. Evans avait déjà fait mention de ce qu'il avait appelé « le palais d'été du roi de Knossos ». Qu'en est-il ? La question reste ouverte.

Les archéologues se heurtent en effet à un problème difficile à résoudre pour que cette hypothèse soit vérifiée. Comment poursuivre des fouilles dans un village habité ? Faute de pouvoir exproprier, les recherches ont cessé. On peut voir toutefois **une partie des murs**, formés d'énormes blocs de pierre, et constater la grandeur des pièces, très vastes par rapport à celles, par exemple, de **Kato Zakros**** *(p. 149)*.

Les **fondations d'un bâtiment** contemporain du Second palais de Knossos (1750-1450 av. J.-C.) reste en cours d'excavation ; on y retrouve tous les éléments de l'architecture minoenne, traités avec un éclat inhabituel.

Les environs d'Arhanes

Arhanes est un très bon point de départ pour plusieurs excursions agréables à faire à pied. Les sites intéressants à visiter sont localisés en plusieurs points : à Fourni, à Anemospilia, à Vathipetro et au sommet du mont Ioukhtas.

La colline de Fourni. *Prenez la route à dr. à l'entrée d'Arhanes (pancarte). Le site est entouré d'un grillage. Ouv. t.l.j. sf lun. de 8 h 30 à 14 h 30 ; entrée libre.* Utilisée pendant 1500 ans jusqu'en 1250 av. J.-C., la **nécropole** de la colline de Fourni est la plus importante du monde Égée. On y trouve le **premier cercle de tombes mycénien** découvert en Crète. On suppose que la nécropole servait essentiellement pour des personnes de haut rang, car on y a trouvé des pièces de valeur et des objets peu communs (presse à raisin, métier à tisser). On y a aussi découvert un **sistre** (instrument de musique ancien) de 2000 av. J.-C.

Anemospilia*. *À 4 km au N-O du village d'Arhanes : au N de l'église Panagia part un chemin reliant Arhanes à Knossos. Il suit le flanc E du mont Ioukhtas le long d'une gorge. Le site d'Anemospilia se trouve sur la pente N du Ioukhtas.* La découverte de quatre corps dans un sanctuaire détruit vers 1700 av. J.-C. a donné à ces fouilles un caractère exceptionnel *(ci-contre)*.

Vathipetro. *À 5 km au S d'Arhanes. Sortez par la route qui part vers le S et continuez dans les vignes pendant 3 km (panneaux). Laissez votre véhicule à la pancarte « Archeological Site of Vathipetro ». Ouv. t.l.j. sf lun., de 8 h 30 à 14 h 30. Entrée libre.* Les vestiges, de moindre importance que ceux d'autres sites célèbres, révèlent la présence d'une importante « ferme » ou **entreprise agricole minoenne** (env. 1500 av. J.-C.), dont subsistent un pressoir à olives et un ingénieux système pour fouler le raisin et faire le vin.

♥ **Le mont Ioukhtas.** *Accès au sommet (811 m) à pied par un sentier depuis Arhanes ; ou en véhicule tout-terrain par la route de Vathipetro (3 km ; bifurquez à dr. à la pancarte « Ioukhtas »).* Il surplombe toute la région de sa silhouette très caractéristique : la tête de Zeus dormant, dit-on. La **vue***** sur Heraklion et la mer est remarquable. Selon une légende locale, Zeus aurait été... enterré sur cette montagne sacrée. On y a retrouvé des figurines votives et des vases à usage cultuel de l'époque minoenne, ainsi qu'un sanctuaire minoen, au N de la petite église, lieu de pèlerinage très fréquenté le **6 août**, date de la Transfiguration.

♥ **parcours viticoles.** Le pays au S d'Heraklion est la région viticole la plus importante de Crète *(p. 50)*. Vingt-trois producteurs ont créé une carte des routes avec toutes les caves à visiter : grandes, petites, privées, coopératives. Deux routes vous sont proposées au départ d'Heraklion. Pour la première, prenez la dir. de Knossos, puis continuez vers Skalani (établissements Boutari), Arhanes ou Peza (caves Minos, *voir ci-dessus*), Alagni (caves Lyrarakis), puis Houdetsi (caves Tamiolakis). Suggestions : à **Alagni**, goûtez les vins Lyrarakis à la taverne, sur la place du village, avant de visiter la cave (demandez à voir le pressoir vénitien). À **Katalagari** (4 km de Peza), très belle auberge avec vue sur les vignes (▲ **Katalagari Country Suites** *☎ 2810 753350, www.katalagarisuites.com*). La deuxième route part de l'O d'Heraklion et descend vers le S. Les caves à visiter se trouvent à Dafnes (Douloufakis) et Avgeniki. En automne, les villages s'animent à l'heure où le raki *(tsikoudia)* est distillé. Une signalisation a été mise en place, ainsi qu'un guide *(dans les offices du tourisme)* précisant le nom des producteurs participant à ce projet, et les sites culturels à découvrir dans un rayon tout proche. Et en toute saison, la bonne humeur règne.

Peza et la ♥ route du vin

À 10 km au S de Knossos ; 10 km au N-E de Vathipetro ; 7 km au S-O de Mirtia.

Ce village au milieu des vignes est un important centre vinicole (vins d'appellation d'origine contrôlée) avec des coopératives. Il fait partie des étapes proposées sur la route du vin *(voir ci-dessous)*.

Une visite des **établissements Minos** *(à la sortie S du village, à dr. ☎ 2810-741213, www.minoswines.gr ; ouv. du lun. au ven. de 9 h à 16 h, le sam. de 10 h 30 à 15 h, le dim. sur r.-v. ♿ ; évitez le créneau 11 h-13 h consacré à l'accueil des groupes. Voir aussi* ● **Le Clos** *p. 93)* permet de découvrir les étapes de la vinification et son évolution (petit musée), des vendanges à l'embouteillage. On y apprend l'histoire de la vigne en Crète depuis l'époque minoenne, grâce à une vidéo projection. La dégustation vous convaincra de la qualité de ces vins crétois. Boutique de produits traditionnels crétois, de qualité : vins, savons, miel, huile d'olive, herbes... Le responsable, Nicolas Miliarakis, parle français.

Bonne taverne ♦ **Onisimos** *(à 50 m de la cave Minos en venant du S, ☎ 2810-741754)*. Testez les boulettes de courgettes, le veau aux épices, les escargots au gril ou la chèvre, accompagnés de vin « maison ».

De Peza vers la plaine de la Messara

···> De Peza, on rejoint Protoria et la plaine de la Messara (itinéraire n° 7, p. 101) par une bonne route d'env. 30 km.

À **Kaloni**, la très vieille église byzantine **Agios Vasilios**, dédiée à saint Jean-Baptiste, contient des fresques de 1292.

♥ ♣ **atelier musical.** Dans le village de **Houdetsi**, Ross Daly (d'origine irlandaise et célèbre joueur de *lyra*) a installé dans une belle maison l'**Atelier de Musique « Labyrinthe »** (☎ 2810-741027 ; www.labyrinthmusic.gr). Exposition d'instruments rares, musiciens à l'œuvre, atelier de fabrication d'instruments, séminaires, concerts l'été dans les extérieurs... Petite taverne en face du musée, dans une cour ombragée.

Après Partheni, un détour de 4 km par une route indiquée à dr. mène à **Moni Epanossifi**, un monastère empreint de sérénité qui fut construit à la fin de l'époque vénitienne et joua un rôle important sous l'occupation turque.

De Peza vers Ierapetra

···> Une autre route d'env. 80 km, souvent sinueuse, permet de rejoindre Ierapetra (p. 135), dans le département du Lassithi.

Arkalohori est un bourg très animé le samedi matin, jour de foire. **Ano Vianos**, un gros village blanc blotti au flanc du mont Dicté, s'enorgueillit d'un arbre centenaire, sur la place du village. Les églises **Agia Pelagia**, dans le quartier dit Plaka, et **Agios Georgios** contiennent des fresques datées respectivement de 1360 et 1401.

De Peza vers Kastelli

···> De Peza, prenez la dir. de Kastelli (Pediados).

Le village d'**Agios Paraskies** abrite un joli magasin de poteries artisanales. À quelques kilomètres de là, un petit détour par une route sur la g. conduit à **Moni Agarathou**, un monastère encore habité, perdu dans les vignes. L'église contient quelques icônes anciennes.

♥ **petite pause.** ● **Le Clos** est installé au milieu des vignes, dans une maison ancienne, et restaurée. Vous pourrez y savourer un café ou une boisson à la fraîcheur de la terrasse et y goûter les vins Minos *(5 dégustations pour 3 €)*, avant de partir en randonnée. Caspar saura vous renseigner en français. *(Minos-Miliarakis, à Sabas, à 10 km de Peza, sur la route de Kastelli, ouv. du lun. au sam. de 11 h à 18 h, entrée indiquée par des tonneaux.)*

Trapsano

···> À 15 km au S-E de Peza.

Ce village situé au S de la route de Kastelli est connu pour ses **poteries**, un artisanat traditionnel que les villageois perpétuent ; on y assiste à la fabrication des *pithoi*, ces grandes jarres en terre déjà utilisées par les Minoens et que l'on voit encore souvent sur les toits ou les terrasses des maisons pour stocker l'eau de pluie. Un souvenir intéressant, mais encombrant à rapporter !

♥ Le site du palais minoen de Galatas

···> De la route de Kastelli, prenez la dir. de Voni, puis de Galatas. À la sortie de ce petit village retiré, à env. 2 km à dr., bien avant le chemin qui mène à l'église, laissez votre véhicule pour emprunter à pied la montée assez raide d'un sentier en partie dallé (comptez 15 min de marche).

La **vue***** du sommet de la colline, dominant tout l'arrière-pays, est exceptionnelle. Le site était idéal pour surveiller et défendre une probable route minoenne allant de Knossos vers le S-E. C'est là que fut dégagé, en 1992, le quatrième palais de Crète centrale dont on aperçoit les fouilles, protégées par un grillage, envahies par la végétation.

Le palais date de la même époque que le Second palais de Knossos (XVIIe-XVIe s. av. J.-C.) et est construit sur le même plan, avec une cour centrale, quatre ailes pour les résidences et les divers ateliers. Il était aussi décoré de fresques. Sa superficie est toutefois de moitié inférieure à celle du palais de Knossos. Sans doute détruit par l'éruption de Santorin (vers 1450 av. J.-C.), le palais de Galatas fut reconstruit et joua encore un rôle à l'époque mycénienne ; c'est une découverte importante pour la compréhension de cette fameuse civilisation minoenne.

Kastelli (Pediados) et ses environs

➜ À 8 km au N-E de Trapsano ; 40 km au S-E d'Heraklion (liaisons en **bus** : p. 225).

Cette grosse bourgade avec un joli **marché** le samedi matin doit accueillir un nouvel aéroport, celui d'Heraklion ne suffisant plus. Son intérêt actuel tient à l'existence de son site antique, Lyttos, et à de belles églises byzantines avoisinantes.

Lyttos*

➜ À 3 km à la sortie E de Kastelli sur la route d'Avdou, près de Xidas.

Il ne reste de l'antique Lyttos que le site à admirer, magnifique, sur l'un des contreforts du mont Dicté. Cette ville dorienne, mentionnée par **Homère** pour son rôle dans la guerre de Troie, exerça son pouvoir pendant toute la période hellénistique. Détruite par sa rivale Knossos

► Au-dessus de Limenas Hersonisou, les paysages variés d'une Crète plus authentique.

au IIIe s. av. J.-C., Lyttos retrouva un peu d'influence sous les Romains et jusqu'à l'époque byzantine, dont il ne subsiste que des morceaux du mur de protection de la ville.

Sklaverohori

➜ À 2 km à l'O de Kastelli. Accessible en 15 min de marche depuis le hameau ; après la bifurcation, prenez le chemin de g.

L'**église de la Présentation-de-la-Vierge** de ce petit hameau contient des fresques des XIVe et XVe s. représentant la vie du Christ.

L'église Agios Pandeleimon**

➜ À 2 km au N de Kastelli. À Kastelli, prenez la route de Hersonisos (« Chersonissos »). Avant Pigi, à dr., pancarte « Byzantine Church and Paradise Tavern » ; suivez la route et demandez la clé à la taverne. Ouv. de 8 h à 14 h. Entrée libre.

Perdue sous les arbres, cette **église byzantine** se compose de trois grandes nefs, soutenues par des colonnes dont l'une est constituée de quatre chapiteaux antiques provenant sans doute des ruines de l'antique Lyttos. On note des détails de sculptures de l'époque byzantine, des inscriptions hellénistiques, de très belles fresques du début du XIVe s. dans le chœur et une remarquable icône. Le 27 juillet, on fête le martyr Agios Pandeleimon non loin, à Pigi *(voir aussi p. 55)*.

> À 16 km au N, vous retrouverez la côte à Limenas Hersonissou (p. 96) et la route E75. Vous pouvez alors rejoindre Heraklion (à l'O, p. 62), Malia (à l'E, p. 98) ou la route du Lassithi (p. 96). ◆

itinéraire 6

Autour de la baie de Malia★

programme

Le site minoen de Malia est incontournable pour les amateurs d'archéologie. Comptez une journée pour le visiter et profiter également de l'arrière-pays.

à ne pas manquer

Patrimoine : les ruines minoennes de Malia, le palais et la nécropole Chrissolakkos *(p. 98-100)*.

Panorama : empruntez la route qui mène au plateau du Lassithi *(p. 97)*.

Avec des enfants : le musée Lychnostasis *(p. 96)*.

côté pratique

Accès : par la E75 ou la Old Road *(p. 87)*. Itinéraire de 65 km env.

Départ : de Heraklion

Carte du département : p. 60-61. Plan du palais de Malia, p. 99.

Bonnes adresses : p. 218.

Tout au long de la route longeant la baie de Malia s'est développé un tourisme de masse, venu chercher à bon marché la mer, le soleil et les plaisirs sous forme d'alcool, de drogue et de rencontres peu crétoises. Dans les hôtels de catégorie supérieure, le calme est préservé. Pour des impressions de Crète plus authentiques, il faut se rendre au musée de Lychnostasis et dans les charmants villages de l'arrière-pays (Hersonisos et Piskopiano), ou remonter dans l'histoire de l'île en visitant les magnifiques ruines minoennes de Malia.

Limenas Hersonisou et ses environs

···> À 26 km à l'E d'Heraklion. Accès en **bus** depuis la gare routière A d'Heraklion. À 16 km au N de Kastelli. **Bonnes adresses**, p. 277 (voir aussi Gouves, 7 km à l'O de Limenas Hersonisou, p. 219).

Le tourisme de masse a étouffé le charme de ce petit port de pêcheurs. Le nombre de bars, d'hôtels, de pensions, etc. est impressionnant. Ce site a connu un passé sans doute florissant. Port de l'antique Lyttos *(p. 94)*, il fut ensuite habité par les Romains ; on a retrouvé des fragments de mosaïques de deux basiliques paléochrétiennes des Ve et VIe s., la plus ancienne située au bout de l'isthme, au N du village, l'autre, à 1 km à l'E près de l'hôtel Nora, à l'emplacement de l'église Agios Nikolaos (XIIe ou XIIIe s.).

Le musée Lychnostasis*

···> À 800 m à l'E du village, en bord de mer, après le Star Water Park et avant l'hôtel Nana Beach ☎ 28970-23660, www.lychnostasis.gr. Ouv. t.l.j. sf sam. de 9 h à 14 h (mer. de 11 h à 14 h d'août à oct). Visite en français sur demande. Entrée et audioguide payants. Fête autour du raisin.

Avec le moulin à vent, la maison crétoise, l'église ou l'atelier de tissage, ce musée en plein air offre une agréable **initiation à la vie de l'île**, à sa flore, à ses pierres et ses plantes aromatiques. On peut y goûter le *soumada*, une boisson aux amandes, ou le gâteau de figue et emporter la tisane minoenne qui assure une longue vie.

▶ Âne du Lassithi, attendant patiemment sa pitance.

Le village de Hersonisos

···> Au flanc de la montagne au-dessus du port. Comptez 30 min à pied ou en voiture par la route de Kastelli.

Ce petit village a gardé de belles maisons de l'époque vénitienne. D'agréables *kafenions* et tavernes bordent la place ombragée.

Piskopiano

···> À 1 km à l'E de Hersonisos.

À flanc de montagne et un peu en dehors du gros mouvement touristique, le village garde quelques **tavernes traditionnelles** : ♦ **Kostas** et ♦ **Manolis**.

Son **musée** *(ouv. t.l.j. sf lun., de 10 h à 13 h et de 16 h à 20 h ; entrée payante)* explique la production des olives et du raki.

Vers le Lassithi

···> De Limenas Hersonisou, prenez la route de Kastelli sur 7 km, puis tournez à g. vers Potamies et le plateau du Lassithi.

La route qui monte au fameux plateau du Lassithi vous fait grimper dans les montagnes. Les paysages sont magnifiques, les petits monastères traditionnels et, à Krasi, on goûte le raki.

Potamies et Avdou

···> Juste avant le village de Potamies (15 km au S de Limenas Hersonisou), empruntez la route sur la g. (pancarte).

© Jon Arnold/hemis.fr

Passez devant la modeste église à une nef **Afendi Christo** (fresques du XIVe s.). Continuez jusqu'à l'emplacement d'un monastère de l'époque vénitienne, aujourd'hui abandonné, **Moni Gouverniotissas**★★, avec son église, la **Panagia**, intéressante par son architecture et ses fresques. Un gardien reste sur le site dans la journée et possède les clés des deux églises. Sinon, demandez au *kafenion* du village.

À **Avdou** *(6 km au S-E de Potamies)*, l'église **Agios Antonios** est ornée de fresques du XIVe s.

sur la route de Malia. Après Avdou, la route commence à grimper. On peut rejoindre Malia par **Mohos**, un gros village plein de charme avec sa place, ses arbres blanchis et bleuis aux couleurs du drapeau grec, et ses *kafenions* *(voir Hébergement p. 229)*.

Krasi

À 4 km à l'E d'Avdou.

Vous trouverez à Krasi l'un des **platanes**★ les plus spectaculaires de l'île (18 m de circonférence) qui ne dit plus son âge. Célèbre, magnifique, il ombrage la place de ce joli village où il fait bon boire le raki *(vente et dégustation)*. À g. au-dessus de la fontaine part un chemin muletier qui monte à **Tzermiado**, sur le plateau du Lassithi *(p. 131)* : possibilité de **randonnées**.

> *On continue vers Moni Kardiotissa.*

plus court. Pour rejoindre directement Malia, prendre de Krasi la belle route, large et asphaltée, qui plonge sur la côte N.

Moni Kardiotissa

À 16 km au S-E de Potamies, avant le village de Kera, sur la dr.

Ce petit monastère accroché au flanc de la montagne, appelé aussi le **monastère de la Panagia i Kera**, la Vierge Mère de Dieu, cache une église présentant une architecture complexe. Elle a été construite en plusieurs fois à des époques différentes. Les fresques de la nef centrale seraient les plus anciennes et dateraient de la première moitié du XIVe s., les autres de la fin du XIVe s.

prendre de la hauteur. Continuez à monter vers le plateau du Lassithi *(p. 131)* pour profiter de la **route panoramique**★★★ très escarpée, qui devient vite impressionnante. Au sommet du col se dégagent des carcasses de moulins à vent, restes de l'époque vénitienne.

Malia

···> À 10 km au N de Krasi par le village de **Mohos** (p. 97) ; 34 km à l'E d'Heraklion. Accès en **bus** depuis la gare routière A d'Heraklion. **Bonnes adresses**, p. 228.

Lieu de passage ou point de séjour dans l'un des nombreux hôtels qu'il compte, Malia a été un centre touristique apprécié dont la **plage de sable** est l'une des plus belles de l'île. Trop fréquenté par des touristes peu délicats, Malia a perdu de son charme. Toutefois, les célèbres ruines de son palais, situé à proximité, réjouiront les amateurs d'archéologie.

Les ruines minoennes***

···> À 3 km à la sortie E du village, côté mer, accès au champ de fouilles (pancarte). Les **bus** de la ligne Heraklion/Agios Nikolaos s'arrêtent sur la route principale, au bout du chemin d'accès. Site ouv. t.l.j. sf lun. et j.f. de 8 h 30 à 15 h. Entrée payante. Petite **exposition** à l'entrée : photos aériennes, maquettes.

Malia est le troisième site minoen d'importance en Crète avec Knossos et Festos. Curiosité insolite dans une petite plaine littorale, il est d'un grand intérêt archéologique, offrant, sur une vaste superficie, de nombreux vestiges bien préservés de l'époque dite des Premiers palais (2000-1700 av. J.-C. ; *p. 35*) : un **palais** et, à l'O du palais, une **agora**, une **crypte** hypostyle, des maisons, des rues, des nécropoles dont celle de **Chrysolakkos** plus au N, autant d'indices qui révèlent une ville minoenne.

Les fouilles du **quartier MU (μ)**, reconnaissable à son large toit protecteur, ont permis d'identifier des **maisons d'artisans** (ateliers de sceaux, de potier, de fondeur). Actuellement mises au jour par l'école archéologique française d'Athènes, les ruines de Malia permettent d'apprécier le travail minutieux et laborieux qu'exigent les fouilles.

Le palais

···> Dirigez-vous vers le N-E de la cour. Servez-vous du plan (ci-contre) pour vous repérer facilement.

On traverse la large cour occidentale du palais, fermée à l'E par une chaussée surélevée, baptisée **chemin des Processions**, et on gagne vers le N la voie dallée dite **Chaussée minoenne**, qui allait de la ville au palais.

s'orienter. Au N de l'entrée du site se trouvent la crypte et l'agora, au N-O le quartier μ couvert d'un toit protecteur. Le palais est à dr. sur une légère hauteur. Commencez la visite du site par le palais, dont les ruines sont celles du Nouveau palais (1700-1450 av. J.-C.) construit après la destruction du Premier palais. Indications en français. Les **chiffres en couleur** renvoient au plan *(ci-contre)* et permettent de suivre le parcours proposé.

Le palais de Sarpédon

Un Premier palais fut construit vers 2000 av. J.-C. sur cette plaine fertile ouverte sur la mer. Selon la légende, **Sarpédon**, frère de Minos et de Rhadamante, en était le maître. Vers 1700 av. J.-C., une catastrophe naturelle anéantit l'ensemble, qui fut reconstruit d'après un plan semblable à celui des autres palais. Ses caractéristiques essentielles correspondent à celles de Knossos et de Festos : cour centrale, cour occidentale, emplacements cultuels ; seule l'aire théâtrale n'existe pas. Mais tout y était plus petit et moins luxueux : pas de fresques et l'albâtre n'y apparaît nulle part ; les matériaux utilisés, grès ou calcaire, provenaient de la région. Le palais était intégré, à l'époque minoenne, dans une ville qui s'étendait jusqu'à la mer et qui actuellement continue à faire l'objet de fouilles. Vers 1450 av. J.-C., une autre catastrophe naturelle, dont l'éruption de Santorin fut sans doute la cause, détruisit la ville et son palais. Ce sont les ruines de ce Second palais que l'on visite. ◆

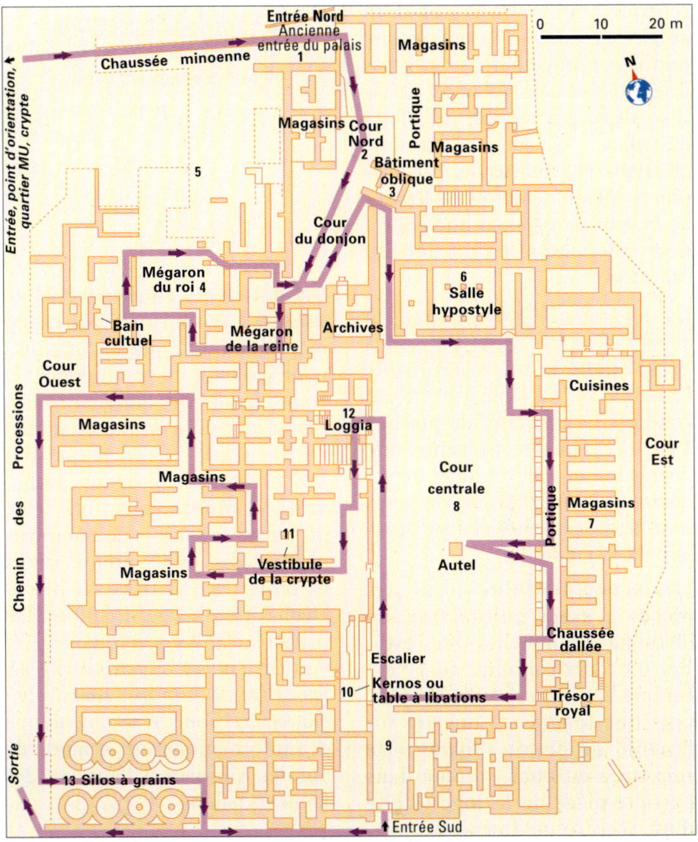

Le palais de Malia.

L'entrée principale 1. du Nouveau palais se situait au N ; elle est indiquée par deux grands *pithoi* à plusieurs anses, décorés de motifs en relief (spirales et cordes). La **cour N 2.**, bordée de magasins et fermée à l'E par un portique à trois ailes, se prolonge au S-O par une cour dite « du Donjon » ; en son angle S-E se trouve la base d'une tour carrée aux murs très épais où étaient déposées les **archives**.

Dans le secteur N-O, on retrouve trace d'une salle d'audience **4.** qui domine des installations protopalatiales **5.** (restes du Premier palais).

Un passage, partiellement fermé par **une construction oblique 3.** plus tardive, donne accès à la **cour centrale 8.**, fermée au N par une pièce à pilier central (base visible), sorte de vestibule attenant à une **salle hypostyle 6.** à deux rangées de trois colonnes.

Les magasins. À l'E de la cour s'élevait un portique à colonnes et à piliers qui ouvrait sur des magasins **7.** (couverts d'un toit protecteur) ; des jarres et un système rationnel de rigoles dans le sol permettaient d'y collecter des liquides, de l'huile sans doute.

La cour centrale 8. On pouvait aussi accéder au palais par l'E, comme en témoigne une chaussée dallée. Au milieu de la cour centrale restent les traces d'**un autel**, une énigme dans l'histoire minoenne, puisqu'il n'y en a pas de semblable dans les autres palais. Il se situe, par rapport à l'aile O du palais, à la hauteur d'une sorte de **crypte** 11., caractérisée par deux piliers quadrangulaires et séparée de la cour centrale par une pièce à deux colonnes, utilisée à des fins cultuelles.

Dans l'angle S-O de la cour, on admire **l'entrée S** 9. du palais au sol dallé et un remarquable ***kernos****** 10. ou table à libations; cette pierre circulaire de presque 1 m de diamètre présente une dépression en son centre et trente-quatre petites cavités sur son pourtour, dans lesquelles étaient déposées les offrandes.

L'aile occidentale. Au N des pièces à usage cultuel 11., on distingue les marches d'un **escalier** qui devait monter au 1er ét., comme le *piano nobile* de Knossos, puis une **loggia** 12. ouverte sur la cour, où devait apparaître le roi; on a en effet exhumé dans l'arrière-pièce de la loge la tête d'un sceptre en forme de panthère, un poignard et une épée au pommeau décoré de cristal et d'améthyste, des attributs qui ne pouvaient appartenir qu'à une personnalité de haut rang. Au N de cette aile étaient les appartements royaux, conçus différemment des salles de culte ou des salles ouvertes sur la cour centrale. Un mégaron, dit « du Roi », puis un vestibule donnaient accès au bain, sans doute cultuel.

En arrière de l'aile O se trouvaient des magasins, et au S deux rangées de quatre réservoirs cylindriques, sans doute des **silos à grains** 13.

► La basilique Saint-Tite, à Gortis, voisine avec les vestiges des agoras antiques.

Les bâtiments situés au N-O du palais. L'**agora**, vaste place, fermée sans doute par des gradins, pour accueillir un grand public; la **crypte hypostyle**, qui était constituée d'une suite de pièces souterraines; et plus à l'O, le **quartier MU** avec deux bâtiments imposants (et probablement officiels), où furent découverts de nombreux objets, vases, outils, armes, sceaux et tablettes inscrites en hiéroglyphes crétois non déchiffrés. Les maisons d'artisans entouraient ces édifices *(suivez le parcours fléché, pancartes en français, sous le toit protecteur)*. Tout ce secteur donne des informations sur le mode de vie des Minoens à l'époque des Premiers palais.

La nécropole Chrissolakkos

→ À env. 500 m au N du palais. Reprenez la route d'accès aux ruines et continuez-la jusqu'à la mer. Suivez à pied la côte (10 min env.). Le site est légèrement en retrait de la mer, entouré de grillages.

De la nécropole proviennent de très belles pièces exposées au **Musée archéologique***** d'Heraklion *(p. 71)*. La plus remarquée est le ♥ **pendentif en or***** orné de deux frelons suçant une goutte de miel *(p. 49)*.

> Vous pouvez pousser jusqu'à Sisi et Milatos (p. 130), ou rejoindre Agios Nikolaos (p. 120). ◆

itinéraire 7

La plaine de la Messara★★★

programme

Oliviers, champs de fouille et plages, un itinéraire pour tous les goûts. Les sites antiques et les plages à l'O méritent au minimum de 2 j.

à ne pas manquer

Patrimoine : Gortis et sa ♥ promenade sous les oliviers *(p. 102)* ; le ♥ palais de Festos *(p. 104)* ; ♥ Agia Triada *(p. 106)* ; ♥ Kommos *(p. 107)*.

Plage : ♥ Red Beach *(p. 109)*.

Avec des enfants : la ♥ gorge d'Agiofarango *(p. 109)*.

côté pratique

Accès : par la route 97 à l'O de la ville (dir. Festos). Itinéraire de 110 km.

Départ : Heraklion.

Conseil : prévoir lunettes de soleil et chapeau.

Carte du département : p. 60-61, plan du palais de Festos p. 104.

Bonnes adresses : p. 218.

La Messara est la plaine la plus importante de Crète (45 km de long, 8 km de large), séparée de la mer de Libye par les monts Asterousia (Kofinas, 1 231 m) ; les côtes de l'Afrique ne sont qu'à 300 km ! Elle est dominée à l'E par le mont Dicté (2 148 m) au profil massif et, à l'O, par le mont Ida (2 456 m), souvent recouvert de neige. La culture de l'olivier y est partout en forte progression. Grenier à blé de la région, la Messara a été habitée depuis les temps anciens.

Gortis (Gortyne)★★★

···> À 45 km au S-O d'Heraklion. Accès en **bus** de la gare routière B à Heraklion, de Festos et de Matala. À 2 km à la sortie O d'Agii Deka.

Cette ancienne ville dorienne avec son acropole, qui continua à jouer un rôle dominant à l'époque classique (Ve-IVe s. av. J.-C.), devint sous les Romains, vers 67 av. J.-C., la capitale de la Crète et de la Cyrénaïque. Après le passage de saint Paul se rendant à Rome, Tite, nommé premier évêque de l'île, fit de Gortis un grand foyer de christianisation. C'est là que fut construite la première église de Crète. Son rayonnement se poursuivit à l'époque byzantine. Mais, au début du IXe s., Gortis fut détruite par les Sarrasins et désertée.

Deux champs de fouilles distincts permettent d'en apprécier l'importance : le premier, au N de la route, bien indiqué, est ouvert au public *(payant)* ; le second, au S de la route *(accès libre)*, offre une agréable promenade dans les oliviers.

Le site officiel

···> Ouv. t.l.j. de 8 h à 19 h (dernière entrée ; 15 h en hiver). Entrée payante. Pas de guide sur place. Visite guidée organisée par les agences. Un plan du site avec explications en anglais est fourni.

Après l'entrée, on traverse un jardin où sont exposées, à dr., de très belles statues de pierre trouvées lors des fouilles.

En pénétrant dans le site protégé, on est impressionné par la taille de la **basilique Saint-Tite** (VIIe ou VIIIe s. apr. J.-C.), dont il ne reste pratiquement que les trois absides. C'est un remarquable exemple des premières basiliques chrétiennes. L'**odéon** (début du IIe s. apr. J.-C.), petit théâtre en demi-cercle, se trouve au N de la basilique. En le parcourant on peut voir, dans un abri protégé, derrière des grilles, les tables verticales sur lesquelles sont gravées les **lois de Gortis**★★★ (VIe s. av. J.-C. ; *p. 103*) : une codification des droits du citoyen à l'époque dorienne !

Un peu en arrière de l'odéon, le gardien vous montrera le fameux ♥ **platane** qui ne perd jamais ses feuilles, et qui, dit-on, abrita les amours de Zeus et d'Europe.

Au sommet de la colline avoisinante s'élevait l'acropole. Les archéologues ont trouvé les traces du mur de fortification de la ville hellénistique (IIIe-IIe s. av. J.-C.), qui devait s'étendre sur 3 km.

♥ Promenade sous les oliviers

···> Quittez le site et revenez à pied vers Agii Deka. Laissez la route de Mitropoli sur la dr. et marchez env. 300 m. À la pancarte indiquant « Sanctuary of Apollo Pythios » (Mogoï), empruntez le chemin à dr. Le site est entouré d'une clôture que l'on peut contourner.

Le chemin s'enfonce dans une agréable oliveraie jusqu'aux **ruines romaines**★★. On longe, env. 100 m plus loin, les restes du **temple des Dieux égyptiens** (Ier-IIe s. apr. J.-C.) puis, en prenant le chemin à dr., le **temple romain dédié à Apollon**.

Dirigez-vous ensuite vers le S-E et longez la clôture sur la g. Colonnes de granit, de marbre, chapiteaux corinthiens témoignent de la grandeur passée du site. Derrière le grillage de protection, vous verrez le **prétoire** (IVe s.), qui servit de résidence au gouverneur de la Province romaine et fut un haut lieu administratif; et à côté, les ruines d'un joli ***nymphaion***. On note un chemin pavé venant du N: c'est le passage de l'aqueduc, qui conduit à la grande route. En continuant à suivre le grillage, au S, on passe devant un vaste bâtiment qui abritait les **thermes**.

Platanos

À 6 km au S de Gortis. F. en nov.-mars.

Près de Gortis fut découvert un des fameux **tombeaux en rotonde** de la Messara, antérieurs à l'époque minoenne. Un grand nombre de morts y étaient enterrés avec leurs objets funéraires (bijoux, amulettes, idoles, outils, armes, exposés au Musée archéologique d'Heraklion). Le tombeau le plus important a un diamètre de 18 m en comprenant les murs (épais d'env. 2 m).

Mires

À 10 km à l'O de Gortis.

À Mires, bourg important dans la Messara, on embauche pour les travaux agricoles: d'un *kafenion* de la place centrale, on entend ainsi parler albanais ou une langue d'Europe de l'E. On y vend aussi beaucoup: les banques sont actives et le marché du samedi matin très animé.

travaux d'aiguilles. Après Mires, à 3 km sur la droite, s'ouvre le **monastère Kalivianis**, très fleuri. Cet orphelinat tenu par des religieuses est sans intérêt architectural, mais les travaux d'aiguilles exécutés dans la tradition crétoise par les pensionnaires sont en vente au meilleur prix *(exposition à g. de l'allée centrale face à l'église)*. Un petit **musée d'art traditionnel** se tient à côté de l'église.

Vori

Sur la route de Timbaki, à 1 km au N de l'embranchement de Festos. De Vori, route pour Kamares (p. 93). **Bonnes adresses**, p. 230. Voir aussi Festos, p. 218.

À Vori, joli village avec des maisons d'époque vénitienne, se trouve le Centre de recherche d'ethnologie crétoise. Installé dans une de ces vieilles maisons, il compile le fruit de ses recherches dans des ouvrages qui font autorité et l'expose dans le **musée d'Ethnologie crétoise**** *(☎ 28920-91110; site en français www.cretanethnologymuseum.gr; ouv. t.l.j. 8h30-14h30 d'avr. à oct.)*.

Ce musée est une vitrine sur toute la vie crétoise de la deuxième période byzantine (950 apr. J.-C.) à nos jours. En dix-neuf sections thématiques, on découvre tout de la culture: musique, art, religion, nourriture, meubles, bateaux, et de l'organisation sociale. Tout en couleurs, avec les tissages ou les vanneries aux motifs originaux, le musée présente aussi les outils agricoles servant à la fabrication de l'huile, du vin ou du raki, ainsi que ceux des artisanats traditionnels: poterie, ferronnerie ou travail du bois et de la pierre. Le musée doit encore s'agrandir pour mieux accueillir les arts populaires.

Les lois de Gortis

Les citoyens de Gortis étaient protégés par un véritable code qui régissait le mariage, la séparation, la vente des biens, les droits et les devoirs des serviteurs. Ces lois, qui datent de 500 ans av. J.-C. env., furent découvertes gravées sur des blocs de pierre sur le site antique de Gortis. Chaque bloc comporte douze colonnes d'inscriptions, avec un total de 600 lignes. Ces tables sont rédigées en dialecte dorien et en boustrophédon (« retour du bœuf »), écriture qui se lit selon le parcours d'un bœuf labourant un champ: de gauche à droite à la première ligne, de droite à gauche à la deuxième, et ainsi de suite. ◆

♥ Le palais de Festos★★★ (Phaistos)

···› À 15 km à l'O de Gortis ; 62 km au S-O d'Heraklion ; 72 km au S-E de Rethimnon. **Bus** depuis Heraklion (gare routière B), Matala, Agia Galini. ☎ 28920-42315. Site ouv. en été de 8 h à 19 h 30, en hiver f. à 15 h ou 17 h. Entrée payante (sf – 18 ans et étudiants). Billet combiné avec Agia Triada. Pas de visite guidée organisée sur place. Agréable **cafétéria** dans un site ombragé au-dessus des ruines. Boutique et librairie bien fournies. **Conseil** : prévoyez une protection contre le soleil. **Bonnes adresses**, p. 218.

Pendant les mois d'été, alors que les cités et les villages de la Crète méridionale sont écrasés par la chaleur, il règne une agréable fraîcheur sur les hauteurs où se dressait le palais : il souffle sur la colline un vent de N-O qui vient directement du massif de l'Ida. Aussi l'existence était-elle plaisante sur ces fraîches terrasses, sous ces colonnades à l'ombre propice, dans ces salles dont les murs s'escamotaient en partie grâce à des portes à plusieurs battants pour y laisser pénétrer l'air rafraîchissant. Entouré par les habitations des sujets du roi, le palais constituait un centre de la vie minoenne. Festos, avec son Premier palais (2000-1700 av. J.-C.), jouait un rôle dominant dans la plaine de la Messara. Son pouvoir était même plus puissant que celui de Knossos à la même époque. Selon la légende, **Rhadamanthe**, frère de Minos et de Sarpédon, en était le maître. Après la destruction du palais, un Second palais (1700-1450 av. J.-C.) est reconstruit.

9 les essentiels. Ne ratez pas la **vue**★★★ depuis la cour N surélevée, les **gradins de l'ancien palais**★★★ qui avaient une fonction de théâtre, et la **cour centrale**.

Le site de Festos que l'on peut voir aujourd'hui au sommet de la colline est remarquable, même si les ruines minoennes sont moins impressionnantes qu'à Knossos (*p. 77*) ; à Festos, il n'y a pas de reconstitution spectaculaire, tout ou presque est au ras du sol.

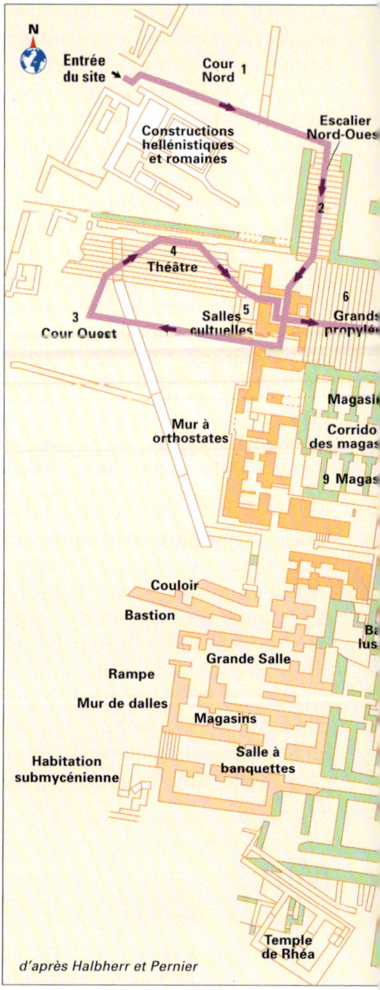

Le palais de Festos (Phaistos).

Le plan (ci-dessus) vous aide à repérer l'époque des bâtiments en ruines. Les chiffres en couleur permettent de suivre sur ce plan le parcours proposé.

La visite du palais commence sur la **cour N** 1. surélevée, d'où l'on a une **vue**★★★ d'ensemble sur les fouilles.

Le théâtre★★★. On descend par un **escalier** 2. jusqu'à l'**esplanade O** 3., qui constitue, avec les **gradins du Premier palais**★★★4., le plus remarquable ensemble architectural. Dans ce **théâtre**, peut-être le plus vieux

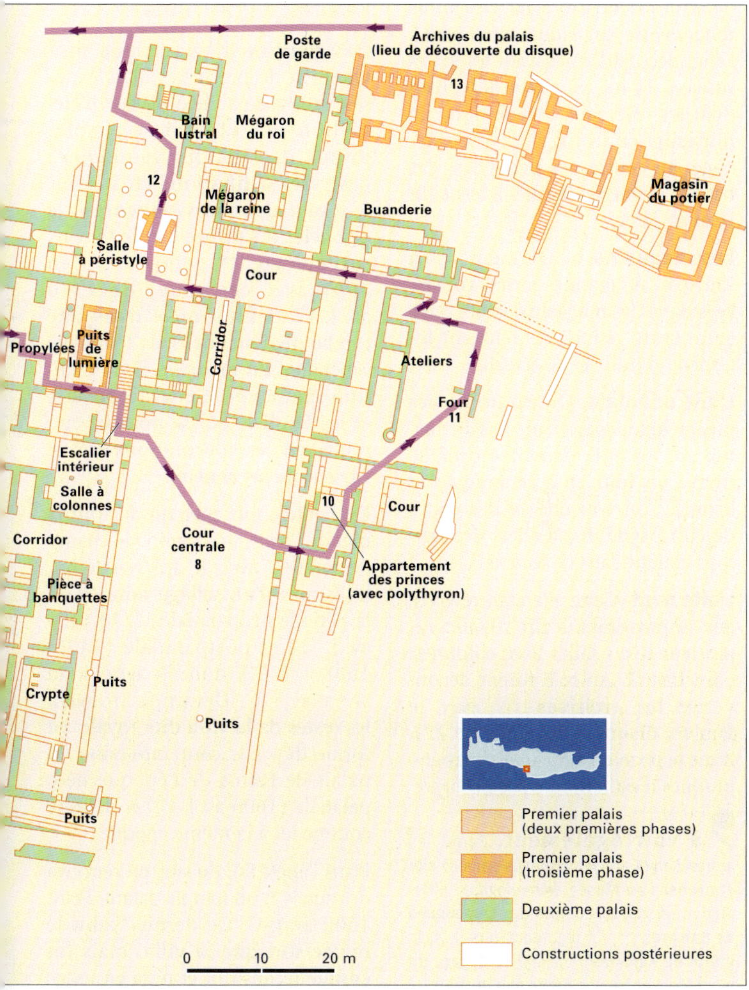

du monde, on se réunissait jadis pour des cérémonies solennelles; leur caractère religieux est attesté par l'existence d'un ensemble de petites **salles cultuelles** 5. situées à l'angle N-E de la cour. On y a trouvé des objets de culte, des tables d'offrande et même un autel des holocaustes.

Vers la cour centrale. En haut du **grand escalier** 6. aux marches bombées qui mène à l'**entrée du palais** s'élevaient les monumentaux **propylées** 7.; le passage aboutit dans la **cour centrale** 8., vide et imposante. Autrefois, le rez-de-chaussée des ailes qui la bordent à l'O et à l'E était agrémenté de portiques. Au N, la façade était soulignée en son centre par un portail orné de deux demi-colonnes et de niches en forme de coquillage. Ici se trouvaient les appartements privés de la famille royale. Les murs des pièces les plus belles étaient lambrissés d'albâtre jusqu'à mi-hauteur et les sols eux-mêmes étaient recouverts de dalles d'albâtre clair. Les joints rouges entre les plaques ajoutaient à l'effet décoratif en égayant les vastes surfaces. Le tuf, plus robuste, constituait les revêtements des cours. En plusieurs endroits, on avait aménagé, au centre des péristyles, des bassins de pierre destinés à recueillir l'eau de pluie.

Les magasins 9. De même qu'à Knossos, de grandes jarres, conservées dans des **magasins,** situés dans l'aile O du palais, contenaient les réserves d'huile et de céréales.

L'aile orientale. On y a trouvé des pièces luxueuses et un bassin lustral **10.** Au N-E, dans une cour, se trouve un **four 11.** à céramiques et bronze ; on voit encore des restes de cuir oxydé. Les ateliers des artisans étaient dans ce secteur.

L'aile nord. Cette aile était réservée aux **appartements dit royaux 12.** par leur luxe: salles avec colonnes, bain lustral. Au N-E furent découvertes les **archives 13.** avec le fameux **disque d'argile***** *(p. 72)*, dont le texte en caractères hiéroglyphiques n'est toujours pas déchiffré.

à voir également. Parmi les autres objets précieux trouvés dans ce site et exposés au Musée archéologique d'Heraklion *(p. 71)*, on compte des **céramiques de Kamares*****. En regardant vers le N, la **grotte de Kamares**** *(p. 115)* se dégage du mont Ida comme une petite plaque noire.

> *Depuis le palais de Festos, poursuivez la route vers Matala, sans oublier de faire un détour par Agia Triada.*

♥ Agia Triada**

À 2,5 km au N-O de Festos. Au S du parking de Festos, prenez la route de dr. qui se termine en cul-de-sac. ☎ 28920-91564. Site ouv. t.l.j. sf j.f., de 10 h à 16 h 30. Entrée payante. Billet combiné avec Festos. Les ruines minoennes sont au pied de l'escalier.

Dans votre parcours de la Messara, Agia Triada mérite un détour: la vue est remarquable, le site énigmatique, et les environs agréables.

Le site d'Agia Triada**

Des fouilles d'Agia Triada proviennent de précieux objets exposés au Musée archéologique d'Heraklion *(p. 71)* et de véritables joyaux de l'époque minoenne: des **vases à libations** en stéatite, le « **vase des moissonneurs** », le « **gobelet du prince** » et le fameux **sarcophage***** peint, daté (en 1997 avec certitude) de 1340 av. J.-C. Il fut trouvé dans une tombe mycénienne mais témoigne cependant du maintien de la tradition minoenne. Cette découverte et les fouilles, qui se poursuivent, relancent les spéculations sur ce site encore mystérieux.

De l'entrée, on aperçoit au loin la mer de Libye. On domine le champ de fouilles, avec, à dr. *(vers le N)*, les **ruines d'un village minoen** de la période néopalatiale (1750-1450 av. J.-C.) et postpalatiale (1400-1100 av. J.-C.), dont l'« agora » du XIVe s. av. J.-C. Devant se trouvent les **restes de la villa dite royale**, en forme de « L », contemporaine du palais de Festos de l'époque néopalatiale (1600 av. J.-C.) et détruite comme lui à la même époque.

Dans l'angle S-E du site, on retrouva des autels et un temple datant d'env. 1500 av. J.-C. Ce dernier subit le même sort que la villa, mais fut ensuite reconstruit et resta en usage pendant la période mycénienne.

Descendez l'escalier de pierre. Suivez la belle voie dallée en direction de la mer, en longeant la villa par le N (pièces d'apparat) ; les appartements se trouvaient dans l'aile O de cette villa. Sur ses ruines furent reconstruits d'importants bâtiments, dont un **mégaron mycénien**.

Le cimetière était situé au N du village; on y a trouvé deux **tombes à tholos**.

L'église Agios Georgios

Très discrète à côté de ces vestiges célèbres s'élève une petite église byzantine, Agios Georgios, datant de l'époque vénitienne (l'épigraphe mentionne la date de 1302). Quelques **fresques** y sont encore visibles *(il vous faudra demander la clé au gardien du site)*.

La route des plages

Pour gagner le S depuis Agia Triada, revenez sur la route allant de Festos à Matala. Sur la route, deux villages méritent une halte.

Une route à dr. mène à **Kalamaki**, petit village en bord de mer en pleine expansion *(pensions, tavernes)*. La plage est superbe, le sable chaud, mais elle peut être désagréablement ventée. Les ruelles du village de **Kamilari**, niché dans les collines, sont très prisées des voyageurs flâneurs.

Pitsidia, à l'intérieur des terres, a su préserver son charme. Sur la place principale, en haut du village, de magnifiques cascades de bougainvillées dévalent le long des balcons des pensions qui l'entourent. Agréables *kafenions*.

♥ Kommos★★

À 8 km au S-O d'Agia Triada; 68 km au S-O d'Heraklion. Du village de Pitsidia, prenez à dr. la route qui descend à la plage (suivre la pancarte). **Bonnes adresses**, p. 227.

La **longue et belle plage déserte**, au pied de la colline d'Agia Triada, continue vers le S jusqu'au remarquable site de Kommos.

De vastes espaces en bord de mer demeurent inhabités. Leur longue histoire les protège des constructions modernes: les recherches archéologiques y sont prioritaires.

Dans son cadre enchanteur, avec la mer de Libye en toile de fond, le site de Kommos est protégé par un grillage. C'est un site minoen et grec de première importance: principal port de la plaine de la Messara entre 1800 et 1250 av. J.-C., il fut d'abord le port de Festos puis celui d'Agia Triada.

Au sommet et sur le versant S de la colline située au N du site se trouvent les habitations minoennes, séparées les unes des autres par des ruelles. Seules quelques-unes d'entre elles ont été excavées.

Au pied de la colline, les archéologues canadiens Maria et Joseph Shaw ont mis au jour le centre civil, composé de trois bâtiments publics successifs. Deux d'entre eux respectent le plan d'un palais avec cour centrale et portiques à colonnades, le troisième comporte trois larges galeries protégées par un toit et devait être un entrepôt pour les bateaux. Des ancres et des poteries provenant de Chypre, d'Égypte, de Syrie et de Sardaigne témoignent de l'activité du port et de la diversité des échanges.

Il a été constaté que les Minoens avaient déserté le site; peu de temps après, le premier des trois temples grecs retrouvés était construit sur les ruines minoennes, au S-O.

Les temples étaient tournés vers l'E; le premier était petit, le deuxième plus grand avec des bancs et un autel central témoignant d'une influence phénicienne. Le troisième temple comportait des bâtiments secondaires sur les deux côtés d'une cour faisant face à quatre autels.

Le dernier sanctuaire, sans doute dédié à Zeus et à Athéna, connut un rayonnement pendant la période hellénistique, puis fut abandonné vers 150 av. J.-C. Le sable recouvrit ensuite ce site jusqu'à ce que les Shaw y entreprennent des fouilles en 1976.

> *Revenez sur la route principale.*

♥ **points de vue.** Deux très beaux panoramas sur la plage, les fouilles et le golfe de la Messara, sont accessibles par des voies partant de la route principale: d'abord en suivant la route qui démarre à l'ancien camping à dr. et qui continue

► La baie de Matala et ses falaises de grès trouées de grottes.

jusqu'à l'église qui domine la mer *(voie sans issue)* ; puis par la piste à dr. qui longe la falaise séparant Kommos de Matala *(pancarte ♦ « **Mystical View**, bonne taverne »)*. À son extrémité : magnifique surplomb.

Matala★★ et ses environs

À 5 km au S-O de Pitsidia ; 12 km au S-O de Festos ; 75 km au S-O d'Heraklion. Accès en **bus** d'Heraklion (gare routière B) et de Festos. **Bonnes adresses**, p. 228.

Matala, petit port de pêche que les Romains, en leur temps, avaient baptisé Gortis, a sa part de légende et d'histoire…

Quand il aperçoit la belle Europe, fille du roi de Phénicie, jouer avec ses amies sur la plage de Tyr, Zeus tombe éperdument amoureux. Il n'en est pas à une métamorphose près ; aussi décide-t-il de prendre la forme d'un taureau blanc pour apprivoiser la belle. Europe n'y résiste pas. Elle le caresse, s'assied sur son dos et s'accroche à ses cornes. Zeus s'élance alors sur les flots jusqu'en Crète, à Matala, puis à Gortis, sous un platane dont les feuilles, depuis, restent toujours vertes. De leur union vont naître trois enfants : Minos, Sarpédon et Rhadamante.

Les falaises trouées de grottes★★

Dans ces grottes, phénomène géologique intéressant, les premiers chrétiens ont enterré leurs morts et, dans les années 1960, les hippies d'Europe et d'Amérique, sur la route de Katmandou, faisaient escale ; certains s'y installaient. C'est aujourd'hui un site archéologique protégé. Le village, avec ses **tavernes** et sa **plage de sable** bien protégée, s'est équipé en hôtellerie. Le site, fort beau au lever du jour ou au coucher du soleil, est très touristique dans la journée.

Respectons les tortues de mer !

Caretta caretta, une espèce menacée, doit être protégée. Ces tortues se reproduisent de juin à août sur la plage s'étendant de Kommos à Kokinos Pirgos : elles couvrent de sable le nid où elles ont pondu leurs œufs (de la taille d'une balle de ping-pong) et retournent à la mer. De petites cages signalent et protègent les nids : respectez-les. Ne pas camper, ne pas allumer de lampes la nuit sont des consignes transmises par l'Association de protection des tortues de mer pour éviter qu'elles ne soient perturbées.

Rens. à l'entrée de Matala, auprès des bénévoles. ◆

♥ Red Beach

···› De Matala, accès en 30 min de marche vers le S. Il faut être bien chaussé.

Cette jolie plage de sable fin est peu fréquentée car un peu difficile d'accès. À l'entrée de Matala, prenez la rue à g. après l'hôtel Zafiria ; par un chemin muletier et après une légère escalade, vous atteindrez une hauteur qui domine la baie de Matala. Suivez vers le S la clôture à moutons jusqu'à la porte *(pensez à la refermer derrière vous)* ; la vue plonge sur une nouvelle baie, fermée par une falaise, et sa plage appréciée des nudistes.

Vers Moni Odigitrias*

···› De Matala, revenez en arrière vers Festos. Prendre sur la dr. après Pitsidia vers Sivas, pour gagner la côte au S de la Messara.

Sivas est un vieux village à l'habitat traditionnel *(tavernes)*. Bel atelier de poteries et de céramiques sur la place. À Listaros, la route continue jusqu'à un monastère fortifié *(à 4 km)*, **Moni Odigitrias***, qui se dresse au sommet d'une colline. Fondé au XVIe s., haut lieu de la spiritualité crétoise, il joua un rôle héroïque en 1828 contre les Turcs. Les moines sont accueillants et l'église contient de belles icônes et des restes de fresques. L'ancien moulin à blé vient d'être restauré.

9 ♥ la gorge d'Agiofarango. La « Sainte-Gorge » **(Agiofarango)** tient son nom de la présence de nombreux ermites qui s'y sont retirés. De Moni Odigitrias, prenez la dir. de Kali Limenes ; à 3,5 km env., à la fourche, restez à dr. ; suivez la route, ouvrez le portail, refermez-le pour les chèvres et continuez-la jusqu'au bout ; à 400 m se trouve un panneau d'informations. Laissez votre voiture en bas de la descente et continuez à pied. Prévoyez 30 min de marche sur un chemin peu ombragé jusqu'à l'entrée de la gorge, puis 30 min dans la gorge *(7 km A/R, facile)*. Au milieu du chemin, petite chapelle rénovée et fontaine. On atteint une baie isolée de la côte S et la plage de Martsalo. Accès en bateau depuis Matala. Renseignez-vous sur place avant de partir.

> *Poursuivez en rejoignant la côte S et Kali Limenes (p. 111). Continuez l'itinéraire n° 8 (p. 110) ou remontez vers Mires (p. 103).* ◆

itinéraire 8

La côte au sud de la Messara★★

programme

Partez à la découverte d'une Crète secrète. Comptez 2 à 3 j. pour découvrir cette côte sauvage et profiter de plages magnifiques et isolées.

à ne pas manquer

Panorama : au pied du mont Kofinas *(p. 111)*.

Village de pêcheurs : Tsoutsouros *(p. 112)*.

Plage : ♥ Akrotiri Sidonia *(p. 112)*.

côté pratique

Accès : l'accès à la côte S n'est pas toujours facile ; il faut passer la barrière montagneuse des Asterousia. Itinéraire de 160 km env. Un véhicule tout-terrain peut être nécessaire pour certaines portions de l'itinéraire.

Départ : Kali Limenes.

Conseil : Prévoyez eau et essence. Des petites tavernes jalonnent les routes.

Carte du département : p. 60-61. **Bonnes adresses :** p. 218.

▲ Pour découvrir le sud de la Messara, vous vous enfoncerez parfois dans les terres. L'occasion de découvrir de jolis coins isolés, couverts de fleurs au printemps.

Pour les flâneurs qui n'ont pas peur de sortir des sentiers battus et asphaltés, la côte au S de la plaine de la Messara offre de grands attraits, notamment ceux de ses deux petits ports, à l'O, Kali Limenes et Lendas. Aucune route ne permet la découverte rapide de la côte S. Les Asterousia, une chaîne de montagnes sauvages avec le mont Kofinas (1 231 m) pour sommet, séparent la plaine de la Messara de la mer de Libye. Les routes d'accès offrent de superbes vues sur cette côte qui reste peu fréquentée. Randonneurs, campeurs ou amateurs de solitude apprécieront le monastère de Koudouma et les petits ports de Tsoutsouros et Keratokampos.

Kali Limenes
et ses environs

⇢ À 20 km au S-E de Matala ; 22 km au S-O de Mires par Pombia, par une route asphaltée ; 76 km au S-O d'Heraklion.

La très belle baie de Kali Limenes, avec sa plage de sable et de petits galets et ses hautes falaises, est un peu défigurée par de gros réservoirs de pétrole : c'est là que s'approvisionne en carburant la VIe flotte américaine. L'apôtre Paul, alors qu'il se rendait à Rome, débarqua sur l'île à proximité de ce hameau ombragé par des tamaris. Ce fut aussi le port de Gortis à l'époque romaine. Ce petit port, qui ne connaît pas le grand tourisme, offre quelques **chambres au confort spartiate**. Si vous négociez bien, un pêcheur peut vous mener à la plage isolée au pied de la gorge ♥ d'**Agiofarango** *(p. 109)* et vous montrer de **belles grottes**.

Une route puis une mauvaise piste (*pour véhicules tout-terrain*) longe, vers l'E, la côte et ses quelques **petites plages**. Au pied de Hrisostamos, à **Platia Peramata**, des vivres de première nécessité sont en vente au minuscule village.

Une route peu fréquentée remonte sur Antiskari et **Moni Ampezanon**, un monastère encore habité, producteur de vin et de très bon raki ! La région est perdue, sauvage.

> *D'Antiskari rejoignez* ***Agios Kirilos****, puis* ***Miamou*** *(à condition d'avoir un véhicule à toute épreuve). Le parcours Miamou/Lendas (10 km) est asphalté. Après avoir traversé des paysages montagneux, la route surplombe la mer, puis plonge sur Lendas.*

Lendas

⇢ À 15 km à l'E de Kali Limenes ; 72 km au S-O d'Heraklion (accès en **bus** depuis la gare routière B). Accès d'Agii Deka par une route asphaltée (31 km). **Bonnes adresses**, p. 227.

Cette baie isolée, sans doute fréquentée à l'époque minoenne, abrita l'antique **Lebena**, un des ports de Gortis. Les habitants de cette dernière cité consacrèrent un temple (VIe-Ve s. av. J.-C.) à **Asclépios**, le dieu de la Médecine, à l'endroit de sources thermales aux vertus thérapeutiques encore appréciées aujourd'hui (guérison des ulcères). Les vestiges, découverts au début du XXe s., sont d'un grand intérêt archéologique, mais assez peu évocateurs pour le profane.

Le village, longtemps endormi, découvre le tourisme *(tavernes, chambres et pensions)*. On trouve quelques **belles plages** à l'O sur la piste de Kali Limenes, ou à l'E par une piste.

Kapetaniana

⇢ À 68 km d'Heraklion par Agi Deka (Messara), 10 km de Loukia. **Bonnes adresses**, p. 226.

On y arrive par une route en lacets offrant des perspectives magnifiques sur la Messara et les monts qui l'entourent. Au sommet, à 800 m d'altitude, sur les hauteurs des Asterousia, au pied du mont Kofinas, le regard plonge sur la mer de Libye.

Dans le bas du petit village de **Kato Kapetaniana** (32 hab.), comme oublié du monde, quelques maisons ont été joliment restaurées sans dénaturer le site. Sur les terrasses de l'excellente taverne, il fait bon profiter de la fraîcheur et d'un spectacle unique. Une piste de 8 km *(pour véhicules tout-terrain)* descend à la **plage d'Agios Ioannis** *(deux petites tavernes, mini-market)* qui se situe entre Lendas et Moni Koudouma.

Moni Koudouma

À 54 km à l'E de Lendas par une route asphaltée jusqu'à Krotos, puis par une piste pour véhicules tout-terrain. De Sternes (à 6 km à l'O de Pirgos), extrémité E de la Messara, par une piste carrossable (26 km). Dénivelé impressionnant; si vous êtes sujet au vertige, abstenez-vous.

Ce monastère était accroché à la paroi rocheuse au-dessus de la mer et au pied du **mont Kofinas**. Il est maintenant aménagé avec un joli jardin. La chapelle dans la roche se visite. Quelques moines y vivent. Des dortoirs sont prévus pour le pèlerin de passage qui, comme le veut la coutume, laisse une obole. Prévoyez eau et nourriture: le site est isolé.

Tsoutsouros

Aucune route ne permet de longer la côte S de Moni Koudouma vers l'E. Rejoignez la route de la Messara. De Pirgos: 13 km de route jusqu'à Kato Kasteliana à l'E, puis 12 km de belle et bonne route vers le S. Belles percées sur la Messara et la mer de Libye. **Bonnes adresses**, p. 229.

La route traverse des paysages inattendus de montagnes dénudées, désertiques. Le dénivelé est souvent impressionnant. Ce joli village de pêcheurs, à l'ombre des tamaris, s'étire au fond d'une baie tranquille avec une **plage de sable** *(tavernes et pensions)*. Les archéologues ont établi, à partir d'objets votifs du VIIe s. av. J.-C. trouvés sur ce site, que le port entretenait alors des liaisons commerciales avec l'Égypte.

confidentiel. À l'O, le village de Maridaki (en général il n'est pas indiqué sur les cartes), dans la baie du même nom, est accessible uniquement par la route d'Ahendrias. Le tourisme y est rare.

Keratokampos

À 10 km à l'E de Tsoutsouros par une route agréable et peu touristique qui longe la mer; à 10 km au S de Kato Vianos par une route très spectaculaire avec d'impressionnants surplombs sur la mer (pas de parapets). **Bonnes adresses**, p. 226.

Le village paisible de Keratokampos a une longue plage de petits graviers (un peu de sable à l'E). À l'O de la plage, dite « Kastri », vient d'être construit un port prêt à accueillir un grand nombre de bateaux. Le site se développe et attire de nouveaux voyageurs.

Arvi

À 10 km à l'E de Keratokampos; à 21 km au S-E d'Ano Vianos par Kefalovrisi; à 15 km à l'O de Mirthios par la piste le long de la côte.

Ce petit **village de pêcheurs** au milieu des bananiers a une **plage de galets**, avec un peu de sable gris. Il a fait le choix du commerce plutôt que du tourisme avec son nouveau port qui lui permet de transporter tous les produits cultivés dans les serres avoisinantes. L'environnement est décevant. Toutefois en suivant la côte à l'E, le long de la mer, on découvre quelques **plages** peu fréquentées: celle ♥ d'**Akrotiri Sidonia**, à 6 km, est magnifique.

À voir tout près : le monastère Agios Antonios, du XIXe s., qui est à 30 min de marche au N-E du village d'Arvi (des pancartes au N du village indiquent le chemin). Dans ce lieu paisible, quelques moines se chargent de vous accueillir.

> *D'Arvi, remontez sur la route qui relie Ano Vianos à Ierapetra (à 50 km à l'E). À l'O d'Ano Vianos, il est possible d'emprunter la route du N qui traverse l'île jusqu'à Heraklion (suivez alors l'itinéraire n° 5 à l'envers, p. 110).* ◆

itinéraire 9

Au nord de la Messara★

programme

Les possibilités de randonnées sont nombreuses depuis Zaros et Kamares. Comptez au minimum 2 jours si vous êtes amateur.

à ne pas manquer

Patrimoine : l'église d'Agios Fanourios *(p. 115)*.

Randonnée : la ♥ gorge de Rouvas *(p. 114)* ; la grotte de Kamares pour randonneurs entraînés *(p. 115)*.

Avec des enfants : le lac Votomos joliment aménagé *(p. 114)*.

côté pratique

Accès : la route de Festos, vers le S, est la voie d'accès à la Messara la plus rapide. Une route parallèle, à l'O, passe par Voutes et Agios Mironas. Les deux routes se rejoignent à Agia Varvara. Itinéraire de 55 km sans les randonnées.

Départ : Heraklion.

Conseil : faire un arrêt gastronomique à Zaros (truites). Renseignez-vous sur place avant d'entreprendre une randonnée.

Carte du département : p. 60-61. **Bonnes adresses :** p. 218.

▲ Cheminez à flanc de collines jusqu'à la grotte du mont Ida.

La petite route qui chemine à flanc du mont Ida donne de la Crète intérieure une image pastorale qui contraste avec celle des régions côtières. La gorge de Rouvas, la grotte de Kamares ou les sommets comme le Psiloritis attirent les randonneurs ; le monastère de Vrondisi et l'église de Valsamonero retiennent l'attention des amateurs d'art byzantin *(p. 39)*.

D'Agia Varvara à Zaros

Au bout du village d'Agia Varvara, suivez sur la dr. la direction de Gergeri, Zaros, Kamares. La petite route asphaltée chemine à flanc du mont Ida. Au bout de 10 km, on parvient à **Gergeri**. L'église de la **Panagia** contient des fresques du XVe s.

Zaros

---> À 7 km à l'O de Gergeri, 11 km au N de Mires, 43 km au S-O d'Heraklion. **Bonnes adresses**, p. 230.

Ce village, avec Zaros-le-Haut *(Apo Zaros)* et Zaros-le-Bas *(Kato Zaros)*, est un havre de paix réputé pour sa **végétation luxuriante** et ses **sources**. Une usine d'embouteillage de son eau minérale y est installée. Zaros est très apprécié comme **point de départ pour des marches** aux alentours. On peut aussi y visiter un **moulin à farine** en état de marche *(de Apo Zaros, prenez la route en dir. de l'hôtel* ▲ **Idi** *[pancarte], réputé pour son élevage de truites, une curiosité importée en Crète)*. Deux kilomètres après le moulin, on atteint le **lac Votomos**, joliment aménagé pour enfants et adultes.

La grotte d'Agios Efdimios. *Accessible en voiture et à pied. Au lac Votomos, prenez à dr. jusqu'à l'église.* Perchée au-dessus du monastère Agios Nikolaos, défigurée par une énorme église orthodoxe nouvellement bâtie, se trouve la grotte d'un ermite, **Agios Efdinios**, décorée de peintures murales.

9 balade autour de Zaros. Découvrez un vrai *kafenion*, ♦ **Nivritos**, du village du même nom, à 5 km à l'E de Zaros. Prenez le temps de vous asseoir à une table à toute heure du jour et du soir, juste pour un ouzo ou pour apprécier une très bonne cuisine traditionnelle. Vous trouverez à acheter, chez **Dimitris**, toutes les herbes sauvages pour vos bouquets de saveurs, de senteurs et de santé. Vous pourrez randonner à pied ou en VTT autour de la **réserve d'eau de Faneromenis**, à 7,5 km au S-O de Zaros. L'eau est destinée aux cultures de la région de Mires. Elle fait la joie de tous les oiseaux locaux ou migrateurs. Un bonheur de les observer.

> *Du monastère d'Agios Nikolaos part le chemin pour la gorge de Rouvas.*

♥ La gorge de Rouvas

---> **Marche** (sans difficulté majeure) de 2 h (montée). Prenez le chemin qui part du lac de Votomos entre la taverne et le café. La signalisation de ce sentier, qui rejoint le sentier de randonnées E4, est bien faite, des aires de repos sont aménagées.

Cette randonnée est très agréable au printemps, quand la Crète est en fleurs. Même si le feu a détruit une grande surface de pins de la **forêt de Rouvas**, la nature reprend ses droits. Le chemin mène à un haut plateau (1 100 m) et à l'église **Agios Ioanis**. Le cadre et la **vue** sur la plaine de la Messara sont plaisants.

Moni Vrondisi★★

---> À 3 km au N-O de Zaros ; 48 km au S-O d'Heraklion. Après Zaros, une route sur la dr. conduit de la route principale au monastère (indication « Ayios Antonios »). Ouv. de 7 h à 18 h.

Ce monastère aux formes sobres, dont la construction s'échelonna du XIVe au XVIIe s., jouit d'une situation magnifique. De très vieux platanes ombragent l'entrée et l'une des plus belles fontaines vénitiennes de Crète, de style Renaissance (XVe s.) ; même si elles sont très endommagées, on y reconnaît des représentations d'Adam et Ève, hélas sans tête.

De la cour intérieure, on a un joli point de vue sur toute la vallée. L'église avec son campanile vénitien, que l'un des moines ouvrira, contient de belles **fresques★★** du XIVe s. représentant la vie de Jésus ; remarquez la Cène, dans l'abside. C'est de ce monastère que proviennent les **six icônes de Damaskinos** exposées au musée des Icônes d'Heraklion *(p. 76)*.

L'église Agios Fanourios★★★

À 5 km à l'O de Moni Vrondisi ; 53 km au S-O d'Heraklion. À Vorizia, prenez sur la g. la rue qui descend à la sortie de l'agglomération (après la pancarte) ; à la fourche, restez à g. et suivez l'indication « Moni Valsamonero ». Autre accès après Vorizia : à g. par une route goudronnée ; au bout de 3 km apparaît une petite église ouv. 8 h 30-15 h sf dim. Les photos sont interdites à l'intérieur.

L'église byzantine Agios Fanourios, aujourd'hui isolée, faisait partie autrefois d'un monastère, **Moni Valsamonero**. Ses **fresques★★★**, en partie bien conservées et restaurées, comptent parmi les plus belles de l'île. Son architecture, complexe et difficile à dater, comprend deux nefs parallèles reliées à l'O par une troisième nef, une sorte de narthex.

La nef N, consacrée à la Vierge, serait la plus ancienne (XIVe s.). Sur la voûte et dans le chœur sont représentées des scènes de l'Évangile. Dans le chœur de cette nef, côté N *(à g.)*, on voit un magnifique *Baptême* et *La Transfiguration* ; côté S : *Les Femmes au tombeau, Jésus montrant ses plaies*.

Dans la même nef, côté N de la voûte, *La Naissance du Christ*, *Les Rois Mages* et *La Dormition* ; côté S : *L'Annonciation* et *La Présentation au Temple*.

Les effets plastiques utilisés pour donner plus de profondeur à la peinture sont intéressants à observer : les auréoles de la Vierge ou du Christ, par exemple, sont en relief. Ces fresques dateraient de la fin du XIVe ou du début du XVe s.

> *Rejoignez ensuite **Kamares** (à 3 km à l'O de Vorizia ; 55 km au S-O d'Heraklion ; accès en **bus** par Mires ; possibilité d'hébergement réduit).*

La grotte de Kamares★★

Marche de 4 h env. pour randonneurs entraînés. Suivez le sentier partant du village de Kamares. Il faut partir très tôt, prévoir de bonnes chaussures, ne pas craindre le soleil et emporter des lainages.

Située à 1 500 m d'altitude sur le versant S du mont Ida, la grotte (33 m de largeur, 18 m de hauteur et 140 m de profondeur) fut découverte en 1890 par un pâtre. Les archéologues y trouvèrent des objets à usage cultuel essentiellement, dans un style original, comme cette **céramique de Kamares★★★**, aux motifs polychromes sur fond sombre, élaborée entre 1900 et 1 700 av. J.-C. (spécimens présentés dans la salle III du Musée archéologique d'Heraklion, *p. 71*).

en marche ! Kamares est le point de départ de nombreuses **randonnées.** Outres celle de la grotte, les plus courues par les randonneurs entraînés sont les suivantes : montez à pied à la cime du **Psiloritis** *(7 h de marche)* ; ou gagnez le **plateau de Nida**, puis la **grotte de l'Ida** et redescendez sur Anogia. De **Lochria**, à 5 km à l'O de Kamares, il est possible de monter en voiture jusqu'à **Kolita** (1 850 m) ; la montée au Psiloritis ne dure plus que 3 h. Ne vous aventurez pas sans guide ou renseignements précis.

> *La route suit les contreforts du mont Ida jusque dans la province d'Amari (p. 171).* ◆

Agios Nikolaos et le Lassithi

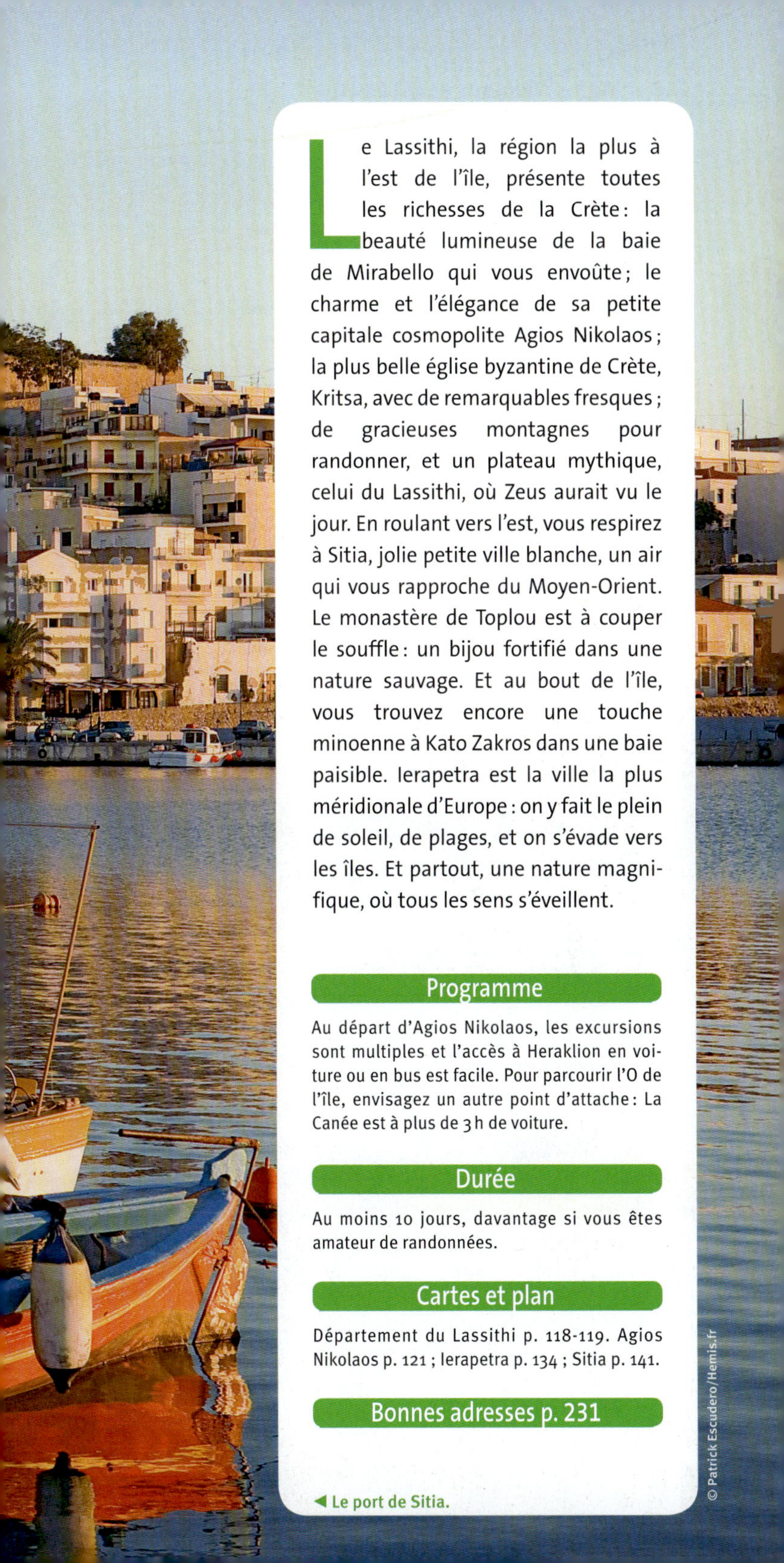

Le Lassithi, la région la plus à l'est de l'île, présente toutes les richesses de la Crète : la beauté lumineuse de la baie de Mirabello qui vous envoûte ; le charme et l'élégance de sa petite capitale cosmopolite Agios Nikolaos ; la plus belle église byzantine de Crète, Kritsa, avec de remarquables fresques ; de gracieuses montagnes pour randonner, et un plateau mythique, celui du Lassithi, où Zeus aurait vu le jour. En roulant vers l'est, vous respirez à Sitia, jolie petite ville blanche, un air qui vous rapproche du Moyen-Orient. Le monastère de Toplou est à couper le souffle : un bijou fortifié dans une nature sauvage. Et au bout de l'île, vous trouvez encore une touche minoenne à Kato Zakros dans une baie paisible. Ierapetra est la ville la plus méridionale d'Europe : on y fait le plein de soleil, de plages, et on s'évade vers les îles. Et partout, une nature magnifique, où tous les sens s'éveillent.

Programme

Au départ d'Agios Nikolaos, les excursions sont multiples et l'accès à Heraklion en voiture ou en bus est facile. Pour parcourir l'O de l'île, envisagez un autre point d'attache : La Canée est à plus de 3 h de voiture.

Durée

Au moins 10 jours, davantage si vous êtes amateur de randonnées.

Cartes et plan

Département du Lassithi p. 118-119. Agios Nikolaos p. 121 ; Ierapetra p. 134 ; Sitia p. 141.

Bonnes adresses p. 231

◄ Le port de Sitia.

carte

Le département du Lassithi.

MER DE CRÈTE
Cap Sideros
Île de Dragonada
Baie de Mirabello
Île de Gianisada
Itanos
Île d'Elassa
Vaï
Baie Grandes
plan p. 141
Sitia
Départ
Moni Toplou
Plage de Maridati
Journée de rêve, p. 142
Chiona
Palekastro
Plage de Chiona
Roussolakos
Mohlos
Hamezi
Skopi
Petras
Agia Fotia
Roussa Ekklisia
Mouliana
Piskokefalo
Kato Episkopi
E 75
Sfaka
Mirsini
Plage de Karoumes
Hohlakies
Epano Episkopi
Peristeras
Karidi
Adravasti
Melisses
Mont Oros 1 238
Sandali
Pressos
Oxo Latsidi
Sitanos
Kato Kria
Gorge des Morts
Sikia
Nea Pressos
Katelionas
Ano Zakros
Kato Zakros
Hrisopigi
Voila
Orino
Andromili
Handras
Agia Paraskevi
Agios Stefanos
Pefki
Etia
Ziros
Azali
Lithines
Armeni
Shinokapsala
P. Perivolakia
Makrigialos
K. Perivolakia
Kalo Horio
Xerokampos
Analipsi
Mavros Kolimbos
Koutsouras
Moni Kapsa
Plage d'Ambelos
Goudouras
MER MÉDITERRANÉE
Île de Koufonisi
0
5
10 km

© Franck Guiziou

itinéraire 10

Agios Nikolaos*

programme

Cet ancien port de pêche, attachant avec ses maisons blanches sur le flanc d'une colline, bénéficie d'une situation privilégiée dans une des plus belles baies de l'île, le golfe de Mirabello, ce qui lui vaut une cote touristique toujours en hausse. Prévoyez au minimum 1/2 j. On y séjourne souvent plusieurs jours pour la beauté du lieu et de ses environs (Kritsa et Spinalonga).

à ne pas manquer

En quittant la ville, ne manquez pas le ☘ **jardin de Bioaroma** à la sortie N de la ville. Petit paradis réunissant 200 des 2 170 plantes crétoises endémiques, utilisées pour l'aromathérapie, les parfums ou la pharmacie. Dans la distillerie, on découvre l'extraction d'huiles essentielles créées par un chimiste crétois passionné. Petit musée d'objets traditionnels. Produits bio à la boutique. **Accès :** à la sortie N d'Agios Nikolaos, prenez la voie rapide E75 vers Ierapetra au carrefour Heraklion-Elounda, puis tout de suite à dr. le chemin d'accès (pancarte discrète), situé bien avant la route de Kritsa ☎ 28410-82293, www.bioaroma.gr.

côté pratique

Accès : à 65 km à l'O d'Heraklion. Liaisons en **bus** avec Sitia, Ierapetra, Matala, Elounda, Kritsa, Psihro et le Lassithi, Heraklion *(p. 225)*.

S'orienter : la vie se concentre autour du port et dans deux rues commerçantes : les rues Koundourou et 28 Oktovriou.

Plan : p. 121. **Bonnes adresses :** p. 231.

▲ Autour du lac Voulismeni relié au port d'Agios Nikolaos, il fait bon flâner, s'asseoir en terrasse et dîner, à un rythme tout crétois.

Son climat sec et sain fait de cette ville animée et de ses environs un lieu de séjour très apprécié. « Agios », comme on l'appelle, s'efforce de conserver son charme ; ainsi le quartier autour du port devient-il une zone piétonnière le soir jusque tôt le matin.

La ville moderne s'est développée à la fin du XIXe s. autour du **lac Voulismeni** **A2** ; les légendes populaires en ont fait un lac sans fond, un « miracle de la nature » ; en fait, il atteint la profondeur exceptionnelle de 64 m. Depuis 1870, il est relié à la mer par un canal.

Le musée d'Art populaire*

A2 Au N du pont qui relie le lac au port, à côté de l'office du tourisme. Ouv. t.l.j. sf dim., de 10 h à 14 h et de 17 h à 19 h. Entrée payante, gratuit pour les – 10 ans.

Ce petit musée, ouvert par la municipalité, enrichit sa collection au fil des ans avec des ouvrages faits main, des travaux d'aiguille, des tapis aux couleurs chatoyantes. Un plaisir pour les yeux. Costumes vieux de trois cents ans, vêtements de cérémonie et armes, instruments de musique, bijoux et un coin de chambre crétoise avec le métier à tisser.

Le musée Iris

···> **A2** Rue 28 Oktovriou, en montant à dr.

Au 1er ét. d'une jolie maison néoclassique du XIXe s. restaurée, toutes les couleurs et les essences des fleurs de Crète sont présentées sous forme de fleurs séchées. Vous apprenez quelles fleurs sont utilisées en huiles essentielles ou en teintures. Pour les amateurs de plantes, la visite du site **Bioaroma** *(ci-après)* complètera l'approche de ce musée.

La Galerie municipale

···> **A2** **Municipal Art Gallery,** rue 28 Oktovriou, en montant à g. Entrée libre.

Cette jolie maison néoclassique à étage, avec sa petite cour intérieure, a été aménagée pour accueillir des expositions de peinture.

Le Musée archéologique*

···> **A1** 68, Rue Paleologou, à 400 m du pont qui relie le lac au port, à dr. en montant ☎ 28410-24943. Ouv. t.l.j. sf lun. et j.f., de 8 h 30 à 15 h. Entrée payante (somme modique et gratuit pour les - 18 ans).

Il abrite une collection d'objets découverts lors des fouilles effectuées dans la partie E de la Crète. Bien que la majeure partie des objets de l'époque minoenne, excavés à Zakros et à Malia, soit exposée au musée d'Heraklion *(p. 71)*, les dernières pièces découvertes dans ces sites viennent enrichir ce lieu qui doit être transformé et agrandi.

Dans les huit salles réparties autour de l'atrium, on admire vases, sarcophages, bijoux et autres objets disposés de façon chronologique, de l'ère du Néolithique (5700-2800 av. J.-C.) à la période romaine (100 av. J.-C.-400 apr. J.-C.). On peut lire des explications en français uniquement dans la **salle III**, consacrée à Malia. Dans cette même salle, remarquez un très beau **triton de pierre noire**** tout incrusté ; dans la **salle IV**, deux petites pièces provenant d'une tombe de Milatos, un sphinx et un crocodile en ivoire *(pièces 12 et 13 de la dernière vitrine à dr.)* ; à la fin du parcours, le crâne d'un jeune athlète romain avec sa couronne de feuilles d'or.

L'église Agios Nikolaos

···> **Hors pl. par A1** Visible de la route d'Elounda, à dr. après l'hôtel Minos Beach. Dans les jardins du Minos Palace, sur la presqu'île. Demandez la clé à l'hôtel (pièce d'identité exigée).

L'architecture de cette église byzantine est intéressante, avec une belle coupole centrale. Seules les fresques du chœur apparaissent. Deux couches de fresques s'y superposent, témoignant du travail d'artistes à des époques différentes (Xe-XIe s. et XIVe s.).

Les plages

La plupart sont de sable fin, souvent nichées dans les criques, bien aménagées et propres (drapeau bleu de l'Union européenne, garant de la qualité des eaux). Au N du port : **Amoudi**, avant le Minos Beach *(10 min à pied)* **hors pl. par A1** ; **Havania**, plage municipale, après la presqu'île de l'église Agios Nikolaos. Au S du port : **Kitroplatia B2** ; **Ammos**, près de la marina **A3**. En suivant la côte, on trouve ensuite **Gargadoros** et **Almiros**, accessibles à pied par la promenade en bord de mer **hors pl. par A3** ou en voiture par la route de Sitia *(3 km)*. De nombreux sports nautiques y sont proposés : ski, parachute ascensionnel, promenades sur bouées ou boudins… ◆

itinéraire 11

La baie de Mirabello★★★

programme

Prévoyez une journée pour profiter des charmes de cette baie enchanteresse. Pour la visite des ruines de Gournia, soyez-y avant 15 h.

à ne pas manquer

Randonnée : sur la presqu'île de Spinalonga *(p. 124)*.

Monastère : ♥ Moni Faneromenis *(p. 125)*.

Avec des enfants : sur la route d'Elounda, ne manquez pas la ferme **Cretan Olive Oil Farm**, ou musée de la Vie traditionnelle, l'âne fait tourner la presse à olives et le raisin est encore écrasé au pied. On y découvre la fabrication de l'huile d'olive, du vin, du raki, de la poterie... Boutique de produits traditionnels avec dégustations. Fête (payante) du vin le mer. avec vin et mezzés, musique et danses crétoises. *À 2 km d'Agios Nikolaos, à dr., sur la route d'Elounda (arrêt du bus pour Elounda); ouv. t.l.j. de 9 h à 20 h, dim. de 10 h à 14 h ☎ 28410-24139, www.cretanoliveoilfarm.gr; entrée payante.*

côté pratique

Départ : Agios Nikolaos.

Carte du département : p. 118-119. **Bonnes adresses :** p. 231

▲ Le fort édifié par les Vénitiens sur la presqu'île de Spinalonga au XVIIe s.

Toute la baie de Mirabello est un enchantement par la beauté des paysages et pour la luminosité. Elounda, l'île de Spinalonga et les ruines minoennes de Gournia sont des excursions appréciées.

Au nord d'Agios Nikolaos

En direction du N, une route en corniche longe la baie jusqu'aux villages d'Elounda, puis de Plaka.

Elounda

À 12 km au N d'Agios Nikolaos. Liaisons en **bus** avec Agios Nikolaos et Plaka. **Bonnes adresses**, p. 235.

Elounda est un petit port de pêche envahi par le tourisme. Toute la vie s'organise autour de la grande place centrale qui borde le port, d'où partent les bateaux d'excursion pour l'île de Spinalonga, recherchée pour la beauté de ses plages.

Randonnée sur la presqu'île de Spinalonga. La presqu'île de Spinalonga, en revanche, est accessible à pied d'Elounda. C'est une belle promenade le long de la mer en longeant les quais vers le S et les marais salants. Il faut ensuite franchir un pont facile à repérer, construit entre deux moulins, pour rejoindre la presqu'île.

Juste après le pont, à dr., se trouve **Olous**: les restes de l'antique **Olonte**, port de Dreros et ville voisine de Lato *(p. 129)*, gisent au fond des eaux. On peut voir aujourd'hui, sur la terre ferme, en longeant le local du *Canal Bar* par la dr., un **morceau de mosaïque**, protégé par une clôture, qui représente des poissons: c'est le pavement d'une basilique paléochrétienne.

Du pont, une piste à g. puis à dr. *(mauvaise, mais praticable en voiture)* conduit dans la presqu'île; suivez-la jusqu'à une petite église, puis descendez à la mer *(5 min à pied de l'église)* vers **Kolokitha**★★, une belle plage de sable blanc. Les bateaux d'excursion y font escale le matin; il est bon d'y aller tôt le matin ou après 15 h. En face de la plage, on aperçoit la petite île de Kolokitha.

> *Revenir à Elounda.*

L'île de Spinalonga★★

À 9 km d'Elounda par **Plaka.** La route qui part de la place principale d'Elounda en dir. du N longe la mer jusqu'à Plaka, un petit village d'où partent les bateaux pour l'île de Spinalonga (p. 241). **Bateaux-excursions** aussi au départ d'Agios Nikolaos (encadré p. 235) et Elounda (p. 235). Entrée payante, gratuit pour les – 18 ans. **Bonnes adresses,** voir Plaka p. 241.

Les Vénitiens ont construit sur l'île, au XVIIe s., une des plus belles forteresses de Crète, dernière place forte à résister aux Turcs; ceux-ci ne réussirent à s'en emparer qu'en 1714, près de cinquante ans après Candie, l'actuel Heraklion. Du début du XXe s. aux années 1950, l'île fut le refuge des lépreux.

et ensuite? De **Plaka,** la route monte et offre une vue superbe sur la baie. Après **Vrouhas,** on s'enfonce dans l'arrière-pays, caractérisé par une nature sauvage et des villages peu fréquentés; les routes sont sinueuses, souvent étroites et les pistes, pas toujours engageantes...

D'Elounda à Driros

Elounda est un bon point de départ pour des excursions en voiture. La route qui remonte dans l'arrière-pays offre une vue remarquable sur le golfe de Mirabello. Juste avant Fourni *(10 km à l'O d'Elounda)*, joli village avec ses maisons à l'architecture vénitienne *(bonne taverne,* ♦ ♥ ***Platanos****, voir les Bonnes adresses p. 242)*. Une petite route mène à **Moni Areti**★, un monastère fondé au Moyen Âge et récemment restauré, qui reprend vie; il impressionne avec ses allures de forteresse et ses grandes citernes pour garder l'eau douce, visibles de l'extérieur. Le monastère a été très prospère, grâce à sa vigne et à ses oliviers, et son rayonnement était grand dans toute la région. Il fut particulièrement actif pendant l'occupation turque.

La route continue *(asphaltée et balisée !)*, jolies perspectives sur la côte N du département. Quelques kilomètres au-delà de Fourni, on atteint un plateau planté d'amandiers. Juste après **Kastelli** *(1 km de Fourni)*, un chemin mène à **Driros**, ou Dreros, une ville antique de l'époque dorienne, construite comme **Lato** *(p. 129)* sur une hauteur (superbe panorama). Les spécialistes sauront y voir les ruines, dont une agora et un temple dédié à Apollon ou à Delphinios. Une église dédiée à saint Antoine est édifiée sur les restes de l'acropole.

> *Pour rejoindre le plateau du Lassithi, regagnez Nikithianos et Limnes, à quelques kilomètres.*

Au sud d'Agios Nikolaos

Longeant la baie de Mirabello au S, une belle et large route suit la côte rocheuse et dessert l'E de l'île. L'excursion mène à un monastère, Moni Faneromenis, et aux ruines minoennes de Gournia.

♥ Moni Faneromenis*

···› À 21 km au S-E d'Agios Nikolaos ; après 15 km, sur la dr., prenez la petite route (env. 6 km), souvent vertigineuse, qui monte au monastère. F. à l'heure de la sieste (env. 13 h-16 h 30). Promenade déconseillée aux voyageurs sujets au vertige.

Deux moines vivent encore dans ce monastère. De ce nid d'aigle, la **vue sur la baie** est exceptionnelle. L'austérité de l'accueil surprend. À la porte, une inscription : « Si vous ne voulez plus être un homme et si vous avez la brutalité de l'animal, partez... » Ce monastère, fondé au Xe s., a été détruit par les Turcs, puis reconstruit. Dans la très vieille église creusée dans la roche se cachent de belles **icônes anciennes** datant des XVIIe et XVIIIe s. *(p. 30)*.

À dr. en entrant, une icône représente *La Vierge et l'Enfant*. Sur l'iconostase, de g. à dr., on peut identifier *La Vierge et l'Enfant*, le *Pantocrator*, *La Dormition* ; au-dessous, *La Création*, *La Tentation d'Adam et Ève*, *Adam et Ève chassés du paradis* (caché par les ex-voto).

> *Revenez sur vos pas pour rejoindre la route principale.*

Gournia*

···› À 16 km au S-E d'Agios Nikolaos. De la route côtière reprenez la dir. de l'E. **Bus** : plusieurs liaisons quotidiennes depuis Agios Nikolaos, dir. Ierapetra. Ouv. t.l.j. sf lun. et j.f., de 8 h 30 à 15 h. Entrée payante.

Les ruines de Gournia sont situées sur une colline à dr. de la route. Elles font face à la mer. Les fouilles ont permis de mettre au jour une ville florissante à l'âge d'or des palais minoens (vers 1600 av. J.-C.), détruite totalement vers 1450 av. J.-C.

Il ne reste aujourd'hui que des fondations, mais Gournia restitue parfaitement l'image du bourg avec ses ruelles, ses maisons à étages adossées les unes aux autres et une place publique en haut de la colline. Les maisons du menuisier, du ferronnier et du potier ont été retrouvées. La ville avait son port, à présent submergé. Aucune trace de fortification : les Minoens vivaient donc en paix.

Gagnez l'**agora** au sommet de la colline par l'une des trois ruelles. Les archéologues ont retrouvé la trace d'un grand bâtiment : sans doute un palais ou un centre administratif et cultuel. Une balade dans les ruines des maisons permet de se rendre compte de leur taille. On devine encore des marches d'escalier qui conduisaient aux étages et l'envie nous prend de faire parler les pierres. ◆

© ARCO / K.Kreder/Age Fotostock

itinéraire 12

L'arrière-pays★★

programme

Partez à la découverte d'une superbe petite église byzantine et des grottes mystérieuses. En voiture, prévoyez au minimum 1/2 j. pour Krista ; 1 j. pour le plateau du Lassithi. En bus, prévoyez 2 j. pour le Lassithi. Davantage si vous aimez la randonnée.

à ne pas manquer

Culture : la Panagia Kera *(p. 127)* ; le ♥ musée Venizelos *(p. 132)*.

Monastère : ♥ Moni Kremasta *(p. 131)*.

Nature : la ♥ gotte de Milatos *(p. 130)*.

Randonnée : offrez-vous une randonnée avec guide. **Vassilis Kargiotaki** vous fera découvrir la beauté de son plateau et des alentours, les chemins de grande randonnée E4. Pour une randonnée, téléphonez-lui (☎ 28440-22375) ou adressez-vous à la taverne ♦ **Kronio (p. 245)** de Tzermiado pour prendre rendez-vous.

côté pratique

Accès : Plusieurs bus/j. pour Kritsa depuis Agios Nikolaos.

Départ : Agios Nikolaos.

Conseil : soyez bien chaussé ; tout invite à la marche.

Carte du département : p. 118-119. **Bonnes adresses :** p. 231.

◄ L'architecture byzantine de la Panagia Kera de Kritsa.

L'arrière-pays offre de belles perspectives sur la mer et la montagne. Une visite à Kritsa et à son église byzantine s'impose. Une excursion au plateau du Lassithi donne l'occasion d'approcher la Crète rurale, ses dieux et ses mythes.

Kritsa et ses environs

La route de Kritsa, qui part d'Agios Nikolaos en direction du S-O, prend vite de l'altitude. Elle offre une superbe vue sur la baie de Mirabello avec, pour toile de fond, les montagnes de Sitia.

Avant le village de Kritsa, sur la dr., un panneau indique l'admirable église Panagia Kera, à l'architecture complexe et à l'allure étonnante. C'est un exemple particulièrement attachant de l'architecture byzantine *(voir « focus » p. 36)*.

La Panagia Kera★★★

⋯> À 8 km au S-O d'Agios Nikolaos (liaisons en **bus**). Ouv. du lun. au sam. de 8 h 30 à 15 h, sf lun. Entrée payante. Plan du palais page suivante.

Cette remarquable petite église byzantine blanche, située au bout d'un chemin pierreux, au beau milieu des oliviers, est orientée est-ouest. À l'origine composée d'une seule nef se terminant par une abside surmontée d'une coupole, l'église s'est enrichie de deux nefs latérales soutenues par des contreforts. Par l'entrée principale, à l'O, on accède à la nef consacrée à la Vierge.

La nef centrale

Dans l'abside

1. La Vierge Marie entre les archanges Gabriel et Michel, au-dessus des Pères de l'Église (partie basse).
2. L'Ascension du Christ (voûte).
3. Le roi Salomon.
3. Le roi David (à l'extrémité O de la voûte).

Sur la coupole

4. La Présentation de Jésus au Temple.
5. Le Baptême de Jésus.
6. La Résurrection de Lazare.
7. L'Entrée de Jésus à Jérusalem.
Autour de ces quatre scènes de la vie de Jésus, on peut voir les douze prophètes et, aux quatre coins de la coupole, les quatre évangélistes :
8. Saint Matthieu.
9. Saint Marc.
10. Saint Luc.
11. Saint Jean.

Sur le mur est reliant la nef à l'aile sud

12. La Vierge et Jésus.

Dans la partie ouest de la nef

13. Saint Pierre (sur le pilier S-O qui soutient la voûte).
14. Sainte Anne portant Marie enfant (sur le mur S).
15. Saint André, le Crétois.
16. Saint François (sur le pilier N-O qui soutient la voûte).
17. Saint Georges tuant le dragon (sur le mur N).

Dans la partie voûtée de la nef

18. La Présentation de Marie au Temple.
19. ♥ La Cène.
20. La Naissance du Christ.
21. Le Massacre des saints Innocents.
22. Le Festin d'Hérode (en haut, la danse de Salomé et, au-dessous, la tête de saint Jean-Baptiste posée sur un plateau).
23. Restes d'une fresque, le Baiser de Judas, semble-t-il.
24. La Descente aux Enfers.

25. Le Paradis ; sur le fond clair, les patriarches Abraham, Isaac et Jacob

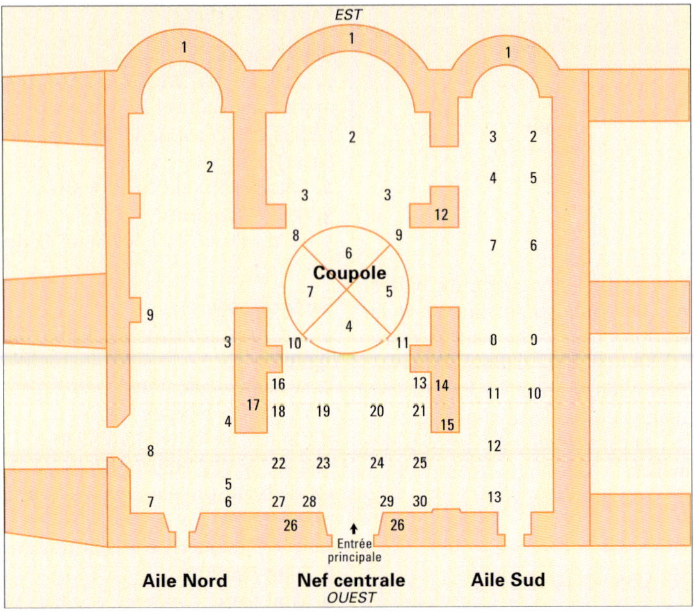

La Panagia Kera de Kritsa.

portent les âmes sur leurs genoux; Marie est au milieu; à g., un chérubin ouvre les portes du Paradis; le Juste tient la Croix.

Sur le mur ouest, au-dessus de l'entrée

26. Les punitions infligées aux pécheurs, sur fond rouge.
27. L'impératrice Hélène, mère de Constantin.
28. L'empereur Constantin.
29. Saint Dimitri.
30. Un archange.

L'AILE SUD

(À dr. en entrant par la nef.) Longtemps considérée comme la partie la plus ancienne, elle daterait du XIVe s. Elle rend hommage à sainte Anne principalement.

1. Sainte Anne entourée des Pères de l'Église.
2. La maison de Joachim.
3. Un ange annonce à Joachim, pensif, en présence de deux pâtres, que sa femme Anne va concevoir un enfant.
4. Joachim et Anne s'embrassent.
5. La prière d'Anne dans le jardin.
6. La naissance de Marie.
7. La bénédiction de Marie par le grand-prêtre.
8. Marie conduite par Joseph devant le grand-prêtre Zacharie.
9. Joachim et Anne entourent tendrement Marie enfant.
10. L'entrée de Marie au Temple.
11. Joseph apprend en songe la conception virginale de Marie.
12. Le Voyage à Bethléem.
13. Marie « Porte close ».

L'AILE NORD

(À g. en entrant par la nef.) Elle fut rajoutée à l'édifice au début du XVe s. Elle est consacrée à saint Antoine.

Dans le chœur

1. Le Christ.

Dans la partie sud de la voûte

2. Les Apôtres avec les anges.
3. ♥ La vision originale d'une Jérusalem céleste (le Paradis) où Pierre conduit Ève aux portes de l'Éden, gardées par un chérubin. La Vierge est représentée avec les trois patriarches qui, là encore, tiennent les âmes sur leurs genoux.

4. La parabole des Vierges folles et des Vierges sages.
5. Une scène de l'Apocalypse.

Sur le mur ouest

6. La pesée des âmes.
7. Le supplice des damnés.

Sur le mur nord

8. Les bienfaiteurs de l'Église.
9. Saint Georges.
10. Des saints et des saintes, dont l'une est en costume folklorique.

Kritsa*

···> À 11 km au S-O d'Agios Nikolaos (liaisons en **bus**: 15 min de trajet). **Bonnes adresses**, p. 239.

C'est l'un des plus gros bourgs de Crète, adossé à la montagne et dominant de loin la mer; dans ses ruelles colorées s'alignent des boutiques touristiques proposant des produits artisanaux. Jules Dassin y a tourné des scènes de *Celui qui doit mourir*, d'après le roman de Kazantzakis *Le Christ recrucifié*. En été, des soirées sont organisées à l'intention des touristes: l'occasion de connaître le folklore local *(rens. dans les agences de voyages d'Agios Nikolaos, p. 234)*.

Sur la route de Kroustas. À la sortie de Kritsa, juste après le pont, à dr., se trouve une belle **fontaine** d'où jaillit de l'eau de source. Après le pont, à g., l'**église** à nef unique est ornée de fresques, bien conservées, qui datent du début du XIVe s. *(malin celui qui trouve la clé, qui est détenue soit par des villageois, soit par les services archéologiques)*. En montant à **Kroustas**, un joli village de montagne *(tavernes, p. 239)*, on passe devant l'**église Saint-Jean-le-Théologue**, très belle par son architecture de la seconde période byzantine. Vous profiterez d'un point de vue exceptionnel sur la mer.

Lato**

···> À 4 km au N de Kritsa. En venant d'Agios Nikolaos, prenez à l'entrée de Krista une route à dr. Site ouv. t.l.j. sf lun. et j.f., de 8h30 à 20h. Entrée payante. Petit *kafenion*.

La route conduit au pied d'une colline avec, à son sommet, des ruines impressionnantes par la taille des pierres. Le site est sauvage et d'une étrange beauté. Lato était une **ville dorienne** importante fondée dès le VIIe s. av. J.-C. Ce qui reste des remparts se fond dans la roche; la ville, étagée en terrasses, était enserrée entre deux collines surmontées d'acropoles. L'**agora** *(voir le panneau explicatif du site)* s'étendait sur la partie plate de la crête. On note au N-O un petit autel et à côté une grande citerne. Du côté S *(à dr. en regardant la mer)*, sur une large terrasse, fut découvert le petit temple d'Apollon.

Lorsqu'on grimpe du côté N sur la colline, au-delà des gradins, on voit s'aligner en contrebas des milliers d'oliviers; au loin, **Agios Nikolaos** se détache sur la baie de Mirabello.

La route d'accès à Lato, étroite, continue vers Lakonia et rejoint la route du plateau de Lassithi, par Drasi et Agios Konstantinos.

9 la gorge de Kritsa. La traversée de la gorge qui relie Kritsa à **Tapes** au N-O est une randonnée pédestre d'env. 2 h (aller) sans difficultés particulières *(prenez la route de Lato avant le village de Kritsa, à dr.; départ indiqué à 1,5 km)*. Il faut toutefois être bien chaussé et pouvoir grimper sur des rochers. Le chemin, délimité sur une partie de la marche par des marques bleues, suit le lit de la rivière; les parois rocheuses se resserrent jusqu'à laisser un étroit passage de 1,50 m. À la sortie de la gorge, on retrouve les cultures et le village de Tapes et ses *kafenions*; il est relié par une route à Agios Nikolaos. Au retour, vous pouvez couper par la **Panagia Kera** *(p. 127)*, l'église byzantine avant Kritsa, où s'arrête le bus pour Agios Nikolaos.

De Kritsa au plateau de Katharo

···> À 16 km au S-O de Kritsa.

De Kritsa, une **route spectaculaire*****, avec un dénivelé parfois impressionnant, monte à un plateau sauvage (1 150 m). Le village d'**Avdeliakos**, en fait quelques maisons isolées habitées l'été, est la seule bourgade du plateau (Fête du berger mi-juil., le sam. soir, au ♦ *kafenion StereoStereo*).

Randonneurs avertis et équipés, munis d'une bonne carte, vous pouvez gagner Kroustas *(ci-dessus)*, Kalamafka ou Males *(p. 136)*, ou rejoindre le plateau du Lassithi.

détour. Pour gagner le **plateau du Lassithi**, suivez la dir. de **Neapolis**, petite ville provinciale éloignée des mouvements touristiques. Le village de **Limnes**, sur la vieille route, avec ses ruelles et ses artisans, mérite un petit détour.

La côte nord

Sisi

···➤ À 12 km au N-O de Limnes; 29 km au N-O d'Agios Nikolaos. Liaisons en **bus** avec Heraklion (gare routière A). Suivez la voie express qui, avant de s'ouvrir sur la côte N, traverse une gorge. **Bonnes adresses**, p. 242.

Sur la g. de la route qui conduit à Malia, dans la paroi rocheuse, la petite **église de Selinari** (Moni Selinari) est un lieu de pèlerinage. Le bus public qui assure la ligne régulière s'y arrête souvent, le temps pour ses passagers d'allumer un cierge à saint Georges, à qui est dédiée l'église. Prenez ensuite à dr. la direction de **Sisi**. Ce petit village dans les terres avec son port et sa plage en contrebas sort d'une longue quiétude. Résolument tourné vers le tourisme, il voit fleurir nombre de tavernes et pensions.

♥ Milatos et sa grotte

···➤ À 6 km à l'E de Sisi. **Bonnes adresses**, p. 239.

Le **port de Milatos**, à 2 km du village situé dans les terres, dispose d'une jolie plage de galets. L'endroit a conservé son caractère crétois, ce qui devient difficile à trouver sur la côte N.

Mentionnée par **Homère** dans *L'Iliade*, Milatos serait l'une des sept villes crétoises qui aurait envoyé leurs soldats combattre Troie. Du site antique situé à l'E de la plage de graviers, il ne reste que peu de chose. La **grotte de Milatos** *(située à 3 km à l'E du village)* est, quant à elle, l'occasion d'une agréable promenade à pied.

Du village de Milatos, la direction est indiquée: « Milatos Cave ». La vue sur toute la baie est magnifique. De la route part ensuite un chemin pédestre, bien marqué, qui longe une gorge, en surplomb. Après une marche d'env. 10 min, on atteint la grotte. Attention de ne pas se cogner ou de glisser; il est conseillé de se munir d'une lampe.

Cette grotte a une haute valeur symbolique pour tous les Crétois: en 1823, alors que la population se rebellait contre l'occupation turque, plusieurs milliers de femmes et d'enfants, protégés par une centaine d'hommes, s'y réfugièrent. Le combat était inégal: certains moururent de faim; d'autres furent massacrés ou acculés à se rendre et à devenir esclaves.

> *Pour rejoindre Neapolis, rebroussez chemin ou prenez la petite route intérieure sinueuse qui rejoint la voie rapide et offre de jolis paysages montagneux.*

Neapolis

···➤ À 15 km au N-O d'Agios Nikolaos; 5 km au N-O de Limnes. Accès en **bus** d'Agios Nikolaos et d'Heraklion (gare routière A). **Bonnes adresses**, p. 240.

Localisée dans une plaine fertile réputée pour ses amandiers, Neapolis, ancienne capitale du Lassithi, est une ville importante de la province; elle en est le centre intellectuel avec ses écoles et le siège du métropolite. Le *soumada*, boisson locale très désaltérante, est fait d'amandes pressées. Un petit **Musée folklorique** se visite sur la place.

De la place, prenez la direction du plateau, au S. À la sortie de la ville, à env. 2 km dans la montée, sur la dr., se trouve ♥ **Moni Kremasta**, qui fut florissant à la fin de la période vénitienne *(ouv. tte l'année, sonnez la cloche si fermé)*. La date 1593 est inscrite sur le porche d'entrée, et celle de 1622 dans l'église (belles icônes). Bien restauré, il est habité par des moniales. L'accueil est chaleureux (café, loukoums…).

> Avec l'altitude, les oliviers se font plus rares ; la route devient tortueuse et, comme en très haute montagne, les paysages sont sauvages et dénudés. Passé le col, on plonge sur le ***plateau du Lassithi****.*

Sur le plateau du Lassithi*

Accès par Neapolis, mais aussi par la jolie route panoramique qui monte de Malia à Mohos et Krasi (p. 97). Liaisons en **bus** 2 fois/sem. depuis Heraklion (1h30 de trajet) ou Agios Nikolaos par Neapolis (1h30 de trajet), mais renseignez-vous, l'A/R n'est pas possible dans la journée. Un service de taxi-agoreo pour les habitants qui veulent aller en ville, à un tarif proche de celui du bus, compense l'absence de ce dernier.

Haute étendue fertile d'une dizaine de kilomètres de long et de 5 km de large, à plus de 800 m d'altitude, le plateau du Lassithi est encastré dans les montagnes et a été longtemps irrigué par les moulins à vent. Scènes bucoliques et parsemées des voiles blanches des moulins ont séduit les amoureux de vie champêtre. Les paysans ont longtemps cultivé pommes de terre et céréales selon des méthodes traditionnelles. Les pommes y ont toujours été réputées. Aujourd'hui, très peu de voiles sont entretenues, mais le plateau reste un site très visité dans la journée. Les soirées, en revanche, s'écoulent paisiblement dans les villages du plateau.

Une route périphérique de 22 km en fait le tour. Des chemins carrossables le traversent et dessinent un quadrillage. Quatorze villages vivent encore à un rythme simple et laborieux ; ânes et chèvres restent les animaux les plus familiers.

> Au carrefour avec la route périphérique, prenez à dr. pour rejoindre Tzermiado.

Tzermiado

À 35 km au S-O de Neapolis ; 44 km à l'O d'Agios Nikolaos (liaisons en bus). **Bonnes adresses**, p. 244. **Bonne taverne** (Kronio), p. 245. Fête de la pomme de terre dans la cour de l'école le 1er w.-e. suivant le 15 août.

Ce village haut en couleur, avec ses maisons adossées à la montagne et ses petits cafés le long de la route, est le plus important en taille parmi ceux du plateau ; on peut y faire son marché et s'approvisionner en fruits et légumes frais, et surtout goûter à l'excellent fromage du plateau.

9 **La grotte de Trapezas**. *À 1 km de Tzermiado. Du parking, marchez 300 m ; prenez à g. l'escalier et suivez les indications « Minoan cave Trapezas ».* Non aménagée mais accessible à tous, elle porte également le nom de **grotte de Kronio**. Connue dès l'époque néolithique et utilisée à l'époque minoenne, elle attira les spécialistes et les passionnés. Un conseil : munissez-vous de bonnes chaussures fermées pour ne pas glisser, d'une lampe de poche qui éclaire bien et ne vous laissez pas impressionner par les racoleurs.

Agios Georgios

À 7 km au S de Tzermiado ; 51 km à l'O d'Agios Nikolaos. **Bonnes adresses**, voir Plateau du Lassithi p. 242.

Ce petit village rural est surtout intéressant pour ses deux musées qui évoquent tout ce qui fait la fierté de la Crète.

Le musée d'Art populaire. *Indiqué dans le village. Ouv. en saison de 10h à 16h. Entrée payante valable pour les deux musées.* Aménagé dans une vieille maison traditionnelle du XIXe s., il présente un intérieur crétois : métier à tisser, presse à vin, ustensiles d'antan, etc. Dans une petite galerie attenante sont exposés des travaux d'aiguille et quelques peintures naïves. Au 1er ét. sont exposées des photos de Kazantzakis.

♥ **Le musée Venizelos.** *En haut de la rue du musée précédent, mêmes horaires et même billet que le musée d'Art populaire.* Il est consacré à cet homme politique du début du XXe s., artisan du statut de la Crète *(p. 41)* : photos, articles de journaux, courrier, souvenirs permettent de le découvrir.

> *On ne peut échapper aux pancartes indiquant « **Lasinthos Eco Park** » ou « **Zoo Park** », un site à la sortie de Agios Georgios, en fait un village recréé avec une église, des ateliers d'artisans et un parcours pour voir chèvres, moutons, « kri-kri » ; on éprouve un certain malaise devant cette Crète bien artificielle (entrée payante).*

Psihro et la grotte de Zeus

···> À 5 km à l'O d'Agios Georgios ; 56 km à l'O d'Agios Nikolaos. Ouv. de 8 h à 17 h. Entrée payante sf pour les étudiants. Parking payant au départ du chemin d'accès ; ne pas se garer dans le village sous peine de contravention.

De Psihro *(quelques pensions et tavernes)* part un sentier pour la **grotte de Zeus** (*Dikteon Andron* ; 1 025 m d'altitude). Haut lieu du tourisme crétois, elle est très visitée, abîmée par la fumée des bougies ; elle est désormais dotée d'un bon éclairage électrique. Mieux vaut vous y rendre en dehors des heures de grande fréquentation ; évitez de vous laisser accompagner par des « éclaireurs » trop zélés. Ne donnez d'argent qu'au parking et au guichet d'entrée : de prétendus guides proposent souvent leurs services *(payants)*.

▶ La forteresse vénitienne de Ierapetra.

Ce fut un lieu de culte à l'époque minoenne et plus tard jusqu'à la période archaïque ; on y découvrit de nombreux ex-voto, des statuettes de bronze, des haches doubles et de petits autels pour les sacrifices. Cet antre sacré aurait abrité Zeus enfant *(voir aussi la grotte de l'Ida, p. 164)*.

On accède à la grotte en 20 min env. à pied ; mais la montée à dos de mulet fait partie du folklore touristique ; le prix se discute avec le guide. À 50 m de profondeur, on vous montrera de grandes stalactites et peut-être, derrière un lac, dans la roche, ce que les villageois nomment le **manteau de Zeus** *(munissez-vous de chaussures fermées qui ne glissent pas sur les pierres mouillées et d'un pull-over)*.

En contournant le plateau par l'ouest

On traverse d'agréables villages encore préservés du tourisme de masse. Le **monastère de Vidiani**, désaffecté mais restauré, accueille un **musée d'Histoire naturelle** sur la flore et la faune du Lassithi ; une belle aire de repos est aménagée pour profiter de la perspective.

La route croise celle qui vient de Malia. Sur la g., on aperçoit le sommet du col et, sur la crête, les **carcasses de moulins à vent**, restes de l'époque vénitienne. De là, le regard embrasse l'ensemble du plateau. Puis la route plonge dans le *nomos* d'Heraklion, vers Malia *(p. 98)* ou Hersonisos *(p. 96)*.

> *Pour revenir sur Agios Nikolaos, réempruntez la même route, mais bifurquez à dr. avant Neapolis ; le chemin est indiqué.* ◆

itinéraire 13

Ierapetra et ses environs*

programme

Cet itinéraire séduira les amateurs de plage et les adeptes de la randonnée. Prévoyez 1/2 j. à Ierapetra, 1 j. à l'O (avec 1 randonnée), 1 j. à l'E (baignade comprise) et 1 j. pour l'île de Krisi.

à ne pas manquer

Nature et plage : ♥ l'île de Krisi *(p. 135)*.

Village : promenade à ♥ Mirtos *(p. 136)*.

Déjeuner dans un paysage exceptionnel : Empruntez, après avoir quitté la côte S, la route qui part à dr. vers l'E : suivez la dir. de Moni Kapsa et rendez-vous à la taverne ♦ **Spilia tou Drakou** *(Cave of Dragon ; poissons frais et viandes cuites au feu de bois, produits bio ; ☎ 28430-51494 ; ouv. tte la journée)*.

côté pratique

Accès : bus fréquents sur la côte. Liaisons avec Agios Nikolaos, Sitia par Makrigialos, Heraklion par Malia ou par Mirtos et Ano Vianos.

Départ : de Ierapetra (à 36 km au S d'Agios Nikolaos).

Plan de la ville : p. 134. **Bonnes adresses :** p. 231

Ierapetra.

envie de farniente ? Pour profiter des plages de la côte S, on peut se rendre à **Tertsa** pour sa petite baie, puis à **Psari Forada**, village très isolé, avec la belle plage de **Sidonia** en contrebas. La piste vers Arvi, Keratokampos et Tsoutsouros est pratiquable. Prudence toutefois sur certains tronçons.

détour. Au N de Ierapetra, par la route qui relie la ville à la côte N, il fait bon flâner dans les villages traditionnels et découvrir les petits *kafenions* et les tavernes de **Kato Horio**, **Episkopi**, **Epano Horio** ou **Monastiraki**. De Monastiraki, un chemin de randonnée d'une grande beauté par la diversité de la flore et les paysages de montagnes permet de rejoindre le village de **Thripti**. Une forêt de pins longe les célèbres **gorges de Ha**, d'une profondeur de 700 m et considérées comme quasi inaccessibles. Ne vous engagez pas sans les précautions d'usage. Ce chemin fait partie du GR E24.

Ierapetra est reliée à la côte N par un corridor de 12 km seulement, le plus étroit de toute l'île. Il longe à l'E les imposantes montagnes de Sitia avec le mont Afendis (1 238 m). Et la ville, d'abord si loin du tumulte du N et pourtant si proche, profite du développement du tourisme sur toute la côte S-E. Les plages, les excursions dans les îles et dans l'arrière-pays sont ses atouts. C'est aussi un centre économique important en raison des nombreuses cultures sous serres qui poussent surtout sur sa côte O.

Ierapetra*

···> À 36 km au S d'Agios Nikolaos. Liaisons en **bus**, p. 238. **Plan** ci-contre. **Bonnes adresses**, p. 236. **Durée**: 1/2 j. env. Promenez-vous à pied pour voir la forteresse vénitienne avec le quartier turc (1 h 30) et le Musée archéologique (1 h).

Ierapetra, la plus grande ville de la côte S et la plus méridionale d'Europe, invite à la nonchalance. Il est vrai qu'on en fait vite le tour et qu'on finit toujours par s'asseoir dans une taverne ou un *kafenion* du bord de mer à l'ombre des tamaris.De son passé antique il ne reste plus trace; pourtant, connue à l'époque dorienne sous le nom de **Hierapytna**, elle eut alors une influence conséquente et exerça son pouvoir dans la lutte contre les Étéocrétois *(p. 38)*. Port important à l'époque des Romains, quand la Crète était rattachée à la Cyrénaïque, elle commerçait avec toute la Méditerranée orientale. Elle perdit ensuite de son importance sous les Vénitiens. Ierapetra est aujourd'hui un agréable centre touristique, mais qui peut être venté.

La vieille ville

Elle conserve empreintes de son histoire: la forteresse vénitienne, appelée Kales, la **mosquée Tzami A3**, bien restaurée, avec son minaret, et une fontaine turque, dans le quartier au N de la forteresse et du port.

La forteresse vénitienne B3. *Ouv. t.l.j. sf lun., 8 h 30-15 h. Entrée libre.* Après avoir connu la splendeur vénitienne, ce fort construit en 1212 tombe en 1647 aux mains des Turcs, qui le renforcent. Un tremblement de terre l'endommage au XVIIIe s. Il restera ensuite inutilisé.

> *Dans le vieux quartier, derrière la forteresse,* ***une jolie maison ancienne****, avec sa porte en bois et un numéro 9, aurait abrité* ***Napoléon*** *la nuit du 26 juin 1798 lors de la campagne d'Égypte. Une curiosité, qui fait la fierté de la ville. Elle ne se visite pas. Et pour cause: c'est une légende; Napoléon n'a jamais posé pied à Ierapetra.*

Le Musée archéologique*. *Rue Dimokatias* **A2**, *qui part de la place centrale ☎ 28420-28721. Ouv. t.l.j. sf lun. et j.f., de 8 h 30 à 15 h. Entrée payante. Revenez de la vieille ville vers le centre par les petites ruelles ou en longeant la mer par la promenade.* Cette ancienne école turque abrite quelques antiquités, dont un très beau **sarcophage minoen** et une précieuse **statue en pied de Déméter**, déesse de la Fertilité, drapée, datant du IIe s. de notre ère. Elle fut trouvée ces dernières années dans un champ par un paysan qui a défrayé la chronique en essayant sans succès de la vendre à des particuliers. Notez les serpents dans ses cheveux; et les deux côtés de son visage, qui n'ont pas le même modelé.

♥ L'île de Krisi

···> Des bateaux d'excursion partent chaque jour de Ierapetra. **Embarcadère** sur la promenade, près de l'office du tourisme. Départ à 10 h 30 ou 12 h 30, retour vers 16 h ou 17 h. **Durée** de la croisière: moins d'1 h.

L'île de Krisi, appelée aussi **Gaidouronisi**, l'« île aux Ânes », est à découvrir au départ de Ierapetra. Cette petite île inhabitée de 5 km sur 1,5 km est entourée de fonds marins d'une grande clarté et offre encore de superbes plages désertes de sable fin et une plage de coquillages roses, appelée **Golden Beach**, située au N de l'île. De vieux cèdres d'une espèce rare, aux formes tourmentées par le vent, assurent de l'ombre. Une petite église, à l'O, **Agios Nikolaos**, peut être l'occasion de faire une marche à pied. Attention, il n'y a là qu'une taverne à l'offre limitée sur la plage.

▶ La banane est cultivée principalement (sous serre) dans la région de Ierapetra.

Excursions à l'ouest de Ierapetra

La plaine côtière, avec ses cultures maraîchères et ses serres, est peu attirante. La piste qui longe la côte S à partir de Mirtos, l'arrière-pays et Males, avec ses églises byzantines, d'où partent pistes et chemins que les randonneurs affectionnent, ont plus de charme.

♥ Mirtos

···> À 15 km à l'O de Ierapetra. **Bonnes adresses**, p. 240.

Mirtos est un petit village fleuri, plein de charme, où beaucoup d'artistes se sont installés. Ses tavernes en bord de mer en font un lieu très attrayant. Son musée *(près de la plage, derrière la vieille église en pierre ☎ 28420-51065, ouv. du lun. au ven. de 10 h à 14 h et lun., jeu., ven. 18 h-20 h, entrée libre)* présente des objets provenant des fouilles minoennes des alentours; on y voit notammpent de belles **poteries de Vassiliki** *(p. 35)*. Une petite route vers l'O, puis une piste, longe la côte festonnée de belles plages de galets et de sable gris ou de roches érodées. Le climat y est toujours chaud et les bananiers y poussent, sous serre ou non, en grande quantité.

Males

···> À 30 km au N-O de Ierapetra par la route de Kalogeri, à 12 km de Mirtos.

Gros village blotti sur le flanc de la montagne, Males compte plusieurs églises byzantines intéressantes.

La Panagia Mesohoritisa. *En haut du village.* C'est une église à une nef et deux travées; ses fresques (XIVe et XVe s.) sont très abîmées par des coups de piques turques, selon les dires de la population. Notez la couleur pourpre, les tons foncés, l'expression dramatique des visages.

L'église Agios Nikolaos. *Au milieu du village.* Son architecture vaut le détour, mais l'église n'est pas décorée.

Agios Giorgos.** *À la sortie de Males, prenez la 1re route à g. vers Mithi; puis à dr., à 600 m, le petit chemin bétonné. L'église est à 300 m, au milieu des oliviers.* Très belle église à l'architecture harmonieuse. Entourée des ruines d'un village, elle possède une nef et trois travées et est un modèle d'architecture byzantino-vénitienne. Les fresques, bien conservées, datent du XIVe s.

pour randonneurs avertis. De Males, partez à pied et gravissez l'un des trois sommets, le **Lazaros** (2 085 m), le **Dicté** (2 148 m) ou l'**Afendis** (2 141 m). Plus modestement, gagnez à l'O la **forêt protégée de Salakano** (Natura 2000) sur le GR E24.

> *La route continue jusqu'à* **Mithi**.

Les gorges de Sarakina

···> À env. 1 km au-dessus de Mithi, avant d'atteindre le lit de la rivière, suivez les indications du chemin de la gorge. Randonnée de 3 km en suivant le lit de la rivière; env. 300 m de dénivelé; une bonne heure de marche jusqu'au sommet; à ne faire qu'en été quand les eaux sont basses. Prévoyez d'être bien chaussé et suffisamment agile pour les passages encombrés de gros rochers à escalader.

Petites cascades, passages étroits, grenouilles et crabes sont au rendez-vous. Après le dernier passage qui ouvre sur une nature plus verdoyante, on peut regagner par une route à g. le village de **Metahohori** ou redescendre par la rive droite de la rivière.

Kalamafka

···> À 16 km de Ierapetra. Prenez la route de la côte O, puis à 1 km, suivez à dr. la dir. « Dam of Bramiana » (5 km). **Bonnes adresses**, p. 238.

La **réserve d'eau de Bramiana**, un large lac artificiel avec une zone de marais, alimente toute l'irrigation des cultures sous serres de la région. Une aubaine pour la faune et la flore locale et l'occasion d'observer les oiseaux (beaucoup de migrateurs).

Kalamafka est un village perché sur les contreforts du mont Dicté, au relief tourmenté, avec des percées sur la mer de Libye. Ses sources alimentaient des moulins à l'époque vénitienne. L'église, plantée au sommet d'un piton en surplomb du village, est accessible par un escalier de 250 marches. Vue imprenable ! Grande fête au village le dernier dimanche de juillet.

> *Vous pouvez gagner Males par **Anatoli**, un village traditionnel bien restauré.*

La côte à l'est de Ierapetra

La route, entre mer et arrière-pays aride, est large et asphaltée. Les paysages présentent peu d'attrait, mais la côte est festonnée de criques agréables avec des plages. Le développement touristique, qui s'est fait rapidement et sans plan d'occupation des sols, manque d'harmonie.

Koutsounari

···> À 9 km de Ierapetra. **Bonnes adresses**, p. 238.

Ce village, à flanc de montagne, domine une longue plage (3,5 km). Faites un détour dans la montagne par **Agios Ioanis**. Sur la route côtière, on préfère la plage : celle d'**Agia Fotia**, dans une baie, est souvent très fréquentée ; **Ahlia**, dans une crique abritée, offre une plage avec douches et taverne.

Makrigialos

···> À 21 km à l'E de Ierapetra.

À Makrigialos fut mise au jour une **villa minoenne** de 1450 av. J.-C. *(indiquée à l'entrée O du village)* qui fut détruite par le feu. La cause du sinistre reste inexpliquée. La présence romaine est attestée par les ruines d'une **villa avec des mosaïques** *(près de l'église)*. C'est aujourd'hui un centre touristique animé.

dans l'arrière-pays. Belles excursions à découvrir, notamment à **Pefki** *(p. 145)* et son **Musée folklorique** *(ouv. de 8 h 30 à 14 h)* et une taverne, ♦ **Piperia**, avec musique et danse le dim. soir.

L'île de Koufonisi*. *Un bateau d'excursion part du port de Makrigialos. Aucune taverne. Repas et boissons proposés sur le bateau (se rens. sur les horaires, variables).* Cette petite île (5 km²), aux plages de sable et aux eaux claires, fut autrefois rattachée à la Crète et le site était célèbre dans l'Antiquité pour l'**industrie du pourpre**, couleur obtenue à partir de coquillages. De l'époque romaine, il reste un grand **théâtre** de mille places et des thermes.

▶ Le port de Sitia et ses maisons s'étageant de la colline à la mer.

Analipsi. *À 3 km à l'E de Makrigialos.* C'est le dernier village de la côte S sur la route principale, qui monte ensuite à Sitia. À la sortie E du village, une petite route descend à la plage de **Diakari** *(maison et chambres à louer)*, protégée par les services archéologiques en raison des fouilles.

> *Pour vous rendre à Sitia ou Kato Zakros, prenez la route qui remonte vers Lithines (p. 145). On peut aussi rejoindre Kato Zakros par Etia, Handras, Voila, puis par Sitanos ou Ziros (p. 145).*

Moni Kapsa**

···> À 9 km à l'E de Makrigialos ; 6 km à l'E d'Analipsi. Suivez la côte rocheuse en traversant ses petites criques isolées. Garez-vous en bas de la route d'accès. Ouv. de 8 h à 12 h et de 16 h à 19 h ; entrée libre ; tenue couverte exigée.

Ce monastère aux allures de forteresse est encastré dans la falaise. Il a été fondé au XVe s. et n'est plus habité que par un moine et une moniale. L'église contient une belle **iconostase** et des icônes du XVe s. Son porche est surélevé d'un arc sculpté daté de l'époque vénitienne.

L'ermite qui y vécut au XIXe s. reste encore très vénéré. Pour accéder à la grotte où il méditait, prenez l'escalier à g. de l'église, dos à la mer. Longez la **gorge** *(prudence)*, qui commence au N, près du village de Perivolakia, et se descend en 5 h env.

> *De Moni Kapsa, la route continue sur* **Goudouras** *et remonte sur* **Ziros** *(à 15 km, p. 145).* ♦

© Patrick Escudero/Hemis.fr

itinéraire 14

Sitia et l'est de l'île★★

programme

Avec ses petites criques et ses plages, ses vestiges antiques et ses trésors byzantins ou vénitiens, l'E de l'île ne cesse de surprendre. Prévoyez 1/2 j. à Sitia, 1 j. pour les excursions à l'E, beaucoup plus pour s'adonner à la randonnée ou à la planche à voile !

à ne pas manquer

Patrimoine : les villages de ♥ Mohlos *(p. 141* et *p. 142-143)* et ♥ d'Andromili *(p. 145)* ; le monastère de Moni Toplou *(p. 146)* ; les vestiges de ♥ Kato Zakros *(p. 149)*.

Randonnée : la ♥ gorge des Morts *(p. 142-143* et *p. 149)*. **Renseignez-vous sur place avant de partir.**

Plage : Vaï *(p. 147)*.

Gourmandise : faites le plein de pâtisseries à Sitia (♥ Aretoussa *p. 244*).

côté pratique

Départ : de Sitia. Liaisons en bus avec Agios Nikolaos, Vaï, Kato Zakros, Ierapetra par Makrigialos, et Heraklion.

Carte : plan de la ville p. 141. **Bonnes adresses :** p. 231.

À la porte de l'Orient, Sitia et sa région se teintent d'une luminosité qui contraste avec l'O crétois. Écrasée de soleil, la nature y est brûlée, mais elle recèle des richesses insoupçonnées de fleurs et de senteurs.

Sitia★★

···> À 73 km à l'E d'Agios Nikolaos; 138 km à l'E d'Heraklion. Liaisons en **bus**, p. 244. **Plan** ci-contre. **Bonnes adresses**, p. 242.

Sitia, avec ses maisons blanches s'étageant de la colline à la mer et son arrière-pays sec, rappelle le Moyen-Orient. De son passé, certainement riche à l'époque minoenne, il ne reste que la forteresse vénitienne, qui fut endommagée puis restaurée à plusieurs reprises entre les XIIIe et XVIe s. La douceur de son climat, les quais ombragés, les cafés et les tavernes le long du port, une plage de sable gris et de cailloux en font un lieu de villégiature.

douceurs sucrées. Les **spécialités** de Sitia: *xerotigana* (rubans de pâte frite au miel), *kalitsounia* (chaussons au fromage), ♥ *loukoumia* (beignets au miel). On les trouve dans les pâtisseries ou les magasins des rues commerçantes autour du port. *(Voir les Bonnes adresses p. 244.)*

La forteresse Kazarma B1. *Ouv. de 9 h à 15 h, sf lun. Entrée libre.* La *Casa di Arma* (d'où le nom Kazarma) fut occupée par les Vénitiens, comme son nom l'indique, et utilisée comme citadelle, caserne ou bâtiment administratif. Elle fut détruite en 1651 pour ne pas tomber aux mains des Turcs.

Bien restaurée, elle domine le port et sa puissance intéressera les amateurs de constructions militaires. Elle accueille l'été de nombreuses manifestations culturelles.

Le Musée folklorique★ A1. *Rue Capetan Sifi. De la place centrale prenez à l'O la rue qui monte et suivez les flèches. Ouv. t.l.j. sf dim. et j.f., 9 h 30-15 h 30. Entrée payante.* Ce modeste musée, qui se trouve dans une maison ancienne, présente l'art populaire crétois: métier à tisser, lit à baldaquin, dentelles, étoffes brodées ou tissées main, une jolie vitrine sur les traditions de Sitia.

Le Musée archéologique★ A2. *Rue Venizelou, à la sortie S de la ville, à g.* ☎ *28430-23917. Ouv. t.l.j. sf lun., de 8 h 30 à 15 h. Entrée payante.* C'est un petit musée bien conçu, où les nombreuses pièces exposées sont mises en valeur, avec des explications en français. Les objets proviennent des fouilles réalisées dans toute la région et présentent l'évolution de la Crète orientale du Néolithique à la période romaine. Une carte des sites, bien faite, indique le lieu des fouilles: Sitia, Agia Fotia, Mohlos, Psira, Palekastro, Pressos, Itanos, Koufonisi et Zakros constituent l'essentiel. Dès l'entrée, face à la caisse, est exposée une **statuette★★★** remarquable, représentant un homme, sans doute une divinité, trouvée lors de fouilles à Roussolakos près de Palekastro. Elle date d'env. 1450 av. J.-C. Elle est taillée dans de l'ivoire d'hippopotame, la tête est en serpentine, les yeux en cristal de roche. Une pièce tout à fait exceptionnelle de l'époque minoenne.

À l'ouest de Sitia

La route de Sitia à Agios Nikolaos, très agréable, chemine dans les collines souvent couvertes de vignes. De petites routes encore peu fréquentées descendent à la mer.

Hamezi

···> À 11 km à l'O de Sitia.

Ce village abrite un petit **musée** *(Cretan Home Museum; clé au* kafenion *le plus proche)*, une maison crétoise de trois pièces aménagée comme au XIXe s. On y apprend

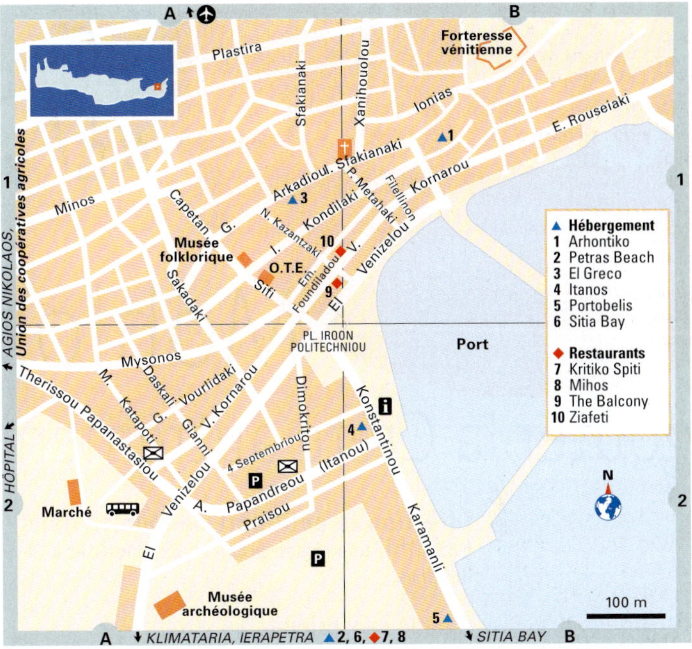

Sitia.

comment se distille le raki. À proximité du village se trouve une maison minoenne ellipsoïdale à l'architecture unique.

> *Traversez la région de* ***Mouliana****, connue pour son raisin et son vin rouge. Une route asphaltée part de* ***Sfaka*** *et descend à* ***Mohlos*** *(7 km).*

♥ Mohlos et ses environs

···▸ À 7 km au N de Sfaka ; 35 km à l'O de Sitia ; 50 km à l'E d'Agios Nikolaos. Accès aussi de la « Taverna Natural », sur la route principale, à 4,5 km. Voir aussi Journée de rêve p. 142-143. **Bonnes adresses**, p. 240.

Le nom de ce petit port se prononce « Morlos ». C'est un coin idéal pour les contemplatifs : dans ce village de pêcheurs, il fait bon flâner à la terrasse des *kafenions*. C'est aussi un point de rencontre pour les randonneurs. Une guide botaniste francophone organise de très belles marches *(voir Journée de rêve p. 142-143)*.

L'îlot qui lui fait face, aujourd'hui dénudé, et autrefois rattaché à la terre ferme, était habité à l'époque minoenne. Il abritait un important comptoir commercial. Les fouilles se poursuivent ; des vestiges d'un grand intérêt archéologique, notamment des vases, y ont été décelés. Un pêcheur pourra vous y conduire.

> *Rejoignez la route principale en empruntant la route à la sortie O du village. On longe d'impressionnantes carrières de gypse, composant indispensable à la confection du ciment. Au lieudit* ***Platanos*** *(taverne), le regard plonge sur la baie de Mirabello et l'île de Psira ; c'est l'un des très beaux* ***points de vue*** *sur la baie de Mirabello (p. 123).*

Kavousi

···▸ 9 km au S-O de Mohlos, sur la route principale. À l'entrée E du village, prenez à g. (côté montagne) et suivez les pancartes indiquant les sites archéologiques et l'olivier. Une mauvaise piste monte en lacets (restez à g. à l'embranchement) jusqu'à l'arbre ; panneau explicatif en anglais. Env. 3 km.

···▸ suite p. 144

journée de rêve

Mohlos
goûter la Crète autrement

▼ Découvrez la flore crétoise en marchant sur les pas d'un guide.

Direction le petit port de Mohlos dans le Lassithi, une région propice aux randos et à l'éveil des sens.

Balade sensorielle

☘ Et si vous commenciez la journée par lire les couleurs, humer les senteurs, découvrir en marchant la

flore, la faune, mais aussi les traditions locales, la mythologie, goûter le raki ou les fromages ? C'est ce que **Anne Lebrun, botaniste francophone** donne à apprécier tout en traversant de magnifiques paysages. Savez-vous que le thym fleurit violet l'été et parfume les miels ? La sarriette, c'est pour les escargots ! Platanes endémiques ou oliviers millénaires, tout est sujet à histoire ou anecdote.

Une halte savoureuse

Dans le petit **port** de Mohlos, choisissez une table en bord de mer dans la taverne **to Bogazi** par exemple *(ci-contre)*, face aux fouilles archéologiques de l'îlot que vous voyez, et goûtez de la salade d'oursin et de l'agneau grillé. Si vous aimez les ambiances romantiques, venez plutôt le soir pour profiter du coucher de soleil. *Voir aussi* ♥ ***Mohlos** (p. 141)*.

La gorge des Morts

Les amateurs de sensations iront plus à l'est. Marcher dans les gorges qui descendent à la mer, sur la côte est, offre ce bonheur de découvrir les beautés de la Crète à son pas : **gorge de Hohlakies** *(p. 148)* pour certains, ♥ **gorge des Morts*** *(p. 149)* pour tous. Et profitez d'une petite taverne en bord de mer à **Kato Zakros** *(p. 149)* après l'effort. ♦

Pratique

Durée : prévoir la journée.

Accès : 55 km à l'E d'Agios Nikolaos.

Anne Lebrun : rens. et inscriptions à ▲ **La Chlorophylle** *(p. 240)* ☎ 28430-94725 ou 6976-313506, www.chez.com/annelebrun.

♦ **Taverne to bogazi**, à l'extrémité ouest du port de Mohlos ☎ 28430-61388.

*Voir aussi le nos **Bonnes adresses** à Mohlos (p. 240) et Zakros (p. 245).*

Ce beau village est célèbre pour son **olivier pluri-millénaire****, le plus vieux de Crète, peut-être, un arbre spectaculaire avec ses 3 000 à 5 000 ans d'âge et ses 17 m de diamètre. Une antiquité vivante, au superbe tronc noueux, qui est entretenu avec toute l'attention qu'il mérite.

> *De* ***Kavousi****, une route descend à la mer et à la plage de* ***Tholos****, encore peu fréquentée (petite pause possible dans une taverne). La* ***vue***** *sur cette petite baie est magnifique.*

Au sud de Sitia

Sitia n'est qu'à 30 km de la côte S et une très bonne route relie la ville à la mer de Libye. S'enfoncer dans l'arrière-pays de Sitia par de petites routes détournées réserve de très agréables surprises : la région a, en effet, un passé d'une grande richesse. Dans ces paysages pierreux, parfois arides, plantes et fleurs sauvages sont un plaisir pour l'odorat comme pour l'œil. C'est dans les villages de cette région que l'on rencontre les Crétois des montagnes.

Kato Episkopi

···➢ À 3 km au S de Sitia. Quittez Sitia par la route de Ierapetra, au S, et empruntez à g. la petite route en dir. de Karidi. Le village est à g.

À la sortie du village, à dr., au milieu du cimetière, se dresse la petite église byzantine **Agios Apostolos**** (XIe s.), l'une des plus originales de Crète par son architecture. En forme de croix, elle est composée d'une nef à trois travées et est surmontée d'une coupole à tambour ; la coupole ne repose pas sur des pendentifs, mais est soutenue par des trompes.

un peu de spéléo... La grotte de **Peristeras** est située à 2,3 km à l'E du village de Karidi, à 540 m d'altitude. Celle d'**Oxo Latsidi**, à 610 m d'altitude au N-O du village de Sitanos, est l'une des plus grandes de l'île avec 360 m de long. Pour s'y rendre, prenez à 3 km au N d'Ano Zakros, au village d'Adravasti, une route qui traverse les villages de Karidi, Sitanos, Katelionas et rejoint Handras en 20 km env. C'est l'occasion de découvrir un étonnant arrière-pays rocheux et désertique et des Crétois encore peu touchés par les modes côtières.

Pressos

···➢ À 13 km au S de Kato Episkopi. Revenez sur la route principale et continuez vers le S jusqu'à Epano Episkopi (4 km). À g., la petite route en dir. de Ziros s'élève en corniche, offrant de belles perspectives sur la baie de Sitia, et rejoint Nea Pressos.

Du village de **Nea Pressos, une piste** *(pancarte bleue, 1,5 km)* part à g. et conduit aux ruines de l'antique Pressos, fondée au moment de l'invasion dorienne (XIIe s. av. J.-C.) et qui occupait trois collines. Sur l'une d'elles, au milieu du thym et de la sauge, on devine l'emplacement de l'**acropole** et on repère les énormes blocs de pierre qui formaient le mur d'enceinte de la forteresse. C'est là que les Étéocrétois *(p. 38)*, ces Crétois qui s'opposèrent aux envahisseurs, trouvèrent refuge. Son apogée dura jusqu'à la période hellénistique. Elle fut détruite par sa rivale Hierapytna, l'actuelle Ierapetra.

Handras

···➢ À 7 km au S de Pressos.

Handras est situé sur un plateau fertile où tournent les éoliennes, rappelant le plateau du Lassithi. Il a son **Musée folklorique**. Indiqué dans Handras, **Voila**, un village médiéval abandonné, est dominé par les ruines d'une forteresse vénitienne dont les habitants se convertirent à l'islam pendant l'occupation turque. De deux très belles fontaines coule de l'eau de source.

Ziros

···➢ À 4 km à l'E de Handras.

Ce village, à l'extrémité du haut plateau, a une petite église byzantine à deux nefs, **Agia Paraskevi** (1435).

Au-dessus de la porte, une fresque représente la Vierge ; à dr., saint Irénée. L'ensemble se trouve dans une zone militaire importante.

> *De Ziros part vers le S une route qui descend à* **Goudouras** *(15 km) et* **Moni Kapsa** *(p. 138). Une autre route permet de gagner* **Xerokampos** *(p. 151), puis* **Kato Zakros** *(p. 149) ; elle est très longue, peu rapide, mais magnifique.*

Etia

···> À 3 km à l'O de Handras.

Ce petit village abandonné a connu ses heures de splendeur à l'époque vénitienne. Les **ruines** *(restaurées)* d'une imposante demeure patricienne témoignent de la beauté des constructions de cette époque. Notez les armes au-dessus de l'entrée. Jolie petite église restaurée, à deux nefs.

Lithines

···> À 5 km au S-O d'Etia. D'Etia, rejoignez la grande route de Sitia vers le S.

Dans ce gros bourg aux ruelles agréables, deux églises présentent un intérêt : **Agios Athanasios**, de l'époque vénitienne (XVe-XVIe s.), et la **Panagia**, moderne (XIXe s.), au milieu de sa place (icônes de valeur).

♥ Andromili

···> À 5 km à l'O de Lithines. Quittez Lithines par la piste de Pefki. À la fourche, restez à dr. et descendez au fond de la vallée. Prenez après le passage du ruisseau le 1er chemin à dr. ; il est très mauvais, mieux vaut l'emprunter à pied (400 m).

Ce village abandonné cache une église aux fresques bien conservées, signées et datées de 1415. L'église **Agii Apostoli** donne sur une place ombragée de caroubiers et de pins.

La piste *(véhicules tout-terrain nécessaires)* continue avec de superbes paysages de haute montagne. On n'y trouve plus d'ombre, plus d'eau, plus d'essence avant **Pefki** *(9 km)*. La piste continue à flanc de montagne jusqu'à **Agios Stefanos** *(6 km)* et regagne la côte à **Makrigialos** *(7 km, p. 138)*, dans une très belle **descente sur la mer***. De Lithines ou de Makrigialos, on remonte facilement par la grande route jusqu'à Sitia.

À l'est de Sitia

La route à l'E de Sitia longe la baie de Sitia et mène au monastère de Toplou, à la plage de Vaï et aux ruines minoennes de Zakros.

La baie de Sitia*

Au-dessus de **Petras** *(1,5 km à l'E de Sitia)*, hameau à l'habitat traditionnel, des fouilles ont mis au jour un bâtiment de l'époque postminoenne et une ville de l'époque minoenne, détruite par un séisme à la fin de cette époque : vases, fresques, belles pierres de grands bâtiments témoignent du niveau de la civilisation de cette partie de l'île (voir Musée archéologique de Sitia, *p. 140*). À **Tripitos** *(3 km au S-E de Petras)* a été dégagée une cité hellénistique.

Roussa Ekklisia

···> À 9 km au S-E de Sitia. Quittez la route principale. **Bonnes adresses,** p. 242.

À mesure que la route monte, une vue magnifique s'ouvre sur la baie de Sitia. Au centre du village, de l'eau de source coule d'une très belle **fontaine** sculptée en 1877. La route mène à un haut plateau aux étonnantes formations rocheuses, curiosité pour les amateurs de géologie.

Agia Fotia

···> À 7 km à l'E de Sitia.

Près du village, en bord de mer, l'archéologue C. Davaras découvrit en 1971 la plus grande **nécropole** mise au jour en Crète et l'une des plus importantes de Grèce ; elle contenait plus de deux cent cinquante tombes datées de 3000-2500 av. J.-C. Les musées de Sitia *(p. 140)* et Agios Nikolaos *(p. 120)* regroupent un grand nombre d'objets trouvés dans les sépultures: un riche mobilier funéraire et des offrandes, des vases du style de Pirgos ou à décor incisé...

Moni Toplou***

···> À 21 km à l'E de Sitia. Visite de 9 h à 13 h et de 14 h à 18 h. Entrée payante. **Petit *kafenion*** et bonne cuisine à l'entrée à dr., sous une tonnelle.

En suivant la côte, on parvient à Moni Toplou. Ce vieux monastère du XIIIe s. à l'allure de forteresse, perdu dans la lande, souvent endommagé puis reconstruit, lutta farouchement contre les Turcs et fut un centre de résistance au cours de la Seconde Guerre mondiale. L'higoumène Filotheos conduit le monastère *(p. 28)*, où se sont aussi installées des familles qui animent un *kafenion*-taverne, une boutique de tissages traditionnels et de reproductions d'icônes. Derrière ses grands murs austères se cachent des bâtiments élégants aux formes souvent vénitiennes. Murs de pierre, grosses portes de bois, pièces voûtées, poutres aux plafonds et belles cheminées y réapparaissent grâce à un remarquable travail de restauration. À l'entrée à g., passé le moulin à blé, une sculpture d'un artiste d'Heraklion, **Manolis Tzopanikis**, représentant la rencontre de quatre personnes, symbolise la réconciliation. Après le grand porche, une petite **église** à deux nefs est intégrée dans l'ensemble, dominée par un clocher octogonal à coupole; sur son mur extérieur, à g. de la porte d'entrée, une inscription du IIe s. av. J.-C., imprimée dans la pierre, constitue une pièce de valeur: c'est le texte d'un contrat entre les villes antiques d'Itanos et de Hierapytna (Ierapetra).

Les éoliennes de Moni Toplou

La colline qui domine le site a été choisie pour la première implantation de grandes éoliennes de 30 m de haut à trois hélices. Leurs têtes pèsent 37 t. Ce projet, financé par l'Union européenne, permet de fournir à la Crète une énergie «propre» grâce à un vent souvent de force 8 *(p. 24)*. On peut approcher ces étonnantes réalisations en empruntant le chemin en face de Toplou. ◆

▶ Sur la route de Vaï.

L'église. Elle compte quelques belles **icônes** anciennes, parmi lesquelles un chef-d'œuvre de l'art crétois (grand tableau dans l'entre-deux-nefs, *face à l'entrée, légèrement à dr.*), une **peinture de Ioanis Kornaros*****, peinte en 1770 et composée de nombreuses scènes miniaturisées de l'histoire biblique depuis la création du monde. Autour des quatre scènes principales s'articulent vingt-sept scènes secondaires, toutes numérotées *(livret explicatif à la boutique)*. Elle est aussi ornée, sur la voûte, de **fresques** de *La Nativité* et de *La Cène*.

♥ **Le musée des Icônes.** *Accès par l'église ou à l'entrée à dr.* Voyez les remarquables icônes anciennes (XVIIe-XIXe s.) et les vêtements sacerdotaux. Notez le tableau de la *Vierge, la rose qui ne fane pas*, pour sa symbolique ou *La Vierge* de Stamatios (1771), qui s'est inspiré du tableau de Kornaros.

La collection de lithographies et de gravures anciennes (XVIIe-XIXe s.). Cette belle collection est exposée, ainsi que des livres, dans les pièces au coin N-E de la cour *(r.-d.-c.)*. Elle retrace notamment l'histoire du monastère et présente les armes utilisées pour bouter l'ennemi hors de Crète.

> *De **Toplou**, la route continue sur **Vaï** et Itanos, accessibles aussi de **Palekastro**.*

© Romain Cintract/Hemis.fr

Vaï★★

➾ À 8 km au N-E de Moni Toplou. Liaisons en **bus** avec Sitia (2 départs/j., 1 h de trajet). Entrée libre ; parking payant obligatoire. Venez tôt le matin ou après le départ des cars d'excursion en fin d'après-midi. **Bonnes adresses,** p. 245.

Vaï, un hameau proche d'une **plage de sable fin** *(2 km)*, résonnait dans l'esprit des pionniers du tourisme comme une des merveilles de Crète. Ce site exotique, dans l'**une des rares palmeraies de Crète**, a attiré romantiques et hippies ; il est maintenant interdit d'y camper et Vaï a retrouvé en partie son charme d'antan. L'Union européenne lui a décerné, comme à Sitia, le **drapeau des plages les plus propres d'Europe**. Prenez le temps de lire le *Règlement du fonctionnement de la forêt de Vaï* (à la municipalité de Palekastro), établi par la Direction des forêts du Lassithi qui protège cette espèce précieuse de **palmiers sauvages**, *Phoenix theophrasti*.

plage secrète. Une magnifique ♥ **plage de sable**, plus au S, peu fréquentée, est accessible à pied par un chemin qui parcourt la colline *(gravissez l'escalier à l'extrémité S de la plage de Vaï, près de la taverne, jusqu'au belvédère, puis suivez le chemin qui redescend, marqué de pierres rouges)*. **Maridati**, plus au S, est une autre petite plage isolée, accessible par la route principale, entre Vaï et Palekastro.

Itanos

➾ À 2 km au N de Vaï.

Ce joli site agreste en bord de mer a un riche passé qui remonte à la fin de l'époque minoenne ; il connaît son apogée pendant la période hellénistique et voit son essor se poursuivre jusqu'à la première époque byzantine, pendant laquelle furent construites de grandes et belles églises. Il n'en reste plus que les ruines d'une acropole, la base d'une statue romaine et les morceaux d'une église paléochrétienne. La côte s'orne de trois plages, plus ou moins propres selon la délicatesse de ceux qui vous ont précédé.

Palekastro

⋯> À 8 km au S de Vaï. Liaisons en **bus** avec Sitia (3 liaisons/j.), Vaï, Kato Zakros, Ierapetra par Makrigialos, Heraklion (gare routière A). **Bonnes adresses**, p. 240.

Cette bourgade, très animée l'été et fréquentée par les amateurs de planche à voile, est située à l'intérieur des terres et entourée de plantations d'oliviers. On aime à s'y retrouver le soir, sur la place de l'église ou dans l'une des nombreuses tavernes. Elle profite de la proximité de plages superbes, de baies protégées aux eaux claires et de lieux encore sauvages qui sont accessibles du village par des pistes. Un petit **Musée folklorique** (*ouv. t.l.j. sf lun., de 10 h à 13 h 30 et de 18 h à 21 h*), installé dans une jolie maison restaurée à l'entrée O du village (*indication «Cretan House»*), permet de découvrir un intérieur crétois traditionnel de la vie d'antan.

En arrière de la plage de sable et de petits galets de **Chiona**, à 2 km, des fouilles ont permis de mettre au jour une ville minoenne au lieu-dit **Roussolakos** (*1 km au S de Palekastro; le site est entouré d'un grillage, mais la porte est souvent ouverte*), intéressante par son plan d'urbanisme et qui a livré de précieux objets (à voir au Musée archéologique de Sitia, *p. 140*). La **plage de Kouremenos** (*au N de celle de Chiona; par la route de Vaï*) borde une jolie baie protégée, un plan d'eau très apprécié des véliplanchistes (*p. 241*). Au N de celle-ci, un petit port a été aménagé.

De Palekastro à Zakros

⋯> Une route tortueuse descend vers le S et traverse des paysages désertiques, sans verdure, d'un caractère insolite.

Les bons marcheurs, bien chaussés, tentés par les plages isolées, s'arrêteront à **Hohlakies** (*7 km au S de Palekastro*). De là part un chemin qui traverse une gorge et descend jusqu'à la plage de **Karoumes**, accessible seulement à pied (*une bonne heure de marche depuis le village. Autre itinéraire depuis Palekastro en suivant la mer ou de Kato Zakros*). Il faut longer le lit de la rivière; parfois, de gros blocs de pierre sont à franchir. Pensez à emporter de l'eau et des vivres.

spéléo et grand spectacle. Située au N de Kato Zakros, **Pelekita** est l'une des plus grandes grottes crétoises (310 m de long), intéressante pour les spéléologues; elle présente quatre grandes chambres et des restes d'ossements d'animaux. On y accède à pied (*en 45 min env.*) en suivant la côte N depuis Kato Zakros; l'entrée se trouve près d'un figuier, après avoir dépassé la troisième crique. Le chemin continue vers Karoumes et sa plage (*ci-dessus; env. 2 h de marche*) en bas des **gorges de Hohlakies**.

Zakros et ses environs

⋯> Liaisons en **bus** avec Sitia (2 pour Ano Zakros, 1 pour Kato Zakros). **Bonnes adresses**, p. 245. Zakros a deux villages, Ano (le Haut) et Kato (le Bas).

Ano Zakros (Zakros-le-Haut).

À 17 km au S de Palekastro. Dans ce village très verdoyant sur les hauteurs vit toute l'année une petite population autour de son église, sa place ombragée, ses tavernes et ses boutiques de première nécessité. Les **sources** y sont abondantes; elles sont en haut du village (*pancarte à l'entrée, 1 km de route raide; au pont, suivez la voie dallée*). Un **musée de l'Eau** (*ouv. en saison 10 h 30-13 h et 17 h 30-21 h*), est installé dans le moulin en haut du village. C'est un bon point de départ pour randonner vers la mer ou vers l'arrière-pays: le chemin européen de grande randonnée E4 y passe. Un hôtel offre de bonnes conditions d'hébergement.

Kato Zakros (Zakros-le-Bas).

À 8 km au S-E d'Ano Zakros. ***Chambres** à louer, **tavernes** en bord de mer, p. 245.* Dans cette petite oasis, située dans une baie tournée vers le levant, on trouve des bananiers, une plage, des tavernes sympathiques, et surtout des ruines *(voir encadré ci-dessous)*.

9 ♥ la gorge des Morts*. Elle doit son nom aux tombeaux de l'époque préminoenne creusés dans les parois rocheuses. Belle randonnée de 1 h à 1 h 30, très agréable à l'automne et au printemps, quand les lauriers sauvages sont en fleur; plus difficile en juil.-août *(fortes chaleurs et peu d'ombre; partez à la fraîche)*. L'itinéraire (sur le sentier européen E4) est fléché avec des aires de repos aménagées et des points d'eau. Soyez bien chaussé: le lit de la rivière avec ses rochers n'est pas toujours facile à parcourir. *Départ d'un chemin à 3 km d'Ano Zakros, sur la route de Kato Zakros, au parking à g. (pancarte « Footpath Zakros Gorge »). Un autre chemin plus long part d'Ano Zakros (de l'église, prenez à dr.). Arrivée à Kato Zakros. Rens. avant de partir.*

♥ Les vestiges de Kato Zakros.** À l'O du village, dans les terres, des fouilles dirigées par l'archéologue grec Nikolaos Platon permirent de découvrir des remarquables vestiges: il s'agit du quatrième grand palais minoen. Zakros présente de fortes analogies avec les trois autres palais minoens découverts en Crète. On a retrouvé les traces d'un **premier palais** édifié vers 2000 av. J.-C. selon un plan semblable à ceux des premiers palais de Knossos, Malia et Festos *(p. 78, p. 98 et p. 104)*, et anéanti à la fin du XVIIe s. av. J.-C.

Un **second palais** fut aussitôt rebâti sur cet emplacement selon les caractéristiques des autres palais, mais avec une superficie moindre: une cour occidentale, une cour centrale rectangulaire autour de laquelle s'ordonnaient les appartements royaux (aile E), les pièces d'apparat ou à usage cultuel (aile O), et les magasins. L'édifice comportait deux ou trois étages.

Zakros est l'unique exemple d'une **ville groupée autour d'un palais** (à Malia, les quartiers sont épars). Seule une partie de la ville située au N du palais a été mise au jour; il reste encore beaucoup à faire pour révéler dans sa totalité la cité minoenne qui s'étendait sur deux collines. On sait en outre que son port entretenait d'actives relations commerciales avec l'Orient et l'Égypte. On y débarquait cèdres du Liban, ivoire de Syrie, or de Nubie, blé d'Égypte et cuivre de Chypre, et on exportait les produits de l'artisanat crétois.

Le palais de Kato Zakros.** *Accès par le chemin qui, de la plage, entre dans les terres et suit le grillage entourant le site. Ouv. t.l.j. sf lun., de 8 h à 20 h (15 h en hiver). Entrée payante.* À dr. de l'entrée (où l'on peut voir le buste de l'archéologue N. Platon), on se dirige vers la cour centrale **1.** du palais. Son entrée principale **2.** était située au N-E de la cour et donnait sur la rue du Port **3.**, d'une longueur de 90 m.

Kato Zakros, haut lieu de la vie spirituelle minoenne

Une catastrophe géologique, sans doute l'éruption du volcan de Santorin, détruisit l'ensemble vers 1450 av. J.-C. Zakros est l'unique palais minoen ou mycénien non pillé. Tout ce qui en est excavé (comme le matériel abandonné par les artisans avant la catastrophe) restitue la réalité du monde minoen. Du trésor du sanctuaire, resté inviolé et exposé au Musée archéologique d'Heraklion (*p. 71*), nous sont parvenues des pièces uniques, comme le **rhyton en cristal de roche***** (vitrine 12, *p. 72*), étonnamment reconstitué. Ainsi le rhyton ovoïde en pierre, qui n'a subi aucune altération, et sur les parois duquel est gravé un sanctuaire de sommet (caractérisé par le symbole sacré des cornes cultuelles), donne-t-il une représentation parfaite d'un des hauts lieux de la vie spirituelle minoenne. Le palais aurait été un centre de la vie religieuse, économique et politique. Une religion de la vie et de la nature jouait alors un rôle de premier plan, l'art y était plus libre qu'en Égypte et non hiérarchisé comme en Orient. L'important pour les Minoens était le présent, dans une nature déifiée. ◆

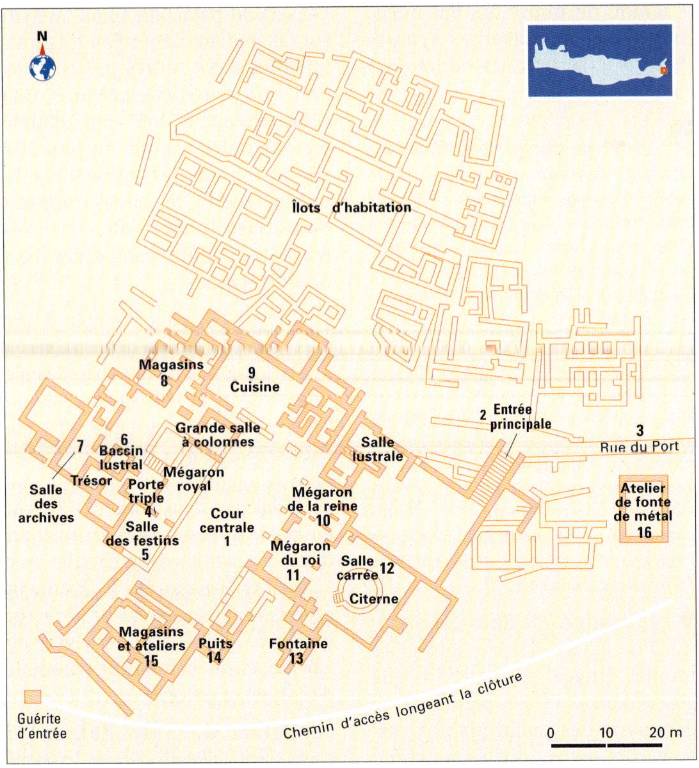

Le palais de Kato Zakros.

L'aile O abritait les pièces à usage officiel et le sanctuaire. Trois portes y donnaient accès. Celle qui est la plus au S ouvrait sur une grande salle à colonnes qui communiquait par une **porte triple 4.** avec une salle, ornée d'une frise à spirales et dite « **salle des Festins 5.** », car on y a trouvé des *pithoi* à vin et des cruches. Les pièces situées à l'arrière servaient à des fins cultuelles ; de nombreux **rhytons**, **vases à libations**, **calices**, souvent sculptés et précieux, le fameux **rhyton en cristal de roche***** y furent mis au jour, ainsi que des doubles haches et des vases en forme de tête de taureau.

Dans le **bassin lustral 6.**, où l'on descendait par des marches, fut découverte une remarquable **amphore** en marbre veiné. Une **salle des Archives 7.** recelait des **tablettes** en terre cuite écrites en linéaire A *(p. 35)* et représentant des idéogrammes avec la double hache, des têtes en forme d'oiseaux, ce qui laisse supposer que les archives faisaient partie du sanctuaire. Les charnières de bois qui reliaient les tablettes ont été retrouvées carbonisées, attestant l'idée d'une destruction du palais par le feu. Au N du sanctuaire furent identifiés des **magasins 8.** où étaient alignés de grands et beaux *pithoi* emplis de vin, et où étaient conservées toutes sortes de vaisselles. Furent aussi retrouvés, tombés d'un premier étage sans doute, six **talents de bronze**, chacun pesant 29 kg et importés de Chypre, et quatre **défenses d'éléphant** provenant de Syrie.

La **cuisine 9.**, mitoyenne des magasins, était remplie d'ustensiles (marmites...), ce qui permet de se faire une idée de l'équipement d'alors et de certaines habitudes alimentaires (les Minoens mangeaient de la viande préparée et cuite, par exemple).

Dans l'aile E, très endommagée, surtout par les travaux des champs pratiqués autrefois à cet emplacement, on retrouve comme dans les autres palais les appartements royaux, le **mégaron de la reine 10.**, communiquant au S avec le **mégaron du roi 11.**, tous deux éclairés par des puits de lumière. Ils étaient reliés à une **salle carrée 12.** présentant en son centre une large citerne ou piscine d'eau douce, accessible par huit marches et encore alimentée de nos jours par une source. Cette présence de l'eau dans une salle d'un palais minoen est unique en Crète; son sens n'est pas encore éclairci. L'eau jaillissait aussi d'un autre point, une **fontaine 13.** à laquelle on accédait par un escalier. Serait-ce la « fontaine accessible aux hommes du palais et de la ville » évoquée par Homère ?

Enfin, un **puits 14.** muni d'un treuil en bois se trouvait dans l'angle S-E de la cour; on y a découvert, dans le fond, des olives vieilles de 3000 ans parfaitement conservées, offrandes votives sans doute. L'aile S abritait des **magasins et des ateliers 15.** Une deuxième entrée dans l'angle S-O donnait accès à la cour centrale. À noter: au S de la rue du Port, sous un abri, un **atelier de fonte de métal 16.** dans lequel se situe l'un des premiers fours connus de l'histoire. Les fouilles se poursuivent aujourd'hui. Il reste à Zakros une inconnue: aucune nécropole n'a encore été mise au jour.

Xerokampos

→ À 8 km au S d'Ano Zakros.

Xerokampos n'est constitué que de quelques maisons *(chambres à louer et motel-bar)*, mais les paysages alentour et les plages constituent l'attrait de cette région, non desservie par les transports en commun et donc peu fréquentée. Une route, qui part de la sortie d'Ano Zakros sur la route de Kato Zakros descend vers le S. Elle traverse une gorge sauvage et suit la côte échancrée de criques désertes. La **plage d'Ambelos*****, en contrebas de Xerokampos, est l'une des plus belles de Crète.

> *La route remonte dans la montagne; elle est longue, laborieuse, mais avec de superbes vues sur la mer (25 km pour le village de Ziros, p. 145). De là, on peut revenir sur* ***Sitia*** *(p. 140) ou continuer sur* ***Goudouras*** *et suivre la côte S.* ◆

Rethimnon

et son département

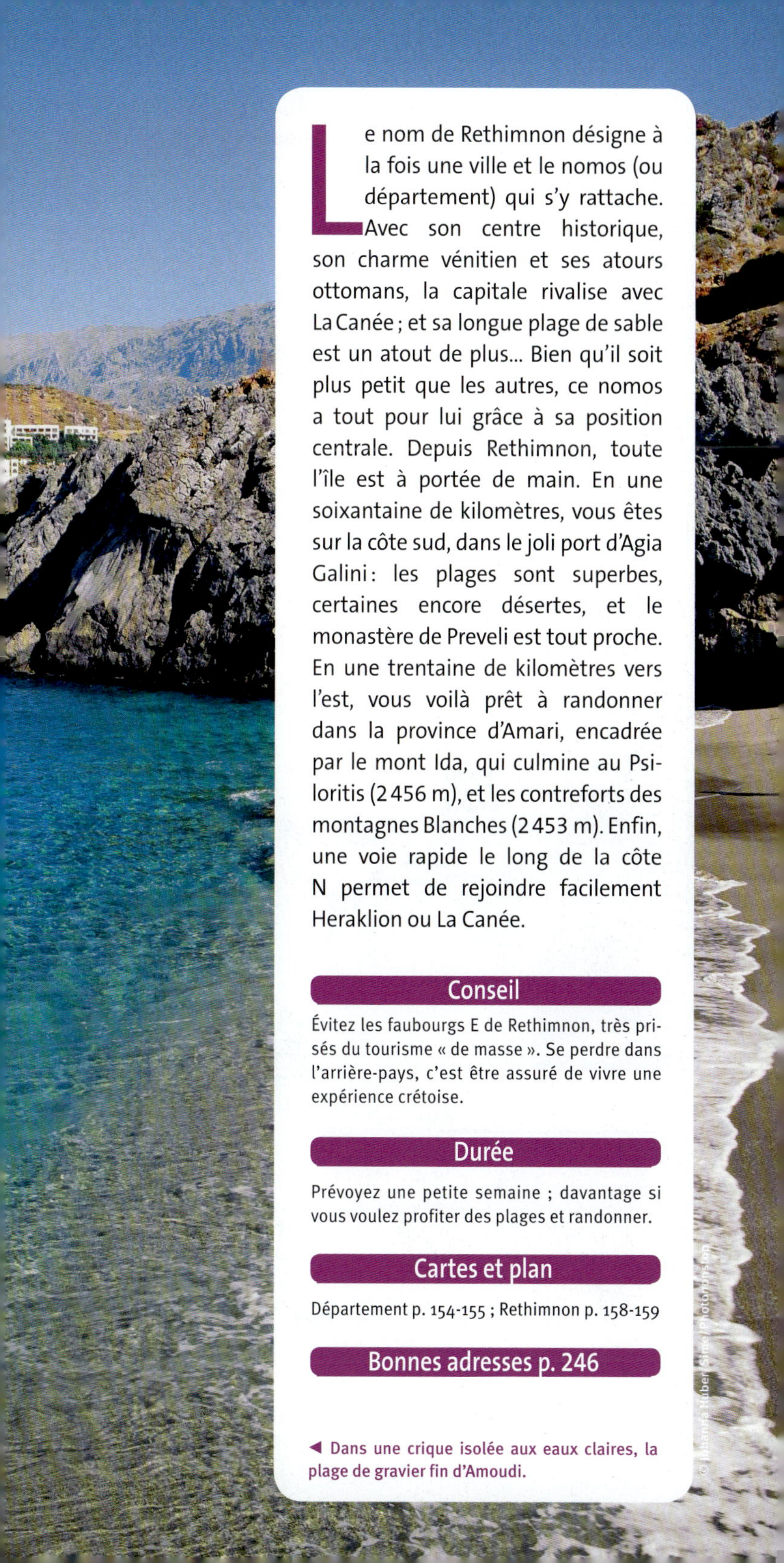

Le nom de Rethimnon désigne à la fois une ville et le nomos (ou département) qui s'y rattache. Avec son centre historique, son charme vénitien et ses atours ottomans, la capitale rivalise avec La Canée ; et sa longue plage de sable est un atout de plus... Bien qu'il soit plus petit que les autres, ce nomos a tout pour lui grâce à sa position centrale. Depuis Rethimnon, toute l'île est à portée de main. En une soixantaine de kilomètres, vous êtes sur la côte sud, dans le joli port d'Agia Galini : les plages sont superbes, certaines encore désertes, et le monastère de Preveli est tout proche. En une trentaine de kilomètres vers l'est, vous voilà prêt à randonner dans la province d'Amari, encadrée par le mont Ida, qui culmine au Psiloritis (2 456 m), et les contreforts des montagnes Blanches (2 453 m). Enfin, une voie rapide le long de la côte N permet de rejoindre facilement Heraklion ou La Canée.

Conseil

Évitez les faubourgs E de Rethimnon, très prisés du tourisme « de masse ». Se perdre dans l'arrière-pays, c'est être assuré de vivre une expérience crétoise.

Durée

Prévoyez une petite semaine ; davantage si vous voulez profiter des plages et randonner.

Cartes et plan

Département p. 154-155 ; Rethimnon p. 158-159

Bonnes adresses p. 246

◄ Dans une crique isolée aux eaux claires, la plage de gravier fin d'Amoudi.

Le département de Rethimnon.

Panormos
Skepasti
Bali
E 75
Geropotamos
E 75
HERAKLION
Skaletta
Grotte de Melidoni
Melidoni
90
Perama
Agia
Garazo
90
Omala
Margarites
Amnatos
Eleftherna
Keramota
Archea Eleftherna
Moni Arkadi
Axos
Grotte de Sfedoni
Anogia
Zoniana
DÉPARTEMENT DE RETHIMNON
Klisidi
Thronos
Kalogeros
Apostoli
Meronas
Gena
Assomatos
Monastiraki
Mont Psiloritis
2456
Grotte de l'Ida
Elenes
Amari
Gerakari
Fourfouras
Vrises
Plateau de Nida
Ano Meros
1370
Grotte de Kamares
Nithavris
Mont Kedros
1777
Agios Paraskevi
Kamares
Département d'Heraklion p. 60
77
Zaros
Melambes
DÉPARTEMENT D'HERAKLION
Majiros
Départ
Agios Georgios
Agia Galini
Festos (Phaistos)
Geropotamos
GORTYNE

itinéraire 15

Rethimnon et ses environs**

programme

La vieille ville, riche de constructions vénitiennes, de maisons turques bien conservées ou restaurées, de mosquées ottomanes, évoque les grands moments que la Crète a vécus. À partir de Rethimnon, on fait des excursions à l'O pour découvrir, le long de la vieille route (Old Road), de superbes paysages, ou à l'E sur la côte, pour faire une halte dans de charmants petits ports entre les plages envahies par le tourisme de masse. Prévoyez au moins 1 j. et une soirée à Rethimnon ; 1/2 j. pour une excursion vers l'O ; 1/2 j. pour une excursion vers l'E.

à ne pas manquer

Patrimoine : le musée d'Histoire et d'Art populaire *(p. 158)* et le musée archéologique.

Joli village : Miriokefala et son église byzantine *(p. 161)*.

Pour manger en route : un repas au ♥ moulin d'Argiroupoli *(p. 161)* est un moment délicieux pour les papilles et pour l'atmosphère qui y règne.

Circuit VTT : idéal pour relier Argiroupoli-Miriokefala ou faire le trajet Asi Gonia-Argiroupoli. De Miriakefala, la route grimpe sur 28 km de montagne. Au sommet, à l'embranchement, prenez à dr. Belle descente avec vue magnifique. Après Asi Gonia, la route suit le cours de la rivière.

côté pratique

Plan de la ville : p. 158-159. **Carte du département :** p. 154-155.

Bonnes adresses : p. 246.

◀ Le port vénitien borde le quartier le plus ancien de Rethimnon. On aperçoit au loin le minaret de l'ancienne mosquée Nerandza.

Rethimnon est la troisième grande ville de Crète (env. 30 000 hab.). À mi-chemin entre Heraklion et La Canée, elle fut longtemps éclipsée par elles. Pourtant, la ville, prospère sous l'occupation vénitienne, était devenue un centre littéraire, artistique et commercial.

Rethimnon★★

···> **Plan**, p. 158. **Bonnes adresses**, p. 246.

Établie sur les ruines de l'antique **Rithymna**, fondée dès avant la fin de l'époque minoenne, la ville de Rethimnon acquiert une solide réputation sous la domination vénitienne. Grand port de l'île, ville marchande, centre administratif, elle s'éveille aux arts et devient une petite capitale intellectuelle où fleurit une littérature crétoise encore renommée. Elle continue à jouer ce rôle sous l'occupation turque et le très beau roman de **Pandelis Prevelakis**, *Chronique d'une cité* (1938), la campe fort bien, mettant en valeur tout son caractère.

Terriblement touchée par les bombardements de la Seconde Guerre mondiale, Rethimnon, intelligemment restaurée, a aujourd'hui retrouvé son attrait et sa vitalité. Sa longue plage de sable fin, son port plein de charme, ses tavernes, les nombreuses possibilités d'excursions en font un lieu de villégiature apprécié, mais aussi très touristique.

La **vieille ville** se situe au N de l'axe routier Heraklion-La Canée, sur un isthme dont la pointe est dominée par une **forteresse A1**, avec la rue côtière à l'O et la plage côté E. On retrouve facilement les traces de l'époque vénitienne : la forteresse, le port, quelques belles façades et des fontaines, une loggia. Mais c'est l'empreinte turque qui domine l'ensemble avec les minarets et les maisons aux avancées de bois. Une grande partie de la vieille ville devient **zone piétonnière** de 23 h à 6 h env.

La place des Quatre-Martyrs

···> **B2** Platia 4 Martiron.

La place est située à la limite de la vieille ville et de la ville moderne. Elle est fermée au S par la **grande rue commerçante**, Kountouriotou, et le parc Rodini, agréable jardin public ombragé. À l'E s'élève l'**église moderne des Quatre-Martyrs**, à l'emplacement d'une plus ancienne, édifiée à la mémoire de quatre chrétiens qui périrent sous l'occupation turque pour être restés fidèles à leur foi.

Au N-O de la place, une porte, **Porta Guora**, belle arche de l'époque vénitienne, dominée à l'E par un élégant **minaret**, donne accès à la vieille ville. Cette porte est un des rares vestiges de l'enceinte extérieure de la vieille ville. De là part une rue étroite, **Ethnikis Antistasseos**, très commerçante ; parfums, odeurs, couleurs sur l'attrayant **marché** du début de la rue où s'entassent légumes, fruits et poissons.

Une impasse, sur la g., mène à l'**église San Francesco B2**, beau bâtiment vénitien, avec un portail à colonnes et chapiteaux. Elle abrite parfois des expositions. Du fond de l'impasse, au-delà de la cour de l'école, beau point de vue sur la mosquée Nerandza et son minaret.

Continuez sur la rue Ethnikis Antistasseos, d'où part à dr. la petite rue piétonnière **Souliou B2**, toujours animée avec ses petites échoppes ; c'était autrefois la rue des cordonniers. Plus loin, la petite place ombragée, **platia Titou Petihaki B2**, est très fréquentée, avec ses tavernes et ses boutiques.

La mosquée Nerandza

B2 Au coin S-O de la platia Titou Petihaki part la ruelle Vernardou qui conduit à la mosquée Nerandza, ancienne église vénitienne que les Turcs transformèrent, aménageant deux coupoles. Elle est flanquée d'un **minaret** avec cent trente-trois marches pour accéder au balcon circulaire d'où le muezzin invitait à la prière cinq fois par jour. On admire au r.-d.-c. les coupoles de la salle aménagée pour des spectacles. La mosquée abrite l'école de musique.

Au cœur de la vieille ville

Le quartier au-delà de la mosquée recèle des merveilles d'architecture vénitienne, maisons au porche de pierre sculpté et marteau de porte en cuivre ou maisons au cachet turc. Dans la rue Vernardou, animée le soir *(tavernes et bars)*, on découvre sur la g., une belle maison vénitienne du XVIIe s. avec patio qui abrite le musée d'Histoire et d'Art populaire.

Le musée d'Histoire et d'Art populaire* B2. *28-30, rue Vernardou ☎ 28310-23398. Ouv. t.l.j. sf dim., de 9 h à 14 h 30. Entrée payante.* Dans ce palais vénitien du XVIIe s., le musée expose costumes, pièces d'artisanat, travaux d'aiguille, poteries, bijoux, vannerie, métiers à tisser, trésors de la vie crétoise.

> *Au n° 45 de la rue Vernardou, une maison turque côtoie un porche vénitien.*

La place Papaioanou B2. *Au bout de la rue Vernardou, à dr., la rue Nikiforou Foka conduit jusqu'à la place Papaioanou.* La refection de son église Notre-Dame des Anges n'est pas très heureuse au milieu des belles architectures d'antan. À g., la **rue Koroneou**, ses petites ruelles adjacentes pleines de caractère, mène à un quartier plus tranquille et, tout au bout, à la place de la préfecture et ses *kafenions*. De là, on peut contourner la forteresse vénitienne par le N le long de la mer en une promenade très agréable.

Rethimnon.

De la place, empruntez la ruelle ♥ **Arabatzoglou**, une des plus pittoresques de la vieille ville. Sur la dr., le **musée de la Mer*** est installé sous les voûtes d'une remarquable maison de l'époque vénitienne fort bien restaurée.

des « amours ». Faites un petit détour en suivant la rue Nikiforou Foka vers le N jusqu'à la ruelle Klidi, à g, pour apprécier au n° 13 un très **beau portail vénitien sculpté**, orné de cupidons.

Le musée de la Mer* B2. *50, rue Arabatzoglou, presque au coin de la rue Epimenidous ☎ 28310-29792. Ouv. en saison de 19 h à 14 h et de 18 h à 21 h ; entrée libre.* Dans la

grande pièce voûtée d'une très belle maison renovée, les merveilles de la mer sont mises en valeur par la parfaite harmonie de couleurs et de coquillages. À voir également, de superbes coraux et des poissons naturalisés.

douceurs orientales. Par la porte ouverte de la maison du commandeur Clodio, on découvre la fabrication de la pâte à *kadaïfi* : depuis plus de 60 ans, Giorgos étale sur de larges tables de fines feuilles de pâte délicatement posées l'une sur l'autre, juste séparées par une toile de jute. Il fournit en kadaïfi un grand nombre d'établissements. On peut lui acheter cette délicieuse pâtisserie orientale d'origine turque.

La maison du commandeur vénitien Clodio B2. *30, rue Arabatzoglou, à dr.* Elle est repérable grâce à sa magnifique entrée sculptée qui porte une inscription latine et la date de 1609.

Gagnez ensuite le N de la place Titou Petihaki. Sur la g., au N, s'élève la **fontaine Rimondi**** **B2**, un joyau vénitien ; elle est datée de 1629. L'eau jaillit entre quatre colonnes corinthiennes par des têtes de lions. Au S-E de la place, la **rue Paleologou B2** descend à la mer. Elle coupe la rue Arkadiou ; sur l'angle droit se trouve la **Loggia****, construite autour des années 1600, un des plus beaux bâtiments vénitiens de la ville. À l'intérieur, exposition et vente de reproductions d'œuvres d'art antiques, bijoux, foulards…

Le port vénitien

B1-2 Tout proche de la Loggia, le port vénitien, modeste mais joliment restauré, abrite des bateaux de plaisance; les nombreuses tavernes et restaurants qui proposent poissons et fruits de mer y sont toujours animés. Au S s'étire la grande plage de sable, bien protégée et bordée par une large promenade ombragée de palmiers.

La forteresse

A1 À l'O du port ☎ 28310-28101. Ouv. t.l.j. sf lun., de 8 h à 20 h. Entrée payante.

Contournez la forteresse en suivant la mer pour en apprécier la construction polygonale. Cet imposant ouvrage vénitien comporte quatre bastions situés au S et à l'E, et des passages dans la muraille au N et à l'O. Il fut construit sur l'isthme rocheux à la fin du XVIe s. pour protéger la ville des Turcs; ils s'en emparèrent malgré tout en 1646. C'est une très belle promenade au coucher du soleil. Dans la citadelle, il ne reste de ce passé que les remparts et, sur la colline, la grande coupole de la **mosquée du sultan Ibrahim-Han**, désaffectée, sur le site d'une ancienne église de l'époque vénitienne. L'ampleur de l'espace intérieur et l'importance du dôme sont remarquables. Une partie de la résidence du recteur, le palais épiscopal, des poudrières et des casernes ont été restaurés.

amateurs d'art. Faitesun tour au.musée d'Art contemporain, Galerie municipale Kanakakis, 5, rue Himairas; ☎ 28310-52530; ouv. du mar. au ven. de 9 h à 13 h et de 19 h à 22 h; sam. et dim. de 11 h à 15 h; f. lun. Peintures, dessins, aquarelles de Leftéris Kanakakis (et autres artistes).

Le Musée archéologique*

A1 En face de l'entrée de la forteresse ☎ 28310-54668. Ouv. t.l.j. sf lun. de 8 h 30 à 15 h. Entrée payante.

Des cartes y expliquent les découvertes archéologiques de la région: sites préhistoriques (6000-1100 av. J.-C.), villes, sites cultuels, cimetières et grottes (1100 av. J.-C.-325 apr. J.-C.). La collection comprend des sarcophages minoens, pierres et ossements de l'époque néolithique trouvés dans la **grotte de Gerani**, ainsi que des poteries, bijoux et sceaux découverts dans les **tombes de la nécropole d'Armeni** *(p. 174)*, et des statues d'**Eleftherna**.

*En revenant au port par la rue Salaminos, on passe devant l'**église catholique**, beau bâtiment de l'époque vénitienne.*

La mosquée du pacha Kara-Moussa

C2 Au bout de la rue Arkadiou.

Des maisons vénitiennes avec de splendides portails *(aux n° 48 et 154 avec une inscription turque)* **B-C2** ornent la longue rue commerçante Arkadiou. À l'angle de la rue Victor-Hugo et près de la place Iroon **C2** se tient une mosquée très bien restaurée. Édifiée au XVIIe s. par le pacha Kara Moustafa, elle est couverte sur son seuil de trois coupoles. Des stèles funéraires de l'ancien cimetière ottoman se trouvent dans la cour.

À l'ouest

Prévoyez 1/2 j. **Carte**, p. 154-155.

En suivant la côte par la voie rapide (E75), en une quinzaine de kilomètres, on parvient au *nomos* de La Canée (Hania). La Canée est à 60 km, Hora Sfakion sur la côte S à 62 km. Ce petit détour dans l'arrière-pays que nous vous proposons permet de goûter à une autre Crète.

Kato Valsamonero

À 15 km au S-O de Rethimnon. Prenez la dir. d'Atsipoulo (5 km), village qui a gardé son architecture traditionnelle. Après Agios Andreas, tournez à dr.

La route offre de jolies vues sur la mer, les montagnes Blanches, le mont Ida. Ce village, dit le « plus ancien de Crète » fut un foyer actif de résistance contre les nazis, en particulier la grotte de Vassiles au S. Son église, dédiée à **Agios Ioanis**, contient des fresques bien conservées du XIVe s. relatant les scènes de la vie du Christ.

> *Rejoignez la route d'Episkopi (3 km). À **Episkopi**, belle percée sur la mer. Au S d'Episkopi, la route monte à Argiroupoli.*

***Autre itinéraire.** Depuis Episkopi, on peut continuer sur Kournas et son beau lac d'eau douce (p. 202), puis rejoindre la côte et Georgioupoli (p. 202), et revenir à Rethimnon par la voie express (comptez une 1/2 j.).*

Argiroupoli

6 km au S d'Episkopi. ♥ **Restaurant Le Vieux Moulin**, p. 247.

À l'époque minoenne, cette ville portait le nom de Lappa, dont le port était Georgioupoli. Arrêtez-vous pour voir le **moulin** en fonctionnement *(paleos milos)*, la **presse à huile**, la **roue pour le grain** et, en contrebas, une **église** construite sur un temple dédié à Poséidon, ainsi que le muret qui limite le champ, érigé avec des colonnes du temple et des chapiteaux. Sur la hauteur se tenait l'acropole. On y a découvert une **belle mosaïque** aux dessins géométriques de l'époque romaine *(en haut du village)*. Cette région riche et verdoyante, connue pour ses sources, avait ses moulins. On venait de Sfakia ou de Plakias pour faire moudre le grain et presser les olives. Une industrie locale y florissait : l'épaisse cape en laine de mouton des bergers y était confectionnée. Elle a perdu son dynamisme après la Seconde Guerre mondiale.

♥ Miriokefala

8 km au S d'Argiroupoli. **Fête** le 8 sept.

C'est un joli village de montagne. Dans le monastère, au centre du bourg, l'église byzantine consacrée à la Vierge contient des **fresques** restaurées.

À l'est

Prévoir 1/2 j. **Carte**, p. 154-155.

La route côtière révèle, dans les premiers kilomètres, les effets dévastateurs d'un tourisme de masse séduit par le soleil et les plages. Hôtels, discothèques se succèdent dans un dédale anarchique de constructions souvent sans goût. Cependant, à l'abri de cet environnement décevant, cachés derrière leurs fleurs, de très beaux hôtels se sont implantés, profitant de la longue plage de sable et de graviers. La voie express E75 qui relie Rethimnon à Heraklion *(78 km)* est préférable. Cette route panoramique, qui longe en partie la côte, passe par Panormos et Bali. Une incursion dans le village de **Maroulas** *(p. 169)* permet de dominer toute la côte.

Panormos

À 22 km à l'E de Rethimnon ; 55 km à l'O d'Heraklion. **Bonnes adresses**, p. 248.

Le petit port de Panormos assurait à la fin du XIXe s. et au début du XXe s. les échanges commerciaux de Rethimnon. On y a retrouvé les **ruines** de l'une des plus importantes basiliques répertoriées en Crète (datée du Ve s.), témoignage d'une longue histoire *(à 500 m au N-O du village)*. Son sol était recouvert de mosaïque. Ce lieu de villégiature, qui connaît un beau développement touristique, reste agréable ; la plage est protégée par une digue. De vieilles maisons de caractère se cachent au cœur du village ; certaines datent de l'époque vénitienne.

Bali

À 31 km à l'E de Rethimnon ; 9 km à l'E de Panormos.

De ce modeste village de pêcheurs tapi au fond d'une crique et apprécié pour ses petites plages protégées, il ne reste plus grand chose. Beaucoup d'hôtels et de pensions s'accrochent à la côte rocheuse. La circulation y est souvent difficile.. ◆

© Hassan Bensliman/shutterstock

itinéraire 16

Vers la grotte de l'Ida**

programme

Comptez une journée pour découvrir cette région montagneuse, avec ses jolis villages et ses grottes. Les distances ne sont pas importantes, mais la vitesse est très réduite sur des routes de montagne pas toujours bien entretenues.

à ne pas manquer

Nature : le plateau de Nida et la grotte de l'Ida *(p. 164)*.

Avec des enfants : la grotte de Sfedoni *(p. 163)*.

Randonnées : découvrez la rando qu'il vous faut dans les Journées de rêve *(p. 166-167)*.

Curiosités : en quittant la grotte d'Ida, prenez le petit chemin qui va vers le N-E ; vue splendide sur le plateau. On voit aussi deux énormes pierres plates : sur l'une d'elles subsistent des empreintes de pieds creusées dans la roche, les bases d'une statue ; l'autre pierre était utilisée comme autel à l'époque hellénistique.

côté pratique

Transports publics : les villages sont accessibles en bus ; mais sachez que la grotte de l'Ida se rejoint à pied depuis Anogia.

Départ : Rethimnon.

Carte du département : p. 154-155. **Bonnes adresses :** p. 246.

◄ Sur le chemin de la grotte de l'Ida, non loin de laquelle Zeus aurait grandit...

La vieille route d'Heraklion, située à l'E de Rethimnon, s'enfonce dans l'arrière-pays au bout d'une quinzaine de kilomètres. Longue et sinueuse, elle permet de découvrir de beaux paysages de montagne, d'accéder à des villages aux traditions ancestrales, ou à des grottes dont celle, fameuse et mythologique, de l'Ida.

La grotte de Melidoni

À 38 km à l'E de Rethimnon ; 4 km à l'E de Perama, d'où part la route pour la grotte. Un chemin fléché conduit à la grotte depuis le village (30 min à pied ; accès possible en voiture). Ouv. de 9 h à 20 h. Entrée payante.

Cette vaste grotte est liée à la mythologie et à l'histoire grecque : **Talos** le géant, fils d'**Héphaïstos**, dieu du Feu, dieu forgeron, s'y serait installé, surveillant et protégeant ainsi les côtes de Crète.

Lieu de culte à l'époque minoenne, la grotte fut en 1823 le théâtre d'une tragédie encore présente à la mémoire de tous les Crétois : pour réprimer une insurrection, l'armée turque alluma des feux devant l'entrée de la grotte où s'étaient réfugiés les Crétois. Quelque 370 personnes, des femmes et des enfants surtout, périrent asphyxiés.

La grotte est d'une taille impressionnante : 140 m de long ; elle contient six chambres avec un nombre considérable de stalactites et de stalagmites.

Axos

À 20 km au S-E de Perama. De retour à Perama, continuez sur la route d'Heraklion vers **Agia**, village traditionnel. Prenez la dir. de Garazo. **Bonnes adresses**, p. 248.

La ville, importante à l'époque dorienne, n'est plus qu'un village comprenant, sur la g. à l'entrée, deux petites églises byzantines : **Agia Irini**, d'une très belle architecture (XIVe s.), et **Agios Ioanis**, en haut du village, qui contient de fort belles fresques (XIVe s.-XVe s.). L'artisanat y est devenu une activité importante. La **boutique** d'Evangelos Patelaros *(avant la place à g.)*, propose de beaux tapis fabriqués sous vos yeux, en laine d'excellente qualité.

Zoniana et la grotte de Sfedoni★★

À 5 km au S-O d'Axos, 42 km de Rethimnon, 43 km d'Heraklion. ☎ 28340-61734, www.zoniana.gr. Grotte ouv. de 10 h 30 à 17 h d'avr. à oct., de 10 h 30 à 14 h 30 le sam. et dim. de nov. à avr. Entrée payante. Accès en contrebas de la cafétéria. Visite accompagnée d'un guide ; explications en anglais, feuille en français. Durée de la visite : 35 min.

Zoniana est un gros village cossu à 630 m d'altitude qui mérite le détour. À 1 km du village s'ouvre la **grotte de Sfedoni**, appelée aussi **Sentoni**, la plus grande et la plus impressionnante de Crète, avec 140 m de long, plus de 3 300 m² de superficie et quatorze chambres.

Des passerelles sont aménagées sur une longueur de 270 m et la mise en scène du parcours par des éclairages colorés en fait un spectacle étonnant. On découvre comment, depuis des milliers d'années, se sont formées cavités, stalactites et stalagmites, aux formes et aux couleurs surprenantes. Une vie animale souvent microscopique se développe dans ce vaste espace sombre et humide.

▶ Le Mont Psiloritis (Ida) enneigé, vu du sud.

Anogia★

⇢ À 8 km au S-E d'Axos ; 52 km à l'E de Rethimnon ; 30 km au S-O d'Heraklion (plusieurs liaisons en **bus** quotidiennes, depuis la gare routière A). **Bonnes adresses**, p. 247.

Nid de résistance pendant la Seconde Guerre mondiale, le village d'Anogia fut rasé, par représailles, par l'occupant. Aujourd'hui reconstruit, il s'étale à flanc de montagne, à 800 m d'altitude, et reste un point d'attraction original, réputé pour son **artisanat** : travaux d'aiguille, tissages aux couleurs vives, que les femmes sont heureuses d'exposer et soucieuses de vendre.

la famille Skoula. Il faut s'asseoir au ♦ ***kafenion* tenu par Michali Skoula** sur la place Syntagmatos, en bas du village, pour retrouver les Crétois, chemise noire, pantalon noir serré en bas, bottes et bâton de berger, foulard autour de la tête, et humer l'ambiance. Dans un petit musée à proximité de la place sont exposées les **peintures et sculptures** de son père, un berger, peintre de génie, décédé dans les années 1990 à l'âge de 92 ans, dont la vocation artistique s'était révélée sur le tard. Sa représentation naïve de la vie crétoise et son évocation des événements marquants du village, « le village en feu en 1944 » ou « les Crétois résistants », méritent un détour. On écoute aussi le son de la ***lyra*** jouée par un frère Skoula.

Le plateau de Nida et la grotte de l'Ida★★

⇢ **En voiture :** par une belle et large route panoramique qui part du haut du village d'Anogia (pancarte « Ideon Antron, 22 km »), et qui rejoint le haut plateau de Nida. **À pied :** d'Anogia en 4 ou 5 h.

La grotte de l'Ida (1 540 m) s'ouvre sur le plateau de Nida (1 370 m). Ce serait dans cette grotte que Zeus aurait grandi *(ci-après)* – une concurrence directe avec la grotte du mont Dicté (la grotte de Zeus *p. 132)* ! De là, les amateurs de montagne peuvent envisager une excursion pédestre au Psiloritis (2 456 m) ou à la grotte de Kamares *(p. 115)*, également accessible par le S.

Avec ses aplombs sur la vallée, la route panoramique grimpe vite et le regard embrasse les hautes montagnes crétoises sur une vaste étendue. À mi-chemin, sur la dr., **Zomintos** est un champ de fouilles minoennes. La route redescend enfin sur le plateau de Nida.

La station de sports d'hiver

⇢ À l'angle N-O du plateau part une piste (2 km) qui s'achève en cul-de-sac.

La route mène à la « station de sports d'hiver » dont Anogia s'enorgueillit. Il est vrai qu'en hiver la neige est au rendez-vous, mais les installations y sont toutefois modestes et rudimentaires.

et ensuite ? La route du plateau s'arrête à l'unique **taverne** *(rés. uniquement pour les groupes ; possibilité d'hébergement, voir Anogia p. 247)*. Elle devrait un jour se prolonger vers le S et permettre de redescendre sur Vorizia.

La grotte de l'Ida**

Au-dessus de la taverne (1 km par la piste de dr.). L'entrée est protégée, mais il est possible qu'un gardien, l'été, permette d'en découvrir une partie (ouv. de 9 h à 15 h). Attention : ça glisse et il y fait froid.

Plusieurs fois explorée depuis un siècle par des archéologues, la grotte de l'Ida est encore soumise à une fouille systématique.

Les objets trouvés (trépieds, statues de bronze et d'argile, sceaux, ossements) ont révélé que cette grotte était le principal sanctuaire de la Crète centrale utilisé dans l'Antiquité, dès l'époque néolithique. Elle fut particulièrement visitée aux époques hellénistique et romaine : des milliers de lampes à huile de l'époque romaine l'attestent. Elle perdit son caractère sacré au IVe s. apr. J.-C., à l'époque chrétienne.

Les couches supérieures de terre actuellement étudiées livrent les secrets de son histoire la plus proche. Il faudra encore beaucoup creuser pour savoir ce que la strate révélera des Minoens ! Sur un petit morceau d'argile, on a déchiffré cette inscription (IIIe s. av. J.-C.) : « À Zeus de l'Ida, Astir fils d'Alexandre. » Si cette grotte est celle du **culte de Zeus** (qui y serait né), dieu crétois de la Fertilité, des quatre saisons, qui mourait et renaissait chaque année, il y a fort à parier que la naissance de Zeus, les danses rituelles des Courètes, le vacarme de leurs boucliers, tels que les décrivent les récits mythologiques, auront laissé une trace matérielle dans cette terre enfouie au fond de l'antre sacrée depuis des millénaires… *(Voir p. 32.)*

À l'entrée de la grotte, on peut voir un très gros rocher dont la partie supérieure était une **table d'offrandes**. ◆

journées de rêve

La rando qu'il vous faut

Pratique

La Crète autrement ! : Bureau à Spili, sur la route principale ☎ 69497-84204, www.la-crete-autrement.com (adresse postale : Villa Amalthée, 74053 Lampini – Rethymno).

The Happy Walker : 56, rue Tombazi **B2** ☎ 28310-52920, www.happywalker.com, ouv. t.l.j. sf sam. de 17h à 20h30.

Olympic Bike Travel : 32, Adelianos Kampos, à 7 km à l'E de Rethimnon ☎ 28310-72383, www.olympicbike.com.

EOS, Club alpin hellénique : 12, rue Dimokratias **B3**, dans l'ancienne gare routière ☎ 28310-57766, ouv. le mar. de 21h à 23h.

La région de Rethimnon offre un large panel de programmes originaux : randonnées à thème, à pied ou en VTT. Pour des journées hors du commun.

Balade thématique

La Crète autrement ! est une agence à taille humaine avec des acteurs créatifs soucieux de promouvoir un tourisme responsable et équitable. On peut ainsi « découvrir la Crète un crayon à la main » à travers des cours de théâtre, participer à une approche de la mythologie crétoise et de ses histoires de village, faire la route des vins crétois, parcourir l'île à pied, en moto, en voiture avec un carnet de route personnalisé, s'arrêter dans des chambres d'hôtes authentiques et des tavernes traditionnelles...

De village en village

Partez à la découverte de jolis villages avec **The Happy Walker** : des gorges de Prassano ou de Mili *(p. 170)*, des alentours d'Arkadi *(p. 169)* ou de Margarites *(p. 170)*... Un repas traditionnel vous sera proposé en route. Un bon programme.

Un peu de VTT?

Pour les adeptes du VTT, **Olympic Bike Travel** organise de superbes balades de 30 à 40 km (avec beaucoup de descentes !). Location du VTT incluse.

La gorge de Kourtaliotiko.

De la route Rethimnon-Spili, prenez, 3 km avant Spili, la dir. de Moni Preveli. Le départ de la randonnée se trouve à 4 km en amont du monastère de Preveli, au pont. Arrêtez-vous à la pancarte « Kurtaliotiko Ravine » pour le point de vue : un escalier de deux cents marches descend au fond de la gorge (l'escalier de g.). Un torrent, dans lequel des sources se jettent en cascade, s'engage dans un petit canyon : joli coin de fraîcheur quand la Crète est accablée de chaleur. C'est aussi un lieu de pèlerinage : les Crétois viennent se recueillir dans la petite église dédiée à saint Nicolas. La randonnée commence dans la partie basse de la gorge. Le sentier, bien visible, part du joli pont (XIXe s.) situé avant le monastère de Saint-Jean-Baptiste (en restauration) sur la route qui descend à Moni Preveli. Cette agréable promenade de 2 h env., souvent dans le lit de la rivière, mène jusqu'à la plage de Preveli (Palm Beach, p. 178).

→ *Voir aussi la rubrique « Excursions » p. 252-253 et* ***EOS, Club alpin hellénique*** *(p. 166 et p. 285-286) ; rens. sur les randonnées et les refuges.* ◆

▼ La spectaculaire baie d'Agios Pavlos.

itinéraire 17

L'arrière-pays★★

programme

Ces trois excursions au départ de Rethimnon séduiront les amateurs d'églises byzantines et les randonneurs de tout niveau. Comptez 1/2 j. pour chaque balade. Toutefois, en flânant, la journée passe vite !

à ne pas manquer

Patrimoine : le monastère d'Arkadi *(p. 169)*.

Randonnée : la ♥ gorge des Moulins *(p. 170)*, la gorge de Patsos *(p. 171)*. Renseignez-vous sur place avant de partir.

côté pratique

Transport : bus A/R pour Arkadi.

Départ : Rethimnon.

Carte du département : p.154-155. **Bonnes adresses :** p. 246.

◀ Le monastère d'Arkadi est un ouvrage vénitien datant de 1538. Son église à deux nefs a très peu souffert des destructions turques.

Dans le proche arrière-pays de Rethimnon se trouve Moni Arkadi, qui à lui seul évoque la résistance acharnée que les Crétois opposèrent aux Turcs. Les amateurs d'églises byzantines et les randonneurs trouveront plaisir à découvrir Khromonastiri et la gorge des Moulins et, s'ils ont un véhicule et un peu plus de temps, la vallée d'Amari. Ces trois excursions indépendantes peuvent aussi se combiner.

Vers Moni Arkadi★★★

···> Quittez Rethimnon vers Heraklion; après env. 5 km, à Platanias, tournez à dr.

Moni Arkadi est plus qu'un joli monastère bien situé sur la hauteur dans un beau site naturel. Il symbolise pour les Crétois la résistance à l'oppression ottomane et la lutte pour la liberté.

Maroulas

···> A 12 km S-E de Rethimnon; 6 km S de Platanias (faites un léger détour par rapport à la route directe).

Ce très joli village de l'arrière-pays, avec sa vue magnifique sur la plaine côtière, fut apprécié des Vénitiens qui y ont construit leurs *palazzi*. En se promenant dans les ruelles, on retrouve une belle tour carrée, des portails en arche, des maisons, souvent restaurées, avec des voûtes.

Moni Arkadi★★★

···> À 25 km au S-E de Rethimnon. ☎ 28310-83136. Ouv. de 9 h à 19 h, horaires réduits hors saison. Entrée payante. **Restauration** rapide et **boutique** dans l'enceinte du monastère.

La route traverse une région d'oliviers et monte jusqu'au plateau où se dresse le monastère d'Arkadi. Sa glorieuse histoire en a fait le haut lieu du patriotisme crétois, célébré chaque année le 9 **novembre**. Moni Arkadi n'évoque pas seulement une époque, mais un esprit, marqué par le refus de toute ingérence étrangère. En 1866, lors d'une violente insurrection, un millier de personnes, en majorité des femmes et des enfants, s'étaient retranchées dans le monastère pour échapper à l'armée turque. Après deux jours d'un combat inégal, la cause étant perdue, l'higoumène Gabriel mit le feu aux poudrières, choisissant la mort pour tous plutôt que la reddition.

L'extérieur du monastère est impressionnant et froid, mais l'église à deux nefs, au milieu de la grande cour intérieure, surprend par l'élégance de sa **façade Renaissance**. Sur la dr., un escalier conduit au petit **musée** qui commémore l'histoire d'Arkadi. Dans l'aile N se trouvent le réfectoire, le four et l'emplacement des poudrières. Les bâtiments sont en grande partie restaurés. Le monastère est habité l'été par des moines qui vaquent aux travaux des champs.

*> Depuis Arkadi, une très belle route descend vers le S et la province d'***Amari** *(p. 171). Une autre route, sinueuse, parsemée de chapelles et de villages comme Eleftherna, puis Margarites, offre de jolis paysages verdoyants au milieu des oliviers et des caroubiers.*

Eleftherna

···> A 8 km d'Arkadi.

Eleftherna et **Archea Eleftherna** sont deux villages qui racontent l'histoire de la Crète. Eleftherna, fondé par les Minoens, connut un large essor sous les Doriens (Ier s. av. J.-C.). La ville fut ensuite occupée par les Romains, puis habitée par les Byzantins avant de péricliter sous l'occupation arabe (IXe s.).

Il est passionnant de marcher sur les traces de cette histoire.

Au centre du village, un plan indique tous les sites des époques dorienne et romaine à visiter : l'acropole, les restes d'une **tour** d'un mur d'enceinte de l'époque romaine et, derrière la tour et au-delà, les **citernes**.

À la sortie E d'Archea Eleftherna, une piste conduit aux champs de fouille de la **ville antique**, que l'on découvre derrière la clôture qui entoure le site ; elle passe près d'une jolie petite église byzantine, **Sotiras Christos**, à plan en croix libre. La fresque du Pantocrator dans la coupole laisse penser que l'église date du XIIe s.

Margarites

···> A 10 km au N-E d'Eleftherna ; à 28 km au S-E de Rethimnon (3 km avant Perama ; route pour Margarites, 4 km).

Margarites est un village de **potiers**, dont les traditions remontent à la plus haute Antiquité. On y voit de grandes jarres *(pithoi)*, comme au temps des Minoens. L'**église Agios Ioannis o Theologos** date de 1383 et est ornée de fresques.

Vers la gorge des Moulins

···> Dès la sortie de Rethimnon, vous vous trouvez en pleine nature. À l'E de l'av. Kountouriotou, prenez la rue Theotokopoulou (pancarte « Agia Irini Nunnery ») ; passez sous la voie rapide, longez une petite forêt puis passez le village de Mikra Anogia.

Le vieux **monastère d'Agia Irini**, comme une forteresse sur un piton rocheux, fut souvent détruit, mais toujours rebâti. Il est habité par quelques sœurs qui s'appliquent à garder vivant un savoir-faire précieux en matière de travaux d'aiguille, de broderies, de tissages. Exposition permanente de leurs ouvrages ; belle vue sur les environs.

Une pause déjeuner ? Après Rousospiti, prenez à dr. la dir. de Mili. À quelques pas, la **taverne** de la gorge des Moulins offre une pause agréable pour manger un morceau.

Khromonastiri. *À 11 km au S-E de Rethimnon.* Dans ce beau village à deux pas de Mili on retrouve la trace d'édifices de l'époque vénitienne dont un magnifique *palazzo*, la **villa Clodio**, aujourd'hui restaurée, qui abrite un **musée de l'Armée de terre**. Le village compte aussi deux des plus vieilles églises byzantines de l'île, à la fois représentatives de l'époque et originales. La **Panagia Kera** *(au-dessus du village, à 20 min de marche)* est d'une architecture complexe, construite en plusieurs étapes ; on peut voir des restes fragmentaires de fresques du XIe s. (dans le chœur) et du XIVe s. (dans la coupole). L'autre église, **Agios Eftychios** *(à 30 min de marche : en regardant l'entrée du village, prenez à g. le chemin et, au premier embranchement, restez à g.)* est remarquable par son architecture, avec sa jolie coupole à tambour perdue dans une végétation dense. Construite sur le plan d'une basilique à trois nefs, en forme de croix, elle daterait de la fin du Xe s. Fresques bien conservées mais il faut déjà se procurer la clé pour entrer !

♥ **Randonnée dans la gorge des Moulins.** *Accès en **bus** de Rethimnon dir. Khromonastiri : descendez au pied du village de Mili ; quelques mètres plus bas, à g., à la pancarte « Watermills Valley. Myli », prenez le chemin caillouteux qui mène, de l'autre côté de la vallée, à un village abandonné, où se trouve une petite **taverne** sympathique. Comptez 1 h 30 de marche en descente. Pour remonter la gorge, partez du village Xiro Horio.*

À seulement quelques kilomètres de Rethimnon, la **rivière de Mili**, alimentée par de nombreuses sources, dévalait autrefois la montagne, se faufilant dans une étroite vallée verdoyante connue pour ses **moulins** établis dès le Moyen Âge, aujourd'hui témoins des activités d'antan. La promenade sur le chemin qui longe la rivière se parcourt dans un calme royal ; la végétation y est luxuriante : arbres magnifiques, fruits sauvages, flore colorée et nombreux oiseaux. On suit le lit de la rivière. À voir : les ruines des moulins, mais aussi celles de deux villages, **Mili-le-Haut** et **Mili-le-Bas**, et celles de la maison vénitienne du collecteur d'impôts sur la farine produite et le pain. On peut poursuivre ainsi jusqu'à la mer *(à Perivolia, bus pour Rethimnon)*.

La province d'Amari★★

···> Quittez Rethimnon par la sortie E et prenez, à env. 3 km à dr., la dir. d'Apostoli.

La province d'Amari, enclavée entre les monts Ida et Kedros (1 777 m), offre de bonnes possibilités de randonnées dans des paysages attrayants avec de nombreuses petites églises et chapelles byzantines, pour la plupart ornées de fresques.

9 **la gorge de Patsos.** Avant Apostoli en venant de Rethimnon, prenez à dr. la dir. de Voleones. Passez devant la jolie petite église byzantine de Pandanasa, où l'on s'engage à g. vers **Patsos.** Patsos est un village sympathique avec ses *kafenions* et ses sources. À 1 km à la sortie du village, à dr. (pancarte « Pros Agios Andonios »), une piste carrossable conduit en haut de la gorge (suivez la flèche bleue). Passez la grille (pensez à la refermer derrière vous) et continuez jusqu'à un parking, point de départ de la randonnée. Un chemin mène à la **grotte d'Agios Andonios**, où une église a été aménagée dans la roche. C'est un lieu de pèlerinage (**fête de saint Antoine** le 17 janv.). On entre ensuite dans la gorge ; le chemin est fléché, souvent aménagé de marches de bois. La nature est magnifique. Attention toutefois quand le chemin connaît un fort dénivelé et plonge vers le fond de la gorge (pas de parapets) ; seuls les marcheurs avisés et très sportifs peuvent continuer la descente et rejoindre la route d'Apostoli *(3 h de marche env.)*. Les autres seront prudents et rebrousseront chemin.

Vers Apostoli

···> À 30 km au S-E de Rethimnon.

La route suit une gorge étroite, sauvage et déserte. À **Apostoli** s'ouvre une large et verdoyante vallée aux jolis villages blancs suspendus à flancs de montagnes ; au cimetière du village, l'**église Agios Nikolaos**, basilique à une nef contient des fresques du XIVe s.

À la sortie du village, une route à dr. mène à **Gena** ; la petite chapelle byzantine Agios Fanourios, située en dehors de l'agglomération, est dotée des fresques du XIVe s.

> *Revenez sur la route d'Apostoli.*

Thronos et Kalogeros

···> À 3 km après Apostoli, une route part sur la g. et monte à Thronos (2 km), situé sur l'antique Syvritos. **Randonnée**, voir ci-dessous.

Au milieu de ce village paisible, à dr., s'élève la **Panagia**, une chapelle construite sur une partie des fondations d'une basilique paléochrétienne à trois nefs, dont on distingue les absides en demi-cercle et des restes du pavement en mosaïque. L'église *(clé au* kafenion*)* est entièrement recouverte de fresques du XIVe s. Bien qu'elles soient sombres, on apprécie leur qualité d'exécution ; les plus anciennes sont dans le chœur.

Du village suivant, **Kalogeros**, on peut marcher une bonne demi-heure jusqu'à la petite chapelle d'**Agios Ioanis** *(demandez la clé et le chemin au village)*. Elle comprend quelques belles fresques, avec en particulier les visages très expressifs du Pantocrator dans le chœur, des quatre évangélistes et de saint Jean (fête le 29 août).

17 itinéraire

marcher autour de Thronos. Les randonneurs peuvent entreprendre de belles marches dans la province d'Amari. Celle de Thronos au monastère d'Arkadi, en passant par Klisidi, se fait en 2 ou 3 h. On peut aussi envisager, au départ de Thronos, l'ascension du **Psiloritis** (2 456 m) par l'O et continuer sur Anogia ou Kamares *(p. 164 et p. 115)*. Départ possible aussi de Fourfouras. Rens. auprès du Club alpin EOS de Rethimnon *(p. 166)*.

De Kalogeros à Amari

De Kalogeros, poursuivez jusqu'à Assomatos (2 km). Là, plusieurs itinéraires possibles : si vous avez beaucoup de temps, faites la grande boucle par Fourfouras et Nithavris et remontez sur Apostoli par Ano Meros, Gerakari et Meronas. Cette route permet aussi de gagner Platanos (52 km), Kamares (60 km) ou de retrouver la côte S à Agia Galini (70 km).

Monastiraki. *À 3 km au S d'Assomatos.* En haut du village de Monastiraki se trouve la chapelle d'**Agios Giorgos** ; laissez votre véhicule sur la place à g., avant la sortie du village et prenez la ruelle qui descend vers le S, puis la première à dr. qui monte à cette petite église. La fresque du mur O est abîmée, mais le haut est lisible et original : couleurs claires et nombreux personnages. Dans le chœur, celles de la Vierge et Jésus sont en parfait état.

Amari. *À 2 km à l'O de Monastiraki.* Ce gros bourg est le chef-lieu de la région. Pour voir la petite **église Agia Anna**, engagez-vous, avant la pancarte indiquant l'entrée du village, sur le chemin à dr. *(15 min de marche)*. Elle apparaît juste après un grand virage : jolis détails d'architecture (arcades de la façade N) et fragments de fresques, datées de 1225, originales dans leur conception. Du haut du village part une route qui permet de rejoindre Apostoli sans revenir sur ses pas. À la première fourche, la route de g. va vers **Vrises**, celle de dr. à **Meronas.** La région est un magnifique verger : pommiers, abricotiers, pêchers...

► La fontaine vénitienne de Spili compte vingt-quatre bouches, d'où jaillit une excellente eau de source. Parmi elles, dix-neuf arborent le lion de Saint-Marc, emblème de la république de Venise.

Meronas

À 3 km au N-O d'Amari ; 34 km au S-E de Rethimnon. **Bonnes adresses**, p. 240.

L'**église de la Panagia**, au cœur du village de Meronas, à dr., mérite une visite *(clé chez le pope)*. Elle est construite sur le plan presque carré d'une basilique à trois nefs. La nef centrale et celle du N sont les parties les plus anciennes (vers 1300). La nef S, avec son élégant portail, date de l'époque vénitienne ; notez à l'extérieur les détails d'architecture du chœur et les ouvertures sculptées dans la pierre. Cette église est ornée de très belles fresques restaurées, difficiles à dater, et contient quelques icônes anciennes.

L'**église Agios Nikolaos** à une nef, aujourd'hui restaurée, a gardé des fresques du XIIIe s.

Gerakari

À 4 km au S-O de Meronas ; 38 km au S-E de Rethimnon.

Gerakari est réputé pour ses cerises. L'église dédiée à saint Jean, **Agios Ioanis** (XIIIe s.), possède des fresques intéressantes. C'est aussi un bon départ d'excursions pour grimper au **mont Kedros** (1 777 m), ou rattraper à pied la vallée parallèle de Spili. À **Elenes**, en contrebas de la route, s'élève une chapelle à deux nefs, **Agios Nikolaos** (belles fresques du XIIIe s.).

> De Gerakari, une magnifique route panoramique avec de belles vues sur toute la région conduit à Spili (p. 174). ◆

itinéraire 18

De Rethimnon à Agia Galini*

programme

Vous empruntez une jolie route jusqu'au village de Spili dans la montagne, point de départ de randonnées. À Agia Galini, port de la côte S qui s'ouvre sur la baie de la Messara, il est agréable d'y passer pour sa plage, manger en bord de mer, se promener dans ses ruelles animées, et d'y rester une nuit. Comptez 1 journée pour profiter de la côte S et des plages.

à ne pas manquer

Archéologie : la nécropole d'Arméni *(p. 174)*.

Randonnée : nombreuses possibilités au départ de Spili, renseignez-vous toujours sur place avant de partir *(p. 174)*.

côté pratique

Départ : de Rethimnon.

Carte du département : p. 154-155. **Bonnes adresses :** p. 246

Une belle route asphaltée qui descend vers le S-E permet de se rendre, en 2 h, dans la plaine de la Messara et sur les sites archéologiques de Gortis *(p. 102)* et de Festos *(p. 104)*. Au retour, vous pouvez rejoindre, la province d'Amari *(p. 171)* en prenant la route de Fourfouras, puis Klisidi, et remonter sur Arkadi. Cette route était empruntée par les agents britanniques et les résistants crétois pendant l'occupation nazie.

18 itinéraire

La nécropole d'Armeni*

À 10 km au S de Rethimnon. 1 km avant le village d'Armeni, une pancarte signale à dr. « Late Minoan Cemetery of Armenou ». Ouv. t.l.j. sf lun., de 8 h 30 à 15 h. Entrée libre.

Quelque deux cents tombes creusées dans la roche et datées de 1300 à 1150 av. J.-C. ont déjà été mises au jour dans la forêt de petits chênes avoisinante. Beaucoup avaient été pillées ; les archéologues ont toutefois retrouvé des sarcophages, des poteries, des sceaux et des bijoux ; certaines pièces sont exposées au Musée archéologique de Rethimnon *(p. 160)*.

Spili* et ses environs

À 21 km au S-E d'Armeni ; 30 km au S-E de Rethimnon. **Bonnes adresses**, p. 254. **Randonnée**, voir ci-contre.

Spili est un gros bourg construit autour de sa fontaine datant de l'époque vénitienne ; une excellente eau de source jaillit en vingt-quatre bouches dont dix-neuf arborent une tête de lion. C'est un bon point d'attache pour les amateurs de marche, de flore et pour les spéléologues attirés par les nombreuses grottes des alentours. À la résidence du métropolite, on vous confiera les clés des églises byzantines que vous pouvez visiter. Tout le monde dans le village vous indiquera le chemin de la résidence. De jolis villages proches de Spili, peu fréquentés, sont aussi à découvrir : **Lambrini**, au N-O, et son église dédiée à la Vierge et décorée de fresques ; **Karines** ; puis **Patsos**, avec le départ d'une belle randonnée dans la gorge du même nom *(p. 171)*. Il est enfin facile de rejoindre par Gerakari la province d'Amari.

Un chemin, qui part à g. de la fontaine située au centre du village de Spili, traverse une gorge et débouche sur un plateau. Comptez 1 h de marche, le temps d'observer les fleurs et les plantes aromatiques et peut-être d'approcher des oiseaux. Pensez à prendre des jumelles.

Kisos

À 6 km au S-E de Spili ; 36 km au S-E de Rethimnon. À 6 km de Spili, en quittant la route principale.

Le détour par Kisos permet de sortir des sentiers battus. Ce village paisible et sans prétention compte plusieurs églises byzantines : la **Panagia**, en haut du village, avec un campanile vénitien et des fresques de moindre beauté, **Agios Pnevma** (Saint-Esprit), en dehors du village, et, vers l'O, **Agios Ioanis**, dédiée à saint Jean le Théologue (fête le 26 sept.).

Agia Galini*

À 20 km au S-E de Kisos ; 62 km au S-E de Rethimnon. **Bonnes adresses**, p. 246.

Agia Galini est un petit port devenu très touristique. Hôtels et pensions se succèdent à flanc de colline parcourue d'escaliers qui dévalent jusqu'à la mer. La place et les ruelles qui donnent sur le port s'animent le soir : les tavernes prennent possession de l'espace public. Agia Galini a perdu de son charme naturel, mais reste encore séduisant.

> *Possibilité d'enchaîner sur l'itinéraire n° 19 (p. 175) pour découvrir la côte S.* ◆

© Sakis Poulakis/Hoa-Qui

itinéraire 19

La côte sud★★

programme pour une journée

Vous suivez, en dir. de Melambes, une route asphaltée qui offre de belles percées sur la mer avant d'entrer dans l'arrière-pays. De cette route partent des voies étroites qui descendent à la mer. Des bateaux d'excursion desservent ces plages au départ d'Agia Galini ou de Plakias. Comptez 1/2 j. ou 1 j. pour profiter des plages et randonner.

à ne pas manquer

Patrimoine : Moni Preveli *(p. 177)*.

Village de charme : ♥ Rodakino *(p. 179)*.

Plage : Palm Beach *(p. 178)* ; ♥ plage Polyrisos *(p. 179)*.

côté pratique

Départ : d'Agia Galini (à 62 km au S-E de Rethimnon ; *p. 174*).

Carte du département : p. 154-155. **Bonnes adresses :** p. 246.

▲ La longue plage de sable fin d'Agios Pavlos.

© Johanna Huber/Simeone/Photononstop

▶ Le site de Moni Preveli est une merveille. Le monastère est propice à la méditation dit-on.

Du port d'Agia Galini à la baie de Plakias, la côte est festonnée de plages, souvent peu fréquentées en raison des difficultés d'accès. Une excellente occasion pour s'offrir de belles promenades en bord de mer ! Moni Preveli bénéficie d'une magnifique situation sur la mer de Libye ; ce monastère est l'un des sites les plus visités de Crète.

Agios Georgios

⇢ à 7 km d'Agia Galini, suivez la dir. « Taverne Nikos ». **Bonnes adresses**, voir Agia Galini p. 246.

Agios Georgios est un endroit idéal pour qui cherche un coin calme, une taverne, avec juste la mer, la vue sur l'île de Paximadia et une petite plage de sable gris.

Agios Pavlos

⇢ À 25 km à l'O d'Agia Galini.

À 3 km après le village de Melambes, prenez la route à g. *(pancarte « Agios Pavlos 12 km »)*. La descente sur la mer est spectaculaire. La route se termine à Agios Pavlos, bien situé dans une petite baie protégée, encore très modeste et habité seulement l'été. Plage, quelques sympathiques tavernes. Au-dessus du village part vers l'O un chemin qui s'arrête sur une grande esplanade ; de là, on descend à pied jusqu'à une longue et belle plage de sable.

Les plages d'Akoumia, de Triopetra et de Ligres

⇢ D'Akoumia, à 10 km au S-E de Spili, une route mène à **Akoumia Beach** (10 km) et à **Triopetra Beach** (12 km ; taverne, p. 247).

Les plages qui suivent sont encore isolées, accessibles par la côte en bateau ou par la route. La longue plage de **Triopetra** *(1 km)*, accessible d'Akoumia, avec petits cailloux et sable gris, donne sur une baie fermée à l'E par trois îlots rocheux plantés dans la mer, une curiosité géologique.

La route de Kerames part de Kisou Kampos, avec de beaux paysages en corniche. Une longue route *(5 km)* descend de ce village jusqu'à la mer. On peut choisir la plage de galets, parfois de sable, **Ligres Beach**, ou les plages d'**Agia Fotini** et d'**Agia Irini** encore peu fréquentées *(une taverne)* car éloignées des agglomérations *(prévoyez eau, vivres et essence)*.

De **Drimiskos,** une piste praticable *(pour véhicules tout-terrain)* descend jusqu'à la mer et à la plage d'**Amoudi** d'où l'on accède à pied à la fameuse plage **Palm Beach** *(p. 178)* ou à la route de Moni Preveli *(8 km)*.

Moni Preveli★★★

À 8 km O de Drimiskos, 37 km au S de Rethimnon (voir aussi la gorge de Kourtaliotiko p. 167); 14 km au S-E de Plakias par Lefkogia. www.preveli.org. Du 25 mars au 31 mai, vis. t.l.j. de 9 h à 19 h; du 1er juin au 31 oct., t.l.j. de 9 h à 13 h 30 et de 15 h 30 à 18 h, dim. et j.f. de 8 h à 17 h. Tenue décente exigée; jupes et châles sont proposés aux dames qui ont jambes et épaules dénudées; les hommes ne sont pas acceptés en shorts. Fête au monastère le **14 sept.**; fête des Quatre-Évangélistes le **8 mai**.

Le **monastère** de Preveli s'étend sur un large espace; à env. 2 km avant d'atteindre la mer, à g. de la route, on aperçoit les bâtiments d'un premier monastère, aujourd'hui

Moni Preveli dans la Résistance

Dédié à saint Jean le Théologue, Moni Preveli fut un haut lieu de résistance contre les Turcs, puis contre les Allemands pendant la Seconde Guerre mondiale: une plaque commémorative rappelle l'héroïsme des moines qui prirent le risque de cacher les soldats des troupes alliées et permirent particulièrement aux soldats australiens et néo-zélandais de regagner la zone libre. Une fontaine, située après l'entrée à dr., leur a été offerte en remerciement. ◆

déserté, dédié à saint Jean Baptiste **(Kato Moni Preveli)**. On y trouvait une ferme et les divers ateliers d'artisanat liés au bon fonctionnement de ces établissements religieux. Le deuxième monastère **(Pisso Moni Preveli)**, dédié à saint Jean l'Évangéliste, fait face à la mer de Libye, dans un site exceptionnel qui confère à ce lieu saint pour les orthodoxes une beauté particulière, propice à la méditation. Souvent détruit, puis reconstruit, haut lieu de résistance sous l'occupation ottomane et la Seconde Guerre mondiale, il était désaffecté il y a encore peu de temps. Aujourd'hui restauré, il est redevenu un lieu de prière pour les moines qui l'occupent et qui l'ouvrent aux pèlerins et aux visiteurs.

Une grande terrasse s'ouvre au S sur la mer; elle est fermée par les bâtiments monastiques, dont l'architecture du XVIIe s. est fortement marquée d'influence vénitienne. L'**église**, au milieu de la cour intérieure, fut reconstruite sur l'emplacement de la précédente en 1836. Le **lustre** d'argent, apporté d'Istanbul et placé ici en 1845, pèse 30 kg. La croix en or et en argent sur une base de cristal *(face à l'entrée)* contiendrait un **morceau de la Croix du Christ**; elle est réputée pour son pouvoir de guérir les aveugles. L'**iconostase**, installée en 1836, est composée de quelques icônes anciennes provenant de la première église du monastère; sa porte date de 1750.

Un petit **musée**, dans le sous-sol, contient des icônes de la première moitié du XVIIe s. à la fin du XIXe s. et des objets liturgiques. Au S-O de la terrasse pousse un arbre magnifique: ceux qui lancent en son cœur une pièce de monnaie verront peut-être leur vœu exaucé…

Palm Beach*

···› Cette plage n'est accessible qu'à pied ou en bateau d'Agia Galini (p. 174) ou de Plakias. À 1,5 km avant le monastère de Preveli, prenez côté mer la petite route qui mène à un parking aménagé sur le plateau. De là part un chemin avec des marches, qui descend à la plage (15 min); la descente, avec de beaux surplombs, peut être éprouvante sous le soleil. (Voir aussi la randonnée de la gorge de Kourtaliotiko p. 166.)

C'est une plage de sable fin, à l'E de Moni Preveli, à l'arrivée de la gorge parcourue par une rivière qui se jette dans la mer. Le lit de cette rivière était bordé de palmiers, d'où le nom de la plage. Mais la célèbre palmeraie n'est plus, détruite par le feu. Et il faudra de nombreuses années pour retrouver le charme du lieu.

Un peu plus de 1 000 ha ont été détruits. Il reste toutefois la plage qui s'étire au fond de la baie bien protégée; les eaux y sont claires et fraîches, alimentées par l'eau douce de la rivière qui s'y jette. On la remonte en barque ou on suit le rivage. Même sans palmiers, le site reste prisé.

La plage d'Amoudi et Damnoni

···› De Moni Preveli, prenez la route du S en dir. de Plakias jusqu'à Lefkogia (6 km).

De là, une route descend à une superbe petite crique isolée, protégée par des falaises mais sans ombre ; la **plage de gravier fin d'Amoudi** et l'eau claire y sont agréables. La route s'ouvre sur l'agréable **baie de Damnoni** : longue plage de sable et tavernes à l'ombre des tamaris *(douches sur la plage, tous sports nautiques dont planche à voile ; beaucoup de vent)*. La baie est dominée à l'O par un grand complexe hôtelier.

Plakias

···> À 3 km au N-O de la baie de Damnoni ; 44 km au S-O de Rethimnon. Liaisons en **bus** avec Rethimnon, Agia Galini, Moni Preveli, Frangokastello et Hora Sfakion. **Bonnes adresses**, p. 249.

Continuez vers l'O jusqu'à Plakias. Ce petit village venteux, dominé par les montagnes, à l'ombre des tamaris, est situé au bord d'une large baie avec une très jolie plage. Les touristes l'apprécient pour la beauté du site, cadre qui invite à la détente.

détours. À pied, Mirthios se trouve à 1 h à pied par un chemin qui part du village. **Selia**, à 1 h 30 en suivant la piste qui part à l'O de Plakias : jolies plages de galets, petites criques isolées, ainsi que deux tavernes en bout de piste. **En voiture,** Plakias étant en cul-de-sac, il faut suivre la côte S, mais en remontant d'abord sur Mirthios qui domine toute la baie. Après Mirthios, laissez la route qui s'engage à dr. dans l'étroite **gorge de Kotsifou** et monte sur Rethimnon. Une belle route panoramique le long de la côte passe à Selia, puis à **Rodakino.** Elle suit la côte jusqu'à **Frangokastello** *(p. 206)* et **Hora Sfakion** *(p. 204)*.

♥ Rodakino (Kato Rodakino)

···> À env. 15 km au N-O de Plakias. **Bonnes adresses**, p. 254.

De ce vieux village de montagne, une route descend à la mer et à une plage de sable et de graviers gris très isolée, un site encore protégé. En longeant la côte vers l'O, on arrive à la ♥ **plage Polyrisos** de sable fin, dominée par des falaises ; un havre de paix pour sa simplicité et la beauté de la nature. ◆

19 itinéraire

La Canée
et son département

Hania (La Canea sous les Vénitiens, La Canée en français) désigne à la fois la ville et le département qui s'y rattache. La vieille ville, un des joyaux de l'ouest de la Crète, avec son charme très vénitien et de légers traits orientaux, qui était protégée par des murailles, contraste avec la ville moderne qui l'entoure, dynamique, commerçante, mais souvent étouffée par une circulation qui explose. C'est, bien sûr, la vieille ville qu'on aime visiter, mais ceux que la magie du lieu a touchés y restent ou y reviennent. Il faut s'asseoir à une terrasse dans le port vénitien pour apprécier l'harmonie de l'ensemble, puis se perdre dans les ruelles des quartiers qui l'entourent, le nez par terre ou en l'air pour retrouver toute l'histoire de la ville. Visiter le Musée archéologique et chiner dans le quartier, au marché ou dans la rue Skridlof, complètent agréablement la journée qu'on doit au moins lui consacrer.

Durée

Le voyageur pressé restera 2 j., pour voir La Canée (1 j.) et les gorges de Samaria (1 j.). Pour plus de 2 j. : suivez la côte S en bateau depuis Hora Sfakion avec un arrêt à Loutro (A/R dans la journée), ou aux plages de Sougia et Paleohora ; randonnez vers le lagon d'Elafonissi ou de Balos ; faites du VTT sur le plateau d'Omalos.

Cartes et plan

Département p. 182-183 ; La Canée p. 186-187.

Bonnes adresses p. 255

◄Les amoureux de nature chercheront les couleurs, senteurs et autres trésors qui se cachent dans l'ouest de l'île.

Le département de La Canée.

21. Les environs de La Canée p. 192
22. Les gorges de Samaria p. 196
23. À l'est de La Canée p. 199
24. À l'ouest de La Canée p. 207
MER DE CRÈTE
de La Canée
Stavros
Grotte de Katoliko
Moni Gouverneto
Koumares
Horafakia
Moni Agia Triada
Baie de Kalathas
Hordaki
Kalathas
Maravi
Kalorrouma
Presqu'île d'Akrotiri
Colline du Prophète-Élie
LA CANÉE (HANIA)
Kounoupidiana
Aéroport de Sternes
Platanias
Départ
Pithari
Agia Marina
plan p. 186
Sternes
Marathi
Galatos
Plage de Marathi
Vamvapoulos
Souda
Baie de Souda
Kirtomados
Mournies
E 75
Kalami
Nerokouros
Agia
Varipetro
Megali Horafia
Aptera
Kalives
Plaka
Kokkino Horio
Aletrouvari
Almirida
Kambia
Fournes
Armeni
Stilos
Doulania
Drapanos
Skines
Samonas
Plativolia
Kambi
Gavalohori
Neo Horio
Meskla
Kiriakoselia
Maheri
Vamos
Drakona
Thima
90
Rizinia
Therisso
Tsakistra
Ramni
Zourva
Nipos
Vrises
Mont Mavri
2 069
Tzitzifes
Georgioupoli
Vafes
Filipos
Maza
Mont Melindas
2 135
Embrosneros
Alikampos
E 75
Refuge de Kallergi
Mont Korda
1 612
Panagia
Mathes
Lac de Kournas
Xiloskalo
Mont Agriokefala
1 478
Kournas
Montagnes blanches
Samaria
Mont Pachnes
2 453
Plateau d'Askifos
Askifos
Gorges de Samaria
Asigonia
Imbros
Agios Ioanis
Gorge d'Imbros
Agia Roumeli
Aradena
Province de Skiafa
Panagia
Anopoli
Ano Rodakino
Patsianos
Livaniana
Kapsodassos
Komitades
Agia Paraskevi
Fenix
Loutro
Hora Sfakion
Skaloti
Argoules
Kato Rodakino
Frangokastello
MÉDITERRANÉE
Île de Gavdos
Département de Rethimnon p. 154
RETHIMNON, HERAKLION
PLAKIAS, AGIA GALINI, Plaine de la Messara

© Franck Guiziou/hemis.fr

itinéraire 20

♥ La Canée★★★ (Hania)

programme pour une journée

La Canée est une étape de charme. Il fait bon déambuler dans le quartier de Topanas ou sur le port, où l'empreinte vénitienne est encore tangible. Prévoyez 1 ou 2 j. pour visiter la vieille ville et ses principaux musées.

à ne pas manquer

Culture : le ♥ centre d'Art populaire traditionnel et de la Culture *(p. 188)* ; le Musée archéologique *(p. 190)* ; le ♥ Musée byzantin et postbyzantin *(p. 190)*.

Les quartiers : le port vénitien *(p. 185)* ; Topanas (p. 187) ; Kastelli *(p. 188)*.

côté pratique

Accès : à 58 km à l'O de Rethimnon ; à 142 km à l'O d'Heraklion. Liaisons en bus avec Rethimnon, Omalos, Paleohora, Hora Sfakion, Kasteli (Kissamos), Falassarna, Khrissoskalitissas, Heraklion.

Accès depuis Athènes : La Canée est reliée au continent par bateau, au départ du port naturel de Souda (5 km à l'E). Bus réguliers pour Souda de la place du marché B2. Liaison avec Le Pirée tous les soirs. Aéroport sur l'Akrotiri.

Conseil : il est difficile de circuler et de stationner dans la ville de La Canée. Évitez de vous déplacer en voiture dans le centre historique, qui se parcourt très bien à pied. Parking public et payant rue El. Venizelou (face au stade) **B2**. Parking gratuit à l'O du port, à l'extérieur de la forteresse **A1**. Certains hôtels ont un parking : Minoa, Porto Veneziano. Parcmètres à pièces en ville ; durée maximale de stationnement : 2 h.

Plan de la ville : *p. 186-187*. **Bonnes adresses :** *p. 260*.

◄ La vieille ville vue du bastion Ciavo.

Le département de la Canée, en grande partie encore inexploré, recèle des merveilles naturelles ou d'intérêt historique, mais l'imposant massif des Montagnes-Blanches en rend l'accès souvent difficile.

La Canée (ou Hania, ne pas prononcer Chania, malgré l'orthographe germanisante adoptée sur certaines cartes), ville de 60 000 hab., a perdu son titre de capitale de l'île en 1971 au profit d'Heraklion. De l'antique Kydonia, sur laquelle est construite la ville, on ne voit plus rien. Mais des fouilles ont révélé qu'à l'époque minoenne le site était déjà occupé, et donc l'O de l'île était civilisé. En 1252, les Vénitiens s'y installent et construisent une muraille de protection ; face à la menace ottomane, ils renforcent le dispositif au milieu du XVIe s. En 1645, la ville est finalement conquise par les Ottomans ; elle restera sous leur domination jusqu'à l'indépendance de la Crète en 1898 *(p. 40)*.

Depuis un siècle environ, la ville s'est étendue au-delà des remparts vénitiens. Bien desservie par un port, un aéroport et un bon réseau d'autocars, elle est à juste titre, et pour un nombre croissant de touristes, l'étape de charme d'un voyage en Crète.

Visite de la vieille ville

La vieille ville de La Canée s'ordonne autour du petit port. Les Vénitiens en dessinèrent le profil à partir de 1252 et l'appelèrent Canea. Elle s'articule en demi-cercle, en cinq quartiers distincts. **Kastelli** en forme le centre ; sur cette colline stratégiquement bien située se trouvent les plus vieux vestiges de la ville (ville minoenne, acropole) et les restes d'une première muraille défensive, construite par les Vénitiens au début du XIVe s. **Chiones**, **Splanzia**, **Evraiki** et **Topanas** l'enserrent d'E en O, dans l'enceinte des remparts édifiés par les Vénitiens deux siècles plus tard. De l'occupation turque, il reste des minarets et la mosquée du port.

20 itinéraire

Le port vénitien***

AB-1 Sous l'effet d'une heureuse restauration, le port a gardé son charme d'antan. Il n'accueille que des bateaux de plaisance et ses quais sont fermés à la circulation automobile. Il fait bon y flâner ou s'asseoir à l'une de ses nombreuses tavernes. On s'y retrouve pour boire un verre d'ouzo. Les connaisseurs remarqueront les maisons vénitiennes aux escaliers extérieurs et les maisons turques aux avancées de bois, souvent en encorbellement. Les « antiquités » y sont encore en place, musée vivant d'une époque révolue : restes d'une très belle fontaine turque, marteaux de porte vénitiens en cuivre, etc. Les intérieurs mêmes des maisons, qui semblaient ne cacher que misère, révèlent des trésors depuis longtemps oubliés ; les caves sont rouvertes et aménagées, faisant réapparaître de nobles voûtes et des poutres cirées.

Au centre du port se trouve la **mosquée des Janissaires Kioutsouk Hassan** (Yali-Tzamisi) A1, avec sa coupole d'origine, construite en 1645 et aujourd'hui restaurée. Elle accueille des expositions temporaires, en général très intéressantes.En suivant les quais vers l'E, on gagne le port de pêche et les **arsenaux**. Vers l'O, à l'extrémité des

La Canée.

quais, se trouve la **forteresse Firka**, construite par les Vénitiens, puis utilisée par les Turcs. C'est là que fut hissé le drapeau grec pour la première fois, en 1913, pour célébrer le rattachement de la Crète à la Grèce. Symboliquement, le geste est reproduit chaque dimanche matin. L'entrée de la forteresse abrite le **musée de la Marine*** *(p. 190)* identifié par une grosse ancre peinte en noir.

Topanas★★

A1-2 Contournez le fort par le N pour gagner le quartier Topanas. Celui-ci est fermé à l'O par la fortification vénitienne construite au XVIe s. Bonnes adresses p. 260

Ce quartier est encore empreint de couleurs vénitiennes. La **rue Theotokopoulou** A1 est la rue principale de Topanas. Beaux porches ou portes en bois avec leurs marteaux, balcons, four à bois du boulanger, impasses animées et fleuries, arches, inscriptions sur des maisons créent toute une atmosphère.

Sur la g., l'**église San Salvatore** (XVe-XVIIe s.), très joliment restaurée, abrite le ♥ **Musée byzantin et postbyzantin**★ *(p. 190)*. Contigu à l'église se trouve le cloître du monastère franciscain auquel elle était rattachée.

Remontez la rue Theotokopoulou qui conduit au quartier aristocratique de la ville vénitienne. Au bout de la rue, prenez à g. une ruelle pleine de charme, **Teofanous**, qui descend vers le port au quai Kountourioti *(on peut la prendre du quai un peu avant le musée de la Marine, là où une maison turque avec son avancée en bois occupe un angle, en face de l'hôtel Amphora)*.

À g. en descendant Teofanous, on découvre une des plus belles maisons vénitiennes de la fin du XVIIe s., dont la cour est pavée de mosaïques, **Casa Delfino.** On peut y faire une halte pour siroter une boisson tout en profitant du palais *(hôtels p. 260)*. En face part la ruelle **Moshon**, avec des arches, qui aboutit à l'entrée du **palais Renieri** construit au XVe s., une très belle porte de pierre sur l'extérieur de laquelle sont gravées une épigraphe en latin, la date 1608 et les armoiries des Renieri, une grande famille d'alors.

La ruelle fait un angle. Sur la dr., au bout de la ruelle et au coin de Zambeliou, depuis l'intérieur de la boutique de gravures anciennes **Exandas**, on a une vue magnifique sur une ancienne église restaurée. On retrouve la **rue Zambeliou** A1, dans le prolongement E de Topanas et parallèle au port. Avec ses élégants magasins, ses petits cafés et tavernes sympathiques, tous les sens sont en éveil. Au n° 43, une **loggia vénitienne** affiche ses armoiries et une inscription en latin.

Evraiki★★

···> A1-2 Au S de la rue Zambeliou.

C'est l'ancien quartier juif, appelé également le « zudecca » ou le ghetto à l'époque vénitienne.

20 itinéraire

La synagogue Etz-Hayyim. *Rue Parodos Kondilaki, au fond de la 1re ruelle à dr.,* ☎ *28210-86286, www.etz-hayyim-hania.org. Ouv. du lun. au ven. de 10 h à 18 h.* Tout nouvellement restaurée, elle est l'unique édifice restant en Crète pour témoigner de la présence d'une communauté juive depuis 2 400 ans. Elle renaît après sa totale disparition en mai 1944 quand tous les juifs de La Canée, arrêtés par les nazis, périrent lors de leur déportation sur le bateau *Le Tanaïs*, qui fut torpillé par un sous-marin britannique *(voir aussi le Musée historique et ethnographique de Crète, p. 73)*.

La petite rue Skoufon, parallèle à Kondilaki, est moins fréquentée et pleine de charme.

♥ **Le centre d'Art populaire traditionnel et de la Culture.** *20, rue Skoufon,* ☎ *28210-92677. Entrée libre.* Dans ce joli palais vénitien du XIIIe s., agréablement restauré et disposant d'un jardin, sont exposés des travaux d'aiguille très colorés et aux motifs crétois qui remontent à l'époque byzantine ou ottomane, tels qu'on peut les voir au Musée historique d'Heraklion *(p. 73)*. Belles créations de l'artiste Maria Galanaki qui s'inspire de la tradition. De beaux ouvrages brodés, nappes, coussins, sont en vente.

> *En descendant vers le S, on arrive à l'un des quatre bastions que comportaient les remparts. Du bastion Ciavo, empruntez la ruelle Portou vers l'E pour regagner la rue Halidon, qui descend vers le port.*

La rue Halidon A1-2, reliant la nouvelle ville au port, est aujourd'hui l'axe le plus fréquenté de la vieille ville avec une forte concentration d'échoppes touristiques.

Face à la place de la **cathédrale orthodoxe** A2, moderne mais imposante, s'ouvre l'entrée d'une cour avec, à g., l'escalier qui monte à la **Maison crétoise**★ *(p. 190)* et, au fond, l'église catholique. À g., en redescendant vers le port, se trouve la **basilique San Francesco** qui date du XIVe s. Avec ses trois nefs voûtées et ses fenêtres gothiques, c'est l'un des plus beaux bâtiments vénitiens de Crète et la plus grande des vingt-trois églises qui existaient à l'époque à La Canée. Sous les Turcs, elle fut transformée en mosquée. Très bien restaurée, elle dégage un sentiment de paix et abrite aujourd'hui le **Musée archéologique**★★★ *(p. 190)*.

Kastelli★★

···> AB1 Sur la colline qui domine le port.

Ce quartier était déjà habité à l'époque néolithique. Les Minoens y construisirent une ville, **Kydonia**. Les Vénitiens l'entourèrent d'une première muraille et y bâtirent les édifices les plus notables. Ce quartier est en cours de restauration pour mettre en valeur les traces archéologiques des différentes époques.

Du port vénitien, empruntez, entre l'extrémité N de la rue Halidon et la mosquée, la **rue Kanevaro** A1. La première rue adjacente sur la g., **Lithinon**, conduit aux anciennes **Archives vénitiennes**, dont il reste l'élégant portail orné de chapiteaux corinthiens et daté de 1624. Contournez-le par la dr. pour entrer dans une charmante cour fermée où poussent des citronniers ; un autre portail avec doubles chapiteaux et colonnade mérite un coup d'œil.

En reprenant la rue Kanevaro, à l'intersection suivante, on voit les ruines de **maisons minoennes** A-B1 protégées par des grillages ; le fruit des fouilles se trouve au Musée archéologique *(p. 190)*.

On atteint ensuite la rue Agios Marcou, que l'on prend sur la g. De l'importante **église d'un monastère dominicain** (XVIIe s.) **B1**, à dr., il reste six arches romanes en plein cintre, qui, curieusement, constituent les fondations du côté g. d'une maison moderne, une pension **(Monastiri)**. En continuant la rue Agios Marcou, on domine, à dr., avec le port de pêche en arrière-fond, les **Arsenaux vénitiens** (XIVe-XVIe s.), dits **Neoria B1** et le **Grand Arsenal,** en face, qui abrite le **Centre pour l'architecture méditerranéenne** (expositions, conférences).

> *Prenez l'escalier qui descend au vieux port.*

Splanzia*

B1 Dirigez-vous du vieux port vers le S; suivez la rue Daskaloianni jusqu'à la place 1821.

C'est un quartier marqué d'empreintes turques. Au coin N-O de la **place 1821** se trouve une petite **église vénitienne, San Rocco,** bien restaurée, datant de 1630 et dédiée à saint Roch, invoqué contre la peste et les épidémies. Au milieu de la place ombragée de platanes, une **plaque commémorative** rappelle que le 12 mai 1821, les Turcs y ont pendu un évêque orthodoxe accusé de soulever l'agitation populaire.

De l'**église Saint-Nicolas** *(Agios Nikolaos)* qui ferme la place à l'E et dont l'intérieur moderne est décevant, retenons le campanile, flanqué d'un très beau **minaret**. Elle faisait partie d'un monastère dominicain à l'époque vénitienne, qu'on devine en longeant l'église par la g. Les Ottomans en firent la mosquée principale de la ville. Elle est aujourd'hui orthodoxe.

La petite **église Agia Anargiri** (XVIe s.), cachée dans le quartier au S de la place, contient de belles icônes. Parmi quelques icônes anciennes, notez celle du *Jugement dernier* avec, en haut, les apôtres, les juges et le Christ et, au-dessous, les damnés, sur fond rouge, et les élus, sur fond vert. Remarquez les très belles portes de bois sculpté sur la deuxième issue.

Tout le quartier à l'E de la rue Daskaloianni, fermé au N par Sifaka, avec ses ruelles pittoresques qui reprend vie, mérite que vous vous y perdiez.

En se dirigeant au S vers le **minaret** de la rue piétonnière Hatzimikhali, avec ses jolies boutiques et tavernes, on rejoint le ♥ **marché municipal*** (Dimotiki Agora) **B2**, un bâtiment en forme de croix inauguré en 1913 et qui imite le marché de Marseille (1913). En quittant la vieille ville, on peut suivre la rue Tzanakaki jusqu'au **parc municipal**, créé en 1870, beau jardin ombragé avec un petit zoo où l'on peut voir la fameuse chèvre sauvage, l'*agrimi*, dite *kri-kri*.

Le **musée de la Guerre** *(p. 191)* se trouve à proximité.

détour. Kumpaki (« la porte des sables ») est un ancien quartier turc, en bord de mer **B1**, qui s'étire autour de la baie à l'E du vieux port, à partir du puissant bastion Sabbionara de la seconde muraille vénitienne; il est aujourd'hui très animé, avec une population plutôt jeune. il fait bon s'asseoir à la terrasse des cafés ou des tavernes pour profiter d'une ambiance très locale.

Halepa*

Hors pl. par B1 Longez la mer vers l'E ou prenez la dir. de la presqu'île d'Akrotiri-aéroport.

Halepa est un élégant faubourg de La Canée. Dans ce quartier résidentiel aux belles maisons bourgeoises de la fin du XIXe s. étaient rassemblés tous les consulats de La Canée, alors capitale de la Crète autonome, le palais royal du prince Georges, le haut-commissaire de l'île, et la **maison d'Eleftherios Venizelos** *(p. 191)*.

L'église dédiée à sainte Madeleine, **Agia Magdaleni**, de style byzantin

20 itinéraire

russe, fut commandée par le prince Georges en 1903. De beaux immeubles, souvent de style néoclassique, entourés de jardins fleuris, ont été restaurés voire transformés en hôtels. Ce quartier connaît un renouveau.

En bord de mer, les **anciennes tanneries** sont en cours de transformation dans le cadre du réaménagement du quartier. Pour découvrir cette curiosité, prenez la rue El. Venizelou. À l'hotel Irida, à côté de l'hôtel Doma, jolie maison patricienne, descendez vers la mer. Vous trouverez une **agréable taverne** en contrebas avec vue sur toute la baie.

Les musées de La Canée

La vieille ville compte des musées très agréables, tous proches du port. Un voyage dans l'histoire crétoise. Pour la période plus récente, il faut s'aventurer dans la ville nouvelle.

Le Musée archéologique***

···> A1 30, rue Halidon ☎ 28210-90334. Ouv. t.l.j. de 8 h à 20 h, lun. de 13 h 30 à 20 h ; l'hiver t.l.j. sf lun. et j.f., de 8 h 30 à 15 h. Entrée payante. Billet combiné avec le Musée byzantin et postbyzantin.

Abrité dans la basilique San Francesco, très belle église d'un monastère franciscain de l'époque vénitienne, ce musée expose, parmi une collection d'objets trouvés dans l'O de la Crète (présentation chronologique) : de très beaux sarcophages de la fin de l'époque minoenne provenant de Pigi, Apodoulou et Armeni *(p. 174)* ; trois superbes **mosaïques***** de l'époque romaine (IIIe s. av. J.-C.), découvertes à La Canée ; ainsi que des céramiques et des terres cuites de différentes époques. La **collection Mitsotakis****, dans une aile, contient des objets usuels en terre ou en métal (poteries, bijoux…) allant du IIe millénaire au IVe s. avant notre ère.

à voir dans le jardin contigu. Une splendide **fontaine** hexagonale turque, un portail vénitien de marbre et une belle série d'inscriptions turques.

♥ Le Musée byzantin et postbyzantin*

···> A1 82, rue Theotokopoulo ☎ 28210-96046. Ouv. t.l.j. sf lun., de 8 h 30 à 15 h. Entrée payante. Billet combiné avec le Musée archéologique.

Il est logé dans l'église San Salvatore (XVe-XVIIe s.) et abrite un nombre limité de très belles pièces : sculptures, épigraphes, fresques, icônes, pièces de monnaie, bijoux et céramiques. On peut y admirer un *Saint Georges terrassant le dragon* (XVIIe s.).

Le musée de la Marine*

···> A1 Quai Kountourioti, à l'O du port, dans l'entrée de la forteresse Firka ☎ 28210-91875, www.mar-mus-crete.gr. Ouv. t.l.j. de 9 h à 16 h (14 h l'hiver). Entrée payante.

Instruments de navigation, cartes maritimes, maquettes de bateaux, portraits d'amiraux célèbres… On découvre dans ce musée le monde de la mer et de la marine à différentes époques (âge de bronze, époque vénitienne, révoltes contre les Ottomans en 1821…). À voir : une belle collection de coquillages, de coraux et d'étoiles de mer dans la salle 7 ; la *Bataille de Crète* (1941, *p. 41*) au 1er ét., salle 13.

à voir également. La **galère minoenne*** reconstituée, abritée dans l'un des arsenaux à l'extrémité E du vieux port *(ouv. du lun. au ven. de 10 h à 15 h et de 19 h à 22 h 30)*. Construite en bois de cyprès à partir de reproductions minoennes, elle fut expérimentée avec de jeunes rameurs dans une traversée mémorable vers Athènes à l'occasion des Jeux olympiques de 2004.

♥ La Maison crétoise*

···> A2 **Kritiko Spiti.** 46 B, rue Halidon ; entrée par la cour de l'église catholique ☎ 28210-90816. Ouv. du lun. au ven. de 9 h à 21 h ; sam. et dim. de 9 h à 15 h ; F. les j.f.

C'est la reconstitution de l'intérieur d'une maison crétoise avec de beaux tissus brodés d'époque, des couvertures tissées aux couleurs chatoyantes, le lit nuptial, les ustensiles ou objets d'artisanat qu'on trouvait dans tout habitat rural. Des tableaux brodés représentant des scènes traditionnelles de la vie crétoise y sont exposés ; on peut acheter ou commander.

Le musée de la Guerre

···› B2 Au coin des rues Tzanakaki (au n° 25) et Sfakianaki, au S du parc municipal, dans un bâtiment de l'armée, les anciennes casernes italiennes (1870) ☎ 28210-44156. Ouv t.l.j. sf dim. et lun., de 9 h à 14 h. Entrée libre.

Ce musée évoque, à travers des photographies, des écrits et des objets authentiques, les mouvements de libération crétois contre les Turcs, pendant les guerres balkaniques (1912-1913), pour l'union de l'île à la Grèce (1913), ou encore contre l'occupation allemande (1941-1945). Un retour dans le passé passionnant, même si les légendes ne sont qu'en grec.

Le Musée historique et des archives

···› Hors pl. par B2 20, rue Sfaniakaki. ☎ 28210-52606. Entrée libre.

Dans une jolie maison néoclassique, vous découvrirez des manuscrits, des journaux, des archives de la Crète sous l'occupation ottomane au XIXe s. Tous décrivent ses combats jusqu'à la bataille de Crète *(p. 41)* pendant la Seconde Guerre mondiale.

La maison d'Eleftherios Venizelos

···› Hors pl. par B2 Place Elenas Venizelou, dans le quartier Halepa ☎ 28210-56008, www.venizelos-foundation.gr. Ouv t.l.j. de 10 h 30 à 13 h 30 (et de 19 h à 21 h l'été). Entrée payante.

L'homme politique E. Venizelos *(p. 41)* a vécu une grande partie de sa vie dans cette maison. On y découvre ainsi son intimité, ses meubles et ses objets personnels. La maison est également le siège d'une fondation qui ouvre ses portes aux chercheurs. ◆

© Marco Simoni/age fotostock

itinéraire 21

Les environs de la Canée★

programme pour une journée

Deux petites excursions pour les amoureux de la nature et des églises byzantines. Comptez 1/2 j. pour chacun des itinéraires ; davantage si vous voulez profiter de la plage ou randonner.

à ne pas manquer

Patrimoine : le monastère d'Agia Triada *(p. 193)* ; l'église byzantine Agios Kir Ioanis *(p. 195)*.

Randonnée : jolie randonnée au départ de Therisso, resnseignez-vous sur place avant de partir *(p. 194)*.

Avec des enfants : Botanical Park *(p. 195)*.

côté pratique

Départ : de La Canée.

Carte du département : p. 182-183. **Bonnes adresses :** p. 255.

◄ L'église du monastère d'Agia Triada, sur la presqu'île d'Akrotiri.

La traversée de l'Akrotiri ne présente pas beaucoup d'intérêt. Vous pouvez toutefois profiter de la vue sur La Canée depuis la tombe de Venizelos et visiter les monastères. En revanche, la traversée de la gorge de Thérisso et la route qui vous emmène dans l'arrière-pays sont magnifiques.

La presqu'île d'Akrotiri*

⋯› Sortez de La Canée par Halepa, en prenant la dir. de l'aéroport de Sternes (14 km). **Bonnes adresses**, p. 255.

La presqu'île d'Akrotiri a une topographie intéressante : cette avancée dans la mer s'ouvre comme un champignon. Plate à l'intérieur, elle s'élève à son extrémité pour tomber dans la mer en falaises creusées de grottes, longtemps refuges des ermites, puis des pirates. Plusieurs monastères s'y sont implantés. Leurs visites se combinent bien avec des étapes à la plage.

La colline du Prophète-Élie

⋯› **Profitis Ilias.** À 6 km au N-E de La Canée ; en montant, prenez sur la g. (pancarte « Venizelos Tomb », la tombe de Venizelos).

Ce joli site est très visité par les Crétois : **Eleftherios Venizelos** (1864-1936, *p. 41*), l'homme de l'autonomie et du rattachement de la Crète à la Grèce en 1913, y repose à côté de son fils Sofoklis. Depuis sa tombe, la **vue*** sur la mer, sur La Canée et sur les montagnes Blanches y est remarquable. On peut aussi l'apprécier du café ● **Kou Kou Vagia** (*Bonnes adresses p. 255*).

Stavros

⋯› À 16 km au N-E de La Canée.

Pour accéder à la plage de sable de Stavros, suivez la direction de **Kalathas**, petite baie bien protégée avec une plage aménagée. Stavros, à l'extrémité N-O de la presqu'île, est un modeste village avec quelques tavernes. Le **bord de mer** est doté d'une digue naturelle de roches façonnées par le vent qui enserre la baie et retient l'eau, et qui constitue un espace de sable idéal pour les enfants. La baie est adossée aux contreforts de l'Akrotiri ; une scène du film *Zorba le Grec* y fut tournée.

Blue Beach, plus à l'O, est une petite plage de sable fin.

Le monastère d'Agia Triada*

⋯› À 10 km au S-E de Stavros : revenez à Horafakia par la route de Kalathas (4 km au S) et bifurquez sur la g. (pancarte). À 16 km au N-E de La Canée : suivez la route de l'aéroport jusqu'à l'embranchement à g., signalé par une pancarte. ☎ 28210-63572. Ouv. t.l.j. de 7 h à 19 h. Entrée payante.

Fondé au XVIIe s., l'élégant monastère d'Agia Triada, souvent indiqué **Moni Tzagaraliou**, resta l'un des plus importants de l'île jusqu'au XIXe s. Il abrite aujourd'hui une école de théologie. Le portail monumental de style classique (1632) et le campanile (1650) sont d'influence vénitienne. Le **trésor** du monastère est présenté dans un petit musée : icônes de la période postbyzantine et objets sacerdotaux. Vente des produits du montastère dans la boutique : vin, raki, huile.

> *Du monastère d'Agia Triada part une route, qui traverse une gorge étroite et aboutit à Moni Gouverneto.*

Moni Gouverneto*

⋯› À 3 km au N d'Agia Triada. Ouv. lun., mar., jeu., sam. de 9 h à 12 h et de 17 h à 19 h ; dim. de 5 h à 11 h et de 17 h à 20 h ; f. mer. et ven. Entrée payante. Tenue couverte exigée. Fête le **7 oct.**

Ce monastère à l'allure de forteresse est très accueillant dès le porche franchi. Fondé en 1520 et marqué d'influences vénitiennes, il s'imposa très vite dans la vie monacale de la presqu'île de l'Akrotiri. Il est dédié à **saint Jean l'Ermite**, un saint local très vénéré aujourd'hui, qui s'était retiré vers le IXe s. dans une grotte de la presqu'île, où il vivait d'herbes sauvages. Il fut abattu par un chasseur qui le prit pour un animal.

La pièce maîtresse du monastère, cachée derrière l'iconostase – donc inaccessible pour les femmes selon la religion orthodoxe –, est une **icône** du XVe s. représentant la Vierge et l'Enfant.

La grotte de Katoliko

···> De Moni Gouverneto, un chemin au N y descend.

La grotte de Katoliko servit de refuge aux ermites, qui y fondèrent, au XIIe s., le **premier monastère de Crète** pour célébrer en commun la liturgie catholique, d'où son nom. Harcelés par les pirates, ils durent l'abandonner au début du XVIIe s. et trouvèrent alors abri à Gouverneto.

Il faut compter 30 min de marche pour atteindre la grotte; le chemin est dallé avec de bonnes marches *(ne traversez pas le ravin)*. Au bout de 15 min, on atteint une première grotte, qui abrite une très belle stalagmite. Après un virage, on voit les ruines des bâtiments monastiques. La grotte de saint Jean l'Ermite se trouve sur la g., cachée dans la paroi rocheuse.

> *Si on continue ce chemin, on peut descendre la gorge dans le lit d'une petite rivière qui se jette dans une crique (marche d'env. 15 min avec de bonnes chaussures). À la sortie de la gorge, l'eau est exceptionnellement claire.*

Le sud de l'Akrotiri

···> Reprenez la dir. de l'aéroport de Sternes, vers le S.

Plusieurs zones militaires sont interdites d'accès, mais de jolies plages sont accessibles du village de Sternes *(pancartes « Beach » ou « Paralia »)*. Celle de **Marathi**★, très protégée au fond de la baie de Souda, a des eaux claires et agréables; des excursions d'une journée en bateau au départ du port de Souda *(p. 200)* y sont organisées.

Therisso★ et les églises byzantines

Cette petite excursion dans les montagnes Blanches est conseillée à ceux qui ne peuvent pas descendre les gorges de Samaria. Départ de La Canée.

Therisso

···> À 17 km au S de La Canée (2 liaisons/j. en **bus**).

La route s'enfonce entre les hautes parois abruptes de la **gorge de Therisso**★, appelée aussi **Venizelos**, et chemine le long de la rivière bordée de platanes. C'est ici que se déroulèrent les combats menés par les Turcs contre les résistants crétois. Mais si le nom de Therisso est associé à la lutte contre les Turcs, il l'est surtout à la révolution fomentée en 1905 par le grand homme politique, **Eleftherios Venizelos** (1864-1936), qui installa, dans le village, son quartier général pour gagner le rattachement de l'île à la Grèce *(p. 41)*. Petit **musée de la Résistance** à la sortie du village.

détour. De Therisso, une route part vers le S. Au premier embranchement, la route de g. conduit à Drakona, puis Plativolia, Thimia et Kambi, une très belle **randonnée** qui peut se faire à pied, avec de beaux paysages de montagne; retour possible à La Canée en bus.

> *La route du S, de moyenne montagne, dans de jolis paysages sauvages, permet de gagner le paisible village de **Zourva** (1 h 30 à pied) agréable avec son beau panorama et ses tavernes; la route continue sur Meskla, à l'O de Therisso. Prudence sur ces routes.*

Meskla

→ À 5 km au N de Zourva ; 20 km au S de La Canée par la route d'Omalos en passant par Fournes (liaisons en **bus**).

Ce village abrite, sur la dr. en descendant, la **chapelle Sotiros Christou**. On distingue bien la partie la plus ancienne, à l'E, de sa prolongation à l'O. Les fresques sont signées et datées de 1303. Admirez ***La Transfiguration**** *(niche S, face à la porte N)* : le Christ apparaît dans un ovale de lumière. À sa dr., Moïse et, à sa g., Élie ; au-dessous, les trois apôtres ; dans l'arche, les ermites. Sur le mur N de la première nef se trouvent, à g., *La Crucifixion*, à dr., *La Mise au tombeau*. À proximité du village furent retrouvées des traces de l'antique **Rizinia**.

goûter la nature. Sur 20 ha, au **Botanical Park**, des chemins aménagés permettent de découvrir plus de 150 espèces d'arbres fruitiers, plantes et fleurs. Canards, oies et oiseaux aquatiques apprécient l'eau du lac, sans se méfier des oiseaux de proie qui le survolent. À 5 km de Meskla, sur la route d'Omalos, après Fournes, à 17 km de La Canée. ☎ *6976-860573 ; www.botanical-park.com. Ouv. d'avr. à oct. de 8 h à 19 h 30 (dernière entrée). Entrée payante ; gratuit pour les – 12 ans. Restaurant (cuisine traditionnelle et au feu de bois).*

Alikianos

→ À 14 km au S-O de La Canée. De Meskla, rejoindre la route d'Omalos à Fournes (7 km au N). 4 km plus loin, à l'embranchement de la route pour Sougia, faites un détour à l'O par Alikianos. Là, prenez la dir. de Koufos.

À 1,5 km du village s'élève au milieu des orangers l'**église byzantine Agios Kir Ioanis**** *(à 30 m de la route, accès par un chemin à dr.)*, remarquable par son architecture. À cette basilique à trois nefs inscrite dans le plan d'une croix grecque fut ajouté plus tard, à l'O, le narthex surmonté d'une coupole. À l'extérieur, notez les arcs en plein cintre. Trois colonnes à chapiteaux sculptés et un pilier soutenaient une coupole centrale à tambour, la seule partie disparue. L'église était décorée de plusieurs couches de fresques dont subsistent quelques fragments (XIVe-XVe s.). ◆

itinéraire 22

Les gorges de Samaria★★★

programme

Prévoyez une journée depuis La Canée ou Rethimnon.

à ne pas manquer

Randonnée : la descente des gorges est réservée aux bons marcheurs.

côté pratique

Accès aux gorges : en voiture, il n'existe aucun moyen de transport direct (sauf des taxis) entre Hora Sfakion (p. 174), Sougia (p. 183) et Paleohora (p. 181) où le bateau vous dépose, et le haut des gorges où se trouve votre véhicule. À vous donc de résoudre ce problème, en remontant les gorges à pied (18 km sans profiter de la promenade en mer), ou en trouvant quelqu'un pour ramener votre voiture à l'endroit où le ferry vous a déposé (souvent Hora Sfakion).

L'excursion se fait très bien avec les autocars locaux. Il suffit de partir tôt de La Canée (horaires des bus à la gare routière, où l'on peut laisser ses bagages en consigne) ou de Rethimnon. Le départ se fait de la gare routière au panneau « Omalos » (1 h 30 de trajet en bus). Pour rentrer le jour même à La Canée ou à Rethimnon, prendre le ferry d'Agia Roumeli à Hora Sfakion, où vous trouverez un bus de retour.

Départ : de La Canée. La route prend la dir. de l'O et, à 2 km, tourne sur la g. vers le S et Omalos (liaisons en bus).

Carte du département : p. 182-183. **Bonnes adresses :** p. 255.

◄ Les gorges de Samaria se resserrent à l'endroit qu'on nomme les « portes de Fer ».

Cette belle excursion se déroule en trois temps : la route jusqu'au plateau d'Omalos ; la marche à travers les 18 km de gorges ; la côte S en bateau d'Agia Roumeli jusqu'à Hora Sfakion ou jusqu'à l'un des villages de la côte desservis par une route (Sougia ou Palehora).

De La Canée à l'entrée des gorges

La route serpente à travers une région d'orangers, puis d'oliviers, pour devenir plus tortueuse en prenant de l'altitude.

Les paysages des **montagnes Blanches** et les points de vue sur toute la région que surplombe la route sont splendides.

détour. De cette route, on peut rejoindre **Alikianos** et **Meskla**, célèbres pour leur **église byzantine** *(p. 195)*.

Le plateau d'Omalos

Le col une fois franchi, on arrive sur le plateau d'Omalos (1 050 m), d'une surface importante pour la Crète. On y cultive céréales et pommes de terre. Recouvert de neige en hiver, il n'est habité qu'en été. Le **village d'Omalos** a une bonne capacité d'accueil *(Bonnes adresses p. 267)*. D'Omalos, une route part vers l'O ; elle en rejoint une, large, qui fait face à la piste de Kallergi et contourne le plateau d'Omalos par le S. Au bout de 14 km, on retrouve la route de Sougia (29 km) et de La Canée (38 km).

À l'extrémité du plateau d'Omalos, avant l'entrée des gorges, part sur la g. une piste *(carrossable uniquement pour les véhicules tout-terrain)*, au dénivelé impressionnant, qui monte au **refuge de Kallergi** *(1 h 15 de marche, p. 267)*. De là, le regard embrasse les **montagnes Blanches** et plonge dans les gorges : la **vue***** est grandiose ! Du refuge partent chaque jour randonneurs ou alpinistes. Les excursions, guidées sur demande, offrent des difficultés variées jusqu'au 3e degré : **Melindas** (2 135 m), **Pachnes** (2 453 m), **Gingilos** (2 080 m), pour alpinistes chevronnés (niveau 6).

Xiloskalo

···› À 31 km au S de La Canée, à l'extrémité S-E du plateau d'Omalos. Au parking d'arrivée : boutique et cafétéria.

La route du plateau s'arrête au départ des gorges de Samaria, à Xiloskalo. Du ♦ **refuge** au-dessus *(pas d'hébergement, mais restaurant et cafétéria)*, la **vue**** plonge sur la gorge.

La végétation est remarquable : cyprès, pins, platanes sans âge, arbres aux formes étonnantes, parfois suspendus dans le vide, herbes aromatiques. Oiseaux et rapaces se plaisent dans cet espace où se cachent encore les *agrimi*, ou *kri-kri*, ces bouquetins spécifiques à la Crète *(p. 24)*.

La descente dans les gorges***

···› **Parc national** ouv. de 7 h à 15 h du 1er mai aux 31 oct. ; de 15 h au coucher du soleil, il n'est autorisé de parcourir que les 2 premiers km de la gorge. Rens. auprès de la Direction des forêts ☎ 28210-92287. Droit d'entrée à payer ; conservez le billet sur vous en cas de contrôle. Il est interdit d'y camper, d'y faire du feu et de porter atteinte à la nature environnante. Beaucoup de marcheurs dans les gorges l'été ; le chemin peut même être encombré.

C'est une merveilleuse aventure qui attend tous ceux qui sont capables de **marcher 18 km** sur un chemin muletier caillouteux, dans ce parc naturel et protégé surveillé par des *rangers* vigilants. Cette marche n'est certainement pas à la portée de tous ; il faut prendre des précautions et être équipé de bonnes chaussures fermées ; des vêtements légers suffisent. Le parcours est ombragé, sauf vers la fin, pendant les dernières heures de marche *(protection contre le soleil recommandée)*.

La marche. *Prévoyez 5 ou 6 h en prenant le temps.* La descente jusqu'à la rivière, que l'on suit, est d'abord rapide et difficile, avec 4 km de pierrailles. On passe devant la petite église **Agios Nikolaos** ; des sources d'eau parfaitement potable ponctuent la marche. Les ruines d'un village abandonné, **Samaria**, sur la g., marquent la moitié du chemin. Puis on atteint le passage le plus étroit des gorges, de 3 m de largeur, dit « les **portes de Fer** ». À l'arrivée, les buissons de lauriers-roses, en fleur jusque dans l'été, se détachent sur fond de mer de Libye.

Agia Roumeli. *À l'extrémité S des gorges.* ***Bonnes adresses****, p. 255.* C'est un tout petit village, au pied des gorges, sans route d'accès, mais avec pensions et **tavernes** pour se restaurer. Sa plage de petits galets et l'eau de la mer sont d'un luxe royal après la randonnée. Toute l'électricité y est fournie par l'énergie solaire, comme sur l'île de Gavdos. Une **forteresse turque** domine le site *(montée à pied en 1 h 30 env.)*.

pour petits randonneurs. Pour avoir un aperçu des gorges sans trop marcher, on peut se rendre en bateau de Hora Sfakion à Agia Roumeli et remonter les gorges dans la partie basse jusqu'aux fameuses **portes de Fer,** une randonnée d'env. 2 h A/R. D'Agia Roumeli, il suffit de suivre le chemin jusqu'au passage de contrôle. Partez tôt en raison de la chaleur *(à partir de 15 h, il n'est autorisé de parcourir que les 2 premiers km de la gorge). Entrée payante dans les gorges.*

► L'église byzantine d'Agios Nikolaos, à Kiriakoselia.

♥ La côte sud en bateau★★★

Vers l'O. Depuis **Agia Roumeli**, des ferries assurent tous les jours la liaison avec **Sougia** *(p. 217)* et **Paleohora** *(p. 215)* d'où l'on peut remonter sur La Canée. La promenade en mer est très agréable. Un ferry dessert l'île de **Gavdos** une fois par semaine.

Vers l'E. Cependant, le retour des gorges de Samaria se fait plus généralement par **Hora Sfakion** *(p. 204)*. Plusieurs ferries, dont la fréquence et les horaires varient selon les saisons, en assurent la liaison *(dernier ferry – voyage d'env. 1 h – vers 17 h 30 en haute saison, avec correspondance à Hora Sfakion ; avec le bus – trajet d'env. 2 h – pour La Canée, qui attend l'arrivée du bateau)*. Escale possible à ♥ **Loutro**, un des charmants villages de la côte *(p. 206)*. De Hora Sfakion *(14 km à l'E de Loutro)*, une bonne ♥ **route de montagne**, pittoresque, entièrement réaménagée avec des tunnels, remonte vers le N et retrouve, après Vrises, l'axe La Canée/Rethimnon *(un service d'****autocars*** *très efficace est également mis en place pour qu'à l'arrivée de chaque ferry les passagers puissent rejoindre La Canée)*.

En suivant la côte vers l'E à pied *depuis Agia Roumeli (1 h de marche), on accède à la petite chapelle en bord de mer* ***Agios Pavlos★★★*** *(p. 205).*

> De Hora Sfakion, une autre route suit la côte S vers l'E et permet de rejoindre Plakias (p. 179), Agia Galini (p. 174) et la plaine de la Messara (p. 101). ◆

itinéraire 23

À l'est de la Canée★★

programme

Un itinéraire qui a plus d'un atout dans son sac. Avec ces 4 circuits, il y en aura pour tous les goûts, des plus sportifs aux amoureux de la culture ou du farniente. Comptez 1/2 j. pour chaque circuit qui longe la baie. 1 j., voire davantage pour découvrir la côte S ou randonner dans la région d'Apokoronas.

à ne pas manquer

Patrimoine : ♥ Kiriakoselia *(p. 201)* ; église de la Panagia *(p. 203)*, Frangokastello *(p. 206)*.

Randonnée : lac de Kournas *(p. 202)* ; la gorge d'Imbros *(p. 204)*.

Port de charme : ♥ Loutro *(p. 206)*.

côté pratique

Départ : La Canée.

Carte régionale : p. 182-183. **Bonnes adresses :** p. 255.

La baie de Souda est un extraordinaire port naturel. Sur le plateau qui la domine, on a d'ailleurs retrouvé une ville antique et des traces vénitiennes et turques. Si vous êtes sportif, vous apprécierez la baie pour ses plages et ses ports. L'arrière-pays, avec ses routes sinueuses et ses chemins, se prête aux randonnées à pied ou à VTT. Si vous préférez les églises byzantines, découvrez Kiriakoselia, un bijou lové dans un vallon. Il faut aussi traverser le pays sfakiote montagneux, connu pour ses Crétois résistants, afin de gagner la côte S et le port d'Hora Sfakion. Un coup d'œil à la forteresse de Frangokastello, puis prenez un bateau ou marchez jusqu'à Loutro. Si vous avez le temps, poussez jusqu'à Aradena : c'est l'assurance de goûter l'un des coins les plus séduisants de Crète. Randonneurs, vous êtes au paradis : les gorges d'Imbros, d'Aradena, et de Samaria sont à votre portée.

De la baie de Souda à Kiriakoselia

En quittant La Canée vers l'E, on traverse une plaine fertile et fruitière, la région des oranges (qui furent importées du Portugal, d'où leur nom : *to portocali*) et des avocats. La voie express, d'E en O, permet d'éviter la ville.

La baie de Souda

Laissez sur la g. **Souda** *(5 km à l'E de La Canée, **taverne** p. 270)*, le port de La Canée *(bateaux pour Le Pirée)* mais aussi celui de la marine de guerre grecque. Longez cette baie, un des plus grands ports naturels de toute la Méditerranée et un point stratégique capital pour l'OTAN.

Aptera

···➢ À 15 km à l'E de La Canée. De la baie de Souda, à env. 10 km de La Canée, prenez à dr. (pancarte). À l'embranchement, restez à g. Site ouv. t.l.j. sf lun. de 8 h 30 à 15 h.

Aptera était l'une des villes les plus importantes de la Crète occidentale du Ve s. av. J.-C. jusqu'à l'époque chrétienne. Elle était implantée sur un plateau qui domine la baie de Souda ; il n'en reste que des ruines.

En montant sur le plateau, on découvre d'abord la **voie antique** *(à dr.)*, récemment mise au jour, qui permettait d'y accéder. Sur le plateau *(par la dr. jusqu'au parking)*, dans un site protégé, on peut voir les restes d'un **petit temple dédié à Demeter** (IIe s. av. J.-C.), un **théâtre grec** au S, ainsi que des **citernes romaines**, mais surtout les **vestiges de la fortification** de la ville antique construite dans la seconde moitié du IVe s. av. J.-C. avec tours et portes ; elle encerclait toute la colline.

Le promontoire du plateau offre une **vue**** magnifique sur la baie ; les Vénitiens y construisirent un monastère et, plus tard, les Turcs y édifièrent un château fort *(pour vous y rendre, quittez le site et prenez la première route à dr. qui contourne la fortification par le N)*.

Stilos*

···➢ À 18 km au S-E de La Canée. D'Aptera rebroussez chemin ; prenez à g. après 2 km.

Au début de la descente vers Stilos, on aperçoit à g. la très belle église byzantine de la **Panagia Serviotissa*** (XIe-XIIe s.) à l'architecture harmonieuse, cachée au milieu des oliviers et des orangers. Prenez en bas de la descente à g. la route en face de celle indiquant Faragi *(pancarte « Gorge Dictamoy »)*. Tournez à g. (« *Church of Panagyia* » *indiqué*) ; à 400 m, à dr., prenez à pied le chemin qui mène à l'église *(100 m)*. Son architecture est remarquable : en forme de croix grecque, elle est surmontée d'un tambour haut à huit ouvertures. Dans Stilos fut mise au jour une **tombe minoenne** d'influence mycénienne, hélas déjà pillée.

♥ Kiriakoselia★★★

···➢ À 8 km au S-O de Stilos. À la sortie de Stilos, prenez à dr. la dir. de Samonas (5 km au S-O) ; suivez les pancartes « Church of Agios Nikolaos ». **Conseil pratique :** prévoyez une lampe de poche, elle vous sera bien utile pour regarder les fresques. **Bonnes adresses**, p. 270 (voir Samonas).

La route qui monte au village de **Samonas** offre une belle percée sur la mer. Elle descend ensuite au fond d'une vallée boisée, où niche une des plus belles églises byzantines de Crète, l'**église Agios Nikolaos de Kiriakoselia** *(ouv. 8h30-15h, f. ven.)*.

Composée d'une nef, qui fut plus tard prolongée par une seconde église, elle est surélevée d'une coupole montée sur un haut tambour ajouré de six fenêtres en plein cintre, et entièrement décorée de fresques exceptionnelles. À noter : le Pantocrator dans la coupole très éclairée, les motifs décoratifs autour du chœur et, en avant de celui-ci, la large fresque évoquant l'Ascension. Les tons bleus sont de toute beauté.

> *La route qui remonte au N (10 km) passe à* ***Ramni*** *et* ***Maheri****. Elle longe une gorge étroite et surprend au détour de chaque virage. De* ***Neo Horio****, on passe au N de la voie express pour gagner* ***Kalives*** *(5 km au N-E de Stilos). Sur la route, taverne à* ***Armeni*** *(♦* ***O Platanos****: très beau jardin frais et ombragé où coulent des sources).*

La région d'Apokoronas : la presqu'île de Drapanos

De Kalives à Georgioupoli, on profite d'abord de la mer en suivant la baie de Souda, puis des villages aux traditions millénaires avec leur artisanat. Apokoronas est une des régions les plus vertes de Crète, idéale pour faire d'agréables randonnées.

Almirida

···➢ À 4 km à l'E de Kalives ; 24 km au S-E de La Canée. **Bonnes adresses**, p. 256 ; voir aussi Kalives, p. 258.

Dans ce petit port de pêcheurs, bien situé au fond d'une crique, une mosaïque aujourd'hui à ciel ouvert, à l'entrée O du village, sur la g., tout juste protégée par une clôture, a révélé la présence d'une église du ve s. apr. J.-C. Avec une **plage de sable** et une **plage de galets**, des **tavernes en bord de mer**, Almirida connaît un fort essor touristique. La baie se prête à tous les **sports nautiques** : un centre UCPA propose matériel et activités *(p. 258)*. Voiles et bateaux animent le plan d'eau. Mais, nageurs, faites attention aux courants dans la baie de Souda !

> *Suivez la côte pour gagner* ***Plaka*** *(2 km à l'E) et ses grottes marines, puis à 3 km, dans l'arrière-pays, Kokkino Horio.*

Kokkino Horio

···➢ À 3 km à l'E de Plaka.

Dans ce minuscule village d'artisans peu fréquenté furent tournées, en 1964, des scènes du film *Zorba le Grec*. On y souffle le verre : vente de pièces originales à l'**atelier de verrerie**. Dans le joli village de **Kambia** *(3 km au S)*, un artiste célèbre, **Santorinakis**, expose ses peintures sur verre.

Gavalohori★★

···➢ À 5 km au S d'Almirida.

Le village compte de belles **maisons vénitiennes restaurées** *(location possible, s'informer au musée)* et un remarquable **musée** *(☎ 28250-23222 ; ouv. t.l.j. de 9h à 19h, dim. de 11h à 18h en été ; en hiver sur r.-v. ; entrée payante)*. Celui-ci fait revivre la Crète à travers ses traditions : la maison aux arcades qui abrite le musée est un parfait exemple de l'architecture locale. On y apprend par exemple ce qu'est

23 itinéraire

le *kopaneli* : l'art de travailler les fils pour mieux décorer les vêtements ou la maison. Les femmes ont d'ailleurs créé une coopérative pour faire revivre leur village. Le **magasin** se trouve sur la place ; on y trouve les travaux faits à la main et d'autres produits locaux.

Douliana

À 3,5 km à l'O de Gavalohori ; 4 km d'Almirida et de la mer. **Bonnes adresses**, p. 256.

Très joli village restauré dans le respect des traditions et de l'environnement au milieu des oliviers, des caroubiers et des vignes, avec la mer en contrebas et les montagnes Blanches en arrière-fond. Bon port d'attache pour vivre la vie de village et **randonner à pied ou en voiture** aux alentours.

Vamos

À 6 km au S de Gavalohori. **Bonnes adresses**, p. 271.

Vamos est un village du XVIe s., capitale de la province d'Apokoronas. Ses 650 hab. restaurent leurs maisons dans le respect des traditions : boutiques, tavernes, tout fleure bon les produits d'antan, une bonne occasion de goûter et d'emporter huile, herbes, miel, vin ou la *tsikoudia*, nom donné localement au raki.

Georgioupoli

À 13 km au S-E de Vamos ; 35 km au S-E de La Canée ; 7 km à l'O de Rethimnon. **Bonnes adresses**, p. 257.

Georgioupoli, à l'extrémité S-E de la presqu'île de Drapanos, était un petit port tranquille dans une baie abritée, Almiros, au bout d'une longue et belle plage de sable, qui a attiré de nombreux promoteurs d'hôtels (lieu-dit Kavros, commune de Kournas).

Ce site autrefois marécageux, connu pour ses pistachiers, s'est asséché avec la construction de la nouvelle route. Il est devenu un lieu de villégiature, bien situé pour visiter l'O de la Crète. La plage au centre du village est souvent fréquentée par la population locale. Une rivière d'eau claire et fraîche se jette au N de la baie ; la mer y offre une sensation inhabituelle et la plage de sable fin aménagée, située après le pont, à dr., est agréable.

pédestre et nautique.
À 5 km au S-E de Georgioupoli se trouve le **lac de Kournas***, le seul lac d'eau douce de Crète, riche en poissons et anguilles. Il est possible de s'y baigner, de faire du pédalo® ou du kayak. Le cadre est agréable. Un chemin de randonnée le contourne aux trois quarts. La descente sur Georgioupoli peut se faire à pied en 1 h 30 en passant par ♥ **Mathes**, un village autrefois abandonné, mais dont certaines maisons restaurées retrouvent leurs occupants *(voir « Hébergement » p. 267)* ; les chemins ne sont pas toujours balisés et on peut se perdre dans la montagne ; ne partez pas sans carte de randonnée et sans informations récoltées auprès de gens avisés. Avant de partir en randonnée, renseignez-vous toujours sur place.

Kournas

À 2 km au S-E du lac. **Bonnes adresses**, p. 260.

Kournas est un gros bourg blotti à flanc de montagne, qui domine la mer. Le village, construit à l'époque vénitienne, a une architecture intéressante. L'église, dédiée à saint Georges, **Agios Giorgos**, a un joli campanile vénitien à trois cloches. Elle contient des **fresques**, dont certaines, notamment celles du chœur, sont parfaitement conservées et restaurées. On distingue deux époques : les premières datent du début du XIIIe s., les secondes de la fin du XIIIe s.

De Vrises à Hora Sfakion

Cet itinéraire mène vers le pays sfakiote, haut lieu de la résistance à l'occupation ottomane menée par Daskaloianis *(p. 40)*.

Vrises et ses alentours

···› À 33 km au S-E de La Canée ; 8 km à l'O de Georgioupoli. **Bonnes adresses,** p. 271.

Vrises, village réputé pour son yaourt à déguster avec du miel sous ses grands platanes, est un point de passage important entre la voie express La Canée/Rethimnon et la côte S. Plusieurs villages proches de ce bourg sont à signaler pour leur architecture d'influence vénitienne : **Gavalohori**** au N *(p. 201)*, **Nipos** *(3 km à l'O)* et **Vafes** *(4 km au S-O)*. À **Embrosneros** *(7 km au S)*, il reste de grandes constructions de la fin de la période vénitienne et du début de la période turque ; la tour rappelant le cruel janissaire Alidakis, exécuté en 1774 par les patriotes sfakiotes, a été restaurée.

Maza et Alikampos***

···› À 4 km et 7 km au S de Vrises. Quittez l'axe principal et prenez à g. la route de Filipos ; à env. 3 km, sur la g., se trouve Maza.

Sur la place de Maza s'élève la **chapelle Agios Nikolaos** en pierre taillée ; ses fresques (1325) sont signées de l'artiste crétois Pagomenos. Beau Pantocrator dans le chœur.

À 5 km au S de Vrises, une route à g. monte à **Alikampos**, village traditionnel caractéristique de l'architecture locale. En amorçant la montée vers le village, prenez le chemin à g. dans le virage qui aboutit à une fontaine vénitienne. L'**église de la Panagia***** *(pancartes « Church of Koïmesis »)* est cachée en dessous, à l'ombre d'un chêne et des citronniers *(demandez les clés au* kafenion *du village et prévenez le pope)*. Ses murs sont décorés de remarquables fresques très bien conservées (1315-1316), signées Pagomenos. Sur le mur N *(en entrant à g.)*, en bas à g. : *Saint Georges* avec le cheval, *Sainte Kiriaki* et un personnage non identifié. Au-dessus, *La Présentation de Marie au Temple* et, encore au-dessus, *La Crucifixion*. En bas à dr. : *Marie* (très belle), qui trône avec *Jésus* et, au-dessus, *Le Baptême* (remarquable). Sur le mur S à dr., de bas en haut : *L'Archange Michel, Hélène et Constantin*, puis *La Descente aux enfers*, et enfin *Le Baiser de Judas*. À g., de bas en haut : le *Christ, La Résurrection de Lazare, La Naissance du Christ* ; au-dessus de la porte, *La Dormition*. La technique utilisée rappelle les mosaïques italiennes, celles de Ravenne par exemple.

☘ Le village vit aussi dans la modernité ; il est équipé d'une station photovoltaïque qui lui produit toute son électricité. Après le pont, à g., au milieu des orangers, on peut voir, vers 17 h, les panneaux se relever.

acheter du vin. Les ☘ **établissements viticoles Dourakis** sont installés dans un beau domaine (avec maison ancienne en pierre au milieu d'un espace paysagé) ; les caves contiennent des vins rouges, rosés, blancs et biologiques qu'il est possible de goûter et d'acheter. *☎ 28250-51761, www.dourakiswinery.gr. Ouv. t.l.j. de 10 h à 14 h et de 16 h à 18 h 30.*

Le pays sfakiote

···› www.sfakia-crete.gr. **Bonnes adresses,** p. 257.

La route principale monte. On aperçoit au loin, derrière soi, l'Akrotiri, puis on perd de vue la côte N. On entre dans la province sfakiote, réputée pour son esprit combatif et patriotique. C'est de là qu'est originaire Daskaloianis, le chef emblématique de la rébellion contre les Turcs *(p. 40)*. On traverse le fertile **plateau d'Askifos**. La vie sur ces hauts plateaux est particulièrement dure l'hiver. Du village d'**Imbros** *(**bus** des lignes Hora Sfakion/La Canée ou Rethimnon)* part le chemin de la gorge du même nom *(ci-dessous)*. La route plonge ensuite sur la côte S et la mer de

▶ L'église d'Agios Pavlos qui brave les vents depuis près de neuf siècles.

Libye ; le dénivelé est impressionnant (très belle vue panoramique). En contrebas, on voit la forteresse de Frangokastello *(p. 206)*.

la gorge d'Imbros.** Randonnée de 8 km *(3 h env.)*, en partie à l'ombre, au départ d'Imbros. Fort dénivelé mais sans difficultés particulières. Suivez le lit de la rivière. Flore remarquable. Les parois peuvent se resserrer en portes étroites. Arrivée au village de **Komitades**, à 5 km à l'E de Hora Sfakion. Service de taxi pour revenir au point de départ. Plusieurs tavernes, certaines à l'E du village, avec une magnifique vue sur la mer. **Conseil** : prévoyez de bonnes chaussures de marche pour un chemin très caillouteux. Cette excursion est au programme de plusieurs agences, ce qui résout le problème des transports, mais augmente le nombre des marcheurs.

Hora Sfakion (Sfakia)*

···› À 73 km au S de La Canée (liaisons en **bus**). **Bonnes adresses**, p. 257.

Ce joli port de la côte S joua un rôle primordial sous les Vénitiens, puis dans la résistance contre les Turcs. Il ne vit quasiment plus que du tourisme. Beaucoup de randonneurs n'y font que passer, après avoir descendu les gorges de Samaria *(p. 196)* ; mais les petites **tavernes** le long du port, les nombreuses **chambres à louer**, le cadre, les **plages** et les alentours permettent d'y envisager un séjour.

Les randonneurs ne s'y sont pas trompés : ils sont nombreux à parcourir la côte S et l'arrière-pays proche. De **très belles excursions à pied**, vers l'O, permettent de combiner la mer, les plaisirs de la marche et la découverte d'œuvres d'art byzantines *(conseil : une bonne réserve d'eau est nécessaire)*.

La côte sud

De Hora Sfakion, à l'O, la route panoramique s'élève rapidement au-dessus de la mer avec de superbes aplombs jusqu'à **Anopoli** *(12 km à l'O)*, un joli village isolé où il fait bon boire l'ouzo au *kafenion*.

Vers Aradena et Agios Ioanis

···› Une route à l'O du village d'Anopoli conduit à Aradena (2,8 km) et à ses gorges, puis continue jusqu'à Agios Ioanis. Plusieurs **randonnées** possibles.

Autrefois abandonné, le village d'♥**Aradena** *(1 h de marche d'Anapoli)* a vu certaines de ses maisons restaurées et retrouve aujourd'hui un peu de vie. Les ruelles fraient un passage entre les maisons en ruine et les murs de grosses pierres effondrés jusqu'à la remarquable **église byzantine***** dédiée à l'archange Michel (XIVe s.) ; elle a une très belle architecture.

Construite sur les fondations d'une basilique paléochrétienne, elle s'inscrit dans le plan d'une croix ; on devine les huit pans du tambour de la coupole.

Elle contient de belles fresques ; mais l'église est en général fermée et la clé est à Anopoli.

D'Aradena, la route, ouverte malgré la résistance des écologistes, se prolonge vers l'O en direction d'**Agios Ioanis**** *(5,3 km)* ; deux églises, **Agios Ioanis** et la **Panagia****, contiennent des fresques du XIVe s.

Un chemin muletier descend à la mer *(3h de marche)* et conduit à la merveilleuse petite **chapelle d'Agios Pavlos*****, modeste et isolée, qui brave les intempéries depuis près de neuf siècles. En forme de croix quasi grecque, elle est surmontée d'une coupole à tambour et contient des fresques (date incertaine).

> *Longez la plage jusqu'à Agia Roumeli (1h30 de marche, retour en ferry d'Agia Roumeli à Hora Sfakion).*

les gorges d'Aradena. Au départ d'Aradena. Les gorges sont accessibles aux randonneurs bien équipés et avertis. Comptez 2 h pour rejoindre la mer et la **baie de Finikas**. L'à-pic pour y accéder était impressionnant, mais un **pont** permet maintenant de franchir le passage difficile. Empruntez le chemin aménagé (avec des marches) pour descendre au fond de la gorge et suivre le lit de la rivière.

♥ Loutro

Ferry : 5 liaisons/j. en été avec Hora Sfakion et Agia Roumeli. **Bonnes adresses,** p. 266. **Depuis Anapoli** : un chemin au S du village passe près de l'église Agia Ekaterini qui surplombe la mer et descend au port de Loutro (1 h de marche). **Randonnées,** ci-dessous.

Le port de Loutro est un endroit charmant, isolé au fond d'une petite baie, qui a séduit de nombreux voyageurs solitaires. Dans ce village sans routes ni voitures vous trouverez d'agréables **chambres à louer** et de nombreuses **tavernes**. Attention, il y a beaucoup de monde le week-end !

autour de Loutro. **Au départ de Loutro**, suivez le **chemin classé E4** *(repères jaunes et noirs)* jusqu'à **Fenix** *(30 min)*, où se trouvent les ruines d'un port antique. Poursuivez la côte et les belles plages jusqu'à la **chapelle d'Agios Pavlos***** *(3 h* ; deux tavernes sur le trajet ; *voir ci-dessus*). De là, on rejoint **Agia Roumeli** *(p. 198)* en une bonne heure de marche. Regagner Anopoli par **Livaniana** demande 6 à 8 h de marche.

Frangokastello**

À 12 km à l'E de Hora Sfakion. Une bonne route longe la côte S vers l'E. **Bonnes adresses,** p. 256.

Frangokastello, qui s'élève sur la plaine côtière, en bord de mer, est une des plus belles forteresses vénitiennes de Crète. Une légende l'entoure… Des ombres humaines, les droussoulites, apparaîtraient avec la rosée matinale au mois de mai ou de septembre, esprits des morts chassés du château fort qui reviendraient par la mer et sous forme de gouttes de rosée… Les fantômes hantent encore les lieux où des massacres furent perpétrés à l'époque des Turcs. Un phénomène à observer à la mi-mai et qui fascine les Crétois.

La plage de sable confère à ce site beaucoup de charme. On se prend à regretter qu'un périmètre historique n'ait pas été établi pour protéger l'environnement des constructions trop proches qui le défigurent.

La petite église, au N-E de la forteresse, est construite sur les fondations d'une basilique paléochrétienne dont on voit encore une partie du pavement de mosaïque.

> *La route continue vers **Plakias** (à env. 30 km à l'E, p. 179) ; la côte est belle et découpée, festonnée de criques à découvrir (empruntez la piste de Rodakino, voir aussi p. 179).*

itinéraire 24

À l'ouest de La Canée★★★

programme

Saviez-vous qu'il y a des lagons en Crète ? Quatre circuits dans cet itinéraire pour découvrir criques sauvages, ports animés et villages de montagne. Comptez une bonne journée pour rejoindre Elafonissi ; 2 j. min pour la côte S.

à ne pas manquer

Villages de charme : ♥ Topolia *(p. 211)* ; ♥ Milia *(p. 211)*.

Plages de rêve : le ♥ lagon de Balos *(p. 210)* ; l'île ♥ d'Elafonissi *(p. 212)* ; ♥ Paleohora *(p. 215)*.

Randonnée : la ♥ gorge d'Agia Irini *(p. 217)*.

côté pratique

Départ : La Canée

Carte du département : p. 182-183. **Bonnes adresses :** p. 255.

L'extrémité d'une île exerce souvent une certaine fascination. En Crète, on y trouve les plus beaux lagons : ceux de Balos et d'Elafonissi. Pour vous y rendre, vous pouvez suivre la côte : arrêtez-vous à Gonia, Kasteli, Falassarna, et, sur la côte O, profitez des paysages et des perspectives à couper le souffle au-dessus de la mer. Vous pouvez aussi traverser l'île par la montagne : la végétation est luxuriante, les villages authentiques, et la région de Kandanos détient un record du nombre de petites églises byzantines. Belles plages et petits ports animés : la côte S est un havre de paix. Embarquez pour Gavdos, l'île la plus méridionale d'Europe.

▶ La plage de sable fin du lagon de Balos.

De La Canée à Gramvoussa

La voie express, au S de La Canée, permet d'éviter la route côtière, très fréquentée et très touristique.

Agia Marina *(6 km à l'O de La Canée)* et **Platanias** *(8 km à l'O)* comptent un grand nombre d'hôtels, de pensions et d'appartements, de snacks, de boutiques, certes pratiques pour ceux qui aiment la mer et la plage, mais sans aucun caractère crétois *(voir nos Bonnes adresses, p. 255 et 260)*.

Sur cette côte se déroula, le 20 mai 1941, la sanglante bataille de Crète *(p. 41)*. À **Maleme** *(15 km à l'O de La Canée)*, une route à g. monte sur la colline à un cimetière militaire allemand où 4 465 tombes s'alignent. On aperçoit la première des deux longues presqu'îles de l'O, Rodopos, qui plonge vers le N.

La presqu'île de Rodopos

···› À 23 km à l'O de Maleme.

La presqu'île offre des paysages sauvages qui se découvrent à pied ou en empruntant de mauvaises pistes. Du village de **Rodopos** *(14 km au N-O de Maleme)*, une boucle de 15 km conduit à l'**église Agios Ioanis**, en passant d'abord par l'O *(6,5 km ; 2 h de marche)* et en revenant par la piste intérieure *(8,5 km ; 3 h de marche)*. Une grande fête religieuse a lieu, le 29 août, autour de cette petite église.

Sur le côté E de la presqu'île, légèrement au S de la pointe, dans la petite baie de Diktina, accessible en 4 x 4 ou par la mer, on peut encore voir la base en marbre des colonnes d'un temple dédié à Diane, la déesse de la Chasse. C'était un sanctuaire important de l'Antiquité.

Le monastère de Gonia** *(souvent indiqué Moni Odigitrias). Au pied de la presqu'île, côté E, après le village de* ***Kolimbari****. ☎ 28210-22518. Ouv. du lun. au ven. de 8 h à 12 h 30 et de 16 h à 20 h ; sam. de 16 h à 20 h. Entrée du musée payante. Tenue couverte exigée.* Il ressemble étrangement à une forteresse. Fondé en 1618, brûlé par les Turcs en 1645, reconstruit en 1662, puis restauré en 1798 et remanié vers 1880, il lui reste des airs vénitiens mêlés de style baroque, surtout les portes du réfectoire. Il recèle un trésor et une **collection d'icônes**** de valeur des XVe-XVIe s., dont les plus belles, *La Mise en Croix* et *Saint Nicolas*, datent de 1638. L'église est datée de 1644, l'iconostase de 1672. Elle contient de belles peintures (*Saint Georges* du XVIe s.). Le lustre est récent.

L'Académie orthodoxe de Crète. C'est un centre œcuménique très actif situé à proximité du monas-

© Romain Cintract/Hemis.fr

tère dont il est indépendant. Animé par l'évêque de Kissamos aux idées réformistes, il fut financé à l'origine par l'église protestante de Stuttgart (Allemagne). Des séminaires y sont organisés, ouverts à tous les visiteurs, une initiative à remarquer dans un monde orthodoxe souvent replié sur lui-même.

> *De Kolimbari, un détour par* **Episkopi** *s'impose pour les amateurs d'art byzantin.*

Vers Episkopi

···> À 8 km au S de Kolimbari. Prenez au S la route de Spilia, Drakona, Episkopi (en face de la route de Moni Odigitrias).

Vers la sortie de **Spilia** *(3 km au S de Kolimbari)*, la charmante **église de la Panagia** *(indiquée à dr. « Panayia in Spilia »)* contient des fresques, abîmées certes, mais caractéristiques de l'école crétoise, avec un fond très sombre. Une rue à dr. qui part du centre du village mène à une place ombragée de platanes, où se trouve une belle fontaine vénitienne; demandez la clé de l'église à la maison qui la précède à dr. Spilia a aussi un petit musée avec quelques belles icônes anciennes *(clé chez le pope)*.

Après le village de **Drakona**, un chemin à dr. *(pancarte)* conduit à la chapelle dédiée à **Agios Stefanos** (Xe s.). Ses fresques sont bien conservées, par exemple dans la voûte, côté S: *La Descente du Saint-Esprit* et *La Naissance*; côté N: *La Dormition* et *La Présentation au Temple*.

Avant le village d'**Episkopi** *(dans un virage avant le pont)*, une route à dr. indique l'église dédiée à l'**archange Michel** (Church of Archangel Michael-Rotonda)**. Son architecture est unique en Crète. Construite sur les fondations d'une église paléochrétienne dont il reste des fragments de mosaïque, elle est constituée d'une rotonde du VIIe ou VIIIe s.; sa coupole n'est pas ronde mais, du sommet, elle s'évase en quatre paliers successifs, dessinant comme quatre marches d'escalier. Le narthex et les nefs en berceau, rajoutées plus tardivement, complètent l'ensemble. Il reste quelques fragments de fresques byzantines (XIIe s.) : admirez le beau visage de l'archange Michel *(mur S de la rotonde)* et, au coin S-O du narthex, les fonts baptismaux (bassin à deux places). Des fouilles ont dégagé une nécropole.

Kasteli (Kissamos)

···› À 35 km à l'O de La Canée. Liaisons en **bus** avec La Canée et Falassarna. **Bonnes adresses**, p. 259. Son port, à l'O de la ville, accueille les **ferries** en provenance du Péloponnèse et les bateaux d'excursions pour la presqu'île de Gramvoussa et le lagon de Balos (encadré p. 259).

Kasteli est au fond du dernier golfe de la côte N, entre les deux presqu'îles, celle de Rodopos à l'E et celle de Gramvoussa à l'O. Cette petite bourgade de 15 000 hab., construite sur l'antique **Kissamos**, qui était le port de Polirinia, fortifiée par les Vénitiens au XVIe s., s'est développée avec l'arrivée de la voie express. Sa **plage de sable et de galets** et surtout ses alentours en sont l'attrait.

Si la ville semble présenter de prime abord un intérêt limité, elle décèle pourtant de belles surprises en lien avec son histoire riche. Les fouilles archéologiques, au S de la place centrale Tzanakaki *(bus)*, ont révélé des **mosaïques de la ville romaine** *(exposées au musée)* et, à l'E de la place, dans la petite rue Kambougi, se trouve une belle **fontaine vénitienne** datée de 1520.

Sur cette même place Tzanakaki, une imposante bâtisse, construite par les Vénitiens, puis transformée par les Ottomans, abrite un riche **Musée archéologique**★★ *(ouv. t.l.j. sf lun., de 8h30 à 15h; entrée payante)* ; la collection présente, à travers sculptures, statues, poteries, verreries, monnaies et autres pièces, toute l'histoire de la région de Kissamos de la période préhistorique jusqu'à l'époque paléochrétienne. La muséographie est excellente. Parmi les pièces remarquables, ne manquez pas les mosaïques romaines *(au 1er ét.)*.

vestiges du passé. À 6 km au S de Kasteli, on monte au village de **Polirinia** sur une colline qui surplombe le golfe, d'où la **vue** est magnifique. On retrouve là les vestiges de la ville antique, fondée par les Doriens au VIIIe s. av. J.-C. Une acropole et des citernes ont été mises au jour. Bonne taverne, ♦ **Akropoli**, au bout de la route qui mène au site ☎ 28220-23340.

La presqu'île de Gramvoussa

···› Une piste pour véhicules tout-terrain de 8 km longe au N de Kaliviani la baie de Kissamos par l'E de la presqu'île. **Bateau** depuis Kasteli *(encadré p. 259)*. Les **randonneurs** doivent prévoir eau et protection contre le soleil car il n'y a pas d'arbres.

Paysages dénudés et dépaysement total font le charme de cette route qui surplombe la mer. Du bout de la piste, pour traverser la presqu'île, comptez une bonne heure de marche sur des chemins à chèvres. La descente sur l'avancée de **Tigani**, côte O, se fait par un long escalier de pierres tout neuf, surprenant dans cet environnement : il a été financé par les fonds européens.

Bordé d'une plage de sable fin, le magnifique ♥ **lagon de Balos**★, aux eaux turquoise, a encore la grandeur d'une nature préservée. La menace des hommes est parfois présente sous la forme de petites plaques de goudron sur la plage. Une petite **taverne** y est ravitaillée par mer.

douce Gramvoussa. Sur la **petite île Imeri** (qui signifie « douce ») **Gramvoussa**, au N-O de la presqu'île, se trouvent les restes d'une des très belles forteresses créto-vénitiennes, construite entre 1579 et 1584, qui tomba aux mains des Turcs en 1715. Les bateaux d'excursion au départ de Kasteli s'y arrêtent *(voir l'encadré « ♥ Croisière depuis Kasteli » p. 259)*.

La route intérieure vers Elafonissi

Cette route est conseillée aux automobilistes que la route de la côte O peut indisposer en raison de dénivelés impressionnants au-dessus de la mer.

Quelques kilomètres avant Kasteli, une route descend vers le S-O de l'île et permet de gagner Elafonissi *(p. 212)* plus rapidement que par la côte O. Elle traverse de belles gorges et des forêts de châtaigniers.

♥ **Topolia.** *À 13 km au S de Kasteli.* À 280 m d'altitude, ce village donne accès à une gorge. La descente à pied de la gorge jusqu'à **Koutsomatados** *(balade de 4 km ; 1 h 15 de marche)* est impressionnante. À Koutsomatados, vous avez la possibilité de faire une pause à la taverne ♦ **Panorama** *(chambres ☎ 28220-51163).*

On peut envisager d'autres marches : **Koutsomatados/Sasalos** *(4 km ; 1 h 20 de marche)* ; **Koutsomatados/Mouri** *(8 km ; 3 h de marche)* ; **Mouri/Voulgaro** *(3,5 km ; 1 h de marche).* Voulgaro est à 4 km au N de Topolia. Après le tunnel, on monte à pied *(20 min env.)* à une des plus vastes grottes de Crète, **Agia Sofia Cave**. La vue sur la montagne est magnifique. Renseignez-vous toujours sur place avant de partir randonner.

♥ ☘ **Milia.** *À 19 km au S de Kasteli. Au S de Koutsomatados, tournez à dr. vers Vlatos. Suivez les pancartes « Milia » (de la route principale, à 6,5 km après l'embranchement).* Milia est un **village « responsable »**, perdu au fond d'une vallée d'altitude à la végétation luxuriante et couverte de châtaigniers. Le village, qui était il y a peu de temps encore une ruine abandonnée, a été reconstruit tel qu'il était, dans le respect des matériaux et de l'environnement. Les maisons sont meublées à l'ancienne, éclairées aux bougies ; l'eau est chauffée au bois ou à l'énergie solaire ; la ♦ **taverne** sert des produits frais du terroir, en grande partie de culture biologique. Ce village est ouvert aux voyageurs en quête de repos et de solitude *(**hébergement** possible : 13 ch., une suite, et taverne ☎ 28210-46774, www.milia.gr).*

> ***Pour rejoindre directement la côte S :*** *de la route principale, après **Mili** (un autre village à ne pas confondre avec Milia), une belle route descend à **Voutas** (19 km au S, p. 216) ; une autre route permet de rejoindre **Kandanos** (15 km au S-E, p. 213) et **Paleohora** (p. 215).*

Pour rejoindre Elos *(à 5 km au S-O de Mili) : on traverse le pays des châtaignes, à 560 m d'altitude. La ville en exporte des tonnes chaque année ; la **Fête de la châtaigne** (3e dim. d'oct.) illustre l'importance de cette culture. On retrouve l'itinéraire de la côte O (ci-après) avant **Vathi**.*

La côte ouest

La route qui longe la côte O est magnifique, mais souvent impressionnante avec la mer en contrebas. Si vous êtes sensible au vide, préférez la route intérieure (ci-dessus) pour gagner le S et pour le retour par la côte O ; la conduite se fait alors côté montagne.

Le coucher de soleil sur cette côte éclaire d'une lumière incomparable le site archéologique de Falassarna, un monastère retiré, ou la petite île d'Elafonissi, au cadre enchanteur.

Falassarna★

À 16 km à l'O de Kasteli. Liaisons en **bus** avec La Canée (p. 266). **Bonnes adresses**, p. 256.

C'est un site antique à l'extrême O de l'île dans un décor naturel imposant. De Kasteli, on rejoint **Platanos** *(11 km au S-O)*, d'où une route en corniche descend sur une mer aux fonds clairs, verts et bleus. Mais de nombreuses cultures sous serres ont dénaturé la beauté de cette magnifique baie. Du bout de la route *(pensions, hôtel, chambres, tavernes)*, une mauvaise piste remonte le long de la côte vers le

N jusqu'au **site archéologique de Falassarna** *(parking à la guérite du gardien, site ouvert non surveillé; les fouilles se poursuivent)*.

Ce port antique, construit avec d'énormes blocs de pierre, est aujourd'hui à 500 m dans les terres et 8 m au-dessus du niveau de la mer. Il a en effet subi un phénomène géologique considérable: la crête a basculé, s'élevant à l'O et tombant à l'E.

> *En repartant, on passe devant une étonnante pierre dont la forme lui a valu le nom de « Trône ». La baie est superbe et l'eau magnifique.*

Détour le long de la côte

···> Après Platanos, une route en corniche, avec des aplombs impressionnants, suit la côte O.

Le voyage, long pour parcourir env. 50 km, séduira les amoureux de nature *(prévoyez essence, eau et vivres: la région est encore très isolée)*. On passe par **Sfinari** *(10 km au S de Platanos)*, petit village d'où l'on peut descendre à la mer *(plage de galets, tavernes en bord de mer et dans le village, chambres)*. Après **Amigdalokefali** *(18 km au S de Sfinari)*, on peut regagner Kasteli par Elos et Topolia; la boucle représente 80 km. On peut aussi rejoindre Kandanos par une route sur la dr. après Elos. En fait, on ne quitte pas vraiment la côte O car, si la route s'en éloigne un peu, elle y revient par Vathi pour conduire à l'île d'Elafonissi.

Moni Khrissoskalitissas★

···> À 19 km au S d'Amigdalokefali par Kefali, à 72 km à l'O de Hania. Accès en **bus** depuis La Canée (p. 266). La route descend le long de la gorge; en arrivant sur la mer, prenez la route de g. Ouv. t.l.j. de 7 h au coucher du soleil. Autour du monastère, on trouve des **tavernes** et quelques maisons avec des **chambres à louer**.

Ce monastère n'héberge plus qu'un moine et deux popes. Construit à l'époque vénitienne sur un îlot rocheux, il a gardé son caractère défensif malgré les transformations successives. Il vaut surtout pour le site, remarquable au coucher du soleil.

L'**église** est ouverte et deux petits espaces sont aménagés en **musées**: l'un présente le travail des religieuses et les instruments agricoles utilisés par le monastère; l'autre montre la cellule d'un moine, des objets lithurgiques et des icônes du XIXe s.

♥ L'île d'Elafonissi★★★

···> À 5 km au S de Moni Khrissoskalitissas. Accès en **bus** de La Canée et en bateau de Paleohora (p. 268). Douches, WC, bar et possibilité de collations légères sur la plage. S'y rendre tôt le matin ou le soir après le départ des cars.

De Moni Khrissoskalitissas, une route continue vers le S, dans une région déserte, caillouteuse, aux tons ocre, avec des buissons épineux pour toute végétation. Des habitations commencent à faire leur apparition. Elle aboutit à une longue plage de sable fin; la mer, comme une lagune, s'y étire sans profondeur et ourle de fin sable rose la petite **île d'Elafonissi.** On traverse à pied le petit bras de mer qui la sépare de la côte. Pattes de mouettes qui courent dans des dunes plissées au gré des vents, fleurs des sables, plaisir des yeux: douceur d'un site, aujourd'hui très fréquenté, qu'il faut savoir partager.

D'une côte à l'autre

De la côte N, au S de **Tavronitis** *(3 km à l'O de Maleme)*, une route traverse l'île jusqu'à Paleohora sur la côte S *(57 km)*. Elle était sinueuse et pas toujours rapide, mais est progressivement améliorée et élargie. Paysages de montagnes, avec des arbres magnifiques, et villages, avec des églises byzantines à visiter ou des *kafenions* à fréquenter pour goûter la vie locale, lui confèrent beaucoup d'attraits.

saveurs locales. À **Voukolies** (8 km au S de Tavronitis), le marché, un bazar, reste une tradition depuis l'occupation turque. Sur la route, asseyez-vous à la taverne ♦ **I Platia** sur la place de **Kandanos** pour goûter de la chèvre *(arni)* et des aubergines à la feta.

Kandanos et sa région

➜ À 44 km au S de Tavronitis. **Taverne,** p. 258.

Entre la côte N et la côte S, sur le versant S des montagnes Blanches, **Kandanos** est le chef-lieu du district de **Selinos**. La région de Kandamos fut durement touchée par les représailles allemandes pendant la Seconde Guerre mondiale : des villages furent rasés, des maisons brûlées et les Crétois résistants fusillés ; les monuments aux morts rappellent ces moments tragiques. Toutefois, son patrimoine artistique est exceptionnel, avec ses églises, ses chapelles décorées de remarquables fresques byzantines, souvent en attente d'être restaurées et sauvées.

Kandanos et ses églises byzantines. *Joli livre, en grec et en anglais, avec les reproductions légendées des fresques des 23 églises en vente sur la place à la taverne ♦ **I Platia** (ci-contre). Une aide précieuse pour qui s'intéresse à l'art byzantin. Les fresques qui n'apparaissent pas toujours nettement sur place peuvent ainsi être lues.*

On repère, à son campanile blanc et bleu, l'église dédié à **Agios Nikolaos** *(au centre de Kandanos, au-dessus de la place , à g. de la cathédrale nouvelle)*. Modeste, elle porte en elle toute l'histoire du village. Elle fut construite avec des chapiteaux de l'époque romaine. Les Turcs la transformèrent en mosquée avec un minaret et recouvrirent les murs de blanc. Il a été découvert récemment que toute l'église était couverte de fresques. Les fresques retrouvées vont être restaurées.

> *Du bourg, on peut rayonner.*

À **Agia Ekaterini**, proche de la place, toutes les fresques n'ont pas encore été rafraîchies. **Agia Paraskevi**, en piètre état, cache des trésors en péril, des fresques à sauver.

À 2 km au S de Kandanos, à **Labiriana**, suivez la pancarte « **Agia Kiriaki** ». La petite route traverse une oliveraie. L'église à une nef est décorée de fresques du XIVe s., très abîmées, qui offrent toutefois de très beaux détails ; buste d'une femme vêtue de blanc et inscription du donateur, l'ange de l'Annonciation. En poursuivant la route, 1 km plus loin, dans un joli paysage, on découvre l'église **Agios Georgios**, prête à s'effondrer ; plus de toit au-dessus de l'autel, mais des fresques encore bien conservées ; notez le saint Georges à dr. de l'autel *(mur N, extrémité E)* et sainte Kiriaki, *(mur E, partie S)*.

À **Kavalariana** *(à 1 km au N-E de Kandanos)*, l'église à une nef, dédiée à l'archange Michel, Archangelos Michali, abrite des fresques (1327-1328) de **Ioannis Pagomenos**, un des grands artistes de cette époque *(voir Maza et Alikampos p. 203)*. Les dates sont attestées par l'inscription de la main du peintre *(sur le mur en arche, côté S)*. Visages expressifs (notez celui du Pantocrator, celles des femmes qui se lamentent), les mains du Christ qui bénit, les drappés des vêtements, révèlent les talents de l'artiste, son sens de la perspective, des formes et des couleurs.

Anisaraki *(à 2 km au NE de Kandanos par la route de Temania)* compte quatre églises byzantines. À l'entrée du village, à g., en contrebas de la route, dans une oliveraie, la petite église dédiée à sainte Anne, **Agia Anna**, a de jolies fresques peintes entre 1457 et 1462, encore bien lisibles. De la vie de cette sainte évoquée dans ces peintures, on retiendra celle où Anne allaite la Vierge Marie, une vraie curiosité.

journée de rêve

L'île de Gavdos*

Accès en bateau

Au départ de Paleohora : 2 fois ou plus/sem., lun. et mer. à 8 h 30, retour à 13 h.
Au départ de Hora Sfakion : les sam. et dim. *(liaisons plus fréquentes en saison)*, retour possible dans la journée.
Informations à vérifier sur place selon la saison : **Anendyk** ☎ 28210-95511 et 28250-91221.
Achetez des vivres et de l'eau dans l'une des deux épiceries de **Kastri** (les seules de l'île) au cas où le bateau de retour se ferait attendre.

Gavdos, située à 50 km au S-E de Paleohora, n'est pas imposante, avec ses 37 km², ses quatre villages et moins de 100 habitants : venez découvrir ce paradis miniature où 100 % de l'énergie utilisée est solaire.

La découverte du Sud

Le bateau vous laisse tout d'abord à **Karave** *(quelques maisons, avec chambres à louer, deux modestes tavernes)*. Un bus, deux voitures ou trois tracteurs assurent le transport jusqu'à **Kastri** ou la plage de **Sarakiniko** ; les courageux s'y rendent à pied *(Kastri est à 1 h 30 ; la plage, à 30 min)*. Ils sont récompensés par la solitude des paysages et de belles plages. Au S de l'île, vous voilà à **Vatsiana**, le village le plus méridional de toute l'Europe, très proche de l'Afrique.

Du Nord à l'Est

Sarakiniko, au N de l'île, est une superbe plage de sable *(eau, camping sauvage, tavernes avec chambres)*. Sur la plage de galets de **Korfos**, sur la côte E de l'île, accessible du port en 45 min de marche par une jolie piste, on peut camper *(eau)*. Les bateaux peuvent rester à quai si le vent ou la tempête se lève. Prévoyez temps et vivres au cas où les intempéries l'exigeraient. ◆

L'église de **la Panagia**, à une seule nef, se trouve à la sortie du village à g. Les fresques du XIV-XVe s. sont en assez bonne condition. Beau baptême du Christ. Étonnante évocation de l'*Apocalypse* (17-3, 4) avec une femme tenant dans la main dr. un bateau, et chevauchant un monstre qui crache les morts dans un monde marin déchaîné ; les yeux sont terrifiants. À quelques mètres au-dessus de la Panagia, l'église **Agia Paraskevi** est plus modeste, avec seulement quelques fresques.

La dernière, dédiée à saint Georges, **Agios Giorgos**, plus difficile à trouver, est située à proximité d'un **olivier monumental***, avec plus de 10 m de haut, 15 m de large et un tronc de 4,35 m ; il aurait plus de 3 000 ans *(suivre les pancartes qui indiquent sa direction)*.

Kakodiki. *À 7 km au S-O de Kandanos.* Le village compte deux églises byzantines. Seul le pope en détient les clés et l'accès ne se fait qu'avec un villageois avisé.

L'**église Panagia**, à la sortie du village, date de 1420 ; les fresques y sont très abîmées. En revanche, l'église **Agios Isodoros** renferme de très belles fresques bien conservées (quoique détériorées par les Turcs). Demandez la clé aux habitants alentour. Dans le chœur, sur fond sombre, caractéristique de l'école crétoise : un *Christ Pantocrator* et les *Quatre Évangélistes*. En entrant, à g., *Saint Georges* et, au-dessus, *La Crucifixion* (notez le réalisme dans les regards et les expressions) ; à dr., *Saint Dimitri* et, au-dessus, des scènes de la vie du Christ (*Le Baptême*, en bas à g. ; *La Présentation au Temple*, au-dessus ; *La Mise au tombeau*, à côté à dr.) ; *Saint Jean-Baptiste* en prison, puis décapité, au-dessous.

◄ La magnifique plage de Sarakiniko.

♥ Paleohora**

··› À 75 km au S-O de La Canée. **Bonnes adresses**, p. 267.

Paleohora, avec son port et ses deux baies, est un des jolis coins de l'île. Une très **longue plage de sable** *(à l'O)*, suivie de **petites criques** de sable ou de galets, ainsi que des possibilités d'**excursions en mer** le long de la côte ou dans une nature luxuriante ont fait de cet endroit un lieu de villégiature recherché, apprécié aussi des randonneurs et des voyageurs qui n'exigent pas des hôtels de catégorie supérieure.

Sur la promenade le long de l'autre plage *(la plage de galets à l'E)* s'alignent **tavernes** et **chambres à louer**. Il est très agréable de se promener le soir dans les rues du centre devenues piétonnières et occupées par les tables des tavernes. Animation assurée !

La forteresse Selino. Il ne reste plus grand-chose de cette forteresse que les Vénitiens construisirent en 1279 sur un isthme, avec trois côtés donnant sur la mer. On peut la contourner à pied et y monter *(de l'église dirigez-vous vers le S)*.

Le musée* *(face à l'église centrale ☎ 28230-42265 ; ouv. du mer. au dim. de 10 h à 13 h et de 18 h 30 à 21 h ; entrée libre)*. Il présente une exposition consacrée aux **Acrites de l'Europe médiévale** (du Ve au XVe s.). Ces héros guerriers, recrutés dans les régions frontalières des pays et empires par les pouvoirs centraux pour protéger les frontières souvent menacées, connus pour leur bravoure, ont nourri l'imaginaire populaire et inspiré les poèmes-chansons épiques et légendes chevaleresques du Moyen Âge. Ainsi, les histoires contées de ces personnages souvent historiques, tous doués de talents exceptionnels (Dighénis, Roland, le Cid, le roi Arthur, Tristan, Siegfried…) constituent le socle d'un patrimoine culturel commun qui a forgé l'identité européenne. Sur des panneaux en grec et en anglais, on découvre une facette passionnante d'une europe culturelle méditerranéenne où récits légendaires, musiques, poésie, traditions militaires et artistiques ont circulé et se sont diffusés jusqu'à aujourd'hui.

autour de Paleohora. Depuis Paleohora, les chemins classés E4, balisés avec des repères noir et jaune, offrent de belles randonnées le long de la côte : **Paleohora/Elafonissi**, à l'O *(5 h ; pas de point d'eau)*. **Paleohora/Sougia**, à l'E *(5 h ; point d'eau à Lissos)*. Les trajets peuvent aussi se faire en bateau. Sur les routes et les pistes autour de Paleohora, les églises cachent des **trésors d'art byzantin**. Prévoyez une lampe : les intérieurs des églises sont souvent sombres ; il faut parfois de la persévérance pour trouver les clés.

À l'ouest de Paleohora

La route le long de la côte a été asphaltée pour les besoins de l'économie : la plaine côtière se prête bien aux cultures maraîchères sous serres, hélas en plastique, qui défigurent le paysage. À Koundouras *(8 km à l'O)*, la route quitte la côte.

Sklavopoula. Cette bourgade s'enorgueillit de compter sept églises byzantines. Elles sont fermées ou difficiles à trouver. En arrivant au village, adressez-vous au *kafenion* (qui se trouve à la croisée de plusieurs chemins dans un site venté, mais où le regard embrasse largement la mer vers l'O ; très beau coucher de soleil). On vous indiquera la maison du *papas* (le pope), qui détient les clés. **Agios Giorgos**, située à côté de l'école, est l'église la plus ancienne ; elle date de la fin du XIIIe s. La **Panagia** est perdue dans les oliviers, au bout d'un chemin qui part du *kafenion* vers l'E. Elle daterait de 1300 env. et renferme de belles fresques : *Les Supplices de l'enfer, Le Baiser de Judas*.

En contrebas de la Panagia s'élève l'**église Christos**, sans doute de la même époque, avec un arc d'ogives. Elle contient aussi quelques fresques, apparemment inachevées, qui ont gardé leurs belles couleurs, surtout l'ocre et le pourpre.

Voutas. *À 16 km au N-O de Paleohora. À la sortie O de la ville, prenez la dir. de Voutas.* À l'entrée de ce village, à dr., se trouve l'église **Agia Panagia**, couverte de fresques très abîmées. On peut toutefois admirer quelques beaux visages. À la sortie de Voutas, vers Sklavopoula, à 2 km à g., dans un virage et en hauteur *(15 marches, indication en grec)*, se trouve **Agia Paraskevi**★★. Cette petite église blanche renferme de belles fresques en meilleur état que les précédentes, avec des tons chatoyants, rouge, ocre et pourpre. À g. de la porte en entrant sont peintes d'étonnantes scènes érotiques inspirées par Satan.

À l'est de Paleohora

··· De Paleohora, une route vers l'E rejoint Sougia (35 km, env. 1 h de voiture) ; au 1er embranchement juste après le camping de Paleohora, prenez à g. (le chemin de dr. suit la côte pendant quelques kilomètres) ; la route s'engage dans une gorge.

Anidri. *À 5 km à l'E de Paleohora.* Anidri domine la mer. En contrebas de la route, une **église byzantine** à deux nefs, Agios Giorgios, originale par son architecture, avec un élégant clocheton, contient dans sa nef N quelques belles fresques, bien conservées, du peintre crétois Pagomenos (XIVe s.), dont un *Saint Georges sur son cheval*.

pause déjeuner à la taverne ♦ ♥ **Sto Skolio** (au centre d'Anidri, dans l'ancienne école ☎ *28230-83001, ouv. de 9 h à tard le soir*). Son agréable terrasse sous un gros olivier offre une jolie vue sur la gorge qui descend à la mer et à la plage d'Anidri (1 h de randonnée dans le lit de la rivière ; attention aux obstacles rocheux).

Prodromi. *À 7 km au N-E d'Anidri.* Sur la commune, trois églises sont à voir : **Agios Pandeleimon** (fresques abîmées); **Agios Pavlos**, accessible seulement à pied du village; et, la plus belle par son architecture, la **Panagia**.

♥ **Temenia.** *De Prodromi, remontez au N vers Temenia (10 km).* Ici se trouve l'église **Sotiros Cristou**★★★ *(à la sortie du village, en dir. de Sougia, après l'église neuve qu'on laisse en haut à sa g., prenez le premier chemin à dr. indiqué « Ancient Hyrtakina » ; puis à 100 m, le sentier à dr. d'une maison).* L'église est sur la colline, à l'ombre des chênes. Remarquable avec ses grosses pierres de taille, originale par son architecture, elle présente une seule nef dont la partie la plus ancienne daterait du XIIIe s. Très belles fresques des XVIe et XVIIe s.

> *Revenez par* ***Platanes****, au S-O (église Agios Dimitrios), puis* ***Asfendiles*** *(église Agios Ioanis). La route cahote au flanc de la montagne dans de belles forêts et rejoint la route du N à 3 km de Paleohora.*

De Paleohora à Sougia en bateau. Les archéologues ont découvert dans cette région des traces de villes antiques. Dans la baie d'Agios Kirkos apparaît le port de Hyrtakina, **Lissos**, qui était célèbre pour sa source et ses thermes. Vous accostez à Sougia *(env. 15 min plus tard)* à proximité de l'antique Syia, le port d'Eliros.

vers le port de Lissos.

Départ de Sougia *(1 h 30 de marche)*. Un chemin E4, balisé de repères noir et jaune, conduit en 1 h 30 de marche à l'antique port de **Lissos**, qui fut habité à l'époque hellénistique et jusqu'à la période romaine *(prévoyez de l'eau)*. Il est marqué aussi par trois pierres disposées à intervalles le long du trajet. Il faut traverser une petite gorge, un plateau et une vallée avant d'arriver à la plage de Lissos où se trouvent les ruines; le temple dédié à **Asclepios** est entouré d'une clôture fermée *(la clé se trouve chez la famille qui y réside)*. Le sentier continue jusqu'à Paleohora *(3 h 30 de marche; pas de point d'eau en route; joli parcours, mais fatigant en raison du soleil)*.

Sougia★

À 42 km à l'E de Paleohora par Kandanos; 25 km par Anidri, Podromi (dont 7 km de pistes); 70 km de La Canée (liaisons en **bus**; 2 h 30 de trajet). En saison: liaisons en **bus** t.l.j. avec les gorges de Samaria (départ à 7 h, retour en bateau); liaisons t.l.j. en **bateau** avec Paleohora à l'O et Agia Roumeli, Loutro et Hora Sfakion à l'E. **Bonnes adresses,** p. 270. **Randonnées,** p. 216.

Sougia possède une longue plage dans une superbe baie protégée. Avec ses **tavernes** en bord de mer et ses quelques **pensions**, ce village charme encore les amateurs de tourisme non organisé. C'est également un point d'arrivée (ou de départ) pour les randonneurs de la gorge d'Agia Irini *(ci-dessous)*. L'église du village a été reconstruite sur les restes d'une **basilique paléochrétienne**; il subsiste le pavement de mosaïque, avec de belles représentations naturalistes de paons, de biches, en partie dans l'église, en partie à l'extérieur.

À **Moni** *(12 km au N de Sougia)*, l'église **Agios Nikolaos**, en contrebas de la route, abrite des fresques endommagées, signées (fin du XIVe s.), face à l'entrée; notez le visage de saint Paul sur son bateau.

la ♥ gorge d'Agia Irini.

Départ d'Agia Irini *(village à 27 km au N de Sougia; à 42 km au S-O de La Canée)*. Chemin indiqué, pas de difficultés majeures. Soyez bien chaussé. Petit droit d'entrée. *(Hébergement à Epanohori, p. 222.)* **Ayeriniotiko**, la gorge d'Agia Irini, est longue de 7 km, avec 450-500 m de dénivelé. On y accède depuis le village d'Agia Irini par un chemin qui mène à une rivière dont le lit se dessèche l'été. Bonne taverne au début du chemin: ♦ **Sartzetakis** ☎ 28230-51552. La végétation est remarquable, avec une flore riche, le fameux dictame, des platanes, pins, cyprès, parfois suspendus aux parois rocheuses. Dans la gorge vivent chèvres sauvages, les *agrimi*, et oiseaux, certains rares, aigles dorés ou rapaces. À la sortie de la gorge, agréable taverne (♦ **Oasis**; *p. 222*). Il faut ensuite suivre la route (5 km) pour regagner la plage de **Sougia** ou appeler un taxi (☎ 69777-45160). ◆

Heraklion et son département

visites

Itinéraires 1 à 9, p. 58.
Cartes p. 60 et 64.

Agia Pelagia

Visite p. 96.

Hébergement

De 35 à 70 €

▲ **Ambelos**. ☎ 2810-811331, www.ambelos-crete.com. Studios et appts bien équipés et confortables pour *2 à 4 pers.* Piscine, boutique de produits crétois. Idéal pour ceux qui recherchent le calme et disposent d'une voiture.

▲ **Renia**, service hôtelier *(studios-appts pour 2 à 5 pers.)* situé à 50 m de la plage de sable ☎ 2810-811349, www.renia.gr. On y trouve tout le confort moderne, l'air cond. et une piscine.

De 80 à 150 €

▲ **Angel Village**, Ligaria, avant Agia Pelagia en venant d'Heraklion, au-dessus de la plage de Ligaria ☎ 2810-811368, www.angelvillage-crete.com. *40 appts* avec vue sur la baie à 1,5 km de la plage (navettes de l'hôtel). Piscine, taverne. Prévoir une voiture. On y parle français.

▲ **Peninsula**, sur un promontoire à 20 min à pied du port ☎ 2810-811313, www.peninsula.gr. *245 ch. Ouv. en saison.* Hôtel-club, dans un cadre fleuri et agréable. Bonnes prestations. Toutes les facilités de sports nautiques. Conseillé aux amateurs de plongée sous-marine (club). Accès difficile à la plage pour les ♿.

Plus de 150 €

▲ **Capsis Beach**, à 25 km au N-O d'Heraklion, à 3,5 km de la voie rapide Heraklion-Rethimnon ☎ 210-811212, www.capsis.gr. *659 ch. et bungalows.* Sur une superbe baie, dans le petit port naturel et le village; jardins, 4 piscines, minigolf, tennis, sports nautiques, dont club de plongée, plage privée; 4 restaurants, 5 bars, spa. Grand confort, calme et raffinement.

Taverne

De 12 à 15 €

Elles sont les unes à côté des autres dans le village devant la plage. Celles de la petite baie Mononaftis, plus au N, sont agréables.

♦ **Caldera Fish Taverne**, près de l'hôtel Capsis. Une maison blanche aux volets bleus avec un jardin donnant sur la plage. Jolie décoration de meubles anciens et très bonne cuisine.

Sports

Plongée. Stay Wet Diving Center, Mononaftis, à côté de l'hôtel Peninsula. Rés. par téléphone ☎ 28970-42683/6944-690152, www.staywet.gr. Base de plongée pour débutant(e)s ou expérimenté(e)s, avec des instructeurs et des guides français. Prêt de matériel.

Festos et ses environs

Visite p. 104. Voir aussi Vori, p. 230 et Matala, p. 228.

Hébergement

De 40 à 60 €

▲ **Mary Elen**, à Kokinos Pirgos (6 km au N-O), prenez la dir. d'Agia Galini; après le village de Kokinos Pirgos (chemin indiqué) ☎ 28920-51268. *58 ch. Ouv. en saison.* Moderne et isolé, magnifique vue sur toute la baie. Piscine, taverne avec vue sur la mer, accès à la mer par un petit chemin (5 min).

Taverne

De 12 à 15 €

À **Agios Ioanis**, premier village après Festos, à g. sur la route de Matala:

♦ **The Rabbits** *(ouv. le soir)*, avec, en spécialité… le lapin, et un bon petit vin local. *Voir également Matala (p. 108 et 228), Pitsidia (p. 107), Sivas (p. 109) et Vori (p. 103).*

Fodele

Visite p. 86.

Hôtel

De 80 à 150 €

▲ **Fodele Beach**, à 3 km du village de Fodele ☎ 2810-522000, www.fodelebeach.gr. *412 ch. et bungalows. Ouv. en saison.* Bel ensemble à flanc d'une colline surplombant une petite baie isolée. Plage, 2 piscines. Tout confort et nombreuses facilités, dont plongée sous-marine.

Gouves

Visite p. 88.

Hébergement

Camping. ▲ **Creta**, sur la plage ☎ 28970-41400, www.campingcrete.de.ki. *270 tentes.* Taverne. Environnement décevant et pouvant être bruyant. Toutefois bien tenu et en bord de mer, avec des espaces ombragés. Arrêt du bus de la côte N à proximité.

De 80 à 150 €

▲ **Marina Beach** ☎ 28970-41112, www.marina.gr. *400 ch. et bungalows. Ouv. en saison.* À 50 m de la plage de sable. Un des bons hôtels pour séjour en famille de cette catégorie, avec les facilités attendues. Piscines, nombreuses activités nautiques et pour les enfants, tennis, restaurants.

Heraklion

Visite p. 62.

🛈 1, rue Xanthoudidou, en face du Musée archéologique **D2** ☎ 2810-246298 ou 99. *Ouv. en saison touristique du lun. au ven. de 9h à 18h, sam. et dim. de 9h à 15h.* Dépliant sur la Crète avec carte de l'île et plans des villes, liste des hébergements et horaires des autobus. On y parle anglais et parfois français. Bureau d'information en saison à l'aéroport ☎ 2810-397305. *Ouv., en saison, t.l.j. de 9h à 20h; mar. et mer. de 9h à 15h.*

🛈 le site de la municipalité (en anglais) : www.heraklion.gr.

Hébergement

Heraklion dispose d'une gamme complète d'hôtels de toute catégorie, ce qui permet d'assurer parfaitement l'hébergement des touristes.

Si vous souhaitez vous éloigner de l'animation de la ville, vous trouverez des hôtels de bonne catégorie en bord de mer dans les faubourgs O d'Heraklion, à **Amoudara** (5 km) et **Linoperamata** (7 km), mais l'environnement manque de charme. Préférez les jolies baies loin de la capitale, à **Agia Pelagia** *(p. 86)* ou à **Fodele** *(p. 86)* par exemple. Quant à l'E de la ville, un nombre impressionnant d'hôtels jalonne la côte, très touristique, sans aucune harmonie. Vous pouvez toutefois apprécier le cadre et les services de certains bons hôtels de séjour, en bord de mer, à des prix raisonnables, comme à **Amnissos Karteros** *(p. 87)*. Tous ces sites sont desservis par les bus locaux.

Les symboles ▲ **1.** permettent de localiser les établissements sur le plan p. 64.

De 30 à 45 €

▲ **1. Lena**, 10, rue Lahana, petite rue de la vieille ville qui donne sur Vironos (commence au milieu de la rue 25 Avgoustou) **C1** ☎ 2810-223280, www.lena-hotel.gr. Petit hôtel simple, rénové et bien tenu. Certaines ch. avec air cond.

De 45 à 60 €

▲ **2. Irini**, 4, rue Idomeneos **C-D1** ☎ 2810-229703, www.irini-hotel.gr. *59 ch.* Entre le Musée archéologique et le port, un hôtel moderne et agréable; air cond., jolis balcons. Parking.

▲ **3. Kastro Hotel**, 22, rue Theotokopoulou **C1** ☎ 2810-284185, www.kastro-hotel.gr. *39 ch.* Au centre, près du parc El Greco, dans une ruelle. Calme et propre. Bon rapport qualité-prix.

▲ **4. Poseidon**, 54, rue Poseidon **hors pl. par D1** ☎ 2810-222545, www.hotel

Budget hôtel

Sauf mention contraire, les fourchettes indiquées sont données pour le **prix de départ** d'une chambre double, petit déjeuner non inclus. Les tarifs varient en fonction de la capacité de la chambre et de la saison.

On trouve des petites pensions **à partir de 30-40** € la chambre double. **Entre 40 et 70** € la double, les hôtels sont déjà très confortables, mais souvent proposent uniquement la formule « chambre et petit déjeuner ». **De 60 à 80** €, ils ont une salle de bains privée, le téléphone dans les chambres et un restaurant. La demi-pension n'est pas obligatoire. Ce sont souvent de petits hôtels familiaux. **De 80 à 150** €, ce sont de gros ensembles sur les plages de la côte N, dans les zones touristiques, tout confort (demi-pension ou pension complète, piscine), avec beaucoup de facilités et des animations sportives. **À plus de 150** €, ces établissements de « luxe » bénéficient d'un site, d'une architecture et d'un service exceptionnels. Les prix peuvent être très élevés.

Précisions sur l'ensemble des catégories p. 281, rubrique « Hébergement ». ◆

poseidon.gr. Hôtel familial bien tenu. Situé à 10 min à pied à l'E du port, en dehors de la vieille ville, sur la hauteur, avec vue sur la mer. Ch. avec ou sans air cond., parking. Réduction de 10 % si paiement en liquide ou pour plus de 2 nuitées.

De 70 à 150 €

▲ **5. Astoria Capsis**, 11, place Eleftherias **D2** ☎ 2810-229078, www.astoriacapsis.gr. *131 ch. et suites.* Magnifique vue sur la mer et sur la ville depuis le toit-piscine. Air cond. Bien situé dans le centre-ville, près du Musée archéologique. Restaurants. Très agréable.

▲ **6. Atrion**, 9, rue Ioanis Hronaki **C1** ☎ 2810-246000, www.atrion.gr. *60 ch.* Proche du Musée historique et du port vénitien. Ch. modernes et confortables avec balcon, air cond., accès Internet. Restaurant. Son gros atout : un parking, dans une ville où le stationnement est un réel problème.

▲ **7. Lato**, 15, rue Epimenidou **D1** ☎ 2810-228103, www.lato.gr. *58 ch. et suites.* Élégant hôtel, moderne ; dominant le port ; agréable terrasse-bar sur le toit. Air cond., Internet, hamman et jacuzzi. Restaurant. Promotions w.-e. famille.

Plus de 150 €

▲ **8. Galaxy**, 75, rue Dimokratias **hors pl. par D4**, à 5 min à pied au S de la place Eleftherias ☎ 2810-238812, www.galaxy-hotel.com. Bel hôtel à l'architecture moderne. Ambiance feutrée et sobre. Tout confort. Piscine, restaurant, pas de parking privé.

▲ **9. GDM Megaron**, 9, Doukos Bofor (Beaufort) **D2** ☎ 2810-305300, www.gdmmegaron.gr. C'est le meilleur hôtel d'Heraklion. Il est installé dans un immeuble historique construit en 1920 le long de la muraille vénitienne, face à la mer, au-dessus du port. Centre de la vie politique, sociale et financière dans les années 1930, cet hôtel est aujourd'hui entièrement restauré. Belle architecture avec des intérieurs modernes et de grand confort.

Tavernes, ouzeri, rakadiko

Dans le centre-ville d'Heraklion, on peut manger à toute heure *bougatsa, gyros, souvlaki* sur la **place de la fontaine Morosini C2**, ou dans les deux petites rues perpendiculaires à celle du marché **C3**. Faciles à trouver, mais touristiques.

La frontière entre taverne, ouzeri et rakadiko tend à s'atténuer. Dans les trois, on boit l'ouzo et le raki et on mange crétois. Pour commander, il suffit de cocher les mets choisis sur la liste des plats proposés. Le dessert est souvent offert : fruits frais ou confits et... raki.

Les symboles ◆ **1.** permettent de localiser les établissements sur le plan p. 64.

De 15 à 25 €

Entre la rue 25 Avgoustou (du 25-Août) et la mer

♦ **11. Ippokampos**, première taverne en bord de mer sur Venizelou, à l'O de la forteresse **C1**. Taverne à poissons et de cuisine locale. Goûtez les poulpes *(octopus)*. Vin en carafe. Les tables font face à la mer et sont protégées du vent si nécessaire. Le patron, au caractère bien trempé, parle français.

♦ **12. Kastella**, 9, quai El. Venizelou **C1**, après Ippokampos. Propose des menus en français, avec deux spécialités locales pour goûter à la cuisine crétoise.

♦ **13.** ♥ **Ligo krasi, ligo thalassa**, place 18 Agglon, au coin de Marinelli **C1**. Magnifiquement située face à la forteresse vénitienne. Une vraie taverne crétoise traditionnelle, appréciée des autochtones. Cadre simple. Dessert et raki souvent offert. Bon rapport qualité-prix.

♦ **14.** ♥ **Ouzeri Terzaki**, 17, rue Marinelli **C1** ☎ 2810-22144. En face de l'église Agios Dimitrios, rue parallèle à la rue 25 Avgoustou. Bonne cuisine crétoise et accueil chaleureux. La journée, il est très agréable de s'asseoir sur cette place tranquille. Le soir, l'ambiance y est souvent très « crétoise ». Goûtez les escargots (recette unique en Crète), le riz aux fruits de mer *(risolto mé thalasina)* ou les spaghettis du pêcheur *(makaronia tou psaria)*.

♦ **15. O Vrakas**, place 18 Agglon **C1**, au coin de Marinelli, face à la forteresse. Viandes et poissons grillés. Simple.

Sur la place Viglas

♦ **16. Varoulko, Klimataria, To Steki tis Viglas, Gorgona** sont des tavernes situées sur les remparts de la forteresse vénitienne **D3**, à l'écart des espaces fréquentés par les touristes. Du S de la place Eleftherias, suivez la rue qui longe le jardin public à l'O. Une belle ambiance, tout particulièrement le soir vers 22 h et le w.-e., qui vaut la peine de s'y attarder.

> **Se loger à bon prix à Heraklion**
>
> **Auberge de jeunesse** ▲ **10.**, 5, rue Vironos **C1** (qui donne sur la rue 25 Avgoustou) ☎ 2810-286281. Hébergement de fortune dans une vieille maison pas encore restaurée. *Ch. doubles et dortoirs de 4 à 8 pers. S.d.b. commune. À partir de 10 €/pers.*
>
> **Chambres à louer *(Rent rooms)*.** ▲ **27. Hellas**, 24, rue Handakos (rue qui part de la fontaine Morosini) **C2** ☎ 2810-288851. *35 lits et dortoirs de 4 à 10 pers.* Style auberge de jeunesse, simple, établissement bien tenu. Consigne bagages ; terrasse sur le toit. ♦

Proche de la fontaine Morosini

♦ **17. Empolo**, 5, rue Miliara **C3**. *Ouv. le soir.* Prendre vers le S la rue dans le prolongement de celle du marché vers la porte de Kenouria, 2e impasse à g. Joli cadre au r.-d.-c. et à l'étage. Très bonne cuisine crétoise. Délicieux *arthogalo* (fromage de chèvre) en mai et juin. Musique le soir et le w.-e., sauf en été.

♦ **18. To Paradosiako**, de la fontaine Morosini se diriger vers Handakos, prendre la 1re rue à g., puis la 1re ruelle à dr. **C2** ☎ 2810-342927. Petite taverne crétoise traditionnelle, dans une cour intérieure avec une jolie tonnelle, loin du tumulte touristique. Tout est fait « maison ».

Aux portes de la ville

À l'est. Dans le faubourg Alikarnassos (sur le chemin de l'aéroport), plusieurs ♦ tavernes où l'on sert du poisson, fréquentées par les Crétois : à **Karpathos**, sur la place de l'église, ouzeris à l'ambiance crétoise où l'on joue au *tavli* ; à **Tombrouk**, à 8 km sur la vieille route, ou de la voie rapide, sortie Karteros, en bord de mer.

À l'ouest. Nombreuses tavernes sur la route qui longe la plage d'**Amoudara**, à **Linoperamata**. Plus à l'O, à Palekastro, taverne en bord de mer. ♦ **O Miltos**, Levendakis, à 13 km, ☎ 2810-841345, par la nouvelle route de Rethimnon, village à g. Taverne très « crétoise », beau verger de citronniers, une excellente cuisine locale. Demandez à goûter les spécialités. Le soir seulement, à l'heure crétoise (pas avant 22 h).

Au sud. ♦ **O Xreiazomenos**, à Agia Irini (6 km) ☎ 2810-841345. Après le palais de Knossos, suivre la route vers le S jusqu'à l'aqueduc enjambant le fond de la vallée. Taverne en plein air. Calme. Bonne cuisine traditionnelle. ♦ **Balaeras**, à Agios Vlasis (8 km), entre Vasilies et Agios Sillas, au pied du mont Ioukhtas (sur son côté O) ☎ 2810-881681. Taverne traditionnelle sur la place, où il fait bon s'initier aux mœurs crétoises de l'arrière-pays. Calme et fraîcheur. Tout est fait « maison ».

Restaurants

Le cadre est en général plus recherché, le service plus élaboré et les prix plus élevés que dans les tavernes.

De 20 à 30 €

♦ **19. Loukoulos**, 5, rue Korai, dans le quartier piétonnier **C2** ☎ 2810-224435, www.loukoulos-restaurant.gr. *Ouv. t.l.j. 12 h-1 h du matin, dim. à partir de 18 h 30.* Dans une maison particulière, avec un beau jardin. L'un des restaurants « chic et cher » de la ville. Très bonne cuisine méditerranéenne.

♦ **20. Kipos Ton Gefseon**, 8, av. Hrisostomou, à 50 m au S de la porte de Kenouria et de la muraille vénitienne **D4** ☎ 2810-300358, www.kipostongefseon.gr. *Ouv. le soir à partir de 19 h 30; F. le lun.* Très belle maison néoclassique des années 1930 aménagée dans le style de l'époque. Joli jardin avec orangers, citronniers, oliviers. Cuisine de qualité et excellents vins crétois, les meilleurs proposés à Heraklion. Prix en conséquence.

♦ **21. Kiriakos**, 53, av. Dimokratias, sur la rue qui part de la place Eleftherias, vers Knossos **D3** ☎ 2810-224649, www.kiriakos-restaurant.com. *Ouv. t.l.j. 12 h-24 h; F. le dim.* Plats de viande mijotée. À l'écart des touristes et apprécié des Crétois.

Dans les environs. ♦ ♥ **Eliat Kai Diosmos** (olive et menthe), à Skalani, 4 km après Knossos **hors pl. par D4** ☎ 2810-731283, www.olive-mint.gr. *Ouv. t.l.j. dès 20 h, le w.-e. dès 13 h.* Décor sobre avec de grandes tables en bois. Délicieuse cuisine mijotée avec les produits (bio) du terroir. Goûtez les côtelettes d'agneau au miel et les *sfakianipita*, sortes de crêpes au fromage avec miel, cannelle et sésame ou fixez le prix de votre « menu gastronomique », le chef vous fera déguster plusieurs plats. Musique le mer. soir et bonne ambiance. Prix raisonnables.

Café-salon de thé

● **22. Utopia** 51, rue Handakos, en bas de la rue qui part de la fontaine Morisini **C2** ☎ 2810-341321. Café (ou plutôt « chocolat », sa spécialité !) classique : gâteaux, glaces, fondues, boissons au chocolat (100 % beurre de cacao, 100 % vanille naturelle). Joli décor intérieur et agréables fauteuils à l'extérieur. Commandez une boisson ; on vous l'apporte avec un présentoir de gâteaux. Délicieux. En journée et le soir. Lors de la Fête du chocolat le 24 août, glaces et gâteaux sont offerts.

Pâtisseries

Savoidakis, une excellente pâtisserie et un régal pour les yeux et le palais. Plusieurs boutiques aux quatre coins d'Heraklion. La plus importante est à la sortie de la ville sur la route de Knossos, à dr. (au n° 258 **hors pl. par D4**), plusieurs sont dans le centre : 7, rue Dikeosinis **C2** ; rue 1866 au bout du marché **C2**. Toute la variété des douceurs crétoises en petits gâteaux : *kalitsounia* (traditionnellement préparés pour la fête de Pâques), tous les gâteaux au miel : *kataïfi, zournadakia, baklavas, tsoureki, kalitsouni, etc...*

Dégustez aussi les *loukoumades* (beignets au miel à emporter ou à apprécier sur place), de 5 h du matin à 22 h 30 *(f. dim.)*, au n° 9, rue 1821

C2 *(perpendiculaire à celle du marché)* dans une modeste petite boutique. Au n° 7, rue 1821, **Bitzarakis**, tout aussi modeste, une boutique de tous les feuilletés au fromage : *myzithraglikia*, *serikopitakia* et autres spécialités crétoises. Les *bougatsa*, feuilletés garnis de crème vanillée à la cannelle, se goûtent sur la place de la fontaine Morosini **C2**, dans deux cafés : **Filo Sofies** (jolie vue sur la fontaine depuis l'étage) et **Kirkor**.

Vie nocturne

Les Crétois de tous âges aiment sortir le soir et se retrouver en famille et entre amis pour profiter de la fraîcheur dans des ambiances sympathiques avec de la musique souvent grecque, mais aussi moderne et étrangère. Beaucoup d'animation sur Handakos **B1-C2** et sur les terrasses le long du parc El Greco **C2**. Tout le quartier au N de Dedalou, autour de la rue Korai **C2**, n'est que cafés, bars, fréquentés par la jeunesse branchée de la ville.

Les symboles ● **1.** permettent de localiser les établissements sur le plan p. 64.

Bars et pianos-bars. ● **23. Enodia**, rue Korai **C2** : bonne musique grecque. ● **24. Ligo Ap Ola**, 20, rue 1866 (marché) **C2** : ambiance populaire devant un verre de vin, de raki ou d'ouzo. ● **25. Veneto**, 9, rue Epimenidou **D1** : de la terrasse au 1er ét., magnifique vue sur le port et la forteresse. ● **26. Beerutopia**, 34, rue Handakos **C2**. 70 sortes de bières, délicieux amuse-gueules.

Musique et *bouzouki*. Une soirée en musique commence toujours tard, pas avant 22 h. On peut écouter la *lyra* crétoise et de la musique folklorique *(p. 52)*. Le *bouzouki (p. 52)*, très animé en fin de semaine, ne commence guère avant minuit. Il n'y a pas de droit d'entrée, mais le prix des consommations est majoré. La note s'allonge si l'on consomme des fruits ou si l'on achète des fleurs. **Ariadni** (4 km), juste avant Knossos sur la g. **hors pl. par D4** : le plus connu, avec son jardin en plein air l'été. **Anadromes**, à Arhanes **hors pl. par D4**, Faros à Alikarnassos *(sur la vieille route de l'aéroport)*.

Plages

Elles se situent à la sortie de la ville.

Vers l'est. **EOT**, à 7 km, aménagée avec cabines et douches *(entrée payante)* ; un peu plus loin, à **Amnissos** puis à **Tombrouk** (douches, parasols, tavernes). Des bus fréquents partent du centre, place Eleftherias **D2**, pour les desservir dir. Karteros (bus n° 7 face à l'hôtel Astoria). Arrêt de bus, près de la station de taxi, face au musée.

Vers l'ouest. **Linoperamata** (« Lido Beach »), plus populaire, avant l'hôtel Creta Beach, puis la plage d'**Amoudara** (bus n° 6 devant l'hôtel Astoria). Accès par la vieille route *(Old Road)* de Rethimnon **hors pl. par A1**.

Sports

Équitation. **Horse and Wagontours Karteros** à 7 km sur la vieille route Heraklion/Agios Nikolaos **hors pl. par D2** ☎ 2810-380244. **Horse Riding Tours**, à Finikia, à 10 km au S d'Heraklion **hors pl. par D4** ☎ 2810-253166.

Golf **hors pl. par D2**. À 7 km au S d'Hersonissos, 25 km à l'E d'Heraklion ; de la voie rapide E75 côte N, prenez la dir. de Kastelli, à 2,5 km à dr. ☎ 28970-26000, www.crete-golf.com. *Ouv. de 7 h 30 au coucher du soleil.* 9 trous et 18 trous. Joli parcours type « désert » dans un paysage de montagne à 10 min de la mer.

Piscine et jeux d'eau. **Water City Water Park**, à 15 km à l'E d'Heraklion ; prendre après Kokini Hani la route d'Anopolis **hors pl. par D2** ☎ 2810-781317, www.watercity.gr. *Ouv. de 10 h à 18 h 30.* Des piscines pour tous les âges dans un parc de 80 ha, certaines avec toboggans géants ou vagues. Apprécié des familles avec enfants et adolescents. Prévoir une journée pour rentabiliser le prix d'entrée. **Aqua Plus**, à 30 km à l'E d'Heraklion. De la voie rapide E75, prenez la route de Kastelli au N d'Hersonissos ☎ 28970-24950, www.acquaplus.gr. Parc de 50 ha.

Plongée sous-marine. En saison. Clubs et informations dans certains hôtels d'**Agia Pelagia** *(p. 218)*, de **Gouves** *(p. 218)*, de **Fodele** *(p. 219)*.

Voir aussi notre sélection de randonnées pédestres p. 109, 114 et 115.

Shopping

Tous les objets d'artisanat crétois sont en vente dans les boutiques de souvenirs du centre de la ville. Les magasins non touristiques sont *ouv. de 8h à 14h et de 17h30 à 20h sf lun., mer. et sam. ap.-m.; F. sam. et dim.* La **rue 1866 C2** (marché) est une vitrine vivante des produits crétois.

Beaux magasins. Sur la **place Eleftherias**, face au Musée archéologique **D2**: bijoux en or et en argent, tissus brodés ou tissés. La rue piétonnière **Dedalou C2** a de jolies boutiques de mode, de musique, des bijouteries et des magasins de souvenirs; **Creta natura** (à l'extrémité E de la rue): produits et douceurs de la Crète.

Hypermarché. **Carrefour** à la sortie O d'Heraklion, vers Amoudara **hors pl. par A1**. **Carrefour Marinopoulos**, en face du musée d'Histoire naturelle *(p. 64)* **B1**.

Journaux français. Presse internationale sur la place de la fontaine Morosini **C2** et sur la place Eleftherias **D2** entre Dedalou et Dikeosinis.

Librairie. **Road Editions**, 29, rue Handakos **B2**. Toutes les cartes routières et pédestres.

Marchés. **Marché de la rue 1866 C2-3**. Vers le S, dans le prolongement de la rue 25 Avgoustou. *Ouv. du petit jour à 14h et de 17h à 19h; F. les lun., mer. et sam. ap.-m.* Fruits, légumes, *yaourti* et miel, herbes, ouzo et raki ou couronnes de pain très décoratives, sacs de cuir, couteaux crétois… même si les boutiques touristiques s'infiltrent inexorablement dans ce marché coloré. **Le marché populaire, «laiki» D1**. Dans le quartier Pateles, à l'E de la rue Dimokratias. Du port, côté E, prenez la dir. de Knossos. Au 3e feu tournez à g. *Le sam. matin.* Une véritable curiosité et un régal pour les yeux et les papilles! Les Crétois y proposent leurs produits locaux; les Européens de l'E vendent outils et nappes à des prix défiant toute concurrence; et les Tsiganes des vêtements souvent importés de Chine. **Le marché biologique D3**. Dans le parc municipal, près de la place Eleftherias. *Ouv. lun., mer., ven. de 12h à 16h.*

Matériel de sport-camping. **Mountain Club**, 15, rue Evans **C2-3**.

Vins. **Lyrarakis**, 22, rue G. Papandreou, rue perpendiculaire à la rue Hrisostomou au S de la porte de Kenouria **CD4** ☎ 2810-284614, www.lyrarakis.gr. Visite des vignes et de la cave *(voir «Parcours viticoles», p. 92)*.

Adresses utiles

Aéroport. À 5 km à l'E **hors pl. par D2** ☎ 2810-397800, www.hcaa-eleng.gr. Bureau d'information EOT, distributeurs d'argent, location de voiture, bar, consigne à bagages à 100 m en face de la porte des arrivées à côté de l'arrêt de bus. Pour se rendre dans le centre-ville, prendre les bus n° 4 et 6 ou un taxi.

Agences de voyages. Dans la rue 25 Avgoustou **C1-2**. **Zeus of Crete**, 1, rue Vironos ☎ 2810-398657, www.heleniczeus.gr. Rés. d'hôtels ou d'excursions. **Rhodos Tours Traveland**, 4, rue Monis Agarathou ☎ 2810-302941. Ces deux agences travaillent avec des voyagistes francophones.

Banques. On en trouve en nombre rue 25 Avgoustou **C1-2**. **Geniki** (Société Générale), 61, rue Dimokratias **D3-4**. *Ouv lun.-jeu. 8h-14h30, ven. 8h-14h.*

Compagnies aériennes. **Aegean Airlines**, 34, rue 25 Avgoustou **C1** ☎ 2810-344324, www.aegeanour.com. **Olympic Air**, à l'aéroport, **hors pl. par D2** ☎ 801.801.0101, www.olympicair.com.

Compagnies maritimes. Rens. sur toutes les compagnies en Grèce; toutes les agences sont situées rue 25 Avgoustou **C1-2**. **Paleologos Shipping Agency**, au n° 5 ☎ 2810-346185, www.ferries.gr; **Anek**, au n° 33 ☎ 2810-222481, www.anek.gr; **Minoan lines**, au n° 78 ☎ 2810-229602, www.minoan.gr.

Consigne bagages. 18, rue Handakos *(7h30-22h)* dans la **laverie B2** ou à la gare routière A *(7h-19h30)* **D2**.

Consulats. **France**, 14, place 1866 **C3** ☎ 6937-284965. **Belgique**, 10, rue Meteoron **hors pl. par D1** (agence Ibis El Greco) ☎ 2810-301716. **Suisse**, 36, rue Dedalou **C2**. **Canada**, pas d'agent consulaire; contact à Athènes www.canadainternational.gc.ca/greece-grece/.

Cultes. Offices orthodoxes célébrés dans les églises de la ville. **Église catholique**, 2, rue Patros Antoniou **C1**, parallèle à la rue 25 Avgoustou. Messes le sam. à 18h et le dim. à 10h dans les langues des pratiquants présents. Offices à l'**église arménienne B2**.

Dépannage automobile. **Elpa** (secours sur route), **C4** ☎ 10400 ou ☎ 2810-289440. **Express Service** ☎ 154 ou ☎ 2810-311700.

Gares routières. **Station A** : au port, entre l'arrivée du ferry et la forteresse **D1-2**. Côté intérieur, gare principale (informations, billets, consigne bagages) ☎ 2810-245020. Départs pour Hersonisos, Malia, Sisi, Agios Nikolaos, Gournia, Ierapetra, Sitia, l'E du département d'Heraklion, Knossos, Arhanes et le plateau du Lassithi. Côté mer, départs pour Rethimnon et La Canée (Hania) ttes les 30 min env. (de 5 h 30 à 20 h 30), et pour Agia Pelagia. Bus pour le S-E du département (Vianos, Pirgos, Kastelli, Arvi). **Station B**: située à l'extérieur de la porte de La Canée, à 50 m à dr. **A3** ☎ 2810-255965. Départs pour l'O (Rodia, Fodele, Anogia) et le S-O du département (Mires, Festos, Matala, Agia Galini, Lendas). Bus locaux, service réduit le dim. **Rens.** www.ktel-heraklio-lassithi.gr.

Internet. La **mairie** rue 25 Avgoustou **C2** est équipée en WiFi et ouverte au public; on s'installe dans la salle des mariages. Plusieurs cafés Internet dans **Korai** et **Milatou C2**. **Sport@fé**, près de l'église Agios Dimitrios **C1**.

Location de motos et scooters. **Motor Club**, 1, place 18 Agglon **C1** ☎ 2810-222408.

Location de voitures. Beaucoup de loueurs dans la **rue du 25 Avgoustou C1-2**. Guichets à l'**aéroport hors pl. par D3**. **Avis**, 40, rue 25 Avgoustou ☎ 2810-225421 ; à l'aéroport ☎ 2810-229402. **Hertz**, à l'aéroport ☎ 2810-330452.

Police. 1, Agiou Artemiou, Alikarnassos **hors pl. par D2** ☎ 2810-274110. À l'E d'Heraklion, en dir. de l'aéroport; suivez la rue Ikarou sur la dr. (avant l'aéroport).

Poste. Place Daskaloianis, près de la place Eleftherias **C2**. *Ouv. en été du lun. au ven. de 7h30 à 20h, sam. de 7h30 à 14h.* Poste restante, Western Union.

Randonnée. **Club alpin hellénique SOX-EOS**: 53, rue Dikeosinis (3e ét.) **C2** ☎ 2810-227609. Rens. tél. t.l.j. entre 20h30 et 22h30, eos@climbincrete.com et www.climbincrete.com.

Santé. **Hôpital de l'Université (Pagni)** ☎ 2810-392111, moderne, à Voutes-Stavrakia, 5 km après la porte de La Canée à l'O d'Heraklion **hors pl. par A3**. **Hôpital Venizelou** ☎ 2810-368000/1, route de Knossos **hors pl. par D4**. Il y a dans la ville plusieurs cliniques privées et médecins spécialistes *(liste à l'office du tourisme)*.

Urgence. ☎ 2810-222222.

Sécurité sociale. Les ressortissants de l'Union européenne bénéficient de la Sécurité sociale s'ils se présentent avec la carte européenne d'assurance maladie au service Ika, 11, rue Agiou Mina **B2** ☎ 2810-378800.

Taxis. Sur la **place Eleftherias**, côté E **D2** ; en haut de la rue du 25-Août **C2** ;

Vie culturelle

♥ **Festival d'été.** De juin à septembre. Des concerts de qualité, des spectacles de danse, des représentations musicales et théâtrales sont proposés dans la forteresse vénitienne, la loggia vénitienne, dans les théâtres en plein air N.-Kazantsakis et Manos-Hatzidakis et dans le stade Pankritio. Programme à l'office du tourisme. ◆

bonnes adresses - Heraklion et son département

au bout de la rue 1866 **C3** (marché), devant l'hôtel Olympic.

Téléphone. Nombreuses cabines partout dans la ville. Les cartes s'achètent dans les kiosques ou les petits supermarchés. **OTE** (centre téléphonique), le long du parc El Greco **C2**. À l'aéroport ☎ 2810-397800. Location de taxis par Internet : www.heraklion-taxi.com.

Toilettes. Dans le parc El Greco **C2** ; à la gare de bus A **D2** ; place Kornarou **C3**, au bout du marché.

Kapetaniana

Visite p. 111.

Gîte rural traditionnel

De 60 à 80 €

▲ ♥ ☘ **Thalori**, Kato Kapetiana, ☎ 28930-41762 et 6977-661206 (anglais), www.thalori.gr. Rés. en français sur www.guestinn.com. Env. *15 maisons* de village, pour *2 à 6 pers.*, tout confort, sont aménagées à la crétoise, avec goût. Possibilité de cuisiner (prévoir nourriture) ou taverne sur place. Accueil de qualité. Vue sur la mer et le mont Kofinas. Randonnées, VTT en prêt. Transport à la plage gratuit, excursions en 4 x 4 organisées par le propriétaire ; prix à négocier.

Taverne

De 15 à 25 €

♦ ☘ **Taverne Thalori**, *kafenion* le jour sur les terrasses, taverne le soir. Excellente cuisine avec les produits bio du jardin, l'huile et le vin du propriétaire. Un régal pour le palais. Le soir, Marcos joue de la mandoline et chante des *mantinades*.

Keratokampos

Visite p. 112.

Studios

De 80 à 100 €

▲ **Komis**, sur la promenade côté E ☎ 28950-51390, www.komisstudios.gr. *Studios pour 2 à 4 pers.* Habitat de charme respectueux de l'environnement. Joli cadre avec jardin. ♦ Taverne.

Tavernes

De 12 à 15 €

♦ **Kriti**, chez Georgios. Dans cette taverne, le patron sait satisfaire ses clients. ♦ **Nikitas**, près de l'église, sur le côté E de la promenade, est une taverne à poissons avec un joli cadre.

Krousonas

Visite p. 85.

Gîtes ruraux traditionnels

De 40 à 80 €

▲ ☘ **Arodamos**, à 1 500 m d'altitude, à 11 km de Kroussonas par la route du monastère d'Agia Irini, puis suivre la piste ☎ 2810-254611, www.arodamos livadi.gr. Maisonnettes bien équipées, habitat traditionnel pour *2, 3 ou 4 pers.* Utilisation de sources d'énergie renouvelable. Vue sur le plateau et la région de Malevisi au N. Idéal pour les randonneurs à pied ou en VTT (prêt), les alpinistes, les amateurs de vie sauvage et d'oiseaux de proie. Atelier de poterie. ♦ Taverne avec les produits du jardin. Si vous souhaitez cuisiner, prévoyez tout avant de monter.

▲ ☘ **Aetovigla** (ou « le repaire de l'aigle »), à 800 m d'altitude, 4 km de Kroussonas, dans la montée (raide !) au plateau, après le monastère d'Agia Irini ☎ 2810-711981 ou 6947-509655, www.aetovigla.gr. Rés. en français sur www.guestinn.com. Maisonnettes de *2 à 4 pers.*, traditionnelles, isolées et situées dans un environnement aride, mais avec une vue exceptionnelle sur la mer. Tout confort. Accueil par un couple crétois très hospitalier. Piscine, repas préparés sur demande. Grande taverne *ouv. le w.-e.* : très bonne cuisine avec produits locaux de qualité.

Pâtisseries traditionnelles

☘ **Krousaniotissa**, au village de Krousonas (premières maisons à dr. en

bonnes adresses - Heraklion et son département

entrant). *Ouv. t.l.j. de 8h à 21h* ☎ 2810-711989, www.krousaniotissa.gr. Une vingtaine de femmes, organisées en association, préparent de délicieux gâteaux, *(kalitsounia, xerotigana...)* dans le respect des recettes ancestrales et à base d'huile d'olive vierge, raisins, miel amandes, noix, fruits...

Kommos

Visite p. 107.

Taverne

De 12 à 90 €

♦ ♥ **Mystical View** *(p. 229)* ou **Kendraki**, du nom de l'arbre rare qu'elle jouxte, vieux de 700 ans. Sur la route vers Matala, prenez une piste à dr. (pancarte). Vue superbe ; une bonne table à apprécier de jour en particulier.

Lendas

Visite p. 111.

Hébergement

De 40 à 60 €

▲ **Lendas Bungalows** ☎ 28920-95221. *12 ch. Ouv. en saison.* Vue agréable sur la mer, petit déjeuner dans la ♦ taverne, et cuisine commune.

Limenas Hersonisou

Visite p. 96. Voir aussi Gouves, p. 219.

Hébergement

De 60 à 80 €

▲ **Mari-Kristin**, 179, El. Venizelou, la route principale ☎ 28970-22537, www.marikristin.gr. *62 ch. Ouv. en saison.* Donne sur la plage de sable. Encadrement francophone. Location de voitures par l'hôtel.

De 80 à 150 €

▲ **Cretan Village**, à 3 km à l'O du village d'Anissara ☎ 28970-27600, www.aldemarhotels.com. *342 ch. et appts. Ouv. en saison.* Tout le confort possible. Excentré par rapport à l'agglomération. Un village recréé et coloré, apprécié pour la tranquillité du site. ♦ 3 restaurants, 4 bars ; sports nautiques, 4 piscines. Animations et activités pour enfants et adolescents.

Plus de 150 €

▲ **Aldemar Royal Mare Village**, sur la plage d'Anissaras ☎ 28970-27110, www.aldemarhotels.com. Très bel hôtel. Pour une thalassothérapie dans un cadre choisi.

▲ **Creta Maris** ☎ 28970-27000, www.maris.gr. *Ouv. en saison.* Ensemble de *547 ch.* (bungalows) conçu comme un village. Belle architecture, aménagements intérieurs de bon goût et toutes les facilités. Jolie plage de sable et proximité du port. Un hôtel qui plaît, notamment aux golfeurs.

Camping. ▲ **Caravan C**, à côté du musée Lychnostatis, sur la plage de Plakias située entre Limenas Hersonisou et Malia ☎ 28970-22025. *60 tentes.* Petit village de vacances avec des huttes et un emplacement pour les tentes. Confort très réduit. Taverne, épicerie. Arrêt de bus à proximité.

Tavernes

Retrouver une bonne ambiance crétoise relève du défi... On a davantage d'occasions de manger sur le pouce à la mode anglaise, hollandaise ou allemande...

De 12 à 15 €

♦ **Kavouri**, 9, Archeou Theatrou ; à la sortie O du village, descendez la rue en sens interdit vers la mer. Un établissement de caractère qui propose une cuisine traditionnelle.

Au-dessus du port de Hersonisos : trois villages, **Koutouloufari**, **Piskopiano** et **Hersonisos**, à flanc de la montagne, ont du charme et toutes sortes de tavernes. ♦ **Le Myrtia**, à Piskopiano, sur la place. Dans une maison ancienne avec vue sur la baie. Bonne cuisine qui justifie les prix. On parle français.

Sports et loisirs

Plages. La côte E plutôt rocheuse ; toutefois, plage de graviers à l'O, plage d'env. 300 m au centre, petites criques à l'E.

Plongée sous-marine. **Scubakreta**, à l'hôtel Nana Beach ☎ 28970-24915, www.scubakreta.gr.

Sports nautiques. **Star Water Park** ☎ 28970-29351, www.starbeach.gr. *Entrée libre, activités payantes.* À la sortie E du village, piscine avec toboggans, saut à l'élastique, parachute ascensionnel, ski nautique, plongée sous-marine, promenade en mer sur bouée-boudin, karting. Excursions en bateau à l'O sur l'île de Dia ou à l'E vers Sisi. Bars, restaurants et même un spa! *(Voir aussi Heraklion, Piscine et jeux d'eau, p. 223.)*

Adresses utiles

Bus. Ligne **Heraklion/Malia**, départs t.l.j., ttes les 30 min. Ligne **Heraklion/Agios Nikolaos**, ttes les heures tôt le matin ou le soir, ttes les 30 min en journée. L'arrêt de bus se trouve dans la rue principale.

Location de voitures. **Avis**, 27, rue El. Venizelou ☎ 28970-22465. **Hertz**, 8, rue El. Venizelou ☎ 28970-22009.

Malia

Visite p. 98.

Hôtel

Malia est souvent mal fréquentée et bruyante la nuit; évitez le centre; les hôtels de bonne catégorie sont excentrés.

De 80 à 150 €

▲ **Cretan Malia Park** ☎ 28970-31461, www.cretanmaliapark.gr. *204 ch. Ouv. en saison.* Sur la plage de sable de Malia et aménagé avec goût.

Taverne

Grand choix de tavernes, steak-houses, fast-foods, pizzerias, pubs anglais dans les rues perpendiculaires à la rue principale. D'autres tavernes se trouvent à l'E de Malia, sur la route de bord de mer qui mène aux ruines minoennes.

De 12 à 18 €

♦ **Kreta Taverne**, 1re taverne à dr. en venant d'Heraklion, avant la station-essence. C'est la seule taverne crétoise: excellente cuisine familiale, servie dans un petit jardin sous une tonnelle de vignes et d'oliviers.

Loisirs

Plage. Malia possède une belle et longue plage de sable fin très fréquentée, voire surpeuplée. Possibilité d'y pratiquer des sports nautiques. Pour y accéder, prenez l'une des rues perpendiculaires à la rue principale.

Vie nocturne. Bars, discothèques ouverts tte la nuit pour un public anglais, allemand ou hollandais, tatoué, amateur de piercings; prudence, bagarres fréquentes.

Adresses utiles

Achats. Nombreuses boutiques touristiques. Vente de bananes (locales).

Bus. Lignes **Heraklion/Malia** et **Heraklion/Agios Nikolaos**, départs t.l.j., au moins ttes les 30 min. L'arrêt de bus est dans la rue principale.

Poste. Derrière l'église.

Matala

Visite p. 108.

Hébergement

De 30 à 60 €

▲ **Eva Marina**, dans une rue à g. après l'hôtel Zafiria ☎ 28920-45125, www.evamarina.com. *21 ch. Ouv. en saison.* Situé dans une rue perpendiculaire à la mer. Établissement simple et confortable, joli jardin. Prix raisonnables; petit déjeuner non compris.

▲ **Zafiria**, à l'entrée du village à g. ☎ 28920-45112, www.zafiria-matala.com. *70 ch. Ouv. en saison.* À quelques mètres de la plage; ch. avec balcon, certaines avec vue sur la mer. Piscine. Bon accueil.

▲ **Armonia**, prenez la rue à g. avant d'entrer dans le village, en venant du N, derrière le Valley Village ☎ 28920-45735, www.armonia-matala.com. Un bon hôtel écologique de *27 ch.*, construit dans le respect de l'environnement autour d'un joli jardin fleuri. Capteurs solaires pour l'eau, panneaux photovoltaïques pour l'électricité. Petit déjeuner avec produits locaux biologiques. Piscine. À l'écart de l'animation du village, à 900 m de la plage.

Chambres à louer. Nombreuses ch. à louer, particulièrement dans la rue à g. après l'hôtel Zafiria. ▲ **Franzisca's rooms,** à 50 m de la plage, terrasse vue sur les grottes ☎ 28920-45587/69474-05485.

Camping. ▲ **Matala D**, à l'entrée de Matala à dr., sur la plage ☎ 28920-45720. *100 tentes*, dont certaines à l'ombre des tamaris.

Tavernes

Nombreuses tavernes le long de la plage.

De 12 à 20 €

♦ **Eleni**, sur la plage: simple, bon marché et délicieux.

♦ ♥ **Mystical View**, au N de Matala, au-dessus de la plage de Kommos *(p. 227)*. Spectacle, cuisine: ici, tout régale! Goûtez les moules.

♦ **Skala,** à l'extrémité S de la baie, en bord de la mer. Vue superbe. Cuisine mijotée, poissons. Goûtez le *skala special*. Réservation conseillée.

♦ **Sirtaki**, du «bazar» descendez vers la plage par les marches rouges. Vue sur la mer. Touristique, mais bon accueil et bon choix de plats crétois.

Sports et loisirs

Équitation. Ferme Melanouri, Horse Riding à Pitsidia, en face du camping de Kommos ☎ 28920-45040, www.melanouri.com. Possibilité ▲ d'hébergement *(25 € la ch., 50 € l'appt)*.

Plages aux alentours de Matala: Kommos *(p. 107)* au N-E, accessible par la route, à pied ou en bus. **Red Beach**, accessible à pied uniquement *(p. 109)*. **Martsalo**, à l'arrivée des gorges d'Agiofarango *(p. 109)*, accessible en excursion par bateau.

Adresses utiles

Artisanat. Marché-bazar, dans le centre. Travaux d'aiguille à prix raisonnables, couvertures tissées. Produits traditionnels (huile d'olive, miel...).

Internet. Au café Zafiria.

Journaux et livres français. Book Shop, en arrivant sur la place à dr. Librairie bien achalandée en journaux, livres et magazines.

Parking payant. À l'entrée du village devant la plage.

Toilettes. Près du parking en bord de mer, sous les falaises.

Mohos

Visite p. 97.

Hôtel

De 40 à 60 €

▲ **Mary** ☎ 28970-61534. *12 ch.* À 15 km de Malia et 9 km de la mer. Petit hôtel confortable. Accueil sympathique, bonne cuisine. Bon rapport qualité-prix. Piscine et jardin. Bon port d'attache pour randonneurs.

Tilissos

Visite p. 86.

Hôtel

De 30 à 80 €

▲ **Arolithos**, à 11 km au S-O d'Heraklion sur la vieille route de Rethimnon, avant Tilissos, à dr. ☎ 2810-821050, www.arolithosvillage.gr. *36 ch.* Bungalows dans un village reconstitué. Jolie vue sur l'arrière-pays. ♦ Tavernes.

Tsoutsouros

Visite p. 112.

Chambres à louer

▲ **Lytos**, à l'O du port ☎ 28910-92321. Les ch. y sont confortables et équipées de balcons.

Taverne

De 12 à 15 €

♦ **Itanos**, située sur le port. Bonne taverne à poissons.

Vori

Visite p. 103. Voir aussi Festos, p. 218.

Taverne-*kafenion*

De 12 à 20 €

♦ ♥ **Alekos**, à l'entrée du village en venant de Timbaki ; taverne située avant la place, derrière la chapelle Agia Pelagia ☎ 28920-91094. *Ouv. de midi à minuit.* Joli cadre avec un jardin aux herbes sauvages plein de senteurs : marjolaine, dictame, citronnelle, camomille, fleurs d'oranger. La cuisine est excellente : *egavrasti* (chèvre), *katziki* (chevreau), *kokinisto* (viande de bœuf en sauce) et toutes sortes de légumes à la crétoise. Très bon accueil en français.

Zaros

Visite p. 114.

Hôtels

De 40 à 60 €

▲ **Idi**, sur le versant S du mont Ida ☎ 28940-31301/2, www.idi-hotel.gr. *60 ch.* Joli site en pleine nature, réputé pour ses sources et sa végétation. Hôtel confortable, piscine. ♦ **Taverne-restaurant** de qualité ; goûtez les poissons (élevage de truites et réserve de poissons d'eau douce), le *saganaki* (fromage pâné) et les *kalitsounakia* (feuilletés au fromage). Bon point d'attache pour les excursions aux alentours.

▲ **Keramos**, derrière la rue principale (demander au *kafenion*) ☎ 28940-31352. Hôtel familial très bien tenu. Ch. et studios aménagés avec goût (style crétois). Bon accueil. Délicieux petit déjeuner (produits « maison », thé des montagnes).

Gîte traditionnel

De 80 à 150 €

▲ ♥ ☘ **Eleonas**, à la sortie du village vers l'O, prendre une petite route à dr. et suivre les pancartes ☎ 28940-31238 ; www.eleonas.gr. Rés. en français sur www.guestinn.com. Maisonnettes traditionnelles *pour 2 à 7 pers. (petit déjeuner inclus)*, tout confort. Grande oliveraie, avec vue magnifique sur la campagne et les montagnes. Des balcons ou terrasses, on goûte la beauté du lieu, une nature paisible. Toutes les activités proposées sont une invitation à vivre sainement et au plus près de la nature : randonnées à pied, en VTT, poneys pour les petits. Piscine. On peut aussi observer les oiseaux, faire le pain, le fromage, préparer la cuisine, aller à la cueillette des herbes sauvages. Au ♦ restaurant, ouvert à tous, vous dégustez les saveurs crétoises, des produits frais, bio, à l'huile d'olive. Tout est fait maison selon les recettes transmises par les grands-mères : mezzés et feuilletés au fromage, aux herbes, à la viande ; agneau aux artichauds ou lapin à la marjolaine… Excellent pour pas cher du tout. *Menus à partir de 13 €, à partir de 15 € à la carte.*

Tavernes-*kafenions*

De 12 à 18 €

♦ **Taverne Limni**, au bord du lac Votemos (le sentier pour les gorges de Rouvas part derrière). Environnement agréable.

♦ **Veggera**, dans la rue principale. Jolie pancarte en bois représentant un Crétois. Ambiance locale et bonne cuisine. ◆

Agios Nikolaos et le Lassithi

visites

Itinéraires 10 à 14, p. 116.
Cartes p. 118 et 121.

Agios Nikolaos

Visite p. 120.

ⓘ 21, rue Akti Koundourou **B2** ☎ 28410-22357. *En saison, ouv. t.l.j. de 8 h à 22 h. F. en hiver mais possibilité d'obtenir des rens. au* ☎ *28410-24165.* Situé entre le port et le lac face au pont. Plan de la ville et de sa circulation, liste et réservation de pensions, cartes de téléphone et toute autre information sur la ville, sa région et ses activités. Accès Internet payant (par demi-heures). Plus largement, des informations sur la Crète de l'E et ses principales villes sont disponibles sur le site suivant : www.aghiosnikolaos.gr, infoagn@otenet.gr.

Hôtels

De nombreux petits hôtels simples se sont ouverts ces dernières années ; rens. à l'office du tourisme **B2**. Les symboles ▲ **1.** permettent de localiser les établissements sur le plan p. 121.

De 50 à 70 €

▲ **1. Doxa**, 7, rue Idomeneo, près de la plage Ammos **A3** ☎ 28410-24214, www.doxahotel.gr. *Ouv. tte l'année.* Petit hôtel familial de *24 ch.* simples et confortables, certaines avec balcon ou terrasse donnant sur la mer.

▲ **2. Du Lac**, 17, rue 28 Oktovriou **A2** ☎ 28410-22711, www.dulachotel.gr. Petit hôtel, tout confort, de *24 ch. et studios*, bien situé en centre-ville, au-dessus du lac Voulismeni. Entièrement rénové et avec goût. Studios, plus spacieux, *à partir de 55 €*. Préférez les ch. ou studios avec balcon sur le lac. Bon rapport qualité-prix. Bar et ♦ restaurant agréables avec vue sur le lac.

▲ **3. Sgouros**, 3, rue N. Pagalou, sur la plage Kitroplatia **B2** ☎ 28410-28931, www.sgourosgrouphotels.com. *22 ch.* Bien situé en bord de mer, près du centre et des tavernes. Ch. confortables avec, pour la plupart, un balcon sur la mer.

▲ **4.** ☘ **Sunlight**, sur la route d'Elounda **hors pl. par A1** ☎ 208410-26622. *26 ch. single, pour 2 ou 3 pers.*, toutes avec petites terrasses sur la mer. Agréable hôtel accroché au flanc de la colline au-dessus de la baie de Mirabello et entouré d'une belle végétation. Pour un séjour sportif, notamment les amateurs de randonnées à pied ou en VTT *(cf VTT p. 234)*. ♦ Taverne ; piscine. Une attention particulière est réservée aux pers. seules, toujours bien accueillies.

De 80 à 150 €

▲ **5. Candia Park Village**, Porto di Candia, sur la route d'Elounda **hors pl. par A1** ☎ 28410-26811, www.candiapark.com. *222 unités. Ouv. en saison.* Un village-hôtel original aux maisons crétoises conçues avec goût et confort, situé dans des jardins en bord de mer. *Formule appts (2 à 6 pers.)* ou hôtel, avec repas possibles au restaurant ou à la taverne. Multiples activités sportives, parc aquatique, plusieurs piscines, club enfants : un lieu de séjour agréable pour les familles.

Plus de 150 €

▲ **6. Minos Beach Art Hotel**, à la sortie N d'Agios **hors pl. par A1** ☎ 28410-22345, www.ellada.net/minosbeach. *129 ch. et suites. Ouv. en saison.* Un complexe hôtelier qui appartient à la chaîne Small Luxury Hotels of the World. Essentiellement des bungalows d'un luxe raffiné au cœur de jardins fleuris ; plage privée, superbe piscine ; sports nautiques ; golf miniature. Calme assuré, pas de discothèque. La taverne **Terpsis** propose des menus à la carte *(ouv. 13-15 h)* ; le restaurant français **La Bouillabaisse** *(le soir ; ouvert à tous)* fait partie de la chaîne des Rôtisseurs, joli cadre sur la mer.

▲ **7. St Nicolas Bay hors pl. par A1** ☎ 28410-90200, www.stnicolasbay.gr. *109 ch. Ouv. en saison.* Dans un site exceptionnel sur la petite presqu'île qui donne sur la baie de Mirabello. Belle architecture qui respecte l'environnement et la tradition de l'île, dans un espace fleuri. Suites et bungalows, certains avec piscine personnelle, ont une terrasse ou un grand balcon donnant sur la mer. Jolis jardins, plages très bien aménagées. Cadre intime et raffiné. Piscines, sports nautiques. Restaurants, tavernes, petit *kafenion*, tout permet d'apprécier et de sentir le meilleur de la Crète. Spa et centre de remise en forme.

Studios, appartements, et maisons

De 40 à 60 €

▲ **8. Cretan Village A**, sur la route de Sitia, à 7 km d'Agios Nikolaos **hors pl. par A3** ☎ 28410-28576. *38 appts.* Village de style crétois avec service hôtelier (linge fourni, entretien des ch. assuré); taverne, boutique et piscine.

▲ **9. Gerani**, sur les hauteurs d'Amoudara, à 4 km au S de la ville **hors pl. par A3** ☎ 28410-82673 ou 69738-03150, www.residence-gerani.com. *Appts confortables pour 2 à 8 pers.* Terrasses avec vue magnifique sur la baie de Mirabello; plage de sable toute proche; piscine. Rés. et accueil en français. *Comptez de 50 à 95 € pour 2 à 4 pers., de 70 à 150 € pour 6 à 8 pers.*

▲ **10. Perla**, angle Akti Koundourou et Salaminos **A1** ☎ 28410-26523, www.apartments-perla.gr. Sur la promenade en bord de mer, sortie vers Elounda. *4 studios pour 2 pers.* (lit suppl. possible), bien équipés; vue sur la mer.

▲ **11. Poppy Villas A**, à Ammoudara, à 3 km au S d'Agios Nikolaos **hors pl. par A3** ☎ 28410-22053, www.poppyvillas.gr. Suites, villas et appts *(pour 2 à 5 pers.)* très bien équipés à 100 m d'une plage de sable.

Restaurants

Les symboles ♦ **1.** permettent de localiser les établissements sur le plan p. 121.

De 20 à 30 €

♦ **12. Barkos**, 8 akti Pangalou, sur la plage Kitroplatia **B2** ☎ 28410-24610. Très bonne cuisine méditerranéenne et crétoise dans un décor raffiné, bon service, belle carte de vins. Large choix de mezzés. Goûtez les risottos ou le *foulaki* (porc cuit dans le vin avec du citron).

♦ **13. Cretan Embassy**, 5, rue Kondylaki **A1** ☎ 28410-83153. Installé dans une belle maison du XIXe s., le restaurant possède une joli jardin, idéal pour un dîner aux chandelles. Bonne cuisine traditionnelle.

De 20 à 40 €

♦ **14. Migomis**, 24, rue Nikou Plastira **A2** ☎ 28410-24353. *Ouv. en saison.* Cuisine recherchée et fruits de mer dans le cadre élégant d'une belle salle qui surplombe le lac. Attention, les prix sont élevés. Piano-bar certains soirs. Un lieu généralement ignoré des touristes.

♦ **15. Pelagos**, angle Strat. Koraka et 10, Katerahi, derrière l'office du tourisme **A1** ☎ 28410-25737. Taverne à poissons dans une jolie maison ancienne de style néoclassique avec un jardin de verdure. Cuisine méditerranéenne. Un des bons restaurants de la ville. Le cadre et la qualité ont un prix.

Tavernes

Vous trouverez plusieurs tavernes sur la plage Kitroplatia.

De 15 à 30 €

♦ **16. Chrisofyllis**, Akti Pangalou, sur la plage Kitroplatia **B2** ☎ 28410-22705. Dans cet ouzeri, on boit de l'ouzo, mais aussi du raki et du vin avec d'excellents mezzés: *sfougato* (omelette feta tomates), *mizitropitakia* (feuilleté au fromage)… Que des produits de qualité et toutes les saveurs de la Crète!

♦ **17. Gargadoros**, en bord de mer, près de la plage du même nom, au S de la ville **hors pl. par A3** ☎ 28410-22599. Poissons et cuisine crétoise très agréable.

♦ **18. Maistrali**, proche du Barkos **B2** ☎ 28410-28814 et ♦ **19. Mouragio**, Akti Themistokleous **B2** ☎ 6972-870880, proposent une bonne cuisine crétoise.

Tavernes en ville

De 15 à 25 €

♦ **20. Avli**, rue Prigipos Georgious **A1** ☎ 28410-82479. *Ouv t.l.j. midi et soir.* Bonne taverne crétoise à l'ombre des citronniers, cuisine traditionnelle à prix modérés.

♦ **21. Sinandissi**, en quittant Agios Nikolaos en dir. d'Heraklion par la rue du Musée archéologique, tourner après le feu à dr. au carrefour **hors pl. par A1**. Une taverne style *rakadiko*: on y boit du raki et on pique dans tout un choix de petits plats (mezzés). Très apprécié des Crétois.

Les bonnes tavernes de l'arrière-pays

À **Kroustas** (p. 239), excellente taverne. Pour le poisson ou les langoustes, préférez les tavernes d'**Elounda** (p. 235) ou de **Plaka** (p. 241).

De 12 à 15 €

♦ **Stavrakakis**, à Panagia Exo Lakonia, à 6 km d'Agios Nikolaos; prenez la route de Kritsa, puis la première route à dr. après le feu; **hors pl. par A3**; ☎ 28410-22478. Vraie taverne de village avec une magnifique bougainvillée. Très bonne cuisine traditionnelle.

♦ ♥ **Platanos**, *kafenion* et taverne, à Fourni, à 20 km env. au N d'Agios Nikolaos par la voie rapide, 7 km de Neapoli, 12 km d'Elounda et 9,5 km de Plaka. Accès par de belles routes. ☎ 28413-00525. Très bonne taverne traditionnelle sur une place ombragée au centre d'un village aux maisons à l'architecture vénitienne. Il fait bon y boire l'ouzo pour accompagner les traditionnels mezzés.

Vie nocturne

Agios Nikolaos est très touristique et les nuits y sont animées. La plus crétoise des distractions, et non la moins agréable, est de flâner le long du port et du lac pour profiter de la fraîcheur du soir, le temps d'une *volta*.

Les symboles ● **1.** permettent de localiser les établissements sur le plan p. 121.

Bars. Les bars sont nombreux **rue 25 Martiou** et sur les **quais Akti Koundourou**, très fréquentés par de jeunes Européens. Leur renom varie selon les modes (Santa Maria, etc.). ● **22. Chez Georges**, 2, rue Kornarou **A2**: cafétéria très bien située en étage au-dessus du lac, avec le port en arrière-plan; vue magnifique. ● **23. Polihoros Peripou**, 25, rue du 28 Oktovriou **A2** ☎ 28410-24876. Un café-librairie où il fait bon traîner, balcon sur le lac. ● **24. Café du Lac**, 17, rue du 28 Oktovriou **A2** ☎ 28410-22414. Vue sur le lac.

Cinéma en plein air. Une amusante curiosité pour le soir; les films sont souvent en version originale. Rens. à l'office du tourisme **B2**.

Shopping

Bijouteries. Dans la rue R. Koundourou **A1** et sur le port **B2**.

Bois d'olivier. **Art on Olive Wood**, Michalis Apostolakis, 22, rue 28 Oktovriou ☎ 28410-25125. Jolie boutique où tout est en olivier, ce noble bois que la Crète exploite depuis des millénaires: saladiers, couverts à salade... Atelier à Roussa Limni ☎ 27410-22914.

Boutiques de mode. Elles sont nombreuses, certaines très modestes, toutes très « mode », proposant un grand choix de vêtements ou d'objets en cuir: ceintures, sacs, bottes, chaussures, sandales ou... manteaux de fourrure. Boutiques dans la **rue 28 Oktovriou A2** et la **rue R. Koundourou A2**.

Librairie et tout pour la photo et le numérique. **Quick-film**, 44, rue R. Koundourou **A2** ☎ 28410-22265. Livres et cartes en français. Sympathique boutique francophone.

Marché. Rue Ethnikis Antistasseos **A1**, au-dessus du lac, dans la rue parallèle à Paleologou *(le mer. matin)*. Très coloré; on peut s'y habiller bon marché.

Presse internationale. **World Press**, sur le port Akti Koundourou, à côté de Twins (pizzeria).

Produits crétois. **Chrysofyllis**, 14, place El. Venizelou ☎ 28410-22752. Petite boutique située au N de la place (en montant de la rue 28 Oktovriou, sur la dr.). Excellents produits locaux, souvent bio : huile, vin, raki, fromage, pâtes crétoises, et toutes sortes de pains séchés.

Sports et loisirs

Activités culturelles. **Programme culturel Lato**, de juil. à sept. : des expositions, des concerts, des danses, des représentations théâtrales et des soirées crétoises, dans de jolis villages avoisinants ; rens. à l'office du tourisme **B2**. **Cinéma en plein air « Christina »**, sur Ethnikis Antistasseos **A1** ☎ 28410-82047 ; une expérience agréable.

Minigolf *(de 10 h à 16 h)* et **espace de jeux** pour les enfants *(de 9 h à 18 h)* sur la plage municipale (« Municipal Beach Club »), au S-E de la ville, après la plage Ammos **hors pl. par A3**.

Plongée. **Crete Underwater Center**, sur la plage de l'hôtel Mirabello, sur la route d'Elounda *(de 9 h à 18 h)* ☎ 28410-22406, www.creteunderwater.com. Baptême de plongée ou programme pour plongeur expérimenté. Très bonne équipe professionnelle (initiation enfants à partir de 8 ans). Également ski nautique, jet-skis, location de petits bateaux.

VTT. **Martinbike**, Hotel Sunlight *(p. 231)*, sur la route d'Elounda ☎ 28410-26622, www.martinbike.com. Bon matériel, encadrement sérieux. On peut louer un VTT à la journée, préférer une excursion organisée ou prendre un séjour VTT.

Adresses utiles

Agence de voyages. **Byron travel**, quai Stilianou Koundourou ☎ 28410-28480 : billets de bateau et d'avion ; **Minotours Hellas**, 6, rue du 28 Oktovriou **A2** ☎ 28410-23222 : billets d'avion et de bateau, location de maisons et d'appts. *Voir également les excursions proposées par **Nostos Tours** (encadré p. 235).*

Autorités portuaires. Sur la digue du port **A1** ☎ 28410-90108.

Banques. Dans la rue du 28 Oktovriou **A2** *(ouv. 8 h-14 h 30)*. Distributeurs de billets dans cette même rue.

Compagnie aérienne. **Olympic Air**, à l'aéroport d'Heraklion ☎ 28410-337203. *(Voir aussi « Agences de voyage », ci-dessus.)*

Compagnie maritime. **Nostos Tours**, 30, rue R. Koundourou **A2** ☎ 28410- 22819. *Voir p. 235.* Liaisons maritimes avec Santorin et le Pirée d'Heraklion ; avec Rhodes, Kassos, Karpathos de Sitia.

Nouvelle gare routière. Au N-O de la ville, près de l'hopital, en montant la rue du Musée archéologique, à g. au carrefour **hors pl. par A1** ☎ 28410-22234. Liaisons avec **Sitia** (6 départs/j., 1 h 30 de trajet), **Ierapetra** (9 départs/j., 1 h de trajet ; arrêt à Gournia), **Matala** (1 départ/j., 3 h de trajet ; arrêt à Gortis et Festos ; retour possible le même jour), **Elounda** (départs ttes les heures env., 15 min de trajet, 1 bus sur 2 continue jusqu'à Plaka), arrêt de bus devant l'office du tourisme ; **Kritsa** (9 départs/j., 15 min de trajet), **Psihro** et le **plateau du Lassithi** (se renseigner, A/R pas toujours possible en un jour ; 1 h 30 de trajet par Neapolis), **Heraklion**, gare routière A (env. 20 départs/j. ttes les 30 min en été, 1 h 30 de trajet).

Hôpital. En haut de la rue Paleologou, à g., dir. Heraklion **hors pl. par A1** ☎ 28413-43000.

Internet. À l'office du tourisme (payant par demi-heures). **Epimilitriou** (sur le lac, face à l'office du tourisme et à la préfecture) : accès Internet libre par WiFi.

Location de voitures. **Budget**, 13, rue Akti Koundourou **B2** ☎ 28410-22603. Jeeps-safari.

Location de motos. **Economy**, quai S. Koundourou ☎ 28410-22013.

Parkings municipaux. Rue Paleologou **A1** (longez le lac côté S, dir. Heraklion) à l'extrémité E de la digue du port, sur la place de la Préfecture, au bout de la marina **A3**.

Police ☎ 28410-23325. **Police touristique**, 47, rue Erythrou Stavrou, rue parallèle au quai A. Koundourou **hors pl. par A1** ☎ 28410-91408.

Poste 9, rue du 28 Oktovriou **A2**. *Ouv. du lun. au ven. de 7h30 à 14h.*

Taxis. Place Eleftherios Venizelos **A2** ☎ 28410-24000.

Elounda

Visite p. 124.

ℹ sur la place centrale, à l'entrée du parking de la plage principale (Skisma) ☎ 28410-42464. *Ouv. l'été.* Bon accueil et efficace. Vente de tickets de parking.

Hébergement

De 50 à 70 €

▲ **Selena Village** ☎ 28410-41525, www.selenavillage.com. *72 ch. Ouv. en saison.* À la sortie d'Elounda sur la route de Plaka, joli petit hôtel tranquille, bien situé, juste séparé de la mer et d'une petite plage par la route. Ses bungalows, au flanc de la colline, ont une terrasse avec une vue magnifique sur l'île d'Elounda et la baie. Piscine. Bon rapport qualité-prix.

De 80 à 150 €

▲ **Elounda Blue Bay** ☎ 28410-41959, www.eloundabluebay.gr. À 1,5 km d'Elounda en dir. de Plaka. Bungalows aménagés avec goût sur le flanc de la colline. Calme. Petite plage de l'autre côté de la route.

Plus de 150 €

▲ **Elounda Beach** ☎ 28410-63000, www.eloundabeach.gr. *243 bungalows et suites dont 28 avec piscine privée. Ouv. en saison.* Toute la gamme du luxe y est déclinée : avec ou sans piscine particulière… Dans un village crétois reconstitué, bénéficiant d'un site incomparable. Un hôtel de séjour qui n'a pas son pareil en Crète. Plage privée, sports nautiques, piscines ; ♦ 6 restaurants, snack, 3 bars. Hôtel animé pour les familles avec enfants. Service de qualité.

▲ **Elounda Bay Palace** ☎ 28410-67000, www.eloundabay.gr. *284 ch. dans 3 corps de bâtiment et 98 bungalows. Ouv. en saison.* Un peu moins prestigieux que son voisin l'Elounda Beach, mais dans un site tout aussi remarquable, entre l'Elounda Beach et le village d'Elounda, au fond de la baie de Mirabello. Très beaux jardins, ♦ 5 restaurants, taverne, *kafenion*, bars, cinéma et soirées folkloriques. Spa, piscines, aire de jeux et piscine pour les enfants, sports nautiques.

▲ **Elounda Mare** ☎ 28410-68200, www.relaischateaux.com. *36 suites et ch., 46 bungalows* dont certains avec piscine privée. *Ouv. en saison.* Seul

Excursions organisées depuis Agios Nikolaos

Rens. à l'**office du tourisme B2** ou au bureau **Ktel** de la gare routière **A3** ☎ 28410-22234. Il est facile d'aller à Kritsa et Elounda avec les bus locaux.

En bus. Zeus of Crete, Akti Stilianou Koundourou (le long de la mer en dir. d'Elounda avant l'hôtel Hermes) ☎ 28410 28148. Excursions à Knossos, dans l'E de la Crète, dans les gorges de Samaria. Possibilité de jeeps-safari. Assurez-vous que le guide parle français.

En bateau, du port vers l'île de Spinalonga avec arrêt à la plage de Kolokitha (1h de trajet) ou l'île de Psira (2h de trajet) ; prenez votre billet sur le port. **Nostos Tours**, 30, rue R. Koundourou ☎ 28410-22819. Guide en français.

En petit train *(Little Train)*, à l'extrémité E du port, Akti Koundourou ☎ 28410-25420, t.l.j. **Excursion 1** : tour de ville ttes les heures de 10 h à 19 h (35 min). **Excursion 2** : à 11 h, route panoramique jusqu'à Elounda et Spinalonga, (1 h 10). **Excursion 3** : à 12 h 30, excursion jusqu'à Kritsa (4 h). ◆

hôtel « Relais & Château » de Crète. Un établissement grand luxe, où se combinent raffinement et intimité, dans un site idyllique. Bungalows aménagés en style crétois qui s'articulent entre eux comme un village avec de jolis jardins fleuris. Spa, nombreux sports nautiques, golf, tennis, loisirs, plage privée, piscines. Autres atouts : un service de qualité et ♦ 3 excellents restaurants. *(Voir aussi ♦ Le Vieux Moulin, ci-après.)*

Chambres à louer. ▲ **Christine** ☎ 28410-41882 ; sur la route d'Olous (péninsule de Spinalonga), au-dessus de la ♦ taverne Paparouna.

Gîte traditionnel

De 60 à 80 €

▲☘ **Elounda Island Villas**, à 800 m d'Elounda sur la presqu'île de Spinalonga, après le pont à dr. ☎ 28410-41274, www.eloundaisland.gr. *10 appts* bien équipés pour *2 à 5 pers.* L'unique hébergement sur la presqu'île, écologique, avec son système photovoltaïque pour l'éléctricité, et respectueux de l'environnement. Maisons avec vérandas, patios, certaines avec vue sur mer. ● Snack-bar *ouv. de 9h à 18h* : petit déjeuner, smoothies et plats crétois traditionnels. Atouts : calme et beauté du site, proximité de petites plages, notamment celle de Kolokitha *(p. 124)*.

Tavernes

Beaucoup de lieux très touristiques, ouverts en saison uniquement, avec des prix en conséquence et pas toujours la qualité attendue. Il reste toutefois un bon choix de tavernes autour du port.

De 15 à 25 €

♦ **Megaro**, sur la place ☎ 28410-42220. Très bonne taverne à poissons.

♦ **Poulis**, sur la promenade, en bord de mer ☎ 28410-41451. Adresse plus modeste, tout comme les prix.

♦ **Vritomartis**, sur le port. La plus vieille taverne de la ville.

♦ **Paparouna**, ouzeri-*kafenion*, sur la route d'Olous *(vers la presqu'île de Spinalonga)*, en bord de mer. Agréable terrasse et cuisine traditionnelle.

Voir aussi Agios Nikolaos et la taverne ♥ *Platanos à Fourni* (p. 233).

Restaurants

De 20 à 40 €

♦ **Marilena**, après la place du côté de l'église, en retrait par rapport à la mer ☎ 28410-41322. Joli jardin. Spécialités de mezzés, poissons et langoustes. Bonne cuisine. Prix en conséquence.

À partir de 50 €

♦ **Le Vieux Moulin** ☎ 28410-68200. Excellent restaurant de luxe de l'hôtel Elounda Mare *(p. 235)*. Cuisine méditerranéenne ; tenue « habillée » ; rés. indispensable. Prix en rapport avec sa catégorie.

Adresses utiles

Activités. Circuits en train *(Happy Train)*. Départ de la place à 12 h : d'Elounda à Plaka (1 h env. de trajet), d'Elounda au village de Selis (3 h).

Bateau. Navettes pour l'**île de Spinalonga** *(p. 124)* ttes les 30 min. Billets et départs du port de 9h30 à 16h30 (20 min).

Bus. Liaisons avec **Agios Nikolaos**, ttes les heures env. ; liaisons avec **Plaka** ttes les 2h. Départs de la place centrale en face du supermarché.

Internet. Sur le port, à **Mezzo**.

Journaux français. Sur la place, au Minimarket. Parking payant : cartes de stationnement en vente au kiosque ou à l'office du tourisme.

Plongée. À l'hôtel Aquila ☎ 28410-41802 ou 6937-912654 (en français), www.dive-bluedolphin.com. Initiation ou plongée pour habitués dans des fonds clairs et d'une grande diversité.

Ierapetra

Visite p. 135. Plan p. 134.

ⓘ guichet d'information au pied de la jetée d'où partent les bateaux pour

Krisi **B2** ☎ 28423-40383, www.dimosierapetras.gr (site de la municipalité). *Ouv en saison de 9 h à 13 h et de 16 h à 20 h; sam. et dim., ouv. seul. le matin.* Plan de la ville et brochures sur la région.

Hébergement

Les symboles ▲ **1.** permettent de localiser les établissements sur le plan p. 134.

De 30 à 50 €

▲ **1. Eroi**, 19, place Eleftherias **B2** ☎ 28420-23208. Petit hôtel rénové de *13 ch.* simples, en centre-ville et proche de la plage. Le propriétaire loue aussi des appts pour *2 à 4 pers. (à partir de 40 €)* ☎ 28420-22846.

▲ **2. Cretan Villa**, 16, rue Lakerda **A1** ☎ 28420-28522, www.cretan-villa.com. *9 ch. Ouv. en saison.* Vieille maison crétoise (Kritiki Villa), ch. aménagées dans un joli style local. Atmosphère chaleureuse et bon rapport qualité-prix; à 2 min à pied de la plage, du centre et de la station de bus.

De 60 à 80 €

▲ **3. El Greco**, 40, rue Kothri, en bord de mer **B1** ☎ 28420-28471, www.elgreco-ierapetra.gr. *31 ch. Ouv. en saison.* Petit hôtel moderne et bien tenu. Certaines ch. possèdent un balcon sur la mer.

De 80 à 150 €

▲ **4. Astron**, 56, rue Kothri **B2** ☎ 28420-25114, www.hotelastron.com. Hôtel moderne de *66 ch.*

▲ **5. Petra Mare**, sur la plage à la sortie E de la ville **hors pl. par B1** ☎ 28420-23341, www.petramare.com. *200 ch. Ouv. en saison.* Établissement moderne sans recherche architecturale; ch. avec vue sur la mer aménagées dans le style crétois. Avec tout le confort de cette catégorie; plage particulière, piscine, sports nautiques, tennis.

Location de chambres et de maisons. Nombreuses possibilités dans la vieille ville et sur toute la côte S, à l'E de la ville. Grand choix à Makrigialos, souvent en bord de mer, sur la plage.

Tavernes et ouzeri

Les cafés-ouzeris sont au bout de la plage avant la forteresse.

Les symboles ♦ **1.** permettent de localiser les établissements sur le plan p. 134.

De 12 à 25 €

♦ **6. Pavlis**, *rakadiko* tout proche de l'office du tourisme **B2**; raki, ouzo avec de très bons mezzés.

♦ **7. Gia rakaki**, rue Lakerda **A1**. *Ouv. le soir.* Dans un jardin intérieur. Pour boire un raki, de l'ouzo ou du vin accompagnés de mezzés.

♦ **8. Kallitechnes**, 26, rue Kiprou **A3**. Petite taverne traditionnelle peu touristique. Cuisine avec de bons produits naturels de la région.

♦ **9. Napoleon**, sur la promenade E et sur la plage de graviers gris **B3** ☎ 28420-22410. Dans cette taverne: poisson, salade de poulpes, beignets de courgettes et autres bonnes spécialités crétoises.

♦ **10. Odion**, 18, rue Lasthenous **B1** ☎ 28420-27429. *Ouv. le soir.* Pour boire un verre avec des mezzés dans un joli jardin d'oliviers au calme. Musique le sam. Prix raisonnables. Très bonne adresse.

♦ **11. O Kales (Castro)**, petit ouzeri au bout de la promenade, juste avant la forteresse **B3** ☎ 28420-28254. Ambiance locale, petits prix.

Sports et loisirs

Manifestations culturelles. Festival Kyrvia du 15 juil. à la fin août, dans la cour de l'école, à ciel ouvert. Spectacles folkloriques, représentations théâtrales, danse, concerts, expositions.

Adresses utiles

Agence de voyages. Ierapetra Express, place Eleftherias **B2** ☎ 28420-22411. Pour les billets d'avion ou de bateau et les excursions sur l'île de Krisi, notamment.

Dépannage automobile. ELPA, secours sur route ☎ 28420-22890.

Gare routière. En venant d'Agios Nikolaos, à l'entrée de Ierapetra **B1** ☎ 28420-28237. De la gare, suivez la rue Lasthenous pour rejoindre le centre qui se trouve à 10 min à pied au S-E. Liaisons en bus avec **Agios Nikolaos** (8 départs/j., 1 h de trajet); avec **Sitia** par **Makrigialos** (5 départs/j., 1 h 30 de trajet); avec **Heraklion** par **Malia** (9 départs/j., 2 h 30 de trajet) ou par **Mirtos** et **Vianos** (2 départ/j., 3 h de trajet). Horaires réduits le dim.

Internet. **Street Café**, Markoupoulou *(rue de la plage)*. WiFi près de la mairie et dans les cafétérias sur la **promenade autour de la mairie**.

Hôpital hors pl. par A1 ☎ 28423-40222.

Marché de rue. Rue Psilinaki, dir. gare routière **hors pl. par B1**. *Sam. matin.*

Parking. On stationne, en principe, gratuitement en ville, sur le port, autour de la forteresse. Seuls les parkings privés sont payants.

Police. Sur la promenade le long de la mer **B2** ☎ 28420-90160, *ouv. le matin*. **Police touristique** à Agios Nikolaos *(p. 235)* ☎ 28410-91408.

Poste, rue Georgiou Giannakou, à proximité de l'OTE (téléphone) **A1** ☎ 28420-90160. *Ouv. t.l.j. sf sam. et dim. 8 h-14 h.*

Presse francophone. À la boutique de l'hôtel Ostria, à 5 km à l'E de Ierapetra, en dir. de Koutsounari, côté mer.

Supermarchés. Prenez la sortie sur la route d'Agios Nikolaos ou celle vers Mirtos.

Taxis. Place Kanoupaki **B2** ☎ 28420-26600.

Kalamafka

Visite p. 136.

Kafenion-taverne

De 12 à 15 €

♦ **Panorama**, à la sortie du village, dir. Neo Horio ☎ 28420-92459. Bonne cuisine crétoise de village, simple et goûteuse, avec les produits du jardin. Petite terrasse avec vue magnifique de la montagne sur la mer.

Koutsounari

Visite p. 138.

Hébergement

De 75 à 150 €

▲ **Nakou Village**, à l'entrée de Koutsounari, en venant de Ierapetra (8,5 km); pancarte côté montagne, indiquant Agios loanis; montez en haut du village, puis à g. suivez le flanc de la colline ☎ 28420-61815, www.nakoutradition.gr. Appts tout confort pour *2 à 5 pers.* dans un espace joliment paysagé, avec cuisine, loués plutôt à la semaine (arrangements possibles selon la saison). Terrasse vue sur la mer, piscine et excellente cuisine mijotée, servie l'été au bord de la piscine en journée. Très bon accueil et bon rapport qualité-prix. Direction d'hôtel francophone.

De 90 à 200 €

▲ **Koutsounari Traditional Cottages**, même accès que pour Nakou Village *(ci-dessus)*. Réception dans la montée du village à dr. ☎ 28420-61815, www.traditionalcottages.gr. *14 cottages.* Ce village dans la montagne était abandonné, rayé des cartes, mais à l'initiative d'une architecte artiste, Mme Nakou, les maisons en ruine ont été reconstruites dans le respect de la tradition crétoise. Les cottages en pierre du pays *(pour 2 à 6 pers.)*, fleuris de bougainvillées et faisant face à la mer, sont meublés avec raffinement dans le style rustique. Accueil agréable en français. Piscine et déjeuner possibles à Nakou Village *(même direction francophone)*.

Camping. ▲ **Koutsounari C**, sur la plage de Rousa Skala ☎ 28420-61213, http://camping-koutsounari.epimlas.gr. *86 tentes.* Espace ombragé; taverne-bar. Arrêts de bus qui desservent la côte et Sitia. ♦ **Koralli** ☎ 28420-61512. Nouveau restaurant avec grande piscine à disposition.

Tavernes

De 12 à 15 €

♦ **Kouros**, sur la route principale, côté N ☎ 28420-61516. Une bonne cuisine crétoise. Testez l'agneau à la broche le dim.

De 15 à 25 €

♦ **Psaropoula**, de la route principale prenez la rue qui descend à la mer entre l'hôtel Coriva Beach et l'hôtel Kakkos Bay, en bas à g. ☎ 28420-61552. Joli cadre en bord de mer. Bon accueil. Très bonne cuisine avec des produits de qualité. On s'y régale de poissons et de tous les petits plats crétois.

Kritsa

Visite p. 129. Voir aussi nos adresses à Kroustas, ci-dessous.

Pension

De 30 à 40 €

▲ **Argiro**, à l'entrée du village ☎ 28410-51174. Sympathique. *8 ch. de 2 à 4 pers.* confortables. Petit déjeuner sous la tonnelle.

Adresses utiles

Parkings. À l'entrée du village en venant d'Agios Nikolaos et à la sortie vers Karthero.

Shopping. Bottes de cuir sur mesure, travaux d'aiguille, châles et vestes de laine, tapis tissés.

Kroustas

Visite p. 129. Voir aussi Kritsa, ci-dessus.

Taverne

De 12 à 15 €

♦ **O Kroustas, chez Kostas Stavrakakis**, en entrant dans le village à dr. ☎ 28410-51362. *Ouv. le soir*. Excellente cuisine crétoise. Goûtez en particulier les escargots, le chevreau, et les délicieux beignets au fromage.

Makrigialos

Visite p. 138.

Maisons traditionnelles

De 40 à 60 €

▲ ☘ **Aspros Potamos**, à 2 km de Makrigialos; de la route principale, prenez en face de l'hôtel Mikripolis la route de Pefki; à 1 km env. *(indication à dr.)* tournez à g. sur un chemin en ciment; gardez la g. ☎ 28430-51694, www.asprospotamos.com. *Ouv. tte l'année. 10 maisons* pour *1 à 5 pers.* Dans ce hameau, les maisons de bergers ont été restaurées dans le respect de l'environnement : système photovoltaïque pour l'électricité et l'eau chaude; on s'éclaire à la bougie et aux lampes à l'huile; les toits sont couverts de végétation qui garde la fraîcheur. Les ch. sont originales, parfois creusées dans la paroi rocheuse. Nombreuses possibilités de randonnées.

De 80 à 150 €

▲ ☘ **White River Cottages**, à 1 km de Makrigialos; venant de l'O, prendre à g. la petite route avant le pont ☎ 28430-51120, www.i-escape.com. *13 maisonnettes* traditionnelles restaurées, confortables et aménagées dans le respect de l'environnement (eau chaude par système solaire). Piscine.

Milatos

Visite p. 130.

Appartements

De 30 à 40 €

▲ **Socrates** ☎ 28410-81375, www.socrates-rooms.gr. *8 studios.* Face à la plage. Des logements bien équipés et une propriétaire très sympathique. Bonne taverne.

Tavernes

De 12 à 15 €

Agréables tavernes sur la place, en bord de mer, dont ♦ **Sirines** : on y prépare des poissons frais et de la cuisine traditionnelle.

Mirtos

Visite p. 136.

Hébergement

Chambres à louer, pensions et appartements sont en nombre dans le village, toutefois très fréquenté l'été.

De 40 à 60 €

▲ **Mirtos**, en bord de mer ☎ 28420-51227. *16 ch. Ouv. en saison.* Petit hôtel familial face à la mer ; simple mais très confortable. Bonne ♦ taverne. Prix très modérés.

Taverne

De 22 à 25 €

♦ **Karavostasi**, face à la plage. Jolie salle décorée de photos. Tables à l'extérieur, protégées du vent. La cuisine est faite à l'huile d'olive « maison ». Sympathique et bon marché.

Mohlos

Visite p. 141.

Hôtel

De 30 à 40 €

▲ **Sophia** ☎ 28430-94554. *5 ch. Ouv. en saison.* Donne sur le petit port. Vue sur la mer. Bon accueil et taverne.

Appartements et studios

De 30 à 50 €

▲ **La Chlorophylle**, en haut du village, à 200 m de la mer ☎ 28430-94725 ou 6976-313506 ; www.chez.com/annelebrun. Toutes les formules pour *1, 2 pers. ou plus (prix selon le nombre d'occupants et la durée du séjour)*. ▲ **Meltemi**, au-dessus de Mohlos ☎ 28430- 94200. Studios simples et confortables avec vue magnifique sur la baie. Rens. à la taverne To Bogazi sur le port. ▲ **Mohlos Mare**, à l'entrée du village à l'E du port ☎ 28430-94005, www.mochlos-mare.com. Confort et bon accueil. Joli jardin.

Maison

De 80 à 100 €

▲ **Metochi**, à 1 km du village et 500 m de la mer. Vieille maison restaurée, avec balcon sur la mer, tout confort, pour *6 pers.* Mêmes coordonnées que La Chlorophylle *(ci-dessus)*.

Taverne

Plusieurs agréables tavernes en bord de mer, sur le port. Langouste fraîche et salade d'oursins.

De 15 à 25 €

♦ ♥ **To Bogazi**, à l'extrémité O du port, au bord de l'eau ☎ 28430-94200. Poissons, agneau grillé… ici, tout est bon, et de qualité ! Excellent accueil en français.

Bar

● **Grand blue**, sur la côte rocheuse à l'O du port. Bar agréable au coucher du soleil.

Sports et loisirs

Bateau. Mohlos Boat Tours, traversée *(payante)* en bateau sur l'île de Psira ; demandez Nikos qui vous conduira dans les tavernes du port. Visite des fouilles possible.

Neapolis

Visite p. 130.

Taverne

De 12 à 15 €

♦ **Geuseis**, sur la grande place, au coin de la route qui monte à Lassithi ; terrasse ombragée et cuisine mijotée.

Palekastro

Visite p. 148.

ℹ et **OTE** dans la rue principale ☎ 28430-61546, www.itanos.gr. *Ouv. t.l.j. De 8 h 30 à 21 h ; sam. et dim. de 9 h 30 à 12 h 30 et de 17 h 30 à 21 h.* Personnel accueillant. Brochure et suggestions de randonnées.

Hébergement

De 40 à 60 €

▲ **Hellas** ☎ 28430-61240. *13 ch.* Petit hôtel au centre du village, bon confort et vue sur la mer; restaurant.

▲ **Marina Village**, à la sortie N du village, sur la route de Vaï ☎ 28430-61284. *32 ch. Ouv. en saison.* Moderne, tranquille, isolé, agréable; balcons sur la mer, jardins fleuris, petite piscine, cafétéria; à 10 min de la plage Chiona.

Appartements et studios

De 30 à 50 €

▲ **Pension Eva**, dans le village, sur la route de Zakros ☎ 28430-61388. Grandes ch. avec s.d.b. et balcon avec jolie vue sur la mer ou sur la montagne.

De 70 à 100 €

▲ **Castri Village** ☎ 28430-61100, www.castrivillage.gr *32 appts.* Construit dans le style du pays, cet ensemble légèrement isolé qui domine la belle plage de Kouremenos offre des services hôteliers, une piscine et un ♦ restaurant; pour des vacances loin des foules; apprécié des véliplanchistes.

Tavernes

De 12 à 15 €

Sur la place du village et la rue principale: ♦ **Hellas**, ♦ **Finistrini**, ♦ **Mythos**, ♦ **Elena**. Au N de la plage de Chiona, taverne ♦ **Chiona** en bord de mer sur un promontoire. Vue sur la baie et bonne cuisine familiale. ♦ **Glaros**, sur la plage de Kouremenos.

Sports

Excursions à pied. Chemin pour les randonneurs vers le S par Roussolakos, Petsofas, le long de la côte puis en remontant jusqu'à Hohlakies.

Planche à voile. La **plage de Kouremenos** est recherchée par les véliplanchistes. Location de matériel et cours avec **Freak windsurf**, www.freak-surf.com (rés. conseillée).

Adresse utile

Internet. **Argo**, sur la rue principale, à côté de l'office du tourisme; l'endroit est aussi un magasin de jouets et une librairie.

Plaka

Visite p. 124.

Appartements et studios

De 40 à 60 €

▲ **Fofi** ☎ 28410-41023. Dans le village, maison avec balcons à 50 m de la mer. *6 appts de 2 à 4 pers. bien équipés*, certaines avec vue sur la mer. Bon accueil.

▲ **Stella Mare**, dans le village ☎ 28410-41814. Studios et appts pour *2 à 5 pers.*, simples, bien équipés et avec une touche crétoise. Certains ont un balcon avec vue sur la mer; jardin intérieur.

Tavernes-*kafenions*

Plusieurs tavernes à poisson en bord de mer. *Ouv. en saison.*

De 12 à 25 €

♦ **Giorgos**, près de l'embarcadère pour l'île de Spinalonga ☎ 28410-41353. Bonne table. Poisson, salades et vin appréciés pour leur qualité.

♦ **Maria's Old Tavern**, dans la rue principale. Salle agréable et petite cour ombragée; mezzés et ouzo.

♦ **Pefko**, le premier bar du village à dr. en entrant ☎ 28410-42510. *Ouv. le j. et le soir.* Un *kafenion* où il est agréable de prendre un verre ou d'y manger simplement des *souvlakis*; goûtez le tarama.

Excursions

Bateaux pour l'île de Spinalonga *(p. 124).* Les passagers embarquent à la demande. Traversée moins chère que d'Elounda. En général, gratuit pour les enfants.

Sports nautiques. **Ipanema Water Sports**, à 1,5 km d'Elounda;

www.spinalonga-windsurf.com ☎ 6945-891487. **Plaka Water Sports** à Plaka, ☎ 6944-932760. Ski nautique, jet-ski, planche à voile, pédalos®, kayaks et location de bateaux.

Plateau du Lassithi

Visite p. 131. Voir aussi Tzermiado p. 244.

Hôtels

De 30 à 40 €

▲ **Dionysos**, à Magoulas, près de Psychro ☎ 28440-31672. Quelques chambres simples, certaines avec jolie vue sur le plateau. Possibilité de prendre un ♦ repas.

▲ **Hotel Maria**, au N du village d'Agios Georgios, à l'écart de la rue principale ☎ 28440-31774. Chambres agréables agrémentées de tissages crétois.

Gîte rural traditionnel

De 70 à 100 €

▲ **Vilaeti**, à Agios Konstantinos, à 3 km au S-E de Tzermiado ☎ 28440-31983, www.vilaeti.gr ; rés. en français par www.guestinn.com. Maisons de village *(pour 2 à 6 pers.)* aménagées avec goût dans le style crétois. Tout confort. Taverne à proximité, cuisine maison avec les produits de la ferme bio. Pour ceux qui aiment la vie crétoise rurale.

Tavernes

De 12 à 15 €

♦ **Rea**, à Agios Georgios, dans la rue principale ☎ 28440-31209. Cuisine crétoise et viande grillée.

♦ **Taverne-bar Seli**, à Pinakiano (3 km), dans le moulin situé sur une crête en haut de la route de Malia au plateau, juste avant le village. *F. le soir.* Repas typiquement crétois, viande au feu de bois, pain du moulin. Boutique. Évitez l'heure des bus touristiques.

Lire « Cuisine » p. 281 pour plus de détails sur la restauration. ♦

Roussa Ekklisia

Visite p. 145.

Taverne

De 12 à 15 €

♦ **Platanos**, au centre du village sur une place. *Ouv. le soir.* Superbe vue sur Sitia et la baie. Taverne très « crétoise ». Spécialité : le lapin.

Sisi

Visite p. 130.

Hébergement

Sur cette côte, on trouve facilement des appartements à louer, petites pensions bon marché et chambres chez l'habitant.

De 60 à 80 €

▲ **Porto Sisi** ☎ 28410-71385, www.portosisi. com. *15 appts* bien aménagés. *Ouv. en saison.* Un agréable ensemble de style crétois, sur la mer, à 300 m d'une plage de sable. Belle piscine d'eau de mer. Pas de restaurant. Supermarché et tavernes.

Plus de 150 €

▲ **Kalimera Kriti**, à 900 m à l'E de Sisi ☎ 28410-69000, www.kalimerakriti.gr. *407 ch., suites et bungalows. Ouv. en saison.* Très bel hôtel conçu comme un village crétois dans un vaste espace paysagé et qui s'articule autour d'une baie protégée. Plage de sable. Balcons, terrasses surplombent la baie. Intérieurs aménagés avec goût. 3 piscines, très bons ♦ restaurants et toutes les facilités d'usage. Calme et bien pensé pour les familles avec enfants.

Camping. ▲ **Sisi** C ☎ 28410-71247, www.sisicamping.gr. *107 tentes.* Très bien situé à 1 km à l'O du village, avec vue sur la mer, ombragé, piscine, taverne, WiFi. Location de tentes.

Tavernes

Plusieurs possibilités de restauration dans le village et en bord de mer ; la plupart des lieux ne sont ouverts qu'en saison. *Comptez de 12 à 15 €.*

Sitia

Visite p. 140, plan p. 141.

🛈 Kiosque d'information sur la promenade Karamanli **B2** ☎ 28430-28300. *Ouv. en saison du lun. au ven. de 9h30 à 14h30 et de 17h30 à 21h. F. sam. et dim.*

🛈 **Sitia Development Organization**, office de tourisme rural de Sitia, 5, rue Antheon, petite rue donnant sur Papanastasiou, à l'entrée O de Sitia **A2** ☎ 28430-23590, www.oas.gr. *Ouv. du lun. au ven. de 8h30 à 15h30.* Le bureau informe et tient lieu d'agence de voyages ; belles brochures illustrées en français, programme de randonnées, d'excursions souvent originales dans le respect des traditions crétoises et de l'environnement.

Hébergement

Nombreuses **ch. à louer** chez l'habitant.

Les symboles ▲ **1.** permettent de localiser les établissements sur le plan p. 141.

De 30 à 60 €

▲ **1. Arhontiko**, 16, rue Kondilaki **B1**, ☎ 28430-28172, bien situé au-dessus du port. *9 ch pour 2 ou 3 pers.* dans une jolie maison ancienne et soignée. Simple, bon accueil et ambiance familiale. Cuisine à disposition des résidents.

▲ **2. Petras Beach** ☎ 28430-24892. *9 ch. Ouv. en saison.* Simple, au bord de la plage, à la sortie E de la ville **hors pl. par B2**. Ch. avec s.d.b. et balcon sur la mer. Petit suppl. pour le petit déjeuner.

▲ **3. El Greco**, 13, rue G. Arkadiou **A1** ☎ 28430-23133. *15 ch. Ouv. en saison.* Joli petit hôtel dans une rue qui mène à la forteresse. Certaines des ch. donnent sur la mer et le port.

De 60 à 80 €

▲ **4. Itanos B2** ☎ 28430-22900, www.itanoshotel.com. *72 ch.* entièrement rénovées *pour 2, 3 ou 4 pers.* Bien situé face à la mer, près de la place centrale. Bon confort, calme malgré la situation ; restaurant avec tables sur la promenade le long de la mer. Petit déjeuner compris.

Studios et appartements

De 40 à 60 €

▲ **5. Portobelis**, 34, av. Konstantinou Karamanli, au bout de la promenade en zone piétonnière, devant la plage de sable et proche du centre **B2** ☎ 28430-22370, www.portobelis-crete.gr. *Studios pour 2 ou 3 pers., appts pour 3 à 4 pers.* agréablement aménagés, avec balcons sur mer ou jardin. Tout confort ; TV satellite.

De 80 à 150 €

▲ **6. Sitia Bay**, Paraliaki Leoforos, 8, Tritis Septemvriou, après la promenade en bord de mer, à 5 min à pied du centre **hors pl. par B2** ☎ 28430-24800, www.sitiabay.com. *Studios et appts pour 2 à 4 pers.*, la plupart avec balcon et vue sur mer, bien équipés, style moderne. Bons services, piscine. Proximité des magasins et tavernes.

Restaurant, tavernes, ouzeris

Sur la promenade le long du port, on trouve des tavernes avec toutes les spécialités crétoises et du poisson.

Les symboles ♦ **1.** permettent de localiser les établissements sur le plan p. 141.

De 12 à 25 €

♦ **7. Kritiko Spiti** (« Maison crétoise »), 10, rue Karamanli, en dir. de la plage **hors pl. par B2**. Taverne avec vue sur le port. Plats traditionnels très copieux. Prix en conséquence.

♦ **8. Mihos**, 117, rue Karamanli, sur la plage **hors pl. par B2**. Bonne cuisine traditionnelle, grand choix de viandes cuisinées et vin local (Myrto).

♦ **9. The Balcony**, à l'angle des rues Kazantzaki et Foundiladou **A1**. Une belle salle en étage et un balcon qui donne sur la rue, cadre un peu kitsch pour une cuisine originale.

♦ **10. Ziafeti**, rue Foundiladou **A-B1**. Petite taverne crétoise, simple, à l'écart du tumulte du bord de mer ; bons mezzés.

À proximité de Sitia. ♦ **Klimataria**, à 3 km au S de Sitia, sur la route de Piskokefalo ☎ 28430-25355. Spécialité :

le lapin. Musique crétoise en fin de semaine. Un cadre apprécié des crétois. ♦ **Platanos**, à Roussa Ekklisia *(p. 242)*, à 9 km au S-E de Sitia.

Shopping

La **rue Kornarou A2-B1**, parallèle au port, est commerçante.

Marché en plein air, le mardi, près de la station de bus **A1**.

♥ **Pâtisserie. Aretoussa**, 23, rue El. Venizelou **B1**. *Ouv. t.l.j. de 8 h à 21 h 30*. Goûtez les *kalitsounia*, les *xerotigana* et *stafizoti* au raisin, à l'orange et aux noix. On y trouve aussi le vin et le raki de Toplou, d'excellents produits.

Vin. Union des cooperatives agricoles de Sitia, à la sortie O de la ville **hors pl. par A2** ☎ 28430-22211, *Ouv. du lun. au ven. de 8 h à 14 h 30*. Produits viticoles de *43 cooperatives* de la région. Excellents vins AOC rouges, blancs, résinés ; *tsikoudia* (raki) ; huile d'olive bio de qualité. Salle de dégustation et présentation audiovisuelle des richesses agricoles.

Adresses utiles

Aéroport. À 2 km au N de la ville **hors pl. par A1** ☎ 28430-24666. La municipalité a l'ambition de faire de la ville le centre économique et touristique de la Crète de l'E. L'implantation d'un grand aéroport qui pourrait recevoir de gros porteurs est un de ses objectifs majeurs et il est en voie d'être atteint.

Agences de location. Portobelis, 34, av. Karamanli, à l'extrémité E de la promenade **B2** ☎ 28430-22370, www.portobelis-crete.gr. Agence de location proposant toute forme d'hébergement dans la région, superbes villas ou appts. Location de voiture possible. **Tzortzakis**, 150, rue Kornarou, sur le port **B1** ☎ 28430-29211. *Ouv. t.l.j.* Billets de bateau et d'avion. Bateau pour Rhodes (2/sem.) avec escales aux îles de Kassos, Karpathos. Bateau pour Le Pirée (2/sem.). Agence **Sitia Holidays**, rue Kornarou, ☎ 28430-28555 ; billets d'avion.

Manifestations culturelles à Sitia

Festival Kornaria, du nom du poète Vitzentzos Kornaros (fin du XVe s.), originaire de Sitia et auteur d'une épopée en 10 000 vers, *Erotokritos*. En juil. et en août, représentations théâtrales ou musicales sur la place centrale ou dans la forteresse. ♦

Compagnie aérienne. Olympic Air, à l'aéroport **hors pl. par A1** ☎ 28430-24666.

Gare routière. En face du Musée archéologique, à la sortie S de Sitia **A2** ☎ 28430-23917. Liaisons avec **Agios Nikolaos** (6 départs/j., 1 h 30 de trajet) ; **Vaï** (5 départs/j., 45 min de trajet) ; **Kato Zakros** (1 départ/j., 1 h de trajet) ; **Ierapetra** par **Makrigialos** (5 départs/j., 1 h 30 de trajet) ; **Heraklion**, gare routière A (5 départs/j., 3 h de trajet).

Hôpital. ☎ 28433-40200.

Internet. Java, au milieu de la rue Kornarou. **Play**, 69, rue Mysonos.

Presse internationale. Au Minimarket, sur la promenade Karamanli, le long de la plage, à proximité de l'office du tourisme.

Police ☎ 28430-24200. Rue Therissou Papanastasiou, à l'entrée de la ville en venant d'Agios Nikolaos **A1**.

Tzermiado

Visite p. 131. Voir aussi Plateau du Lassithi, p. 242.

Appartements et studios

De 60 à 80 €

▲ **Argoulias**, au N du village, au flanc de la montagne ☎ 28440-22754, www.argoulias.gr. *9 appts et 2 studios* avec cuisine dans une vieille maison de pays. Petit déjeuner compris, avec les produits locaux. Joli cadre rustique et vue sur le plateau. *Ouv. tte l'année.*

Taverne

De 12 à 15 €

♦ ♥ **Kronio**, sur la rue principale au centre du village ☎ 28440-22375. Cuisine crétoise traditionnelle de qualité. Accueil sympathique par une Française. Légumes du jardin et produits du plateau. Goûtez le *briam* (légumes), la chèvre ou le porc aux poireaux, les gâteaux traditionnels. Très bon rapport qualité-prix. **Petite boutique de produits locaux** à côté de la taverne.

Adresses utiles

Deux **banques**, une **poste**, un **OTE** et un bureau de **police** dans le village.

Bus. Ligne **Lassithi/Heraklion**, 3 bus/sem. (A/R impossible dans la j.). Ligne **Lassithi/Agios Nikolaos**, 2 bus/sem. (pas de retour possible dans la j.).

Taxis-agoréo. Service régulier entre les villages et les « marchés » *(agora)* des villes (Heraklion, Agios Nikolaos...) pour la population locale et à la demande ☎ 28440-31720 ou 28440-31523 (en cas de problème de langue, on vous aidera à la taverne Kronio).

Vaï

Visite p. 147.

ℹ **Bureau d'information** (en saison) sur le parking payant. Pas d'hébergement. **Bar** et **taverne** sur la plage. Très sollicités et plutôt chers.

Sports. Rens. sur la plage ou au ☎ 28430-61332. Sports nautiques, parachute ascensionnel, plongée.

Maisons traditionnelles

De 60 à 80 €

▲ ☘ **Metohi Vai**, sur la route de Palekastro vers Itanos, env. 1 km avant la route d'accès à la plage de Vaï ☎ 28430-61071, www.metohi-vai.gr. Le hameau Vayes, sur les terres du monastère de Toplou, a été restauré à l'ancienne. Atmosphère d'antan, cheminées; cuisine bien équipée. Hospitalité, tradition et culture... On y apprend à faire le pain, la cuisine crétoise, cueillir les fruits et les légumes du jardin. Très bonne ♦ ♥ taverne ouverte à tous de 12h à 23h: cuisine bio, huile et vin de Toplou et chèvre cuite au feu de bois.

Zakros

Visite p. 148.

Hébergement à Kato Zakros limité, il est conseillé de réserver. Plusieurs tavernes en bord de mer. ♦ Akrogiali est la plus au N de la plage, avec ses chaises bleues et une cuisine bien crétoise.

ℹ www.itanos.gr.

Hôtel

De 40 à 60 €

▲ **Zakros**, Ano Zakros ☎ 28430-93379. *24 ch.* Au centre du village, bon accueil; bien situé pour les randonneurs. L'hôtel assure les transferts depuis Sitia, ou Kato Zakros par exemple. Climatisation, TV, minibar...

Maisons traditionnelles

De 40 à 60 €

▲ **Stella's Apartments**, à Kato Zakros, au-dessus de la baie; suivez la piste qui longe les ruines du palais minoen et monte vers la gorge ☎ 28430-23739, www.stelapts.com. Maisons de pierres, joliment aménagées, dans un espace agréable et calme, boisé de pins. Détente dans des hamacs, cuisine au feu de bois en plein air. Randonnées avec guide sur demande.

De 60 à 80 €

▲ **Terra Minoika**, sur la colline, à 350 m de la mer, à l'entrée des gorges ☎ 28430-23739, www.stelapts.com. *5 maisonnettes* en pierre de 40 m², bien équipées pour *2 à 4 pers.*, aménagées dans le style crétois. Jolis jardins. Environnement respecté. Vue sur la baie, les ruines du palais minoen et la gorge. Conseils de balades.

Adresse utile

Bus. 2 liaisons/j. **Ano Zakros/Sitia**. 1 liaison/j. **Kato Zakros/Sitia** (1 h de trajet). ♦

Rethimnon et ses environs

visites

Itinéraires 15 à 19, p. 152.
Cartes p. 154 et 159.

Agia Galini

Visite p. 174.

ℹ Hébergement et loisirs dans la région : www.agia-galini.com.

Hébergement

Bon choix de ch. en pensions ou petits hôtels.

De 40 à 60 €

▲ **Adonis**, en haut du bourg ☎ 28320-91333. *50 ch. (9 appts et 3 studios). Ouv. en saison.* Style crétois, agréable, vue sur la mer. Piscine. Loin du bruit.

▲ **Palazzo Greco**, en haut du bourg ☎ 28320-91187, www.palazzogreco.com. *28 ch. Ouv. en saison.* Petit hôtel familial coquet, vue sur la mer. Air cond. dans certaines ch.

▲ **Neos Ikaros,** dans la descente d'Agia Galini dans le grand virage prendre à dr. ☎ 28320-91447, www.neosikaros.gr. Hôtel moderne de *29 ch.* au flanc de la colline. Bien aménagé, à l'écart du bruit du village. Grande piscine.

De 60 à 80 €

▲ **Sky Beach,** à l'entrée du bourg, sur le flanc de la colline au-dessus de la plage ☎ 28320-91415, www.skybeach.gr. *10 studios et appts.* vastes et très confortables, les ch. de cette construction étagée à flanc de colline possèdent un grand balcon qui surplombe la mer. Air cond. Bar.

▲ **Irini Mare**, en venant de Timbaki, avant Agia Galini, prendre à g. en face de la pompe à essence ; à l'extrémité E de la baie, à 100 m d'une plage de galets, à 10 min à pied du bourg ☎ 28320-91488, www.irinimare.com. Complexe de *100 ch.* conçu comme un village crétois. Confort simple, vue sur la mer, balcons, jardins fleuris. Bien pensé pour les familles.

Camping. ▲ Près de la plage, à 1 km à l'E du port ☎ 28320-91386, www.agia-galini.com, *135 pers., 45 tentes.* Prenez sur la route Melambes/Timbaki le chemin à l'E de l'intersection d'Agia Galini (pancarte). Proche de la plage, à 10 min à pied du village. Très bonne taverne.

Tavernes et restaurants

Nombreuses tavernes touristiques sur la place et dans les ruelles.

De 12 à 15 €

♦ **Poppy's Place,** 2e ruelle à partir de la g. en montant du port. Un verre de vin blanc ou d'ouzo avec des mezzés sur les petites tables à l'extérieur, et des Crétois autour de soi. *Kafenion-ouzeri* agréable.

♦ **I Synantisi café Miros,** en haut de la 1re ruelle à partir de la g. en montant du port. Vrai petit *kafenion*. Joli cadre. Musique crétoise le soir.

De 15 à 25 €

♦ **Alikes**, taverne sur la promenade entre le port et la plage un peu à l'écart, avec vue sur la mer. Cuisine crétoise, viandes et poissons grillés.

♦ **O Faros,** dans la ruelle du milieu ☎ 28320-91346. *Ouv. t.l.j. dès 18 h 30.* Taverne traditionnelle de poissons.

♦ **Onar**, dans le village, à flanc de colline ☎ 28320-91288. Du parking, en bas du village, repérez la pancarte. Restaurant sur deux ét. avec terrasses sur la mer et vue sur la Messara. Une carte en français avec un grand choix de mezzés et de plats traditionnels. Cuisine à l'ancienne ouverte pour mieux choisir ses plats. Tout est frais et de qualité, pêche du jour, agneaux et légumes de la ferme. Spécialité : poissons et viandes sur le gril.

Sur les plages de l'est d'Agia Galini

Agios Georgios *(p. 176)*. Taverne-pension ▲ **Nikos** ☎ 28320-91001, www.aggeorgios.gr. *8 ch.*, aid cond. La ♦ taverne est au-dessus de la mer. Poissons. Cadre magnifique et calme.

Triopetra Beach *(p. 176)*. Taverne-pension ▲♦ **Pavlos**, à quelques pas de la plage ☎ 28310-025189, www.triopetra.com.gr. *15 ch.* avec salle d'eau, aid cond. Cuisine sur demande.

Plages

À l'E du port, plage aménagée (chemin piétonnier). Sports nautiques, pédalos®, tavernes. Vous pourrez profiter d'une longue plage de galets peu fréquentée en continuant vers l'E (mauvaise piste sans issue).

Adresses utiles

Dans la rue principale du village, qui descend au port: bureau de poste, agences de voyages (**Monza** ☎ 28320-91278) et agences de location de voitures, motos, bicyclettes (Ostria).

Gare routière. Sur la rue principale en descendant au port. 7 liaisons/j. avec **Heraklion**, gare routière B; 5 liaisons/j. avec **Rethimnon**; liaison avec **Plakias, Matala**; 1 liaison/j. avec **Lendas**.

Internet. **Café Christos**, rue piétonnière perpendiculaire au port.

Parking sur le port.

Presse internationale. Le **Shop** de la rue principale, dans la ruelle juste au S de la poste.

Santé. **Centre médical** dans la rue qui descend vers le port, à côté de la **police** ☎ 28320-91111.

Anogia

Visite p. 164.

Liaisons. 1 bus pour Heraklion, 2 bus pour Rethimnon.

Chambres d'hôtes

De 30 à 50 €

▲ **Kriti** B ☎ 28340-31048. *4 ch.* et ▲ **Psiloritis** B ☎ 28340-31194. *5 ch.*

Depuis Agia Galini

À bord de *L'Argonaftis*, excursion sur **l'île de Paximadia** *(p. 176)* avec ses belles plages de sable, et à la **plage de Preveli** *(p. 177)*. Départ 10 h 30, retour 16 h 30 t.l.j. Pour **Preveli**, de 45 min à 1 h 30 de mer le long de la côte. Arrêt possible à la plage d'**Agios Pavlos**. Possibilité de «chartériser» le bateau pour se rendre à **Plakias** ou ailleurs; adressez-vous aux capitaines des bateaux. Excursion à **Agiofarango** *(p. 109)*. ♦

Tavernes et *kafenions*

De 12 à 15 €

♦ **Prasini Folia**, à dr. en bas du village, avant la dernière place. «Psistaria» ou taverne traditionnelle. Grande terrasse couverte de vignes.

Plusieurs ***kafenions*** en haut du village près de l'église Agios Giorgos. Goûtez le *galacto boureko*, gâteau avec de la crème au lait, et le *kadaïfi*, pâtisserie au miel avec de la glace. ♥ Autres *kafenions*, sur la dernière place dans la partie basse du village. Pour goûter de la chèvre ou du mouton, de la tête d'agneau et du *splinogardoumo* (abats grillés).

Argiroupoli

Visite p. 161.

Plusieurs pensions dans le village.

Restaurant

De 15 à 25 €

♦ ♥ **Le Vieux Moulin** *(Paleos Milos)*, prenez, avant Argiroupoli, la route à dr., en dir. de Asi Gonia jusqu'aux sources; puis à dr. (grande pancarte), descente raide au parking du moulin ☎ 28310-81209, http://restaurantcrete.tripod.com. Dans un site authentique où l'eau coule en abondance, un lieu de gastronomie crétoise. Le propriétaire peut tout expliquer en français. Feuilles de vigne, délicieux feuilletés au fromage *(tiropitas mé méli)*, agneau grillé, chèvre au vin, truites. Méchoui le dimanche.

Shopping

Lappa Avocado, au N de la place principale avec l'église Agios Ioannis ☎ 28310-81070, www.lappa-avocado.gr. *Ouv. t.l.j. sf lun. et mer. 10h-19h.* Dans une vieille maison rénovée. Boutique de produits à base d'avocat : huile, savons, shampooings, crèmes pour la peau, de beauté ou de soin. La production d'excellente qualité est locale et naturelle. Bon accueil. Plan du village offert.

Axos

Visite p. 163.

Hébergement-restauration

De 80 à 150 €

▲ ♥ ♣ **Enagron** ☎ 28340-61611, www.enagron.gr. À 1 km au-dessous du village (pancartes). Un modèle d'écotourisme et d'agrotourisme sur 40 ha, dans un paysage montagneux où coulent des sources. *Studios et appts pour 2 à 6 pers.*, aménagés avec goût, dans les maisons d'un village à l'architecture traditionnelle. Tous les matériaux sont naturels, et le personnel chaleureux est recruté dans les environs. Vie à la ferme, promenades, initiation à la cuisine respectueuse du « régime crétois » (produits frais de la ferme). Confort et piscine ne gênent en rien le retour à la nature.

À la ♦ ♥ **Taverne Enagron** *(ouv. midi et soir)*, terrasse extérieure au-dessus d'une gorge (mais aucun risque pour les enfants qui apprécieront l'espace pour jouer pendant que les parents sont à table). Une excellente cuisine, saine, élaborée avec des produits naturels bio selon les recettes ancestrales et toujours dans la bonne humeur. *Comptez de 15 à 20 €.*

Meronas

Visite p. 172.

Camping

▲ ♣ **Campement d'écotourisme Wild Nature** ☎ 28330-22888, www.wildnature.gr. *10 grandes tentes pour 3 pers. et 20 plus petites pour 2 pers.*, confortables, au pied des montagnes dans le respect de l'environnement et au contact de la population locale. Hébergement et programme d'activités (trekking, VTT, kayak…) à la sem. Hébergement seul possible ; cuisine équipée à disposition.

Panormos

Visite p. 161.

Hébergement

De 100 à 150 €

▲ **Villa Kynthia** ☎ 28340-51102, www.villakynthia.gr. *Ouv. en saison.* Hôtel de charme dans une maison de la fin du XIXe s., près de la poste : *3 suites et 2 ch.* aménagées dans le respect de la tradition : meubles anciens, lits à baldaquin, très belle décoration. Accueil chaleureux. Petite piscine dans le jardin intérieur. Prix élevé pour cette catégorie, mais justifié par le cadre. ● Bar ouvert tous les soirs (donne sur la place du village).

▲ **Captain's House**, au-dessus du petit port ☎ 28340-51352, www.captainshouse.gr. Maison historique transformée en appts. Jolies terrasses et magnifique vue sur la mer, ce qui ne gâche rien.

Appartements et studios

À partir de 40 €

▲ **Konaki**, dans le village, à 100 m de la plage ☎ 28340-51026, www.konakihotel.webs.com. *10 appts pour 3 à 4 pers. et 10 studios pour 2 à 3 pers.*, bien aménagés dans maisons à étage avec balcons (sur jardin). Piscine. Les tarifs varient fonction de la capacité et de la saison.

Taverne

De 20 à 22 €

♦ **Porto Parasiris**, sur le port, ☎ 28340-51297. Cuisine crétoise, poissons. *Kiropitaki*, beignets au fromage, sucrés et parfumés à la cannelle.

Plakias

Visite p. 179.

Hébergement

www.plakias-filoxenia.gr : recense les hébergements dans le village.

Nombreuses chambres à louer sur la route qui longe la plage. ▲ **Nostalgia**, à 4 km à l'O de Plakias dans la baie de Souda ☎ 28320-31590, www.nostalgia-plakias.gr. *2 studios et 4 appts* modernes pour *2 à 4 pers.*, aménagés avec goût. Vue sur la baie. Très bel environnement. Petite plage agréable. Plusieurs pensions ; bon accueil, en particulier à ▲ **Medousa** ☎ 28320-31521, www.medousa-plakias.com. Maison entourée d'un jardin, dans une rue calme parallèle à la mer, à 70 m de la plage. *4 studios et appts à partir de 40 €.*

De 40 à 60 €

▲ **Myrtis** ☎ 28320-31123, www.portoplakias.gr. *Ouv. en saison.* Dans le village, à 100 m de la plage. *24 ch.* confortables. Balcons donnant sur la mer ou la montagne. Piscine.

De 60 à 80 €

▲ **Alianthos Beach**, à l'entrée du village ☎ 28320-31196, *30 ch.* Hôtel avec balcons et vue sur la mer ; séparé de la plage par la route. Piscine, taverne, et location de voitures.

▲ **Plakias Bay**, à l'E de la baie de Plakias (village à 10 min de marche) ☎ 28320-31215. *Ouv. en saison.* Bel hôtel calme très bien situé avec vue sur la mer au-dessus de la longue plage. *28 ch.* en bungalows superposés.

Auberge de jeunesse. ▲ Du front de mer s'enfoncer dans l'arrière village ☎ 28320-32118, www.yhplakias.com. *60 lits en bungalows pour 8 pers.* Au milieu des oliviers, vaste jardin calme et très bien tenu. Snack-bar, accès Internet, informations et cartes pour les randonneurs.

Camping. ▲ **Apollonia**, à l'entrée de Plakias (arrêt de bus) ☎ 28320-31318, http://fr.infocamping.com/campings-Plakias/Apollonia-Plakias. À 100 m d'une plage de sable. Espaces ombragés pour *195 tentes*, pour moitié sous les oliviers. Piscine, snack-bar, supermarché à proximité.

Tavernes

De 22 à 25 €

Nombreuses tavernes sur le front de mer. ♦ **Kri Kri**, cuisine crétoise et pizzas cuites au feu de bois. ♦ **Sofia's**, face à la mer, vers la sortie du village ; cuisine traditionnelle sous treille ombragée.

Sports et loisirs

Équitation. Rens. à l'hôtel Alianthos Beach et à l'agence de location de voitures Alianthos ☎ 28320-31196, info@alianthos-group.com.

Excursions en mer. Bateaux pour Preveli, départs dans la matinée.

Excursions en vélo. **Asclépias**, rue Onirou, perpendiculaire à la mer ☎ 28320-31645. Tenu par Ulysse, un champion handisport. Location de vélos et organisation de sorties sur 1/2 j. ou plusieurs j. en petit groupe.

Bibliothèque. ☘ Prêt de livres, en français et nombreuses autres langues, dans la petite maison à côté de l'auberge de jeunesse. Un bel exemple de solidarité pour l'amour de la lecture pour tous.

Planche à voile. La baie ventée s'y prête bien.

Plongée sous-marine. **Kalypso Rock's Palace**, rue Onirou, à dr. après le pont ☎ 28320-20990, www.kalypsodivingcenter.com. **Dive2gether**, sur le front de mer en face l'arrêt de bus ☎ 28320-32313, www.dive2gether.com. École hollandaise.

Adresses utiles

Agences de voyages. Monza travel, front de mer au coin de la rue de la poste.

Internet. Café Ostraco, le long de la plage, à l'entrée du village.

Location de voitures. Sur la route qui longe la plage.

Santé. Rue de la poste, perpendiculaire au front de mer **pharmacie** et **médecin** ☎ 28320-31770 ou 69734-34934 (parle italien et anglais).

Rethimnon

Visite p. 157.

ℹ **EOT**, rue E. Venizelou **C2**, sur la promenade en bord de mer dans les mêmes bâtiments que la police touristique ☎ 28310-29148. *Ouv. du lun. au ven. de 8h à 14h30; F. sam. et dim.* Plan de la ville et beaucoup d'informations pratiques et de dépliants.

ℹ **Comité de promotion touristique de Rethimnon et son département**, en face la mairie *(dimarchio)* **B2** ☎ 28310-25012, www.rethymnon.gr, excellent site en français, très complet et bien documenté, sur la ville et la région. Bons itinéraires suggérés. Brochures ou livrets en couleurs et en français: chemin de la foi (pour les églises), cuisine de la région (recettes), huile d'olive, etc. Ils sont pratiques et constituent de jolis souvenirs.

Hébergement

Les symboles ▲ **1.** permettent de localiser les établissements sur le plan p. 158.

De 60 à 80 €

▲ **1. Fortezza**, 16, rue Melissinou **B2** ☎ 28310-55551, www.fortezza.gr. *54 ch. Ouv. en saison.* Au cœur de la vieille ville, à 150 m de la plage, aménagé avec confort. Piscine. Parking

▲ **2. Ideon**, 16, place Plastira **B1** ☎ 28310-28667, www.hotelideon.gr. *Ouv. en saison.* Face à la mer, au pied de la forteresse vénitienne. *100 ch.*, certaines donnent sur la mer, les autres sur les jardins et la piscine. Moderne et confortable. Restaurant.

De 80 à 150 €

▲ **3. Mythos** ♥, 12, place Karaoli **B2** ☎ 28310-53917, www.mythos-crete.gr. *15 ch. Ouv. en saison.* Un *palazzo* vénitien du XVIe s. restauré et aménagé avec beaucoup de goût. Suites pour les voyages de noce; balcons avec chaises longues donnant sur le patio et la piscine. Calme et raffinement au cœur de la vieille ville.

▲ **4. Palazzo Rimondi**, 16, Har. Trikoupi ou 21, rue Xanthoudidou **B2** ☎ 28310-51289, www.palazzorimondi.com. *21 studios ou appts de 2 à 4 pers. Ouv. tte l'année.* Dans une ruelle de la vieille ville, entre la mosquée Nerandza et la fontaine Rimondi. Palais vénitien du XVe s. restauré avec goût. Piscine.

▲ **5. Pearl Beach hors pl. par C2** ☎ 28310-51513, www.pearlbeach.gr. *160 ch. Ouv. en saison.* Joli petit hôtel moderne au bout de la nouvelle plage à l'E de la ville, face à la mer, à 2 km du centre.

Hôtels aux portes est de la ville

De 60 à 80 €

▲ **6. Adele Beach**, à Adelianos Kampos, à 7 km de Rethimnon **hors pl. par C2** ☎ 28310-71081, www.adelebeach.gr. *Ouv. en saison.* Des bus locaux assurent les liaisons avec Rethimnon. *90 ch.* très confortables réparties dans sept petits bâtiments dans un grand parc face à la mer et à la plage de sable. Grande piscine d'eau salée, tennis, sports nautiques, animations pour les enfants, ♦ restaurant.

De 80 à 150 €

▲ **7. Creta Star**, à Skaletta, à 12 km de Rethimnon, sur la plage **hors pl. par C2** ☎ 28310-71812, www.aegeanstar.com. *324 ch. Ouv. en saison.* Un grand hôtel moderne et confortable au cœur de grands jardins surplombant la mer. Piscine, nombreuses animations, restaurants, night-club.

▲ **8. El Greco**, à Kambos Pigis, à 8 km de Rethimnon **hors pl. par C2** ☎ 28310-71102, www.grecotel.com/crete/elgreco. *Ouv. en saison. 333 ch. et bungalows.* L'arrêt de bus se trouve devant l'hôtel. Hôtel moderne et fonctionnel, animé : on y propose soirées organisées, club pour les enfants. Sports : gymnastique, tennis, sports nautiques, plage, 2 piscines. Bon restaurant.

PLUS DE 150 €

▲ **9. Aquila Rithymna Beach**, à Adele, à 7 km de Rethimnon **hors pl. par C2** ☎ 28310-71002, www.aquilahotels.com. *520 ch. et bungalows. Ouv. en saison.* Des bus locaux assurent les liaisons avec Rethimnon. C'est un des meilleurs hôtels de Crète dans cette catégorie. Tous les avantages des hôtels de luxe : grand choix d'activités sportives, club pour enfants avec garderie ; 5 piscines. Le buffet du petit déjeuner est magnifique ; ♦ restaurant.

Auberge de jeunesse. ▲ **11.** Dans la vieille ville, à 100 m de la plage, 45, rue Tombazi **B2** ☎ 28310-22848, www.yhrethymno.com. *Réception ouv. de 8 h à 12 h et de 17 h à 21 h. 46 lits.* Agréable patio. Accès Internet, laverie.

Camping. ▲ **12. Elisabeth**, sur la plage de Missiria, à 5 km à l'E de Rethimnon **hors pl. par C2** ☎ 28310-28694. *Ouv. tte l'année. 164 tentes.* Camping bien situé, bien aménagé et avec beaucoup d'espace.

Pensions. Elles sont nombreuses en ville, le long de la plage, vers le Xenia, dans la rue P. Kountouriotou **B2-3**. ▲ **10. Pension Castello**, 10, place Karaoli-Dimitriou, près de la cathédrale **B2** ☎ 28310-23570, www.castello-rethymno.gr. *8 ch.* installées dans une maison du XVIe s. (s.d.b. voûtée dans la n° 5), simples et confortables, certaines avec balcon et vue sur la mer. Accueil sympathique.

Maisons et appartements

On trouve de nombreuses maisons à louer dans les faubourgs E de Rethimnon, à Adele, à Platanias, des quartiers proches de la mer. Rens. à l'office du tourisme.

À PARTIR DE 30 €

▲ **Villa Armonia A** ☎ 28310-71529. À Stavromenos, 10 km à l'E de Rethimnon, proche de la mer. *Appts de 1, 2 ou 3 ch.* bien aménagés.

▲ **Julia Apartments B**, à Platanias ☎ 28310-29396, www.juliaapartments.co.uk. *Studios pour 2, 3 ou 4 pers.* Donne sur le jardin d'une excellente taverne, bon accueil, ambiance familiale. Bus pour Rethimnon (7 km).

Tavernes et restaurants

Le choix ne manque pas. Poisson et fruits de mer dans les tavernes très touristiques du **port vénitien,** au cadre enchanteur, mais attention à la fraîcheur et... aux patrons hâbleurs. On mange bien sur la **place Petichaki B2,** où se trouve la fontaine Rimondi, ainsi que dans les ruelles avoisinantes (Vernarou...).

Les symboles ♦ **1.** permettent de localiser les établissements sur le plan p. 158.

DE 12 À 25 €

♦ **14. Iliovassilemata (Sunset)**, rue Periferiakos, sur la rue qui longe l'extérieur de la forteresse à l'O, en bord de mer **A1** ☎ 28310-23943. *Ouv. t.l.j. en saison.* Taverne avec cuisine sans prétention mais agréable et avec une vue magnifique sur la mer au coucher de soleil.

♦ **15.** ♥ **Mirogdies**, 32, rue Vernardou **B2**. Joli petit restaurant-taverne avec jardin intérieur ombragé par l'arbre sacré, un olivier. Une cuisine raffinée qui respecte les senteurs de la Crète et flatte le goût avec tous les plats traditionnels : porc fumé aux champignons et sauce balsamique par exemple. Prix modérés.

♦ **16. Loggia**, 6, rue E. Fotaki, dans une petite ruelle qui part en face de la Loggia **B2** ☎ 28310-50660. *Ouv. de 11 h à 23 h 30 en saison.* Une taverne familiale agréable et classique. On peut manger dehors sous une jolie treille.

♦ **17. O Psaras** (Le Pêcheur), 69 Arabatzoglou **A2**, sur la place de l'église, petite taverne traditionnelle à l'écart du flot des touristes.

♦ **18. Sokaki**, 6, rue F. Portou, dans une ruelle perpendiculaire à Koroneou, côté N **A2** ☎ 28310-23967. Pour un repas au calme dans un charmant jardin planté de citronniers. Accueil discret et très bonne cuisine.

De 30 à 40 €

♦ **13.** ♥ **Avli**, 22, rue Xanthoudidou et Radamanthios **B2** ☎ 28310-26213, www.avli.gr. *Ouv. le soir à partir de 18h; F. lun. et mar.* Proche de la fontaine Rimondi, dans une villa vénitienne (1530) de la vieille ville avec une jolie cour intérieure. Cuisine grecque et internationale. Ambiance raffinée, décoration soignée avec meubles et objets chinés. Excellente cave à vins, *Fusion Enoteca*. Cher mais sans équivalent dans la ville. ● Piano-bar, petite terrasse. Boutique de produits biologiques à côté du restaurant. Suite grand luxe au 1er ét. *(à partir de 200 €)*.

Aux portes de la ville

De 22 à 25 €

♦ **19. Agrilia** (anciennement **Birais**), sur la nouvelle plage à l'E de Rethimnon, à côté de l'hôtel Steris **hors pl. par C2**. Taverne avec de très bons mezzés.

♦ **20. Kombos**, à la sortie O de Rethimnon, prenez la dir. d'Astipoulo, 1re taverne à g. **hors pl. par A3**. Spécialité : le mouton. *Ouv. le soir seulement.*

À l'est de Rethimnon

De 22 à 25 €

Hors pl. par C2 Sur la vieille route (vous trouverez des indications en venant de la ville) :

♦ **21. Fotis**, à Perivolia, à g., taverne modeste et très « crétoise ». Jardin à l'arrière avec jasmin et tonnelle de vigne. Excellents *kalsounia*, des feuilletés épicés au fromage, salés ou sucrés, à tester absolument !

♦ **22. Gavalas**, à Missiria, à dr. ☎ 28310-22579. Une seule spécialité, les *biftekia*, boulettes de viandes ; taverne appréciée des Crétois ; touristes non initiés à la vie locale s'abstenir.

♦ **23.** ♥ **Tou Zissi**, à Missiria, à dr. : dîner sous de grands platanes, agréable et excellente cuisine traditionnelle ; les Crétois aiment s'y rendre avec famille et amis.

Soirées

Il y a beaucoup d'animation autour de la **fontaine Rimondi** et de la **rue E. Vernardou B2** : par exemple, **Asikiko**, en face la mosquée. Les bars se succèdent sur la promenade de la plage, **E. Venizelou BC-2**.

Les symboles ● **1.** permettent de localiser les établissements sur le plan p. 158.

● **24. Bouzouki Sigos**, prenez la dir. d'Armeni, à 3 km env. **hors pl. par B3**. *À partir de 22h30* ; public crétois.

● **25. Gounakis**, 8, rue P. Koroneou *à partir de 21 h*; **A2** : lieu agréable, musique crétoise et *lyra* le soir, très apprécié des touristes.

● **26. Kaklis**, route de La Canée, à 22 km **hors pl. par A3** ; musique crétoise pour public crétois, surtout le w.-e.

● **27. À Pelagos**, route nationale en dir. de La Canée **hors pl. par A3**, à 2 km à dr. **À Faros**, 1 km plus loin que Pelagos **hors pl. par A3**.

Sports

Tennis et piscines dans tous les hôtels de première catégorie (4 ou 5 étoiles).

Plongée. Dans la région, les fonds marins sont magnifiques et les grottes nombreuses. **Kalypso Rock's**, 42, Sof. Venizelou à Rethimnon ☎ 2831-020990, www.kalypsodivingcenter.com. Plongée sur la côte S vers Plakias. **Atlantis Diving Center**, à l'hôtel Greco, Rithymna Beach à Adele ☎ 28310-71640.

Sports nautiques. Surf, voile, ski nautique, banane, pédalo®, canoë… sur la plage de Rethimnon ou dans les grands hôtels des environs, Greco, Rithymna Beach, El Greco, Creta Star et Adele Beach.

Excursions

En bateau. Départ du port vénitien **B1-2** à bord du *Pirate* pour longer la côte jusqu'aux **grottes de Stavromenos** ou le village de **Bali** *(p. 161)*. Journée à **Santorin** : départs tôt le matin, plusieurs fois par semaine (billets dans toutes les agences).

Les gorges de Samaria *(p. 196)*. Excursion possible dans la journée avec les bus locaux *(voir Gare routière, ci-après)* ou par une agence. Peu de différence de prix.

Shopping

Rethimnon a beaucoup d'atouts et concurrence même La Canée pour le cuir et les produits locaux.

La petite rue commerçante **Souliou B2** se trouve dans la vieille ville. Nombreuses boutiques aussi dans les rues **E. Antistasseos** et **Arkadiou B2**.

Bois d'olivier. **Atelier de Nikos Siragas**, 2, rue Petalioti (ruelle proche de la plage après la marina à l'E et l'hôtel Porto Rethymno) **hors pl. par C2**, www.siragas.gr. Très beaux objets en bois d'olivier sculpté.

Cuir. Dans les rues commerçantes et sur la place de la fontaine Rimondi **B2**.

Marchés. Le sam., il se tient près de la gare routière **A2**, le jeu. en face du parc **B3**. Tout de suite après la porte de la ville, **rue E. Antistasseos B2**, petit marché de produits frais *(t.l.j. de 7h30 à 22h30; le sam. de 7h30 à 20h30)*.

Produits du terroir. Dans la rue Souliou **B2**, vous trouverez herbes aromatiques et médicinales de l'île, miel, vins... Autres adresses: **Moka**, 38, rue E. Antistasseos. **Avli Raw Materials**, 22, Xanthoulidou ☎ 28310-26213. Produits crétois biologiques, excellents vins. Une bonne épicerie fine.

Adresses utiles

Agences de voyages. Excursions avec ramassage des clients devant les hôtels. **Crétoise**, 3, rue Menioudaki **B2** ☎ 28310-24295, www.cretoise.gr. Tout billet (Santorin), toute location (villas, appts, voitures), excursions, trekkings, etc. Agréable personnel francophone.

Consigne à la gare routière **A2**.

Dépannage automobile. ELPA, rue Igoumenou Gavril **A2** ☎ 10400.

Gare routière. **KTEL**, rue Periferiakos, au S-O de la vieille ville, en bord de mer **A2** ☎ 28310-22212. www.bus-service-crete-ktel.com (pour consulter les horaires).

Liaisons pour **La Canée** (Hania) et **Heraklion**: départs ttes les 30 min l'été; ttes les heures l'hiver, de 5h30 à 20h. Pour **Arkadi**: 3 ou 4 bus/j.; retour dans la journée. Pour la **côte S** (Agia Galini, Plakias): 4 ou 5 bus/j.; retour dans la journée. Bus aussi pour Anogia, pour la région d'Amari. Pour les **gorges de Samaria**: 2 départs t.l.j.; retour possible de Hora Sfakion dans la journée, après la descente des gorges.

Internet. Nombreux cafés-Internet dans la vieille ville, notamment au Café Galéro, près de la fontaine Rimondi **B2**.

Liaisons aériennes. Il n'y a pas d'aéroport. Pour rejoindre l'aéroport d'Heraklion ou de La Canée (Hania), de nombreux bus locaux (KTEL) desservent ces deux villes au départ de la gare routière **A2**.

Liaisons maritimes. Bateau t.l.j. pour **Le Pirée**. **Lane**, Intertravel Platia Agnostou Stratiotis **C2** ☎ 28310-24466.

Librairies et journaux français. **Presse internationale**, **Sunstore**, rue E. Venizelou, en face de l'office du tourisme **C2**; rue E. Antistasseos, en face de l'herboristerie Moka **B2**.

Location de voitures. **Avis**, 1, rue Ari Velouhioti ☎ 28310-23146.

Parkings. Au pied de la forteresse, longez la mer par le côté O de la pointe terrestre, prenez à dr. la rue Melissinou, après la préfecture, suivez la pancarte « Hôtel Fortezza » **A2**. Sur la promenade, rue Venizelou **BC2**. Sur le côté O du parc Rodini **B3**. Sur la marina, à dr. *(gratuit jusqu'à 17h; à g. payant, voir à l'entrée)*.

Police. Place Iroon Politechniou, au pied de la forteresse **A2** ☎ 28310-88189.

Poste. **Poste principale**, 19, rue Moatsou **B3**. *Ouv. du lun. au ven. de 8h à 19h30.*

Santé. **Clinique privée Asklipio**, 11, rue C. Daskalaki **B3** ☎ 28310-24524. **Hôpital public**, 17, rue Trandalidou, au S du parc ☎ 28310-87100 **hors pl. par A3** ☎ 28310-27491 pour prendre r.-v.

Taxis. Stations de taxi sur la **place des Quatre-Martyrs**, en face du parc municipal **B2**, place Iroon **C2** et **place Agnostou Stratiotis hors pl. par B3** ☎ 28310-24316, 25000 et 26000.

Téléphone. **OTE**, 28, rue P. Koun touriotou **B2**. *Ouv. du lun. au ven. de 8h à 14h30.*

Rodakino

Visite p. 179.

Hôtel

Ch. à louer et tavernes le long de la plage de Koraka.

À PARTIR DE 60 €

▲ **Hôtel Polyrizos**, de Kato Rodakino descendez jusqu'à la mer et suivez-la vers l'O jusqu'au bout ☎ 28320-31334. Bon hôtel de *50 ch.* tout confort construit en escalier avec vue sur la mer, près de la plage Polyrizos. Bonne ♦ taverne. Bon rapport qualité-prix.

Taverne

DE 12 À 15 €

♦ **Taverne Nilos et Anna**, à l'extrémité O de la plage. Joli cadre, bonne cuisine locale, et des prix très raisonnables.

Spili

Visite p. 174.

Hôtel

À PARTIR DE 40 €

▲ **Rastoni**, à la sortie N de Spili, sur la hauteur, à l'écart de la route principale ☎ 28320-22045, www.rastoni-hotel.gr *(site en grec)*. Maisons en pierres, bien intégrées dans l'environnement avec *9 ch. spacieuses de 2, 3 ou 4 lits.* Confort et coin cuisine, balcon avec vue sur la nature. Piscine. Bien situé pour randonner, retrouver les nombreuses sources ou taquiner la truite.

Taverne

DE 12 À 18 €

♦ **Goules**, au village de Goulediana, à 20 km env. au N-O de Spili ; suivez la route en dir. de Rethimnon, prenez à dr. la route d'Ambelaki, puis Karé ☎ 28310-41001. Une taverne de village où se retrouvent les Crétois ; excellente cuisine. Pour ceux qui aiment le goût de l'authentique.

Café

● **Spili Cafe** ☎ 28320-22594, sur la place de la fontaine des Lions. Bonne ambiance crétoise. On peut manger des glaces ou une salade et à l'heure du goûter, boire un chocolat chaud. Internet disponible.

Adresse utile

Centre médical ☎ 28320-91111. ♦

Avec des francophones

☘ **La Crète autrement !** est une agence à taille humaine avec des acteurs créatifs soucieux de promouvoir un tourisme responsable et équitable. On peut ainsi « découvrir la Crète un crayon à la main » avec cours de théâtre, approche de la mythologie crétoise et histoires de villages..., faire la route des vins crétois, parcourir l'île à pied, en moto, en voiture avec un carnet de route personnalisé, s'arrêter dans des chambres d'hôtes simples et des tavernes traditionnelles. Bureau à Spili, sur la route principale ☎ *6949784204, www.la-crete-autrement.com (adresse postale : Villa Amalthée, 74053 Lampini – Rethymno).* ♦

La Canée et son département

visites

Itinéraires 20 à 24, p. 180.
Cartes p. 182 et 186.

Agia Marina

Visite p. 208.

Studios et appartements

De 40 à 60 €

▲ **Mediterranea Apartments**, à Kato Daratso, à 4 km à l'O de La Canée, avant Agia Marina ☎ 28210-33234. *Studios et appts pour 2 à 5 pers.* sur 2 ét. avec balcon ou terrasse, dans un espace calme et fleuri. Confort simple, cuisine équipée. Piscine et plage à 10 min à pied. Bon rapport qualité-prix.

Tavernes

De 22 à 25 €

Dans le village de **Ano Stalos** (Stalos-le-Haut), à 3 km au S d'Agia Marina, vous trouverez plusieurs bonnes tavernes.

Agia Roumeli

Visite p. 198.

Hébergement avec taverne

De 40 à 60 €

▲ **Artemis** ☎ 28250-91377. Studios à 50 m de la plage de galets, avec balcon, cuisine, air cond. et la taverne Artemis. Le site d'Artemis, par ses photos, permet de découvrir le village et ses environs : www.agiaroumeli.com.

▲ **Tarra** ☎ 28250-91231, tarra-calypso@cha.forthnet.gr. *31 ch. Ouv. en saison.* Une jolie pension en bord de mer, balcon et s.d.b. privée.

Akrotiri (presqu'île d')

Visite p. 193.

Hôtel

De 80 à 150 €

▲ **Perle & spa**, entre Stavros et Tersanas, au N-O de l'Akrotiri ☎ 28210-39400, www.perle-spa.com. *145 ch.* réparties entre un bâtiment principal et des bungalows ; en bord de mer, sur une côte rocheuse. Espace santé et spa. Grandes ch. bien étudiées pour ♿, rampes d'accès aménagées. Petit déjeuner inclus.

Tavernes

De 12 à 15 €

♦ **Mitaras**, à l'entrée de Aroni, sur la route de l'aéroport, à 2 km après Pithari. Bonne cuisine traditionnelle, délicieuses fleurs de courgettes farcies. Bon rapport qualité-prix.

♦ **Patreladonis**, à Marathi. Tables en bord de mer ; calme et agréable, surtout le soir. Jolie vue sur la baie de Souda.

De 22 à 25 €

♦ **Nykterida** (« chauve-souris »), à Korakies, en montant vers l'aéroport ☎ 28210-64215. Cadre ombragé au-dessus de la baie de Souda. Cuisine traditionnelle accompagnée d'un bon vin. Soirée crétoise ouverte à tous le mer. soir. Très animé le w.-e. *À partir de 19 h du mar. au sam.* Prix d'un restaurant de qualité.

Café-bar

● **Kou Kou Vagia**, rue Alexi Minoti, sur la colline du Prophète-Élie, près du jardin où repose Venizelos ☎ 28210-27449. Café branché pour la jeunesse dorée locale : quelques plats, snacks, glaces, cocktails. Ambiance musicale certains soirs. Des terrasses, vue magnifique sur la baie de La Canée, surtout au coucher du soleil.

Almirida

Visite p. 201. Voir aussi Kalives p. 258 et Douliana ci-dessous.

Tavernes

De 12 à 20 €

♦ **O Psaros**, la dernière à l'E de la plage : atmosphère très « crétoise », surtout le dim. Bon poisson.

♦ **Thalamos**, poissons et bord de mer.

Sports

Centre UCPA, rue de la plage ☎ 28250-31956/31443, www.ucpa.com. Stages de catamaran, planche à voile, kayak, VTT. Location de matériel.

Douliana

Visite p. 202.

Maisons traditionnelles

De 60 à 80 €

▲ **Natalia's Houses**, à l'entrée du village ☎ 28250-23356, www.nataliashouses.gr. Hôtel de qualité. Ch. et suites dans des maisons en pierre et bois. Tout confort. Repas à commander ou cuisine pour ceux qui le souhaitent. Piscine. Calme et vue sur l'arrière-pays.

Taverne

De 12 à 20 €

♦ **Douliana**, chemin à g. après l'entrée du village ☎ 28250-23380. Vieille taverne traditionnelle avec cheminée. Cuisine d'antan : goûtez l'agneau ou le ragoût de lapin *(kouneli stifado)*.

♦ **Kafenion Ivgoritis**, sur la place au bout de la rue principale ☎ 28250-22791. Il y fait bon vivre.

Epanohori

Hébergement

Moins de 30 €

▲ ☘ **Maison Eriki**, à 45 km de La Canée, après le village d'Agia Irini, en dir. de Sougia (17 km) ☎ 28230-51000 et 69725-37074 (français), www.eriki.eu. Maison moderne, située à 650 m d'altitude, légèrement à l'écart du village, avec *1 ch. (à partir de 25 €)* et *4 appts pour 4 pers. (à partir de 45 €)*, parfaitement équipés et terrasse ou balcon avec point de vue sur mer et montagne. Parfait pour ceux qui aiment la nature, le calme et l'agrotourisme.

Falassarna

Visite p. 211.

Pension

▲ **Pension Stathis et Anastasia**, en suivant la route de Falasarna, vers le N, route d'accès sur la dr. ☎ 28220-41480, www.anastasiastathis.com. *12 ch. et 9 appts pour 4 pers.*, avec balcon. Simple, et bon confort (réfrigérateur), jolie vue sur la baie. Petits déjeuners de produits crétois en suppl., où qualité et quantité s'associent.

Taverne

De 20 à 22 €

♦ **Spilios**, dans la descente à Falasarna, sur la dr. ☎ 28220-41010, www.taverna-spilios.gr. Très bonne taverne traditionnelle, terrasse et jardins avec vue sur la baie, espace pour les enfants. Excellents mezzés, viandes et poissons aux saveurs locales.

Frangokastello

Visite p. 206.

Hébergement

De 30 à 40 €

▲ **Stavris** ☎ 28250-92250, www.studios-stavris-frangokastello.com. Simple. Ch. et appts très bien situés en bord de mer. Vue sur le large.

De 40 à 60 €

▲ **Oasis** ☎ 28250-92136, www.oasisrooms.com. Studios et appts bien équipés face à la mer. Très bonne ♦ taverne.

Taverne

De 20 à 22 €

♦ Sous la forteresse, en bord de mer, joli cadre et bonne cuisine.

Georgioupoli

Visite p. 202. Voir aussi Mathes (p. 267).

ℹ www.georgioupoli.net.

Hôtels

De 60 à 80 €

▲ **Happy Days** ☎ 28250-61201, www.happydayshotel.com. *68 ch. et bungalows. Ouv. en saison.* Sur la plage, à 3 km à l'E de Georgiopouli, en allant vers Rethimnon. Jardins fleuris, restaurant, tennis, sports nautiques.

De 80 à 150 €

▲ **Pilot Beach** ☎ 28250-61002, www.pilot-beach.gr. À la sortie E du village, grand complexe hôtelier avec bungalows, jolis jardins, plusieurs piscines et restaurants, longue plage privée, nombreuses activités sportives et nautiques.

▲ **Eliros Beach** ☎ 28250-61181. *145 ch. Ouv. en saison.* À l'O du village. Bungalows dans des jardins fleuris, beaucoup avec vue sur la mer. Un hôtel de séjour agréable, avec confort et aménagement de bon goût. Plage, nombreux sports nautiques, piscine. ♦ Restaurants.

Taverne

De 20 à 22 €

♦ **Poseidon**, joli jardin dans le village *(prenez un petit chemin à g. avant la place, en entrant)* ☎ 28250-61026. *Ouv. de mai à oct.* Viandes et poissons grillés, langoustes au prix du cours. Cuisine familiale.

Adresses utiles

Pharmacie, place du village, côté E.

Shopping. Cretan Cottage Industries (dans le village, vers le N ; pancartes) ☎ 28250-61566. Travaux d'aiguille faits main, nappes, couvertures. Jolies pièces originales.

Promenades à cheval. Club Zoraïda, prenez la voie rapide dir. Vrises, puis à g. (pancarte) ☎ 28250-61745, www.zoraidas-horseriding.com. On y parle français.

Hania

Voir La Canée p. 260.

Hora Sfakion

Visite p. 204.

ℹ www.sfakia-crete.com.

Sfakia Tours, sur la place ☎ 28250-91272. Location de voitures, rés. de chambres et de studios ou renseignements.

Rejoindre ou quitter Hora Sfakion

Bateaux. Rens. Anendyk ☎ 28210-95511 ou 28250-91221. Plusieurs ferries desservent les villages de la côte S : **Loutro** (20 min), **Agia Roumeli** (1 h), **Sougia** (1h45) et **Paleohora** (2 h 30) ; également pour l'**île de Gavdos** (3 h). Prenez votre billet au guichet à g. de l'embarcadère. Les bateaux, de par leur taille, partent de la nouvelle jetée, au bout du parking.

Bus. Liaisons quotidiennes avec **La Canée** (3 liaisons/j., et 2 h de trajet), **Rethimnon** (changement éventuel à Vrises) et **Plakias.** Service de cars très efficace mis en place l'ap.-m. à l'arrivée de chaque ferry en provenance d'**Agia Roumeli,** pour les randonneurs des **gorges de Samaria.** Vers ces trois destinations, le bus part quand il est plein. Prenez votre billet à la cabine sur la place ou dans le bus.

Le nombre de bateaux et de bus est réduit en hiver. ♦

Hébergement

Outre les possibilité d'hébergement à l'hôtel, location d'appartements et de ch. dans toute la ville.

De 40 à 60 €

▲ **Stavris** ☎ 28250-91220, www.hotel-stavris-sfakia-crete.com. *Ouv. en saison.* En haut du village, sur une place, loin des touristes. *34 ch.* avec balcons et vue sur la mer. Petit déjeuner seulement.

De 60 à 80 €

▲ **Notos**, en haut du village, sur la route d'Anapoli ☎ 28250-91200. Studios et suites. Récent, avec vue sur la mer et piscine.

▲ **Vritomartis**, à 1 km à l'E du port ☎ 28250-91112, www.vritomartis.gr. *85 ch. Ouv. en saison.* Ce complexe hôtel et bungalows, tout confort, avec une belle piscine, domine la mer. La plage est à 20 min à pied ou parcours en bus assuré par l'hôtel. Sa particularité: il est réservé aux naturistes. Le site donne beaucoup d'informations sur la Crète et indique où trouver les plages pour nudistes.

Tavernes

De 12 à 15 €

Elles se succèdent sur le port et proposent sensiblement la même chose au même prix. ♦ **Three Brothers,** au-dessus de la plage Vrisi, à l'O du village (des pancartes indiquent la pension; en haut d'une rue, à g.). Terrasse agréable au-dessus de la mer, sauf en cas de vent. Plats crétois. **Café** au ● **Xenia** à l'extrémité O du port, très agréable en bord de mer.

Adresses utiles

Internet. La taverne **Three Brothers,** située sur Vrisi Beach, vous permettra de surfer à quelques mètres de votre serviette de bain.

Journaux français. Vous pourrez vous les procurer dans le supermarché, sur la place, à côté du distributeur de billets.

Plages. **Vrisi**, du bout de la rue des tavernes (suivre «Three Brothers»), crique avec plage de sable gris et petits galets à l'O du port; **Ilingas**, suivez la route d'Anapoli, à 2 km, dans une baie à l'arrivée d'une gorge (♦ taverne-pension); **Glika nera,** plage d'eau douce (source), accessible à pied de la route d'Anapoli quand elle quitte la côte (chemin E4 vers Loutro).

Kalives

Visite p. 201.

Hôtel

De 40 à 60 €

▲ **Kalives Beach** ☎ 28250-31285, www.kalyvesbeach.com *150 ch. Ouv. en saison.* Hôtel bien tenu avec tout confort et un bon service; situé en bordure d'une belle plage de sable et de la rivière Ziva.

Taverne-*kafenion*

De 12 à 15 €

♦ **Koumos**, à 1 km de Kalives dans l'arrière-pays ☎ 28250-32256. Une taverne unique en son genre, ou plutôt un musée de pierres où il faut s'arrêter pour goûter le décor et une bonne cuisine locale, ou simplement boire un verre. Giorgos a charrié des pierres des montagnes Blanches pour sculpter un univers très imaginatif. Même les toilettes méritent la visite!

Adresse utile

Internet. Face au restaurant Kritiko. *Ouv. t.l.j. sf dim. en saison, de 9 h 30 à 14 h et de 18 h à 21 h 30.*

Kandanos

Visite p. 213.

Taverne-*kafenion*

De 12 à 15 €

♦ **I platia** sur la grande place ☎ 28230-22210. Dans un cadre authentique, une vraie cuisine crétoise avec tous

♥ Croisière

Depuis Kasteli. **Gramvousa Balos Cruises** ☎ 28220-24344, www.gramvousa. com. Au départ du port de Kissamos, croisière en bateau jusqu'à l'île de **Imeri** (douce) **Gramvoussa,** où les Vénitiens ont construit une forteresse entre 1579 et 1584, et le ♥ **lagon de Balos** *(p. 210; uniquement en juil. et août). Départ t.l.j. vers 10 h; 1 h de trajet; retour vers 18 h.* ◆

les produits locaux; goûtez la chèvre *(arni)*, les aubergines à la féta et aux herbes *(melidzanes mé mithitra ké mirothika)*. Vente de *chilopites* (pâtes à base de lait de chèvre et d'œufs frais).

Kasteli (Kissamos)

Visite p. 210.

Hébergement

De 40 à 60 €

▲ **Dimitris Chryssani** ☎ 28220-23390. *24 ch. Ouv. en saison.* À l'O de la ville, appts meublés, confortables; belle vue sur la baie. Séparé de la mer par la route.

▲ **Peli**, 22, rue Agamemnonos ☎ 28220-23223, www.hotelpeli.com. *29 ch. Ouv. en saison.* Sympathique, situé entre le centre-ville et la plage.

De 60 à 80 €

▲ **Elena Beach**, à l'O de la ville, au bout de la plage de sable ☎ 28220-23300, www.elenabeach.gr. *Ouv. en saison. 40 ch.* Hôtel confortable et calme. Balcons et vue sur la mer.

Campings. ▲ **Kissamos**, dans Kasteli ☎ 28220-22322, www.campingkissa mos.gr. Bien tenu. Espace ombragé pour les tentes et ch. à louer, 2 piscines, bar, ♦ cafétéria-taverne. ▲ **Mithimna**, à 6 km à l'E de Kasteli ☎ 28220-31444, www.campingmithimna.com. *96 tentes.* Ombragé, proche d'une plage de sable, desservi par les bus. ♦ Taverne. Agréable et bien tenu. ▲ **Nopigia**, à 7 km à l'E de Kasteli. ☎ 28220-31111, www.campingnopigia. gr. *Ouv. du 1er avr. au 15 oct. 200 places de tentes.* Site soigné et ombragé en bord de mer. Piscine, ♦ taverne.

Pension. ▲ **Galini Beach** ☎ 28220-23288. À l'E de la plage, près du terrain de sport, bien située, sur la plage, très confortable. Excellent accueil et bon petit déjeuner.

Studios et appartements

À partir de 40 €

▲ **Balos Beach**, à 6 km à l'O de Kasteli, au pied de la presqu'île de Gramoussa, en bord de mer ☎ 28220-24106, www.balosbeach.gr. *29 studios et 9 appts.* Calme, vue magnifique sur la baie, piscine.

Tavernes et cafés

De 12 à 15 €

La rue qui longe le bord de mer compte plusieurs tavernes traditionnelles et quelques **bars** « branchés » inattendus. ♦ **Psarotaverna Papadakis**, en bord de mer, à l'O de la plage ☎ 28220-22340. Sa spécialité: le poisson.

Adresses utiles

Agences de voyages. **Horeftakis Tours**, 41, rue Skalidi (part de la place Tsanakaki et longe l'église) ☎ 28220-23250, www.horeftakistours.com. **Xirouhakis Travel**, place Kastelios ☎ 28220-22655.

Bus ☎ 28220-22035. Liaison avec Kasteli Kissamos, Kafonissi; 16 liaisons/j. avec **La Canée** (env. ttes les heures); 3 liaisons/j. avec **Falassarna**.

Centre médical ☎ 28223-40100.

Liaisons maritimes. Agences rue Skalidi. Du port de Kasteli Kissamos, Kafonissi, à 3 km à l'O de la ville. Liaisons avec **Le Pirée**, l'**île de Kithira** (jeu. soir et dim. matin) et **Gythio** (mer. matin), dans le S du Péloponnèse (6 h de traversée).

Kolimbari

Visite p. 208.

Voir aussi www.west-crete.com.

Maison de caractère

De 80 à 150 €

▲ ♥ **Elia**, au-dessus de la baie de Kolimbari, à 25 km à l'O de La Canée ; à Tavronitis, prenez la dir. de Paleohora, puis, à 4 km, tournez à dr. vers Gavalomuri, Ano Vouves ☎ 28240-83056, www.elia-crete.com. gr. *9 ch. ou maisonnettes pour 2 à 4 pers.* Cette « ferme » vieille de deux siècle, et fière de son passé de lutte contre les Ottomans, a été magnifiquement restaurée, au beau milieu des oliviers et avec vue sur la mer. Piscine, spa. Repas simples servis en terrasse la journée ; cuisine plus élaborée (de bons petits plats sains et de qualité), au dîner.

Kournas

Tavernes

Visite p. 202.

De 12 à 15 €

♦ ♥ **Taverne Kali Cardia** ☎ 28250-96278. Bonne table à prix de village. Tout est « maison ». Viandes grillées.

♦ **To Mati tis Limnis**, au bord du lac de Kournas, côté g. en arrivant. Jolie vue sur le lac et cuisine agréable. Goûtez au lapin.

La Canée (Hania)

Visite p. 184. Plan p. 186.

ℹ **Office du tourisme municipal**, 53, Mylonogianni, à la hauteur de l'hôtel de ville dans une ruelle perpendiculaire à Kydonias, en partant du S-E de la place 1866 ☎ 28213 41666, www.chaniacrete.gr (en français). *Ouv. du lun. au ven. de 8 h 30 à 19 h 30, sam. de 8 h 30 à 12 h 30.* Plans, brochures, horaires des bus et des bateaux, informations sur les gorges de Samaria avec horaires des bateaux de la côte S, table d'informations avec vidéos en anglais sur les sites à visiter, les coutumes (les danses sont agréables à découvrir), la gastronomie. Accès libre à Internet (WiFi).

Kiosques d'informations, en saison, devant le marché, côté place Venizelos *(ouv. de 10 h à 13 h 30 sous réserve)* et sur le port, après la mosquée, près du kiosque sur les tortues kareta-kareta *(ouv. de 10 h à 12 h et de 17 h 30 à 21 h sous réserve)*.

ℹ **Office du tourisme grec (EOT)**, 40, rue Kriari, rue qui donne sur la place 1866 **A2** ☎ 28210-92943, www.west-crete.com (en français). Le bureau, modeste, est au r.-d.-c., à g. On n'y parle pas toujours français. *Ouv. de 9 h à 14 h ; F. sam.-dim.*

Hébergement

La ville de La Canée ne compte pas d'hôtel de luxe. On les trouve à Platanias, à l'O de La Canée, en bord de mer : **Minoa Palace**, ☎ 28210-36500, et **Palazzo Porto**, ☎ 28210-38800. Aussi à Agia Marina.

Tout pour les enfants

Atlantis Water Park, à 10 km et 15 min au N-E de La Canée, près de Stavros **hors pl. par B1** : toboggans, minigolf, jeux électroniques, etc. **Limnoupolis**, à la sortie S-O de La Canée sur la route d'Omalos **hors pl. par A2** ☎ 28210-33246, www.limnoupo lis.gr. *Ouv. de 10 h à 18 h 30.* Parc d'attractions nautiques, avec piscines, toboggans et de nombreuses activités sportives et aquatiques. **Paramythoupolis**, 117, rue de l'Akrotiri, sur la route de l'aéroport **hors pl. par B1**. Un café conçu pour les enfants, avec jeux et activités ; cafétéria pour les parents.

Voir aussi Le ***Botanical Park****, p. 195.* ♦

Excursions depuis La Canée

En bus. La compagnie de bus **KTEL** organise la descente des **gorges de Samaria** (rens. à la gare routière **A2**). Toutes les agences de voyages *(p. 265)* affichent leurs programmes.

Minicroisières en mer. Du port partent plusieurs bateaux pour de petites croisières de 3 h à une journée. On peut se rendre sur l'**île de Theodorou et Lazaretta**, au N-O de La Canée ; baignades possibles sur les plages de la côte O. **Bateaux à fond de verre :** ***Evangelos I*** et ***II*** ☎ 6979-117971, de 11 h à 20 h 30 (croisière d'1 h). Le *Glass Bottom Boat* se trouve au bas de la rue Halidon, à proximité de la mosquée. **M/Y Aphrodite**, ☎ 6944-156831 ; le capitaine Nick sait attirer l'attention des enfants sur les richesses du monde marin.

Promenades en calèche. Depuis le port, pour un petit ou un grand tour de ville *(1 h env.)*. Rien de plus que ce qu'on peut faire à pied. ◆

Les prix ne sont qu'indicatifs et sur la base d'une **chambre double.** Ils peuvent varier de façon conséquente selon la saison. Les prix **montent beaucoup en été** en raison de la très forte demande. Il est vivement conseillé de réserver et il est parfois possible de **négocier** selon le nombre de personnes et de nuits passées.

Les symboles ▲ **1.** permettent de localiser les établissements sur le plan p. 186.

De 40 à 60 €

▲ **1. Oasis Guest House**, Périvolia, **hors pl. par A3** ☎ 28210-93607, www.oasis-guesthouse.com. *40 ch.* À 2,5 km du centre, dans le faubourg de Périvolia (sortie autoroute Hania-Mourniès), véhicule indispensable. Au cœur d'un grand parc planté d'orangers et de palmiers, une demeure patricienne turque du XVIe s. restaurée avec goût abrite quelques chambres meublées à l'ancienne. Également deux ailes modernes autour d'une piscine. Restaurant délicieux et bon marché.

De 60 à 80 €

▲ **2. Nostos**, 46, Zambeliou, au cœur de la vieille ville, quartier Topanas-Evraïki **A2** ☎ 28210-94743, www.nostos-hotel.com. Belle bâtisse construite au début du XVe s., aménagée avec goût et confort, *12 ch. et studios pour 1, 2 ou 3 pers.*, certaines en style crétois et avec vue sur le port, toutes bien équipées. Terrasse ombragée sur le toit avec vue sur le port.

▲ **3. Omalos**, 71, av. Kidonias **A3** ☎ 28210-95215, www.hotel-omalos.gr. *35 ch.* Simple et pratique pour l'excursion des gorges de Samaria, près de la gare routière, bien isolé par un double vitrage.

De 80 à 150 €

▲ **4. Amfora**, 20, rue Theotokopoulou, dans la vieille ville **A1** ☎ 28210-93224, www.amphora.gr *20 ch. Ouv. tte l'année.* Maison du XIIIe s. aux influences turque et vénitienne, restaurée et aménagée avec goût. Vue magnifique depuis la terrasse. Un des beaux hôtels de la ville.

▲ **5. Casa Delfino**, 9, rue Teofanous, dans la vieille ville **A1** ☎ 28210-93098, www.casadelfino.com. *24 appts-studios et suites de luxe aménagés avec goût et originalité.* Spa, jacuzzi, massages. Dans un palais vénitien de la fin du XVIIe s. Tout confort, raffinement et intimité, beaucoup de charme. Joli patio et belles vues sur le port depuis la terrasse. Bar ouvert à tous.

▲ **6. Halepa**, 164, rue El. Venizelou, à l'E de la vieille ville dans le quartier Halepa **hors pl. par C2** ☎ 28210-28440. *49 ch.* Cette maison construite en 1885 dans le style néoclassique, ancien consulat britannique, a retrouvé sa façade d'antan, ses jardins et sa fontaine. Les ch. sont modernes et calmes. Proche de la mer et à l'écart de l'agitation du centre.

Festivités à La Canée

Célébration de la **bataille de Crète** et **Venizelia** (rencontres sportives, *voir p. 55*), dernière quinzaine de mai.

Fête de Notre-Dame, jour férié et services d'église le 21 nov. ; on fête les jeunes filles non mariées.

Palotistiko Kalokairi : un beau programme culturel estival, de juin à sept. Expositions et représentations théâtrales ou musicales à la mosquée Giali Tzamili ; théâtre, concerts en tout genre au théâtre de plein air rue Kiprou, à l'extérieur de la muraille E de la vieille ville. ◆

▲ **7. Minoa**, 23, rue Tzanakaki **C2** ☎ 28210-27970, www.minoa-hotel.gr. *20 ch.* Un établissement élégant, dans un hôtel particulier du XIXe s., style art-déco, dont l'une des façades donne sur le parc municipal. Tout confort, air cond., salle de sport, piscine et garage, restaurant à la carte.

▲ **8.** ♥ **Porto Veneziano**, Akti Enoseos, à l'extrémité E du port **C1** ☎ 28210-27100, www.portoveneziano.gr. *57 ch.* Bel hôtel moderne et confortable, avec parking à proximité. Une partie des ch. a une vue imprenable sur le port.

Camping. ▲ **Hania** C, Agii Apostoli, à Daratso, à 5 km à l'O de La Canée **hors pl. par A2** ☎ 28210-31138, www.camping-chania.gr. *Ouv. en saison.* Ombragé, près de plusieurs petites plages, taverne, tentes et mobil-homes, piscine. Desservi par les bus locaux.

Pensions et chambres. Le prix se négocie selon la saison et le nombre de nuits passées. Nombreuses ch. à louer dans la **rue Theotokopoulou A1** et dans le quartier **Topanas**.
▲ **10. Alexandros**, 17, rue Kountouriotou, dans la vieille ville **A2** ☎ 28210-94284. Pension joliment aménagée, donne sur le port, bon accueil.

▲ **26. Anemones**, 5, rue Teofanous, dans la vieille ville **A2** ☎ 28210-36199, hotel_anemones@hotmail.com. *Ouv. en saison. 6 ch.* À proximité du beau palais-hôtel Casa Delfino, un peu à l'écart du bruit des tavernes. Simple et confortable, air cond.

Maison de caractère

De 70 à 100 €

▲ **9.** ♥ **To Spiti**, 18, Drakontopoulon, en plein cœur du quartier ottoman Splanzia, dans une ruelle calme près de la place 1821 ☎ 28210-46327 ou 69447-44136, www.to-spiti.gr. *Maison de 80 m² sur 3 ét. pour 2 à 4 pers.* Il est bon d'y passer plusieurs nuits pour goûter l'ambiance du lieu et du quartier. Charmante maison vénitienne construite vers 1400, restaurée avec un goût délicat, dans le respect des matériaux d'origine. Toit-terrasse. Cette maison n'est pas conseillée pour les pers. ♿ ou pour les enfants en bas âge en raison des escaliers. 2 bicyclettes sont mises à disposition.

Tavernes

De 22 à 30 €

Autour du port

Le cadre est enchanteur. Goûter à la cuisine crétoise est toutefois devenu un véritable défi pour le touriste non avisé ! Les tavernes s'alignent et vous avez l'embarras du choix, mais restez vigilant sur ce qui vous est proposé ! Les symboles ♦**1.** permettent de localiser les établissements sur le plan p. 186.

♦ **11. Apostolis**, 6, quai Enoseos ☎ 28210-43470, à l'E du vieux port après l'hôtel Porto Veneziano **C1**. Poissons et produits du terroir. Le poisson est cher.

♦ **12. Chrisostomos**, au coin de Defkalonos et Ikaros **C1**, à l'E du port ☎ 28210-57035. *F. pendant l'été.* Tout est traditionnel : le cadre et la cuisine au feu de bois, dont le pain.

♦ **13. Fortezza**, sur la digue extérieure du port **B1**. Accessible en bateau (barque) ou par la digue. Jolie vue sur le port. Cher. On peut y prendre un verre.

♦ **14. Kusina EPE**, 25, rue Daskalogianis, dans le quartier Splanzia, près de la place 1821 **B2** ☎ 28210-42391. *Ouv. de midi à 20 h.* Cuisine crétoise et méditerranéenne préparée à l'huile d'olive et avec des produits frais et locaux. *Repas à partir de 10 €.*

♦ **15. Mesogiako**, 34, rue Hatzimihali Daliani, au N du marché, dans le quartier de Splanzia **B2** ☎ 28210-57992. Cuisine alternative.

♦ **16. Monastiri**, Akti Tombasi, après la mosquée, quand on longe les quais vers l'E **B1** ☎ 28210-55527. Plats cuisinés, prix modérés. Joli cadre dans de belles salles voûtées.

♦ **17. Ta Halkina**, sur les quais, près du grand arsenal **B1** ☎ 28210-41570. Un *rakadiko* très tendance, avec une clientèle jeune. Cuisine créative. Bon rapport qualité-prix.

♦ **18. Tamam**, 49, rue Zambeliou **A2** ☎ 28210-96080. *Ouv. de 13 h à 0 h 30.* Dans un ancien petit hammam dont le décor a été préservé : cuisine crétoise raffinée, cadre original, musique live, addition très raisonnable. Réservation vivement recommandée.

♦ **19. To Karnagio**, 8, pl. Katehaki, dans l'E du port, en arrière de l'arsenal dans lequel est abrité le centre pour l'Architecture méditerranéenne **B1** ☎ 28210-53366. En retrait de l'animation touristique, dans un cadre agréable sans voitures, bonne cuisine crétoise préparée selon la tradition. On peut goûter à tout avec le plateau *Karnagio*, ou le *bouraki* et surtout les *kalitsounia* (feuilletés au fromage arrosés de miel). Prix soutenus.

♦ **20. ♥ To Pigadi Tou Tourkou** (le Puits du Turc, *The Well of the Turk*), 1-3, K. Sarpaki **B2** dans une ruelle du quartier turc Splanzia, au S de Sifaka et à l'O de la place 1821 ☎ 28210-54547, www.welloftheturk.com. *F. le mar. Rés. conseillée.* Excellent restaurant-taverne tenu par une Anglaise qui fait une cuisine crétoise et méditerranéenne raffinée. Tout est bon. Goûtez au confit d'agneau ! Tables dans la ruelle ou à l'intérieur de la maison ancienne aux jolies voûtes. Prix raisonnables. Dans la vieille ville.

♦ **21. Vineria 36**, 36, rue Kallinikou Sarpaki, dans le quartier de Splanzia **B2** ☎ 28210-57590. Un restaurant avec cave à vin et épicerie fine. Décor rustique dans une vieille boutique restaurée ; tables en extérieur. Bonne cuisine et un grand choix de vins à tous les prix.

En bord de mer

Quittez le port et longez la mer vers l'O ; sur le quai **hors pl. par A1**, plusieurs tavernes sympathiques proposent du poisson, parmi lesquelles ♦ **22. Akrogiali**, 19, Akti Papanikoli, Neahora, ☎ 28210-73110. Très apprécié et très fréquenté. Vue sur la mer.

Dans le quartier Halepa

hors pl. par B1 En bord de mer ou dans les anciennes tanneries s'ouvrent des tavernes qui profitent du succès récent du quartier.

♦ **23. Thalassino Ageri**, 35, rue Vivilaki **hors pl. par C2** ☎ 28210-51136. Excellente taverne à poissons. *Ouv. le soir seulement et en été.* En bord de mer, vue magnifique sur la baie au coucher du soleil.

Cafés-bars

Les symboles ● **1.** permettent de localiser les établissements sur le plan p. 186.

● **24. Thea**, sur le vieux port ; du bas de la rue Halidon, prenez le quai à g. puis tout de suite à g. (entrée étroite par un escalier menant à une terrasse) **B2**. Jolie vue sur le port sans se trouver dans la foule des badauds.

● **25. 2 Loux**, 8, rue Salpidonos, rue en arrière de l'E du port ☎ 28210-52515.Café très branché, prisé par les jeunes de jour comme de nuit dans un quartier bien animé.

Voir aussi Kou Kou Vagia sur l'Akrotiri (p. 255).

Les « coins » encore crétois

Le **marché couvert B2**, ses petites tavernes ou échoppes avec une table et une chaise sur le pas-de-porte, même si les boutiques touristiques gagnent du terrain. Autres *kafenions* et petites tavernes qui conservent les habitudes locales : le *kafenion* ♦ **To Kafenion**, place 1821 **B1**. On joue au *tavli* sous les platanes, les hommes discutent; plongez dans l'atmosphère avec un ouzo et des mezzés à partir de 18 h; ♦ **Kafe Kriti**, le soir, dans la rue Kalergon **B1**, parallèle au port avec musique de *bouzouki* ou lyre; ♦ **Lyra**, sur le port près de la douane, derrière le Veneziano **B1**.

Pâtisseries

Iordanis, rue Apokoronou **B2**, en face la gare routière. *Ouv. le matin seulement.* Boutique réputée créée en 1921, sur place ou à emporter, les *bougatsa*, excellents feuilletés saupoudrés de cannelle et fourrés à la crème.

Kronos, 23, rue Mousouron **A2**. Grand salon de thé situé entre le marché et le port: grand choix de « douceurs crétoises ».

Loisirs

Parc municipal B2. Il est très animé: le café, **Kipos**, *ouv. tte la j. jusqu'à 23 h*; point de rencontre sympathique des hommes qui jouent au *tavli*; pâtisserie; cinéma, petite réserve d'animaux avec les fameuses chèvres sauvages, espace de jeux pour les enfants.

Plages

Les plages, d'accès facile (bus), sont à l'O de la ville: **Neahora**, à 20 min à pied du centre en suivant la mer à l'O de la vieille ville. **Galatas** (4 km), **Kalamaki** et **Platanias** (11 km).

Sports et loisirs

Cinémas en plein air. Kipos, dans le parc municipal **B2**.

Plongée sous-marine. Blue Adventures Diving, 11, rue Archoleon **B1** ☎ 28210-40608, www.blueadventuresdiving.gr.

Randonnées en montagne. Club alpin hellénique **EOS**, 90, rue Tzanakaki **B2** ☎ 28210-44647, www.eoshanion.gr. On y parle français et l'accueil est sympathique. Le GR, chemin de grande randonnée, **E4**, traverse la région.

Sports extrêmes et écotourisme. **Alpine Travel**, rue Akrotiriou à Pithari sur l'Akrotiri (prenez la route de l'aéroport et au rond point la dir. de Souda) **hors pl. par C2** ☎ 28210-50939, www.alpine.gr (en anglais). Escalade, sorties en jeep, trekkings, randonnées sur l'E4, etc.

Shopping

Les **magasins**, sauf ceux de souvenirs, sont *ouv. t.l.j. de 9 h à 13h30-14 h et les mar., jeu. et ven. de 18 h à 21 h*. Le marché **B2** (*ouv. de 8 h à 14 h*) est aussi soumis à une réglementation. En dehors de la ville, les magasins peuvent ouvrir en semaine jusqu'à 21 h ou 22 h. Les horaires sont élastiques dans les zones touristiques.

Artisanat. Dans le **quartier Topanas A1**, dans Theotokopoulou, Zambeliou et les petites ruelles d'Evraiki, de nombreuses boutiques d'artisanat proposent de jolis objets: céramiques, poteries, bijoux, etc. Le ♥ **Centre d'Art populaire traditionnel et de la Culture**, 20, rue Skoufon **A1** ☎ 28210-92677, dans le quartier Evraiki (*p. 188*), propose des tissus crétois brodés aux couleurs et motifs originaux.

Entre le marché et le port B1-2 se succèdent les boutiques d'artisanat les plus diverses; les prix sont plus intéressants que dans les autres grandes villes.

Le **Verekinthos Craft Village**, situé à l'E de La Canée, à Viopa dans la zone industrielle, sur la route de Rethimnon **hors pl. par B1** (☎ 28210-89101), œuvre au développement de l'artisanat traditionnel; on visite les ateliers de tous les métiers d'art: bijoux, cuir, verrerie, argent, poterie, tissage, broderie, etc. Un espace vivant de la culture artistique crétoise.

Bijoux. Anatolia, 5, rue Halidon **A1**. Une très belle boutique tenue par des Français où sont rassemblés des bijoux venus du monde entier, parmi lesquels des pièces de collection.

Chapellerie. Pantos Kairou, 14, rue Skoufon, à côté du centre d'art populaire **A1** ☎ 28210-57037. Maria propose ses chapeaux faits main, originaux et colorés.

Copies. **Boutique des musées nationaux**, 32, rue Halidon **A1**. *Ouv. du lun. au sam. de 9h à 15h30.* À côté du Musée archéologique, une petite boutique qui propose des copies réussies de pièces anciennes, généralement trouvées en Crète.

Couteaux crétois. Rue Karaoli, en bas de Halidon **A1**. Rue d'artisans qui se prolonge rue Sifaka, au pied de la muraille vénitienne.

Cuirs. Dans le bazar de la petite **rue Skridlof A2**, qui sent bon le cuir, entre le marché et la rue Halidon. Cordonniers et bourreliers s'y sont donné r.-v. : bottes crétoises dites *stivania* (sur-mesure possible), sandales, chaussures, sacs, ceintures... à des prix très compétitifs.

Icônes byzantines. Atelier **d'Eleftheria Bitzanaki,** 13, rue Agia Deka, au r.-d.-c. de l'hôtel Palazzo di Pietro **A1** ☎ 28210-41541,

Librairies. **Pelekanakis,** 89, rue Halidon, en descendant la rue à dr. **A2** ☎ 28210-92512, www.mystis.gr. Livres français, bon assortiment de cartes routières et de cartes de randonnée à toutes les échelles (2 cartes Road bien faites, avec la Crète de l'O et la Crète de l'E, pour les routes. Atlas Anavasi au 1/25000 pour les randonnées dont le E4). **Notos**, 10, rue Kondilaki ☎ 28210-86770. Librairie internationale, livres en français.

Marchés. Le **marché couvert B2** bourdonne d'animation, riche en couleurs *(9h-14h)*. On peut y acheter couronnes de mariage, herbes, miel, raki... et y manger.

Presse internationale. Dans le **marché couvert B2**. **News Stand,** 8, rue Skalidi, presque en face de la place 1866 **A2** ☎ 28210-95888. **Mediterraneo**, 57, quai Kontourioti ☎ 28210-86904, sur le port vénitien près du musée de la Marine **A1**. Journaux, livres et guides en français.

Produits crétois. **La Boutique,** 17, rue Kondilaki, dans le quartier Evraiki **A1**, ☎ 28210-72896. Tenue par un couple français qui a sélectionné des produits de qualité à base d'olives (huile bio, savons), de bons vins, des nappes. Le vin d'orange, *mystikos*, est sa spécialité. **Miden Agan**, 70, rue Daskaloiani **B2** ☎ 28210-27068, www.midenaganshop.gr. Cave à vins et épicerie fine. Excellent choix de vins grecs et crétois et produits de qualité : miel, olives, préparations pour faire de bons mezzés, ouzo, *tsikoudia*.

Tapis. Pièces anciennes dans la **ruelle Teofanous** en face de l'hôtel Contessa **A1**.

> **Toponymie**
>
> La **transcription** des noms grecs est souvent pleine de fantaisie, selon qu'elle s'attache aux lettres ou à la façon de prononcer les mots. Ainsi, La Canée s'écrit Chania (en allemand), Khania ou Hania. Les orthographes varient certes, mais on reconnaît « au son approché » tous les lieux.
>
> Par ailleurs, il arrive que plusieurs villages portent le **même nom** : pour les distinguer, il importe de savoir dans quel département ils se trouvent. Enfin, nous avons conservé le nom grec des **sites archéologiques** : Gortis est le nom grec de Gortyne, Festos celui de Phaistos... ◆

Adresses utiles

Aéroclub ☎ 28210-27272, www.aer.gr. Vols organisés sur demande.

Aéroport. **Aéroport de Sternes**, à 14 km au N-E de La Canée, sur la presqu'île d'Akrotiri **hors pl. par B1** ☎ 28210-63264.

Agence consulaire de France. 14, place 1866 **A2** ☎ 69444-44757.

Agences de voyages. Elles organisent les tours traditionnels, et surtout la descente des gorges de Samaria. **Kydonia Travel**, 11-19, rue Boniali (autre entrée rue Apokoronou) **B2**

☎ 28210-51660, kydonia@cha.forthnet.gr. Représente des voyagistes français. **Diktynna travel**, 36, rue Sfakion **B2** ☎ 28210-41458, www.diktynna-travel.gr. Réservation d'hôtels et de villas, excursions et randonnées.

Compagnies aériennes. Aegean Airlines, à l'aéroport **hors pl. par B1** ☎ 28210-63366, www.aegeanair.com. **Olympic Air**, à l'aéroport **hors pl. par B1** ☎ 28210-66088 ; rés. ☎ 28210-66088, www.olympicairlines.com.

Compagnies maritimes. **Anek Lines**, place S. Venizelou **B2** ☎ 28210-27500, www.anek.gr. Près de l'hôtel Kydon, à côté de la Banque nationale de Grèce. Liaison Souda/Le Pirée, départs t.l.j. vers 21 h (rens. sur place).

Dépannage automobile. **ELPA**, 163, rue de Souda ☎ 104. Assistance sur route. **Express Service**, à Livadia, près de Souda ☎ 1154.

Gare routière. 73-77, rue Kidonias **A2** ☎ 28210-93052, www.bus-service-crete-ktel.com. Les **bus verts** sont réservés aux longs trajets. Horaires disponibles sur place ou au bureau de tourisme. Prendre son billet avant de monter dans le bus. Consigne à bagages. Fréquentes liaisons avec **Rethimnon** et **Heraklion**, ttes les heures (1 h 30 de trajet) ; avec **Omalos** (gorges de Samaria) : 4 liaisons/j. (le matin jusqu'à 14 h ; 1 h 30 de trajet), retour possible par les mêmes bus ; avec **Paleohora** : 4 liaisons/j. (2 h de trajet) ; avec Sougia : 2 liaisons/j. ; avec **Hora Sfakion** : 3 liaisons/j. (2 h de trajet) ; avec **Kasteli** (Kissamos) : 14 liaisons/j. ; avec **Falassarna** : 3 liaisons/j. ; avec **Elafonissi** : 1 liaison/j. le matin, retour possible le soir. Les **bus bleus** ne circulent qu'en ville. Départ de la place 1866, face à la station de taxis **A2**. Ils desservent les **plages** à l'O de La Canée. Dir. **Kalamaki** ou **Galatas**, départs ttes les 30 min. Bus fréquents pour le port de **Souda**, devant le marché.

Hôpital. À **Mournies**, à 3 km au S de La Canée **hors pl. par A2** ☎ 28210-22000.

Internet. Nombreux points de consultation à travers la ville, dans les hôtels, et, par exemple, place Mitropoléos (derrière la cathédrale orthodoxe **A2**). Gratuit à l'office du tourisme (WiFi).

Location de vélos et de motos. Nombreuses agences rue Halidon **A2**.

Location de voitures. **Kydon Rent a Car**, 2, rue Anapafseos, au S du marché couvert, dans la nouvelle ville **B2** ☎ 28210-93776 ; à l'aéroport ☎ 28210-66400, www.kydonrentacar.gr. Agence locale très sérieuse, bons services et en français. **Avis**, 58, rue Tzanakaki **B2** ☎ 28210-50510. **Hertz**, 21, rue Michelidaki **B2** ☎ 28210-40366 ; à l'aéroport ☎ 28210-63385.

Police. 23, av. Iraklion **hors pl. par B2** ☎ 28210-28734.

Poste. 10, rue Peridou **B2** ☎ 28210-23395. *Ouv. du lun. au ven. de 7 h 30 à 20 h, le sam. de 7 h 30 à 14 h ; F. dim.*

Taxis. Face au marché, place M. Kritis **B2** et place 1866 **A2** ☎ 28210-94300 et 28210-98700.

Loutro

Visite p. 206.

ℹ www.loutro.com.

Hôtels

De 40 à 60 €

▲ **Porto Loutro** ☎ 28250-91433, www.hotelportoloutro.com. *23 ch. Ouv. en saison.* Deux petits bâtiments blancs, l'un sur le port, l'autre en surplomb. Tout confort et vue sur la mer. Tenu par un couple anglo-crétois.

▲ **Nikos**, la dernière maison de la baie ☎ 28250-91352. Jolie pension à l'écart du monde et du bruit, très bien tenue par un Crétois et une Suisse. Accès à une petite plage tranquille.

▲ **Sifis**, proche de l'embarcadère ☎ 28250-91346. *15 ch.* spacieuses, et confortables dans un hôtel familial avec balcon sur la mer ; bon accueil. Le ♦ **Café Bistro**, sur la terrasse de l'hôtel, au bord de l'eau, propose jus de fruit, glaces ou salades et plat crétois.

bonnes adresses - La Canée et son département

Tavernes

De 22 à 25 €

On a le choix: Sifis, The Blue House, Notos. ♦ **O Ilios,** juste après la plage, joli, familial et bon (aussi ch. à louer). ♦ **Pavlos,** à l'E de la plage, le débarcadère étant à l'O, au calme du bord de mer; cuisine crétoise goûteuse et poissons grillés.

Adresses utiles

Pas de distributeur d'argent; **cartes bancaires** acceptées presque partout.

Mathes

Visite p. 202.

Chambres d'hôtes

▲ **Villa Kapasa**, à 2,8 km au S de Georgioupoli ☎ 28250-61050. *10 ch. Ouv. en saison.* Charmante maison de famille restaurée, dans un village de bergers longtemps abandonné, et bénéficiant d'une vue magnifique sur la baie. Avec toutes les richesses de l'arrière-pays crétois: senteurs, chants des grillons, du coq ou des oiseaux. Les ch. sont agréablement meublées à la crétoise (s.d.b. avec douches, air cond.). Cuisine familiale. Accueil chaleureux et prix raisonnables de bonne pension.

Omalos (les gorges de Samaria)

Visite p. 196

Hébergement-restauration

De 40 à 60 €

▲ **Exari**, sur le plateau ☎ 28210-67180. Hôtel simple, pratique pour les randonneurs. Apprécié par les amateurs de fromage; visitez la fromagerie! ♦ Taverne. Transfert en pick-up, en haut des gorges de Samaria ou à l'arrivée d'une randonnée, organisé à la demande.

▲ **Neo Omalos**, sur le plateau ☎ 28210- 67590, www.neos-omalos.gr. Ch. confortables et bonne ♦ taverne. Transferts pour les randonneurs des gorges. Autres randonnées organisées.

▲ **Gingilos** ☎ 28210-67181. Ch. avec balcon, confortable. Bonne ♦ taverne. Possibilité de transferts au départ ou à l'arrivée des gorges.

▲ **To Elliniko** ☎ 28210-67169. à la sortie S du village. ♦ Taverne-*kafenion* fréquentée par les Crétois.

▲ **Refuge de Kallergi**, à 1 680 m d'altitude; accessible par une piste de 4,5 km qui part du plateau d'Omalos ☎ 28210-33199, www.eoshanion.gr. *50 lits.* C'est un refuge bien équipé. Pas de restaurant pour les gens de passage, mais possibilité d'hébergement en ♦ demi-pension.

Restaurant et cafétéria

De 12 à 15 €

♦ **Xiloskalo**, au refuge situé au-dessus de l'entrée des gorges de Samaria ☎ 28210-67237. *Ouv. t.l.j. en saison, les w.-e. slt en hiver.* Vue remarquable de la terrasse. Pas plus cher qu'ailleurs.

♦ **Cafétéria et Mini-market** au bout du parking ☎ 28210-67176. *Ouv. t.l.j. en saison de 7 h à 18 h.* Vue remarquable de la terrasse. Pas plus cher qu'ailleurs.

Adresse utile

Bus. 4 liaisons/j. en bus avec **La Canée** (1 h 30 de trajet).

Paleohora

Visite p. 215.

ℹ sur la promenade, côté embarcadère ☎ 28230-41507. *Ouv. en saison t.l.j. sf mar. de 10 h à 13 h et de 18 h à 21 h.* Plan de la ville et propositions de randonnées. Brochures sur la région Selinos. Voir aussi le site de l'association des villageois *(silagos)* www.paleochora-holidays.gr.

Hébergement

Informations nécessaires à la location de chambres et d'appartements sur www.paleochora-rooms.gr (en anglais), un site réalisé par une association de la ville.

De 40 à 80 €

▲ **Anthea**, dans la rue menant au cinéma, près de la plage ☎ 28230-41594, www.anthea-paleochora.gr. Ch., studios et appts bien aménagés avec jardin et bel espace pour les enfants.

▲ **Lissos**, à l'entrée de la ville ☎ 28230-41122, www.lissos-hotel.gr. *3 ch. et 7 studios* confortables ; sans petit déjeuner. Proche des deux plages et du centre ; accueil chaleureux, en français. Bon rapport qualité-prix. *4 autres studios* sur jardin près de la plage O de sable.

▲ **Rea** ☎ 28230-41307, www.interkriti.org/hotels/selino/rea. Hôtel familial de *14 ch.* avec balcon dans une rue calme perpendiculaire à la rue principale. Petit déjeuner sur une terrasse ombragée qui sent bon le jasmin.

De 80 à 150 €

▲ **Libyan Princess**, à l'entrée de la ville ☎ 28230-42030, www.libyanprincess.gr. Le seul hôtel de catégorie supérieure de la ville avec *32 ch. et 1 suite.* Piscine. Aménagé pour ♿. Petit déjeuner inclus.

Campings. ▲ **Camping Grammeno**, à 5 km à l'O de Paleohora, avant Koundoura ☎ 28230-42125, www.grammenocamping.gr Bien situé sur la plage Grammeno. ▲ **Paleohora**, à l'E de la ville près d'une plage de galets, à 15 min à pied du village ☎ 28230-41120. Ombragé. ♦ Taverne avec vue sur la péninsule. Discothèque à proximité.

Pensions et chambres. Nombreuses possibilités, notamment : ▲ **Castello** ☎ 28230-41143. *9 ch. Ouv. en saison.* Très sympathique. En haut d'une petite colline qui domine la plage de sable. Grand balcon surplombant la plage ; également snack et déjeuner. ▲ **Zafiri** (à partir de 40 €) ☎ 28230-41028, www.zafirihotel.gr. Situé sous la forteresse, proche de la plage de sable. *Ch. et appts pour 2 à 6 pers.* avec cuisine. Joli jardin.

Tavernes

Plusieurs tavernes touristiques mais sympathiques sur la rue principale, fermée à la circulation le soir.

De 12 à 20 €

♦ **Akrogiali**, chez Stavros ☎ 28230-41312. Sur la promenade le long du port. Bonne cuisine. Bar.

♦ **Café Almyrida**, sur la promenade E de la presqu'île ☎ 28230-41308. *Ouv. de 8h30 à 20h30.* Petit café avec terrasse ombragée au-dessus de la mer, calme, modeste, très agréable. Petits déjeuners, salades, omelettes, gâteaux… Tout est frais et sain.

♦ **Aposperida**, taverne à g. en sortant du bourg, après la station de bus ☎ 28230-41822. *Ouv. à partir de 13h (déj.) et de 19h (dîner).* Joli jardin sous les oliviers. Cuisine crétoise traditionnelle. La note monte vite si on prend plusieurs plats à la crétoise.

♦ ☘ **Third Eye** (« Le Troisième Œil »), près de la forteresse, dans une rue perpendiculaire à la plage de sable ☎ 28230-41234. Cuisine pleine d'imagination dont plats végétariens et bio : tous les produits proviennent de l'exploitation familiale, y compris le yaourt ! Prix raisonnables. Presse étrangère à disposition et, en saison, soirée musicale le w.-e.

♦ **To Skolio**, à Anidri, à 5 km à l'E de Paleohora ☎ 28230-83001. *Kafenion* au cœur du village, dans l'ancienne école. Joli cadre et bonne cuisine.

♦ **Platia**, sur la grande place de **Kandanos**, à 18 km au N de Paleohora ☎ 28230-41664. Ambiance locale très sympathique, bonne cuisine traditionnelle ou *giros*, ces *pitas* garnis de porc.

Café-bar

● **Atoli**, sur la promenade, côté plage de sable ☎ 28230-41645. Vue magnifique sur la mer au coucher du soleil, agréable pour prendre un verre et des mezzés. Bon programme de concerts *live* le soir.

Excursions

En bateau. **Rens. Anendyk** ☎ 28210-95511. Bateau de croisière pour **Elafonissi** *(p. 212)* : départ tous les matins à 10h ; retour dans l'ap.-m. (1 h de mer) ; en hiver, liaisons assurées par le *Post Boat*. Bateaux de ligne t.l.j. pour **Sougia**, **Agia Roumeli**, **Loutro** et **Hora Sfakion** : A/R possible dans la journée ; surveiller les horaires. Bateau pour **Gavdos** 2 ou 3 fois/sem. (3-4 h de traversée selon les escales à Sougia) ; retour possible le même jour (mais peu de temps sur place).

Randonnées. Bus public pour les gorges de Samaria et d'Agia Irini. Des excursions sont aussi organisées par les agences de voyages.

Adresses utiles

Agences de voyages et location de voitures ou bicyclettes. **Notos**, dans la rue principale ☎ 28230-42110, www.notoscar.com. **Selino Travel**, près de l'embarcadère ☎ 28230-42272. Billets de bateau.

Bus. 5 liaisons/j. avec La Canée par Tavronitis (2 h de trajet).

Centre médical. ☎ 28230-22550.

Internet. Chez Notos *(ci-dessus)*.

Plages. De galets à l'E ; de sable fin à l'O. Douches d'eau douce.

Presse internationale. Kiosque dans la rue principale.

Taxi Spiros. ☎ 28230-42110.

Shopping

Huile d'olive. ☘ **Koumadorakis**, à Hondros, 2 km au N de Sarakina, 13 km au N-O de Paleohora ☎ 28230-31250, www.olivenoel.gr. Petite entreprise familiale proche de la nature qui produit une huile vierge, extraite à froid et de qualité (en vente tte l'année). Bel environnemment, avec moutons, poules… Vente de vin et de *retsina* maison.

Platanias

Visite p. 208.

Hôtel

De 80 à 150 €

▲ **Geraniotis Beach**, sortie O du village ☎ 28210-68681, www.geraniotisbeach.com. Bon hôtel bien situé sur la plage. Piscines et jardins, ch. avec vue sur la mer. Apprécié des familles avec enfants.

Shopping

Les boutiques d'**antiquités** dans les villes touristiques proposent de tout, des boutons d'uniformes vénitiens aux pièces turques. Restez prudents avec les prix qui vous sembleraient suspects !

La qualité est l'une des caractéristiques du véritable artisanat crétois, tout particulièremet en matière de **broderie** et de **tissage**. Les étoffes aux tons chatoyants, certaines anciennes, sont très décoratives. Des ouvrages vendus relativement peu chers, si l'on considère le nombre d'heures qu'une main habile a dû y consacrer…

Vous trouverez des **bijoux** à tous les prix ; si l'un d'eux vous plaît et que son prix vous convient, n'hésitez pas : vous ne le verrez nulle part ailleurs. Parmi les bijoux de musée, le disque de Festos ou le pendentif en or orné de deux frelons suçant une goutte de miel de Malia sont les plus fréquemment reproduits. *(Voir aussi « À rapporter… », p. 25.)* ◆

Tavernes

De 22 à 25 €

♦ ♥ **O Milos**, à Keratas, à 11 km à l'O de La Canée, à la sortie de Platanias, sur la g. ☎ 28210-68578, www.mylos-tou-kerata.gr. *Ouv. le soir seulement*. Vieux moulin vénitien du XIVe s. restauré. Jardin aménagé où courent des canards, des paons… Un endroit très sympathique et de bons plats crétois, ce qui ne gâche rien !

Bonnes tavernes également à ***Ano Stalos***, *à 3 km au S d'Agia Marina (p. 255).*

Avec des francophones

Rando-Crète, Brigitte Morin, Douliana, 73008 Vamos ☎ 6878389237, www.rando-crete.com. Brigitte organise des randonnées guidées (d'1 ou 2 sem.) pour individuels, familles ou groupes, avec le souci de faire découvrir la Crète sauvage de l'O.

☘ **See You Soon**, à Neo Horio, à l'E de La Canée ☎ 2850-41890 ou 69455-50895, www.seeyousoontravel.com. «... faire de l'ordinaire des uns l'extraordinaire de nos hôtes» telle est la devise de Jean-Philippe, toujours accessible, qui vous organise, sur mesure et avec un beau savoir-faire, des randonnées à pied, des circuits en motos ou en 4 x 4 sur des pistes incroyables. Les carnets de route ne contiennent que de bonnes adresses, dans le respect des lieux, des traditions et des Crétois. Une grande palette de propositions permet de répondre à toutes les sensibilités. Bien sûr, il faut prévoir et réserver à l'avance. ◆

Plateau d'Askifos

Visite p. 203.

Hébergement

De 50 à 110 €

▲ ☘ **Lefkoritis Resort**, à Askifou, à 47 km de la Canée, 17 km de Vrises, 18 km de Hora Sfakion ☎ 28250-95455, www.lefkoritis.com. *Appts de 2 ou 3 ch. pour 2 à 6 pers.* bien équipés et avec cheminée. Un très bon complexe d'agrotourisme, construit à 800 m d'altitude, avec des matériaux nobles, dans le respect de l'environnement. Vue sur le plateau et les montagnes Blanches. Piscine, centre équestre, activités VTT ou randonnées avec guide (gorges d'Imbros, etc.). Bon ♦ restaurant avec une cuisine traditionnelle cuite au four à bois. Idéal pour ceux qui aiment la nature, le calme et recherchent la fraîcheur. Pour une expérience de tourisme alternatif.

Samonas

Visite p. 201.

Maison de caractère

À partir de 160 €

▲ **Samonas**, à 5 km de Stilos, à l'entrée du village à g. ☎ 28250-41902 ou 69720-87245, www.samonas.gr. Très joli ensemble de maisons à 2 ét. bien intégrées dans l'espace, tout en pierre et en bois, à 400 m d'altitude. La vue sur la baie de Souda, les montagnes Blanches et toute la province d'Apokoronas est exceptionnelle. Intérieurs coquets, tout confort; terrasses, balcons, piscine, spa ou salle de sport. Excellent petit déjeuner.

Souda

Visite p. 200.

Taverne

De 12 à 15 €

♦ **Meltemaki Beach**, de Souda, longez la baie vers l'O en dir. de l'Akrotiri, après la pompe à essence, à dr. ☎ 28223-00413. Cadre très «crétois» en bord de mer. Poisson et *retsina*.

Sougia

Visite p. 217.

Hôtels et pensions

Un bon choix de ch. sur le site www.sougia.info/.

De 40 à 60 €

▲ **Santa Irene Hotel** ☎ 28230-51342, www.santa-irene.gr. *12 studios et 2 appts pour 1 à 5 pers. Ouv. en saison.* Face à la mer.

▲ **El Greco**, à l'entrée du village, derrière Captain George ☎ 28230-51186. Petite pension agréable et tranquille. *11 ch.* *et 4 studios* avec air cond. et balcons donnant sur la mer ou la montagne. Possibilité de cuisiner. Bon accueil.

DE 60 À 80 €

▲ **Syia**, à l'entrée du village à g. ☎ 28230-51174. *6 studios et 7 appts* avec cuisine et tout confort. Flambant neuf et seul dans cette catégorie. Manque un peu d'âme mais bien adapté aux ♿.

Tavernes

DE 12 À 15 €

♦ **Omikron**, sur la promenade, face à la mer, tenu par un Français qui apporte son style; pour ceux qui n'ont plus envie de manger crétois.

♦ **Polifimos**, en retrait de la rue principale qui descend à la mer à g. près du bureau de police ☎ 28230-51343. Bonne cuisine crétoise servie dans un grand jardin, cuisson au feu de bois. Prix très modérés.

♦ ♥ **Oasis**, en bas des gorges d'Agia Irini, sortez de Sougia vers Moni, au boût de 2,4 km prenez à dr. la dir. Leivadas, puis à g. après le pont (2 km) ☎ 28230-51121, *ouv. de 9 h à 24 h d'avr. à oct.* On y mange simplement, au calme, dans un beau cadre naturel.

Bateau-taxi. Captain George, à l'entrée du village, à 100 m de la plage ☎ 28230-51133.

Presse internationale au supermarché **Pelican**, en bas de la rue principale qui descend à la mer, à g.

Taxi. ☎ 69777-45760.

Vamos

Visite p. 202. Voir aussi Douliana, p. 256.

Adresses utiles

Location de maisons. ▲ ☘ **Association Vamos**, village traditionnel ☎ 28250-22190, www.vamossa.gr *(beaucoup d'informations en français)*. Cette petite société locale œuvre à la préservation et à la mise en valeur de la région en promouvant un agrotourisme et un écotourisme responsable et durable. Location de vieilles maisons restaurées, avec ou sans piscine, d'une capacité d'accueil allant jusqu'à 6 pers. *(de 60-80 € pour 2 pers. à 200 €)*. Les villageoises confectionnent des produits traditionnels en vente dans l'épicerie du vieux quartier. Randonnées, cours de cuisine.

Taverne et cafés

♦ **I Sterna tou Bloumosifi** (« La citerne de Bloumosifi », construite en 1905), à l'entrée du village. *Ouv. le soir*. Cuisine traditionnelle mijotée ou cuite au feu de bois, arrosée de bon petit vin. Goûtez les artichauts aux fèves, à l'agneau ou les sèches au fenouil.

Plusieurs ● **cafés** sur la place du village. L'un propose de succulentes *pitas* à emporter ou à consommer sur place. **To Liakoto**, près de Myrovolon; apprécié pour son cadre.

Adresses utiles

Shopping. Myrovolon. Coopérative de produits crétois authentiques.

Randonnées. Faragi Tours ☎ 28250-22827, 69426-09679. Bon programme de randonnées pédestres dans la région d'Apokoronas à des prix très corrects. Deux petits guides *(en anglais et en allemand)*, *Discover Vamos on foot*, avec des cartes claires, sont en vente dans les boutiques alentour ou sur le site Internet.

Vrises

Visite p. 202.

Tavernes

DE 12 À 15 €

♦ **Tavernes** sous les platanes près du lit de la rivière asséchée de chaque côté du pont. Le *yaourti* est réputé.

♦ **Kapri** ☎ 28250-51780. Bonne taverne traditionnelle. Mouton et chèvre grillés. ♦

Organiser son voyage

Adresses utiles

Ambassades et consulats

En France. **Consulat général**, 23, rue Galilée, 75116 Paris ☎ 01.47.23.72.23, et 38, rue Grignan, 13001 Marseille ☎ 04.91.33.08.69. **Consulats honoraires** à Ajaccio, Bordeaux, Calais, Cherbourg, Dunkerque, Grenoble, Le Havre, Lille, Lyon, Nantes, Nice, Reims, Rouen, Saint-Étienne et Strasbourg. **Ambassade de Grèce**, 17, rue Auguste-Vacquerie, 75116 Paris ☎ 01.47.23.72.28, www.amb-grece.fr.

En Belgique, 6, rue des Petits-Carmes, 1000 Bruxelles ☎ +32 2. 545.55.00.

En Suisse, 1, rue Pedro-Meylan, 1208 Genève ☎ +41 22.735.37.47.

Au Canada, 1170, place du Frère-André, suite 302, Montréal H3B3C6 ☎ +1 514.875.21.19.

Office national hellénique du tourisme (ONHT)

En France. 3, av. de l'Opéra, 75001 Paris ☎ 01.42.60.65.75, www.info.grece.com.

En Belgique. 172, av. Louise, 1000 Bruxelles ☎ +32 2.647.57.70, www.visitgreece.gr.

En Suisse. 25, Loewen-Strasse, 8001 Zurich ☎ +41 44.221.01.05.

Au Canada. 1500, Don Mills Rd, suite 102, Toronto M3B3K4 ☎ +1 416.968.22.20, www.visitgreece.gr.

Monnaie

Depuis 2001, la Grèce a abandonné les drachmes pour l'**euro**. Les pièces de 2 € représentent l'enlèvement d'Europe par Zeus *(p. 107)*, et celles de 50 cents s'ornent du portrait de Venizelos, personnalité politique crétoise *(p. 41)*.

La **Carte Bleue Visa** internationale est acceptée dans les hôtels, les restaurants de catégorie supérieure et les magasins des centres touristiques. On peut retirer de l'argent à la Banque commerciale de Grèce (Commercial Bank of Greece), à la Banque ionienne (Ionian Bank) et à la Credit Bank.

L'**Eurocard**, la **MasterCard** et la carte **Cirrus** sont acceptées à la Banque nationale de Grèce (National Bank of Greece).

Les **distributeurs automatiques de billets** sont nombreux dans les grandes villes et les villages touristiques.

En cas de perte de cartes bancaires. Avant le départ, il est utile de se procurer, auprès de son agence, le n° à composer pour faire immédiatement opposition depuis l'étranger. Depuis la France, vous pouvez appeler le ☎ 0.892.705.705 (service groupé d'opposition).

Cartes Bleues Visa : le n° communiqué par votre banque ou ☎ 00.800. 11.638.0304 depuis la Grèce.

Cartes American Express ☎ +33 1.47.77. 72.00. **Cartes MasterCard** : n° vert en Grèce ☎ 00.800.11.887.03.03. En France ☎ 0.892.705.705.

Horaires d'ouverture des banques. *Voir p. 283.*

Formalités

Papiers. La Grèce fait partie de l'espace Schengen. Les formalités sont réduites au minimum pour les ressortissants européens : **carte d'identité** ou **passeport en cours de validité**.

Les **mineurs** non accompagnés de leurs parents doivent être porteurs d'une carte d'identité et d'une autorisation parentale de sortie de territoire, délivrée à la mairie ou au commissariat de police.

On peut séjourner 3 mois en Grèce sans visa ; pour une prolongation, présentez-vous à la police 20 j. avant l'expiration de ce délai. Rens. : ☎ 0.811.20.44.44, www.douane.gouv.fr.

Permis de conduire et assurance. Vous devez posséder un permis de conduire français ou européen et la carte verte pour le véhicule. Pour entrer en voiture, consultez votre assureur en France pour étendre la police d'assurance à la Grèce. Assurance indispensable. Il existe des assurances bagages, en cas de perte.

Animaux. Pour voyager en règle dans l'Union européenne, les animaux domestiques doivent être identifiés (tatouage ou transpondeur électronique) et munis d'un passeport européen fourni et rempli par un vétérinaire titulaire du mandat sanitaire.

Le carnet de vaccination doit être en règle. La vaccination antirabique doit dater de plus de 6 j. et de moins de 12 mois pour un chien. Elle doit dater de moins de 6 mois pour un chat. Sachez que les chiens ne sont quasiment jamais acceptés dans les hôtels et très rarement sur les bateaux.

Douanes. Dans l'Union européenne, les plus de 17 ans peuvent circuler librement avec 1 kg de tabac (soit l'équivalent de 5 cartouches de cigarettes), 90 l de vin ou 10 l d'alcool. En revanche, l'exportation d'antiquités et d'icônes grecques de plus de 50 ans est strictement interdite.

Toute personne essayant de faire sortir des objets antiques de Grèce est passible d'une sévère amende et d'une peine de prison pouvant aller jusqu'à 5 ans. Même tarif pour les simples détenteurs d'une pièce antique non déclarée.

Rens. Infos douane service ☎ 0.811.20.44.44 et ☎ +33 1.72.40.78.50 depuis l'étranger. www.douane.gouv.fr. *Ouv. du lun. au ven. de 8 h 30 à 18 h.*

Le coin des internautes

Généralités. www.visitgreece.gr (en français) : site de l'Office national hellénique du tourisme (ONHT). **www.info.grece.com** (en français) : site de l'office du tourisme grec ; pour une première prise de contact. **www.gtp.gr** (en anglais) : portail des pages du tourisme grec pour les hôtels et les liaisons maritimes. **www.infocrete.com** (en anglais) : infos sur les sites touristiques crétois. **www.crete.tournet.gr** (en français) : beaucoup de rubriques pratiques et des informations historiques, géographiques et culturelles succinctes. **www.interkriti.org** (en anglais) : cartes, agences de voyages, guides touristiques, hôtels, chambres… **www.west-crete.com** (en français) : site de Jean Bienvenu pour découvrir l'ouest, description de randonnées. Nombreux liens avec d'autres sites intéressants. **www.sfakia-crete.com** (en anglais) : site pour la promotion de la région de Sfakia ; infos pratiques, cartes, rés. d'hôtels… **www.kreta-inside.com** (en anglais) : infos pratiques (hébergement, tavernes) sur le sud de la Crète centrale, la plaine de la Messara.

Culture et art de vivre. www.chez.com/crete (en français) : site de l'association Crète, Terre de rencontres ; évocation de la Crète avec sa culture et ses traditions. **www.culture.gr** (en anglais) : site du ministère grec de la Culture. Informations sur les sites archéologiques. **www.ile-de-crete.com** (en français) : galerie photos et nombreuses infos culturelles. **www.explorecrete.com** (en français) : un site très complet, avec des informations pratiques et culturelles (dont une grande section sur les musées et les sites archéologiques). **www.uk.digiserve.com/mentor/minoan** (en anglais) : pour découvrir et comprendre les sites archéologiques crétois.

Carnets de voyage. www.vie-en-crete.com (en français) : les bons plans d'un Français installé en Crète. **www.voyageencrete.com** (en français) : conseils aux voyageurs, idées de randonnées, descriptifs des villes principales, etc. ◆

Comment prévoir son budget ?

Le coût de la vie en Grèce tend à s'aligner sur celui des autres pays d'Europe. Dans les villes côtières et lieux touristiques, les prix des hôtels, restaurants et consommations sur les ports sont comparables à ceux pratiqués en France. Le prix des hôtels ou des chambres varie selon la saison et la durée du séjour. Quitter la côte pour l'arrière-pays permet souvent de réduire ses dépenses.

Petit budget : 60 €/j./pers.

Budget moyen : 75 à 95 €/j./pers.

Budget plaisir : 130 €/j./pers. ou beaucoup plus, selon les prestations choisies.

Combien ça coûte ?

Y aller. On trouve des vols entre 300 et 600 € selon la saison. Départs possibles de Paris, Nantes et Lyon à prix attractifs.

Hébergement. **Nuit d'hôtel** (tarif moyen pour une chambre double sans petit déjeuner). On trouve des hôtels à partir de 40 € pour un long séjour, 50 € pour 2 ou 3 nuits. **Nuit en pension sans petit déjeuner** (chambre double) : à partir de 35 € en haute saison. **Nuit en camping** : à partir de 18 € par tente (2 pers.), avec voiture.

Restauration. **Repas dans une taverne** (en saison, boisson non comprise) : comptez env. 15 € par repas dans l'arrière-pays ; 25 € par repas dans les lieux touristiques. Si vous choisissez les tavernes de l'arrière-pays et si vous évitez le poisson, très cher, vous pouvez bien manger pour 30 € par jour.

Repas dans un restaurant (en saison, boisson non comprise) : comptez env. 30 € pour un repas, voire plus dans un restaurant huppé. En Crète, les restaurants ne sont pas classés en catégories. Leurs tarifs s'alignent de plus en plus sur les prix européens ; on peut toutefois avoir de bonnes surprises dans l'arrière-pays.

Transports. **Bus locaux.** Prix très abordables : trajet simple Heraklion-La Canée, 7,60 € (aller-retour 13,80 €) ; trajet simple Heraklion-Agios Nikolaos, 6,20 €. Location de voiture à partir de 35 €/j. pour un véhicule catégorie A avec une durée de location de 7 j. Le prix de l'essence peut varier selon la conjoncture : 1,45 € le litre de diesel, 1,72 € le litre d'essence au moment de l'édition de ce guide.

Dans le commerce. Une bouteille d'eau minérale : 1,50 € sur la côte, 1 € dans l'arrière-pays ; un café expresso : 1,50 € sur la côte ; un frappé (boisson locale, grand café froid avec du lait) : 1,20 € ; un timbre pour l'U.E. : env. 78 cents ; un *souvlaki pita* (sandwich local pour manger sur le pouce) : 1,50 €.

Entrées. Sites archéologiques : 8 € ; musées : 2 à 12 €. ◆

Santé

Aucun vaccin n'est exigé. Rien à signaler, sinon les coups de soleil. Les pharmacies sur place sont très nombreuses et bien approvisionnées en médicaments français.

Pour le remboursement des frais médicaux et pharmaceutiques, pensez à demander la **carte européenne d'assurance maladie** (qui remplace le E111) à votre CNAM. Comptez 15 j. de délai. **Rens.** www.ameli.fr.

Valise

Les vêtements et objets divers

En hiver, un bon pull-over et un imperméable sont indispensables; les hôtels sont souvent mal chauffés, et les nuits frisquettes. La température du jour est clémente.

De mai à sept., emportez des vêtements légers, amples et en coton; prévoyez de la crème solaire, de la crème anti-moustiques, des lunettes de soleil ainsi qu'une protection pour la tête. Enfin, une lampe de poche vous sera bien utile pour visiter les grottes et les églises.

Les cartes

Il n'existe pas de carte exacte et précise de la Crète, mais les cartes des brochures éditées par l'ONHT (Office national hellénique du tourisme, *p. 272*) sont suffisantes pour s'orienter.

Les cartes **Road Editions** (la Crète au 1/200 000e ou au 1/100 000e), l'une pour l'O *(Western Crete)*, l'autre pour l'E (*Eastern Crete)*, indiquent clairement et avec précision l'état des routes asphaltées et les pistes. L'**IGN** a des cartes fiables. Les cartes **Freytag** de Crète (1/200 000e), éditées en Autriche, indiquent le relief et les routes principales. Le nom des sites y est écrit en grec ou transcrit en phonétique allemande. Pour les randonneurs, les deux cartes **Harms** (moitié E et moitié O de la Crète), au 1/100 000e, donnent des détails précieux *(p. 285)*. **Cartes et atlas Anavasi** au 1/50 000 ou 1/25 000 sont pratiques pour les marcheurs.

Voyage individuel

En avion

Les prix communiqués par les compagnies aériennes sont plus élevés que ceux obtenus auprès des agences qui disposent de places réservées à des prix préférentiels et de tarifs négociés sur les vols réguliers.

Vols réguliers

De France. Transavia, filiale du groupe Air France-KLM ☎0.892.05.88.88 (0,34 €/min) du lun. au ven. de 8 h à 22 h; sam., dim. de 9 h 30 à 18 h, www.transavia.com, assure des vols directs à destination d'Heraklion deux à trois fois par semaine l'été (du 15 avr. au 15 oct.) au départ de Paris-Orly Sud, Lyon et Nantes. En revanche, les principales compagnies aériennes ne desservent qu'Athènes. L'aéroport Eleftherios Venizelos est à 15 km E de la ville. Durée du vol Paris/Athènes: 3 h 15. Comptez ensuite 1 h de vol Athènes/

Bonnes affaires sur Internet

Comparer offres promotionnelles, tarifs de dernière minute et forfaits avion + hôtel de ces spécialistes du voyage à prix cassés avec ceux des voyagistes *(p. 278)* et des compagnies aériennes *(p. 276)*.

Bourse des vols ☎0.892.888.949, www.bourse-des-vols.com. **Ebookers** ☎0.892.234.235, voir www.ebookers.fr. **Voyager moins cher**, www.voyagermoinscher.com. **Expedia**, www.expedia.fr. **Promovols** ☎0.892.891.831, www.promovols.com. ◆

Quand partir ?

La Crète est agréable toute l'année : elle est une des îles les plus ensoleillées de Grèce (env. 300 j. de soleil par an). L'hiver est doux, avec des orages passagers. La **saison touristique** commence vraiment à Pâques et ne se termine que fin octobre. Les mois de **mai** et de **juin** sont très séduisants : l'île, en fleurs, offre un large éventail de parfums et de senteurs. Grâce aux vents qui soufflent pendant les mois d'été, la chaleur n'est jamais accablante.

En **juillet** et en **août**, la forte densité de touristes dans les régions côtières est source de désagréments : les hôtels sont bien remplis dans les sites touristiques et le personnel souvent surmené. Il est préférable de réserver dès que possible pour cette période. Préférez aux sites trop fréquentés les villages aux maisons traditionnelles de l'arrière pays et en montagne. Vous profiterez ainsi de la nature et de la fraîcheur, et la mer n'est jamais loin.

Septembre est un mois plaisant : les champs brûlés par le soleil chatoient dans de jolies palettes de tons jaunes et bruns ; l'eau de la mer est encore chaude et les soirées sont fraîches. En **octobre**, les journées sont encore très agréables et les bains de mer d'une bonne température. ◆

Crète (Heraklion, La Canée). **Aegean Airlines** ☎ +30 210.626.10.00, www.aegeanair.com. 2 vols/j. directs pour Athènes. Aegean Airlines est rarement en retard et le service est impeccable. **Air France**, 49, av. de l'Opéra, 75002 Paris ☎ 36.54, www.airfrance.fr. 3 vols/j. pour Athènes depuis Roissy-CDG T2B. **Olympic Air**, aéroport Roissy-CDG T1, ☎ 01.74.37.14.60, www.olympicair.com.

De Belgique. Brussels Airlines ☎ 0.892.64.00.30, www.brusselsairlines.com. 2 vols/j. Bruxelles/Athènes (dont 1 en partenariat avec Europe Airpost), sf mar. et sam. **Olympic Air**, aéroport de Bruxelles, nouveau terminal, 5e ét. ☎ +32 271.221.11.

De Suisse. Olympic Air, aéroport de Zurich, ☎ +43 816.68.35. **Swiss Airlines** ☎ 0.848.700.700, www.swiss.com. 3 vols/j. au départ de Zurich et 1 vol/j. au départ de Genève.

Vols à tarifs négociés

Appelez les tours-opérateurs ou contactez les spécialistes des vols à prix réduits (vols spéciaux, vols promotionnels). Il existe souvent des tarifs différents sur un même vol régulier. Les tarifs augmentent sensiblement en haute saison.

En voiture

Le trajet pour rejoindre la Grèce est de 3 j. minimum en passant par l'Italie, 4 à 5 j. si l'on traverse l'Allemagne, l'Autriche et la Hongrie. Dans les deux cas, la durée du voyage permet difficilement d'envisager un séjour de moins de 15 j. La solution la plus rapide est d'aller en Italie et de prendre le ferry à Venise, Ancône, Brindisi ou Bari. De l'une de ces villes, gagnez Patras, puis Le Pirée (port d'Athènes ; *rens. sur les liaisons maritimes, ci-contre*). La traversée la plus rapide est celle qui relie Bari à Patras (16 h de trajet). Il est prudent de réserver le passage de la voiture.

En train

On embarque en Italie depuis les villes de Venise, d'Ancône, de Brindisi et de Bari, pour arriver à Patras (Grèce). Des correspondances sont prévues pour rejoindre Athènes et son port, Le Pirée (env. 3 h de trajet). **SNCF** ☎ 36.35. **Thello** ☎ 01.83.82.00.00, www.thello.com. Rés. billets de train France-Italie. Départ Gare de Lyon. **Trenitalia** ☎ +39 06.68.47.54.75, www.trenitalia.com. Compagnie des chemins de fer italiens.

Paris/Venise : la SNCF propose des départs tous les soirs de la gare de Paris-Bercy à 20 h 30, arrivée à Venise-Santa Lucia vers 9 h 30.

Thello propose des départs tous les soirs de la gare de Lyon à 19 h 59, arrivée à Venise vers 9 h 30.

Paris/Ancône, Bari et Brindisi : le changement se fait à Bologne. Départs tous les soirs depuis la gare de Paris-Bercy vers 19 h, arrivée à Bologne à 6 h. De Bologne, correspondances vers 8 h 30 pour Ancône, 9 h pour Bari et Brindisi.

Les liaisons maritimes

400 km séparent Le Pirée, le port d'Athènes, de la Crète.

Des bateaux et de nombreux hydroglisseurs (plus rapides, entre 6 h et 8 h de trajet) partent tous les soirs entre 17 h et 21 h pour la Crète (env. 8 h de traversée pour Heraklion et 9 h pour La Canée, avec les compagnies **Anek Lines, Minoan Lines** ou **A Ferry**).

A Ferry, www.aferry.fr. La plus grande centrale de réservation de ferries en ligne, avec comparateur de prix.

Anek Lines, www.anek.gr. Représenté par Euromer et Navifrance. Propose des prix très intéressants.

Euromer, 5, quai de Sauvages, 34070 Montpellier ☎ 04.67.65.95.14, www.euromer.net. Propose des traversées pour la Grèce et les îles à des tarifs compétitifs.

Navifrance, 20, rue de la Michodière, 75002 Paris ☎ 01.42.80.94.87, www.navifrance.net. Représente Minoan Lines, Blue Star et Anek Lines.

Voyage organisé

La Crète est une île facile à visiter en voyageant à son rythme. Si vous n'êtes pas un adepte des voyages organisés, ne négligez pas pour autant les propositions des agences de voyages qui peuvent vous bâtir un circuit sur mesure, en fonction de vos dates et de votre budget. La haute saison étant très chargée, il est conseillé de réserver l'hébergement avant de partir. D'autant qu'en réservant vos nuits d'hôtels et votre forfait location de voiture avant votre départ, vous bénéficierez de tarifs souvent plus intéressants que ceux pratiqués sur place.

Aegean Airlines

Aegean Airlines est la plus importante compagnie aérienne grecque, ayant transporté 6,1 millions de passagers en 2012. Elue Meilleure Compagnie Aérienne Régionale de l'Europe pour la 3e année consécutive en 2013 par Skytrax et membre de la Star Alliance, elle propose des vols réguliers directs avec des prestations complètes au départ de Paris, de Lyon, de Marseille, de Bordeaux et de Nantes. La compagnie dessert aussi 34 destinations domestiques grecques en correspondance via Athènes.

Service Réservations France : ☎ +33 1 70 03 13 23 et http://fr.aegeanair.com/ ◆

Généralistes

Voyages-sncf.com, première agence de voyage sur Internet, accessible 24 h/24 et 7j./7. Propose ses meilleurs prix sur les billets de train et d'avion, chambres d'hôtel, locations de voiture, séjours clés en main ou Alacarte®. Offre également l'accès à des services exclusifs : envoi gratuit des billets à domicile, Alerte Résa pour être informé de l'ouverture des réservations, le calendrier des périodes de tarification, mais aussi des offres de dernière minute, de nombreuses promotions... Retrouvez tous les renseignements nécessaires sur www.voyages-sncf.com.

Voyageurs du monde. Agences dans les plus grandes villes de France et Bruxelles ☎ 0.892.235.656, www.vdm.com. Séjours, voyages itinérants et circuits accompagnés.

pratique - organiser son voyage

Tourisme responsable

Un autre tourisme, qui a une éthique et prend en compte la qualité de l'environnement, les relations avec les Crétois dans le respect de leur quotidien et de leurs traditions, offre aux voyageurs la chance de goûter à la beauté ambiante, à celle de la nature et des hommes. La rencontre des Crétois et des touristes sous le signe de l'échange et du partage.

Arvel, 31, cours Émile-Zola, 69100 Villeurbanne ☎ 04.72.44.95.50, www.arvel-voyages.com. Programmes d'avr. à oct. au départ de Paris, Lyon et Toulouse. Randonnées pédestres, séjours à Bali ou à Matala (8 ou 15 j.), autotours d'1 ou 2 sem. en individuel.

Atalante, 36-37, quai Arloing, 69009 Lyon ☎ 04.72.53.24.80. À Paris, 41, bd des Capucines, 75002 ☎ 01.55.42.81.00 ; à Bruxelles ☎ 02.62.70.797. www.atalante.fr. Membre de la Société nationale de protection de la nature. « Canyons des montagnes Blanches en Crète » : 8 j. dont 6 de randonnée pédestre (formule adulte et formule famille).

Association Alsace-Crète, 8, rue des Cigognes, 67000 Strasbourg ☎ 03.88.32.82.90, www.alsace-crete.net. Conférences, concerts, ciné-club et séjours.

Ce tourisme responsable se développe et les bonnes initiatives, à lire au fil du guide, se multiplient. *Retrouvez **La Crète autrement!** dans nos Bonnes adresses, p. 254, mais aussi **Guestinn** dans l'encadré « Un tourisme qui rime avec qualité », p. 282, ou encore **La Chlorophylle**, p. 240.*

Spécialistes de la Grèce

Détours Voyages 13, rue de l'Échelle, 75001 Paris ☎ 01.44.55.01.01 Circuits inter-îles, location de voitures, hôtels-clubs, auto-tours.

Héliades, 9, rue de l'Échelle, 75001 Paris rés. ☎ 0.892.231.523, www.heliades.fr. Séjours, excursions, voyages organisés. Agence à Heraklion : location de voitures, sports, randonnées, visites guidées.

Méditrad, 54, rue du Paradis, 75010 Paris ☎ 01.42.68.05.50, www.meditrad.com. Séjours en hôtels-clubs dans tout le Bassin méditerranéen.

Merîlia, 14, bd Sébastobol, 75004 Paris ☎ 01.56.68.12.00, www.merilia.com. Séjours thématiques (golf, détente, thalasso, charme, etc.) ou à la carte.

Séjours culturels

Arts & Vie, 251, rue de Vaugirard, 75015 Paris ☎ 01.40.43.20.21, www.artsetvie.com. Séjours thématiques au départ de Paris et Lyon.

Athéna, 274, rue de Crequi, 69007 Lyon ☎ 04.78.16.04.44, www.athenavoyages.com *(voir aussi ci-contre)*. Animateurs passionnés et bon rapport qualité-prix.

Clio, 27, rue du Hameau, 75015 Paris ☎ 01.53.68.82.82, www.clio.fr. « Crète et Santorin, au pays de Minos et de Pasiphaé » (8 j.).

Séjours sports et aventure

Akaoka, Hameau de la Combe, 30440 Saint-Laurent-le-Minier ☎ 0.825.000.840, www.akaoka.com. Randonnées en individuel, groupe, ou famille.

Allibert, agences à Paris, Chamonix, Chapareillan, Toulouse ☎ 04.76.45.50.50 ; à Bruxelles ☎ +02 526.92.90, www.allibert-trekking. com. Des circuits de 8 ou 15 j.

Athéna, 274, rue de Crequi, 69007 Lyon ☎ 04.78.16.04.44, www.athena voyages.com. Randonnées de 8 à 15 j. entre mer et montagne.

Fun & Fly, 27, bd des Minimes, 31200 Toulouse ☎ 0.820.420.820, www.fun-and-fly.com. Séjours planche à voile à Palekastro.

Huwans Club Aventure, 18, rue Séguier, 75006 Paris ☎ 04.96.15.10.20, www.huwans-clubaventure.fr. Tour de la Crète (15 j.) et randonnée dans le S-O de l'île,

Nomade Aventure, 40, rue de la Montagne-Sainte-Geneviève, 75005 Paris et agences à Lyon, Marseille et Toulouse ; rés. ☎ 0.825.701.702, www.nomade-aventure.com. Circuits de 8 à 12 j.

Terre d'Aventures, 30, rue Saint-Augustin, 75002 Paris ☎ 0.825.700.825, www.terdav.com. Randonnées (« Mer de Libye et chemins de Crète » en 8 j. et « Montagnes Blanches et criques crétoises » en 15 j.).

Croisières

Les croisières sont plus chères que les séjours des voyagistes. Même si les tarifs ont baissé, comptez env. 1 000 €/pers. pour une semaine en cabine double, 750 €/pers. en cabine quadruple. Comparatif de prix et rés. en ligne sur www.abcroisiere.com.

MSC Croisières ☎ 01.70.74.00.55, www.msccroisieres.fr. 12 j. de croisière au départ de Gênes vers la Crète. Escales en Turquie, Grèce et Égypte.

La location de bateaux

Des agences spécialisées dans les locations de bateaux à voile ou à moteur proposent des croisières depuis Le Pirée ou Rhodes. Le prix de la journée sur un bateau à 3 cabines (6 à 8 passagers) correspond à celui d'un bon hôtel.

Camper et Nicholsons, port Camille-Rayon, 06220 Golfe-Juan ☎ 04.97.04.10.50 ; 8, av. Jules-Crosnier, CH1206 Genève ☎ +41 22.347.27.08, www.camperandnicholsons.com.

Mediterranean Adventure, en France ☎ 01.45.22.26.52 ; en Suisse ☎ +079 656.43.33, www.mediterranean-adventure.com. Catamarans, monocoques, avec ou sans équipage. ◆

Sur place

Arrivée

En avion. La Crète comprend deux aéroports principaux assurant des vols quotidiens depuis la Grèce continentale et l'Europe. Celui d'**Heraklion** *(détail et coordonnées p. 224)* est situé à env. 5 km à l'E de la ville.

L'aéroport de **La Canée** (Hania, *détail et coordonnées p. 265*) est à env. 14 km au N-E de la ville, sur la presqu'île d'Akrotiri.

En bateau. Des liaisons régulières relient la Crète au Pirée, au Péloponnèse ou aux Cyclades. Les principaux ports de l'île sont à **Heraklion, La Canée** *(p. 260)*, **Kasteli Kissamos** *(p. 259)*, **Rethimnon** *(p. 253)* et **Sitia** *(voir « Agences de location » p. 244)*.

À titre indicatif, depuis **Heraklion** : ferry-boat pour **Athènes** (t.l.j. en été en fin de journée avec Minoan Lines et Anek Lines). Bateaux pour les **îles de Santorin** (t.l.j. sf sam.), **Ios** (dim.), **Naxos** (mar., mer., dim.), **Paros** (5 fois/sem.), **Mykonos** (mar., jeu., dim.), **Syros** (mer., jeu., dim.), **Tinos** (lun., ven., dim.), **Skyros** et **Skiatos** (3 fois/sem.) ; **Chalki, Kassos, Karpathos** et **Rhodes** (1 fois/sem.). Liaisons avec l'**Italie** (Ancône et Patras).

Courrier

Les bureaux de poste *(tachidhromio)* sont en général ouverts du lun. au ven. de 7 h 30 à 14 h ; horaires prolongés l'après-midi dans les grandes villes. Sur place, **vente de timbres** et de **boîtes d'envoi** (aussi pour 3 bouteilles).

Poste restante au bureau central de chaque ville *(Main post office ; coordonnées dans nos Bonnes adresses, p. 218 et suivantes)*.

On achète aussi des timbres dans les kiosques et les boutiques qui vendent des cartes postales.

Cuisine

On peut manger vite, pas cher et grec à toute heure du jour. Dans les villes, près des marchés et dans les rues commerçantes, dans les échoppes souvent appelées ***souvlaki-bar***, où l'on voit de gros morceaux de porc cuit, embrochés verticalement. On sert au comptoir des ***pitaghiros***, sortes de crêpes épaisses que l'on fourre de viande de porc coupée en fines lamelles, d'oignons et de yaourt : un *hot dog* à la grecque. La Crète se plie au goût de ses visiteurs : pizzerias et fast-foods font aussi partie du paysage citadin. On peut toutefois bien manger crétois, quand on sait bien choisir sa table.

Les restaurants. Leurs tables ont de vraies nappes. Dans les grandes villes et les centres touristiques, ils proposent une cuisine souvent méditerranéenne. On voit maintenant fleurir dans de jolies maisons restaurées de très bons restaurants crétois à la cuisine raffinée, agrémentée des meilleurs vins de l'île (par exemple à Heraklion). ⇢ *voir tarifs p. 274*.

Les tavernes. Ce peut être une ***psarotaverna***, taverne à poissons ; une ***psitaria*** pour les grillades ; une ***paradosiaki***, taverne traditionnelle. Les tables y sont recouvertes de papier ou de plastique ; même les meilleures tavernes se soumettent à cette règle, sous peine de se voir reclassées dans la catégorie restaurant et d'être taxées plus lourdement. Couverts, pain et serviettes en papier sont apportés dans une corbeille ; on s'occupe soi-même de la distribution. Pour passer commande, il s'agit souvent de cocher les mets souhaités sur une liste établie en grec ou en anglais, parfois en français. Les plats ne sont pas servis dans un ordre établi, mais mis sur la table tous en même temps, certains à la fin du temps de cuisson. Chacun pique avec sa fourchette de la salade grecque, du *tzatziki* ou des pommes de terre frites dans l'assiette commune à tous. Dans l'**addition** *(to logariasmo)* figure aussi le **prix du pain et du couvert**. ⇢ *voir tarifs p. 274*.

L'ouzeri. Il est de bon goût d'y boire un **ouzo**, mais on peut aussi y prendre des **mezzés**, tantôt simples olives ou tomates, tantôt délicieux petits amuse-gueule, dans les meilleures ouzeris – un vrai repas miniature qui suffit souvent aux petits estomacs *(p. 50).*

Le rakadiko. On y sert du raki *(tsikoudia).* La limite entre taverne, ouzeri et rakadiko est souvent mince : on boit dans les trois, du vin, de l'ouzo et du raki et on y mange.

Pour plus de détails sur les spécialités culinaires crétoises, *voir p. 48.* Pour pouvoir lire une carte dans un restaurant crétois, se reporter au lexique *p. 49-50 et p. 290.*

Excursions organisées

En autocar. Les agences de voyages locales organisent des excursions en autocar au départ des grandes villes et des centres touristiques, avec ramassage dans les hôtels de la côte : toutes les visites de sites célèbres figurent à leurs programmes. Les excursions proposées sont en général d'une journée. Celles, toutefois, qui permettent de traverser la Crète d'E en O, ou inversement, durent 2 j.

Il n'est pas toujours facile de trouver un **« tour organisé » en français**. Rens. à la réception des hôtels ou directement dans les agences de voyages *(voir les rubriques « Adresses utiles » dans les Bonnes adresses des grandes villes).* **Héliades** garantit toutes ses excursions en français *(p. 277).*

En bateau. Excursions en bateau sur la côte N au départ de La Canée à Kasteli (Kissamos), de Rethimnon et d'Agios Nikolaos ; sur la côte S, de Makrigialos, Ierapetra, Matala, Agia Galini, de Hora Sfakion à Paleohora. Excursion à Santorin au départ d'Heraklion et de Rethimnon.

Guides. *Voir aussi p. 143, 166 et 270.* On ne trouve des guides parlant français qu'à l'entrée du site de Knossos *(p. 77).* Voici les coordonnées de deux guides diplômés, spécialistes des visites culturelles, qui organisent aussi des randonnées : **Eleana Gaitanopoulo** ☎ +30 69.44.76.24.76, eleana.ga@gmail.com. **Ekati Faitaki** ☎ +30 69.44.42.16.09, satifaitaki@yahoo.gr.

Jours fériés

Vous trouverez des précisions sur les fêtes nationales et locales p. 53, et dans les Bonnes adresses. **1er janvier** (nouvelle année), **6 janvier** (Épiphanie), **25 mars** (fête nationale), **Pâques et Pentecôte** au printemps selon le calendrier orthodoxe, **1er mai** (Fête du travail), **15 août** (Assomption), **28 octobre** (jour du « non », « *ochi* », à l'ultimatum de Mussolini), **25 et 26 décembre** (Noël).

Hébergement

La Crète vit du tourisme. Les exploitations hôtelières sont nombreuses et dans l'ensemble de bonne qualité. Il est toujours possible de trouver une chambre sans réservation, sauf dans les sites touristiques les plus recherchés, surtout en juil.-août. De nombreux hôtels sont fermés hors saison (entre oct.-nov. et mars-avr.).

Hôtels

Les **personnes seules** sont, comme souvent, défavorisées quant au prix (supplément *single*). On paie en fait un espace, que l'on soit un, deux ou trois dans la chambre. Les hôtels sont soumis aux **normes européennes** et les catégories se déclinent en étoiles. Le système antérieur avec les lettres A, B, C, D, peut toutefois encore être évoqué par habitude. Les **prix** sont affichés sur la porte de la chambre ; mais **ce prix** n'a, en fait, qu'un caractère indicatif, l'hôtelier le modulant selon la saison, la fréquentation et éventuellement la durée du séjour.

Rens. **www.grecehotels.com** (en français) : listes d'hôtels et pensions par région, avec des cartes et des descriptions des plages. **www.grhotels.gr** (en anglais) : site de la Chambre grecque des hôteliers, tous les hôtels et campings y sont répertoriés. **www.dilos.**

Un tourisme qui rime avec qualité

La Crète connaît différents types de tourisme. Le tourisme de la côte N et du S-E, avec ses grands hôtels de bord de mer aux normes standardisées, répond majoritairement à une clientèle qui a réservé un **voyage « tout compris »**, souvent avec encadrement et animations. C'est un tourisme qui privilégie le nombre à la qualité de l'environnement et des produits, toutefois intéressant pour les budgets serrés.

Dans l'arrière-pays se développe un tourisme de qualité, dit **« tourisme rural »**, **« agrotourisme »** ou **« écotourisme »**, respectueux des traditions, pour les voyageurs qui recherchent la nature, l'authenticité et une expérience de vie crétoise. Ces habitats à taille humaine sont situés dans des lieux souvent calmes, dans de coquettes maisons traditionnelles au sein de villages plus ou moins isolés: *Enagron* à Axos, *Aetovigla* à Kroussonas, *Thalori* à Kapetiana, *Eleonas* à Zaros... Les propriétaires y ouvrent véritablement leur espace personnel. C'est un tourisme d'un bon rapport qualité-prix.

Guestinn propose de bonnes adresses pour trouver des gîtes de charme et de caractère, chambres d'hôtes, auberges, maisons, hôtels ou fermes (34, rue Kefallinias, 16561 Glyfada ☎ +30 21.09.60.71.00, www.guestinn.com). Un réseau d'hébergements traditionnels bien choisis, une initiative française en Grèce, géré par deux Franco-Grecques accueillantes, efficaces et de bons conseils. Un avantage : elles réservent pour vous, vous évitant les problèmes de langue; paiement en ligne au même prix que sur place. ◆

com (en anglais): liens vers les hôtels et possibilité de louer une voiture. **www.crete-hotels-rooms.com** (en anglais): pour trouver son hébergement.

Pensions

On les trouve dans les villes et les villages de la côte, mais aussi à l'intérieur des terres. Elles sont souvent signalées par le panneau **« Pension »** ou **« Rent rooms »** (panneau de reconnaissance à l'entrée). Une liste est, en général, disponible à l'office du tourisme le plus proche. Souvent d'un confort et d'une propreté inattendus, leur prix est plus intéressant dans l'intérieur que sur la côte.

Pour une chambre double, comptez un minimum de 45 € en haute saison; les prix varient selon les saisons plus ou moins touristiques. Le petit déjeuner (en suppl.) est parfois proposé.

Maisons, appartements, studios

Aménagés pour 2 à 6 pers., ils sont faciles à trouver sur toutes les côtes, et de plus en plus prisés. Les prix varient selon l'aménagement plus ou moins recherché et les facilités (piscine). Les locations se font à la sem., au minimum pour 3 j. Le prix se négocie selon la durée du séjour et la saison.

On leur attribue des clés et non des étoiles. Toutefois, certains studios et appartements se trouvant dans un complexe hôtelier avec étoiles bénéficient des mêmes services. Sites de rés.: www.homelidays.com, www.booking.com et www.crete-direct.com (en français).

Des **agences à Paris** en proposent dans leurs programmes, comme **Héliades** *(p. 277)* et les maisonnettes crétoises de Koutsounari, près de Ierapetra. L'**ONHT** *(p. 272)* fournit une liste d'agences.

··› *Voir les rubriques « Hébergement » dans les Bonnes adresses.*

Chambres d'hôtes, gîtes, maisons traditionnelles

La rénovation de l'habitat rural et les restaurations de maisons anciennes, vivement encouragées et soutenues par d'importantes subventions euro péennes *(voir aussi p. 11)*, ont donné aux Crétois l'occasion d'ouvrir à tous leur patrimoine rural : des maisons anciennes, de jolies maisons vénitiennes. Dans l'arrière-pays, en montagne, vous trouverez de belles locations de maisons tout en pierre et en bois, et parées, à l'intérieur, d'une décoration traditionnelle. Elles ne sont jamais loin de la mer et ont l'avantage d'être plus fraîches que sur la côte en raison de l'altitude. À partir de 60 € pour 2 pers., 200 € pour un séjour de rêve *(voir Samonas p. 270)*. Rens. auprès de **Guestinn**, www.guestinn.gr *(p. 282)*.

Monastères

Moines ou religieuses offrant autrefois l'hospitalité, vous pouvez envisager de passer une nuit dans certains monastères. Il ne faut cependant plus trop compter sur ce mode d'hébergement, devenu rare. Les conditions de vie sont souvent difficiles ; il est d'usage de laisser discrètement une offrande en partant.

Auberges de jeunesse

On les trouve notamment à **Rethimnon** *(p. 251)*, **Heraklion** *(encadré p. 221)* et **Plakias** *(p. 249)*, mais elles ne correspondent pas toujours aux normes européennes. Rens. auprès de la **FUAJ** (Fédération unie des auberges de jeunesse) où l'on vous procurera la carte internationale : 27, rue Pajol, 75018 Paris ☎ 01.44.89.87.27, www.fuaj.org.

Camping

Le camping sauvage est interdit, mais les campeurs vont se réjouir : le nombre des terrains augmente. Sur la côte N, à proximité d'Heraklion *(p. 219)*, de Rethimnon *(p. 251)*, de La Canée *(p. 262)*, de Kasteli Kissamos *(p. 259)* ; sur la côte S, à Paleohora *(p. 268)*, Plakias *(p. 249)*, Agia Galini *(p. 246)*.

Ils sont soumis à des catégories, représentées par les lettres A, B et C. Les établissements de catégorie A, les plus haut de gamme, comprennent en général piscine et nombreux équipements. **Rens.** : www.camping-in-greece.gr (en anglais).

Heure locale

La Crète a **une heure d'avance** sur la France : quand il est 12 h à Paris, il est 13 h en Crète. Le changement d'horaire a lieu à la même date qu'en France.

Horaires

Banques. Les banques publiques sont généralement ouvertes du lun. au jeu. de 8 h 30 à 14 h 30, ven. de 8 h 30 à 14 h ; f. les sam., dim. et j. f. Distributeurs automatiques 24 h/24.

Commerces. Ils sont soumis à une réglementation stricte qui peut varier. Les **magasins** sont ouverts les lun. et mer. de 8 h 30 à 15 h, les mar., jeu. et ven. de 8 h 30 à 20 h, les sam. de 8 h 30 à 15 h. Ces horaires, pouvant varier d'une saison à l'autre, ne sont donnés qu'à titre indicatif. Tout est fermé le dim. Les **boutiques touristiques et de souvenirs** ne sont pas soumises à cette réglementation ; elles sont ouvertes toute la journée.

Postes. Elles sont en général ouvertes de 8 h à 14 h, fermées les sam., dim. et j. f. Des **« camions poste »** sont ouverts en saison dans les grandes villes et certains sites touristiques.

Téléphone. Les bureaux de l'**OTE** (téléphone et télégramme) sont ouverts, en général, de 7 h 30 à 13 h.

Musées et sites archéologiques. Les horaires varient d'un site à l'autre, au gré des saisons et des moyens financiers pour rétribuer un gardien. *Les horaires précisés dans ce guide pour chaque site ou musée ne sont donnés qu'à titre indicatif.* ⇢ *Voir aussi budget, p. 274.*

Informations touristiques

L'**ONHT (Office national hellénique du tourisme)** a un bureau d'information

Téléphoner

Des **cabines téléphoniques** à carte permettent d'appeler à toute heure toute destination (cartes en vente à la Poste et dans les kiosques). La Crète est très bien couverte pour les **portables**.

Appeler de tout pays étranger, composez le ☎00 (international) + 30 (Grèce) + n° de votre correspondant avec le 2 initial (fixe) ou le 6 initial (portable). On compose 14 chiffres au total.

Appeler de Grèce en France, composez le ☎00.33 puis le numéro de votre correspondant (sans le 0 initial). Indicatifs pour la **Belgique** ☎00.32; pour la **Suisse** ☎00.41; pour le **Canada** ☎00.1. ◆

ouvert au public dans les villes principales: Heraklion *(p. 219)*, Rethimnon *(p. 250)* et La Canée *(p. 260)*. Vous y trouverez brochures avec cartes des îles, listes d'hôtels, horaires des bus, liaisons maritimes. Le personnel est accueillant et parle anglais, souvent même français. Les petites villes ou bourgs s'efforcent aussi de mettre en place des services d'informations.

Internet

Dans les villes, et jusque dans les petites localités du littoral, on trouve facilement des **cybercafés** ou des **Internet cafés**, mentionnés parfois par la simple indication « Internet ».

Langue

Voir également le lexique p. 290. La langue officielle est le **grec**, bien sûr, avec quelques nuances selon l'origine de votre interlocuteur. Mais parler grec est déjà toute une entreprise !

Le **grec ancien** enseigné à l'école permet seulement de lire les noms des rues et les pancartes. L'usage de l'**anglais** est répandu dans tous les lieux touristiques. N'attendez surtout pas qu'on s'adresse à vous en français et, si tel est le cas, prenez-le comme un privilège.

La plupart des **indications routières** sont rédigées en grec et en anglais.

Médias

Presse. La **presse étrangère** est largement diffusée, ainsi que les journaux grecs nationaux ou régionaux. Les principaux **journaux et magazines français** sont en vente dans les villes et les lieux touristiques peu après leur parution (prix majorés). *Athens News* est un quotidien en langue anglaise.

Télévision. Outre les trois chaînes nationales, la Crète programme sur ses cinq chaînes de nombreux films en version originale (surtout anglaise). Tous les hôtels de bonne catégorie reçoivent des programmes en français, soit par câble, soit par satellite (TV 5), et de nombreuses chaînes privées en toutes langues.

Naturisme

Le maillot de bain « complet » est la seule tenue réglementaire. Se montrer nu choque toujours les esprits et demeure passible de sanctions. Mais beaucoup de femmes quittent (pudiquement) le soutien-gorge sans susciter de réactions. Une loi grecque permet d'organiser des camps de nudistes loin des regards et selon des conditions bien définies. Plusieurs hôtels en Crète sont ouverts aux amateurs de naturisme : parmi eux, **Vritomartis**, à côté d'Hora Sfakion *(p. 257)*. Certaines plages isolées attirent les amateurs : comme Red Beach près de Matala *(p. 109)*.

Politesse et usages

Les Grecs, très hospitaliers, vous invitent facilement à bavarder autour d'un café. Il serait maladroit, voire malséant, d'ignorer ces marques de sympathie et de refuser ce qui vous est proposé.

La population est dans l'ensemble **pratiquante** : respectez ses convictions. Dans une **église**, les femmes doivent avoir les épaules couvertes et porter une jupe ; certains **couvents** refusent les femmes en pantalon. Les hommes ne doivent pas avoir les jambes nues (pas de short). Rappelez-vous qu'une femme n'a pas le droit de passer **derrière l'iconostase** : le chœur lui est interdit.

Pourboires

Cette pratique, même si elle n'obéit à aucune règle, est fort répandue dans tous les lieux touristiques : restaurants, hôtels, taxis. Mais elle est souvent déplacée dans les campagnes : mieux vaut manifester sa satisfaction par un geste.

Randonnée

La Crète, avec son paysage accidenté, sa nature parfois sauvage et ses sites d'une beauté souvent saisissante, est idéale pour les randonnées *(voir p. 286)*.

Les amateurs pourront se procurer dans les librairies crétoises les deux cartes (une pour la moitié E, une pour la moitié O) ***Crete Touring Map***, au 1/100 000e, éditées par **Harms** IC Verlag ou les cartes **Anavasi** pour les chemins et sentiers. On y trouve l'incontournable E4 (en rouge), route européenne de trekking qui traverse la Crète d'O en E, mais aussi une multitude de tracés en pointillés.

Sur ces cartes sont également mentionnés les **refuges**, **campings**, **auberges de jeunesse** et les reliefs.

Santé

Voir également « Urgences », p. 288. On trouve beaucoup de **pharmacies** *(farmakion)*, bien approvisionnées, dans les villes de grande et moyenne importance. Elles sont faciles à repérer par leur enseigne : une grosse croix rouge ou verte, souvent une croix de Malte. Avec l'ordonnance française, une pharmacie saura vous dépanner en cas d'urgence *(pour le vocabulaire utile en cas de problème, voir le lexique p. 290)*.

Dans les villages sans pharmacie, le **médecin** *(iatros)* fournit les médicaments. Les médecins sont nombreux ; ils ont souvent fait leurs études à l'étranger et sont donc ouverts aux touristes. Les villes principales ont un **hôpital** *(coordonnées dans le carnet d'adresses, p. 218 et suivantes)*. Pas de SAMU. Si la situation est grave, le **rapatriement** est conseillé.

Depuis 2010, il est interdit de fumer dans les lieux publics.

Sécurité

La confiance règne en Crète et on s'y sent en sécurité. Toutefois, nul n'est à l'abri d'un vol, d'ailleurs plus à craindre d'un étranger que des autochtones. La **police** *(astinomia)* se charge du trafic routier, des affaires criminelles, etc. mais aussi de faire respecter les normes et les prix ou de régler les litiges. **Un conseil** : gardez sur vous argent, papiers, effets précieux ; ne vous baignez pas en les laissant, même cachés, sans surveillance sur la plage.

Sports et loisirs

La Grèce étant grande adepte de **basket**, tous les enfants s'entraînent ; faute de terrains adéquats, une jante de bicyclette accrochée au portail d'une église peut faire office de panier. On joue aussi au **football**, même sous la chaleur ; Heraklion a un magnifique stade.

Les sports nautiques. Voile, ski nautique sont proposés dans les hôtels de bonne catégorie et sur les plages les plus touristiques. La mer, souvent agitée par les vents, ne permet pas toujours de s'adonner à ces activités. Pour la **planche à voile**, la côte E est la mieux exposée aux vents (plage de Kouremenos à Palekastro, *p. 241*) ; mais on la pratique aussi dans la baie de Sitia *(p. 145)* et à l'O de Rethimnon, dans la baie d'Almirou vers Georgioupoli *(p. 202)*. La **plongée sous-marine** se pratique avec des clubs (Agia Pelagia et Plakias, par exemple, *p. 218 et 249*). Des **centres nautiques** *(Water Park)* avec de nombreuses installations (piscines avec toboggans, vagues) à Anapolis, près d'Heraklion *(p. 223)*, à Limenas Hersonisou *(p. 228)*, et aux alentours de La Canée *(encadré p. 260)* font le bonheur des enfants.

Golf. La Crète compte un golf de **18 trous** avec un joli parcours, type « désert », au S de Hersonissos *(p. 223)*.

Tennis. Les hôtels de luxe, les 5 et 4 étoiles ont tous des terrains de **tennis**.

Randonnées à VTT et à pied *(voir p. 285)*. Les pistes de toute la Crète s'y prêtent bien. L'île est parcourue par d'innombrables chemins muletiers ou sentiers à chèvres, qui longent la mer ou grimpent à flanc de montagne. D'ailleurs, les plus beaux sites – la crête des montagnes, quelques belles plages de sable fin, les églises byzantines remarquables – ne sont souvent accessibles qu'ainsi. Plusieurs agences organisent des trekkings d'une ou deux semaines *(voir nos bonnes adresses p. 218 et suivantes)*. **See you soon in Crete,** Nio Chorio, à 10 km à l'E de La Canée ☎ 28250-41890 ou 6945-550895, www.seeyousoontravel.com. Randonnées à pied, à moto, en 4x4 dans toute la Crète. Agence francophone respectueuse de l'environnement et des traditions. **EOS**, le Club alpin hellénique, a un programme d'excursions ouvert à tous (bureaux à Heraklion, Rethimnon et La Canée, *p. 166, 225 et 264*). *··➝ Voir aussi « Séjours sports et aventure » p. 279.*

Toilettes

« Toualétas, parakalo ? » : « Les toilettes, s'il vous plaît ? » On trouve des toilettes publiques dans les grandes villes, sous le sigle WC. Il était d'usage de jeter le papier hygiénique dans un seau ou une poubelle, surtout pas dans la cuvette des toilettes ; cela devient de plus en plus rare. Soyez toutefois prêt à vous y conformer si la situation se présente.

Transports intérieurs

En voiture

Le réseau routier principal est bon et bien entretenu. Une **voie rapide** (E65 puis E75), presque achevée, parcourt toute la côte N de Kasteli Kissamos à l'O jusqu'à Sitia, à l'E en desservant les quatre villes-capitales. De nombreuses routes intérieures ont été refaites ou élargies, ce qui permet de se rendre facilement dans le S. Beaucoup de pistes ont été asphaltées : soyez prudents ; elles sont souvent étroites et pas toujours sécurisées par des balastres. Les **pompes à essence** sont fréquentes sur le réseau asphalté. Les **noms de localités** sont en caractères grecs, mais

Tableau des distances en Crète

	Agia Galini	Agios Nikolaos	La Canée	Heraklion
Agia Galini	-	139	134	70
Agios Nikolaos	139	-	198	65
La Canée	134	198	-	142
Heraklion	70	65	142	-
Rethimnon	62	147	58	84
Sitia	212	73	268	134
Ierapetra	175	36	255	105

avec transcription en caractères latins *(Bonnes adresses p. 265)*. Dans les villes et sites touristiques, un grand nombre d'informations sont données en anglais. Les **indications kilométriques** sont parfois approximatives. Faites attention, nids de poule ou pistes peu carrossables pour une voiture de tourisme sont encore d'actualité. La **vitesse** est **limitée** à 70-90 km/h sur les routes, 50 km/h dans les agglomérations. Les règles de sécurité sont les mêmes que chez nous: port de la ceinture exigé mais alcoolémie autorisée: 0,2 g/l.

La conduite sur route demande vigilance: les Crétois ont une lecture très personnelle du code de la route, qu'ils adaptent volontiers à leur profit, comme mordre la ligne blanche pour doubler...

La circulation en ville, et surtout le **stationnement**, relèvent de l'exploit; l'asphyxie est quasi totale, le matin, à l'heure des marchés. Si, d'aventure, vous transgressez la loi, attendez-vous à une forte contravention et même à la disparition de vos plaques d'immatriculation que vous ne pourrez récupérer, moyennant finance, qu'à la police « spéciale circulation ». Les parkings sont souvent payants dans les villes. Les cartes d'horodateur sont à acheter au kiosque.

Location de voitures. C'est une des solutions qui présente le plus d'avantages. Les agences sont nombreuses et les offres de prix variées. Les deux compagnies internationales **Avis** et **Hertz** offrent sans doute de bonnes garanties (possibilités de location et de paiement en France), mais leurs services sont chers. **Payless** offre de bons services à moindre prix. Une compagnie locale sérieuse, **Kydon Rent a Car**, à La Canée (Hania), garantit, en français, ses services dans toute la Crète *(p. 266)*. ⇢ Voir aussi encadré *p. 288* et *les rubriques « Adresses utiles » dans les Bonnes adresses, p. 218 et suivantes*.

Rethimnon	Sitia	Ierapetra
62	212	175
147	73	36
58	268	255
84	134	105
-	220	183
220	-	60
183	60	-

En taxi

Le taxi n'est pas un luxe; on peut l'utiliser pour de petits déplacements sans se ruiner; pour ces courses, donnez au chauffeur le prix indiqué sur le taximètre. La location de voiture avec chauffeur n'existe pas, mais pour une excursion, prenez un taxi qui fixera un prix forfaitaire à la journée ou à la visite.

En autocar ou en bus

À la campagne, les arrêts d'autocars sont en général faciles à trouver, sur le bord des routes ou au cœur des villages: ce sont les panneaux bleus **KTEL**, du nom de la compagnie qui régit les bus locaux.

Tous les sites touristiques sont desservis par ces **bus locaux**. Horaires clairs et précis à disposition dans les offices de tourisme et les gares routières (indications en anglais). **Rens.**: www.busservice-crete-ktel.com.

Les grandes villes ont leur **gare routière** (Heraklion en a deux, *p. 225*). Rethimnon et La Canée ont, en plus de leur gare, des arrêts en ville pour certaines destinations *(p. 266)*.

À moto et à scooter

Moins chers que la voiture, les deux-roues sont très prisés. Soyez prudents et ne faites pas de record de vitesse. Port du casque obligatoire. Vérifiez que le véhicule est assuré. *Pour la location, voir les rubriques « Adresses utiles » dans les Bonnes adresses.*

En ferry

Des lignes régulières desservent la côte S-O de la Crète. L'une assure la traver-

pratique - sur place

Location de voiture

Louer une voiture est indispensable si vous voulez profiter de vos vacances en Crète ! Pensez à réserver à l'avance si vous partez en été.

BSP Auto est un courtier français en location de voitures proposant exclusivement les grandes compagnies de location sur place, vous assurant un très bon niveau de services. Les prix sont très attractifs et comprennent le kilométrage illimité et les assurances. Les + : vous ne payez votre location que 5 jours avant le départ + réduction spéciale aux lecteurs de ce guide avec le code « evasion ».

Leur centrale basée à Paris vous accueille 7j/7 au ☎01.43.46.20.74. Vous pouvez également réserver en ligne sur www.bsp-auto.com.

Bonne route ! ◆

sée **Paleohora/Gavdos**, tôt le matin (2 fois/sem.) avec escales à Sougia et Agia Roumeli. **Trajet** : Paleohora/Sougia, 1 h. Sougia/Agia Roumeli, 1 h. Agia Roumeli/Gavdos, 4 h. Retour le même jour avec les mêmes escales.

L'autre ligne fait la liaison entre **Agia Roumeli** (arrivée des gorges de Samaria) et **Hora Sfakion** (autocars pour La Canée, Rethimnon et Plakias) ; plusieurs bateaux par jour, avec escale éventuelle à Loutro, 1 h 30 de traversée.

Pour aller de **Paleohora** à **Hora Sfakion** et inversement, il faut changer de bateau (avec attente possible) à **Agia Roumeli** (liaisons t.l.j.). Un ferry partant d'Hora Sfakion dessert l'île de **Gavdos** *(p. 214)*.

Trajets : Hora Sfakion/Loutro (durée : 20 min). Hora Sfakion/Agia Roumeli (durée : 1 h 10). Hora Sfakion/Paleohora (durée : 3 h). Hora Sfakion/Gavdos (durée : 2 h 20).

En caïque

Ces petites embarcations n'assurent pas de liaisons régulières le long de la côte, sauf sur la côte O de la Crète. Quelques excursions sont organisées des ports des côtes N et S.

Il est parfois possible de s'embarquer avec un pêcheur : vous pouvez en chercher un dans un *kafenion* près du port et discuter le prix, mais sachez que la plupart des pêcheurs ne sont pas autorisés à transporter des passagers.

Urgences

En cas d'**accident**, n'attendez pas l'organisation sanitaire en vigueur en Europe occidentale ; il n'y a pas de SAMU, par exemple. Laissez-vous orienter sur les services compétents : police, hôpital... En cas de difficulté, contactez le consulat français à Heraklion *(p. 225)* ou à La Canée *(p. 265)*.

Pour les **voitures**, l'Automobile Club de Grèce **ELPA** propose un réseau d'assistance très efficace, même si l'on n'est pas adhérent ; rens. ☎10400, assistance sur route, 24 h/24. **Express Service** a un réseau privé d'assistance ☎1154.

Voir aussi « Sécurité » p. 285.

Voltage

Le courant électrique est de 220 V. Rien de particulier à emporter avec vous, dans vos bagages : les prises sont conformes aux normes européennes, rondes, à deux broches. ◆

Un peu de **lecture**

La Crète, les romans du labyrinthe, Omnibus, 1995. Des romans de Thomas Burnett Swann, Nikos Kazantzaki, Mary Renault, Daniel Kircher et Poul Anderson, inspirés de la mythologie et des sites minoens.

La Crète. Un peuple résistant, un univers mythique, Autrement, coll. « Monde », 1993.

Sur la Crète antique : histoire, écritures, langues, Presses universitaires de Nancy, 1991. Textes abordant quelques-uns des grands problèmes de la Crète des IIe et Ier millénaires av. J. C., à travers les documents écrits qu'elle nous a laissés.

CORNAROS Vitzentzos, *érotokritos,* José Corti, coll. « Merveilleux », 2007, traduit du grec par Robert Davreu. Cette fameuse épopée écrite au XVIIe s. est un grand classique de la littérature crétoise.

FAURE Paul, *La Crète au temps de Minos (1500 av. J.-C.),* Hachette Littératures, 1997. À travers les mythes, les découvertes archéologiques, les inscriptions des tablettes, les comparaisons linguistiques, l'auteur ressuscite les temps reculés du légendaire roi Minos...

GALANAKI Réa, *La Vie d'Ismaïl Ferik Pacha,* Institut français d'Athènes/ Actes Sud, 1992. L'histoire étonnante d'un Crétois du XIXe s. par un auteur crétois de talent.

HAMON Hervé, *Crète,* Le Seuil, 1989. Échappées d'un promeneur hédoniste vers des vestiges antiques hors circuits, des plages presque désertes, des monastères quasi oubliés.

KAZANTZAKI Nikos, *Celui qui doit mourir ou le Christ recrucifié,* Plon, 1957 ; *La Liberté ou la Mort,* Presses Pocket, 1984 ; *La Dernière Tentation du Christ,* Pocket, 1995 ; *Lettre au Gréco,* Pocket, 1997 ; *Alexis Zorba,* Pocket, 2002.

MABIRE Jean, *Objectif Crète,* Grancher, 1997. La guerre de 1939-1945, campagnes et batailles.

MARANGOU-LERAT Antigone, *Le Vin et les amphores de Crète : de l'époque classique à l'époque impériale,* École française d'Athènes, 1996.

MASTORAKIS Michel et VAN EFFENTERRE Micheline, *Les Minoens, l'âge d'or de la Crète,* Armand Colin, 1992. Rayonnement pendant 300 ans de la civilisation minoenne, à l'âge du bronze.

PAULIN Victor, *La Crète de 1845,* éditions de l'Entre-deux-Mers, 2009. Le premier livre de l'auteur alors en mission en Crète pour le Museum de Paris, afin d'explorer et de décrire l'île ; publié avec 40 photos.

PREVELAKIS Pandelis, *Crète infortunée : chronique du soulèvement crétois de 1866 à 1869,* Belles Lettres, 1976.

SIBARD Jack, *Mission en Crète, juin 1942,* Société des études historiques crétoises, Heraklion 2006 (en vente au Musée historique d'Heraklion).

Tiré Claire et Van Effenterre Henri, *Guide des fouilles françaises en Crète,* École française d'Athènes, 1978.

VERBRUGGEN H., *Le Zeus crétois,* Belles Lettres, 1981. ◆

Quelques mots de grec

Prononciation

La syllabe accentuée est ici typographiée en gras. Le signe de ponctuation marquant l'interrogation est le point-virgule. L'accent marque la tonique.

La langue grecque dispose de groupes de voyelles qui se prononcent en une seule émission de voix :

AI αι .... AI ai (prononcez *è*)
EI ει .... EI ei (prononcez *i*)
OI οι .... OI oi (prononcez *i*)
OY ου .... OU ou (prononcez *ou*)

Dans le cas où la première des deux voyelles est accentuée, on les prononce toutes les deux, comme dans τσαι = *tsaï* (thé), alors que μαχαιρι = *machèri* (le couteau).

Les groupes ευ et αυ se prononcent *èf* et *af* devant une consonne sourde (αυτοκινητο = *aftoki**ni**to*, voiture), *èv* et *av* devant une voyelle ou une consonne sonore (αυριο = ***a**vrio*, demain).

Les groupes de consonnes doubles se prononcent comme des consonnes simples (λλ = ll = l), sauf dans quelques cas particuliers :

ΓΓ γγ .... GG gg (à l'intérieur d'un mot, prononcez *ng*)
ΓΚ γκ .... GK gk (prononcez *g* au début d'un mot, *ng* au milieu d'un mot)
ΓΞ γξ .... GX gx (prononcez *x*)
ΜΠ μπ .... MP mp (prononcez *b* au début d'un mot, *mb* au milieu d'un mot)
ΝΤ ντ .... NT nt (prononcez *d* au début d'un mot, *nd* au milieu d'un mot)
ΤΣ τσ .... TS ts (prononcez *ts*)
ΤΖ τζ .... TZ tz (prononcez *dz*)

L'alphabet

Grec	Français
Α α (**a**lfa)	A a
Β β (**vi**ta)	V v
Γ γ (**ga**ma)	G g (prononcez *gh* guttural devant les sons a, o et ou, et *y* devant les sons i et e)
Δ δ (**de**lta)	D d (prononcez *dh* comme le th anglais doux de *feather*)
Ε ε (**e**psilon)	E e (prononcez *è*)
Ζ ζ (**zi**ta)	Z z
Η η (**i**ta)	I i
Θ θ (**thi**ta)	Th th (prononcez *th* comme le th anglais dur de *think*)
Ι ι (**io**ta)	I i
Κ κ (k**a**pa)	K k
Λ λ (**la**mbda)	L l
Μ μ (mi)	M m
Ν ν (ni)	N n
Ξ ξ (ksi)	X x (prononcez *ks*, et *gz* après n)
Ο ο (**o**micron)	O o
Π π (pi)	P p
Ρ ρ (ro)	R r (prononcez roulé)
Σ σ ou ß à la fin d'un mot (**si**gma)	S s (prononcez *s* et *z* devant une consonne sonore)

Τ τ (taf) .... T t
Υ υ(ipsilon) .... Y y (prononcez *í*)
Φ φ (fi) .... F f
Χ χ (chi) .... X x (prononcez comme le *ch* allemand dur devant les sons a, o et ou ; comme le *ch* allemand doux devant les sons i et e)
Ψ ψ (psi) .... Ps ps (prononcez *ps* et *bz* après n ou m)
Ω ω (omega)..................................... O o (prononcez *o* ouvert)

Les nombres

Français	Grec	Phonétique
1 (masc., fém., neutre)	ενας, μια, ενα	*ènas, mia, èna*
2	δυο	*dhio*
3 (masc. et fém., neutre)	τρεις, τρια	*tris, tria*
4 (masc. et fém., neutre)	τεσσερις,τεσσερα	*tèssèris, tèssèra*
5	πεντε	*pèndè*
6	εξι	*èxi*
7	εφτα	*èfta*
8	οχτω	*ochto*
9	εννια	*ènia*
10	δεκα	*dhèka*
100	εκατο	*èkato*
1 000 (masc., fém., neutre)	χιλιοι, χιλιες, χιλια	*chilii, chiliès, chilia*
1er (masc., fém., neutre)	πρωτος, πρωτη, πρωτο	*protos, proti, proto*
2e (masc., fém., neutre)	δευτερος, – ρη, –ρο	*dhèftèros, -ri, -ro*
3e (masc., fém., neutre)	τριτος, –τη, –το	*tritos, -ti, -to*
4e (masc., fém., neutre)	τεταρτος, –τη, –το	*tètartos, -ti, -to*

Expressions et mots courants

Bonjour	καλημερα	*kalimèra*
Salut (sing., pl.)	γεια σου, γεια σας	*yia sou, yia sas*
Au revoir (sing., pl.)	χαιρε, χαιρετε	*chèrè, chèrètè*
S'il vous plaît	παρακαλω	*parakalo*
Bonne nuit	καληνψξτα	*kalinichta*
Bonsoir	καλησπερα	*kalispèra*
Parlez-vous français ?	μιλατε γαλλικα ;	*milatè ghalika ?*
Parlez lentement	μιλησετε σιγα	*milisètè sigha*
Je ne comprends pas	δεν καταλαβαινω	*dhèn katalavèno*
Me comprenez-vous ?	με καταλαβαινετε ;	*mè katalavènètè ?*
Je suis français/e	ειμαι γαλλος / γαλλιδα	*imè ghalos/ghalida*
Comment allez-vous ?	τι κανετε ;	*ti kanètè ?*
Et vous ?	κ' εσεις ;	*kèssis ?*
Bien/très bien	καλα, πολυ καλα	*kala, poli kala*
Oui, non	ναι / οχι	*nè, ochi*
Merci	ευχαριστω	*èfcharisto*
Avec plaisir	ευχαριστως	*èfkharistos*
Pardon	συγγνωμη	*signomi*
Bon voyage	καλο ταξιδι	*kalo taxidhi*
Adieu	αντιο	*adio*

D'accord	ενταξει	*èndaxi*
Je vais bien	ειμαι καλα	*imè kala*
Je ne vais pas bien	δεν ειμαι καλα	*dhèn imè kala*
Madame (vocatif)	Κυρια	*Kiria*
Mademoiselle (vocatif)	Δεσποινις	*Dhèspinis*
Monsieur (vocatif)	Κυριε	*Kiriè*
Où ?	πoυ ;	*pou ?*
Ici	εδω	*èdho*
Loin	μακρια	*makria*
Près	κοντα	*konda*
Plus	περισσοτερο	*pèrissotèro*
Assez	αρκετα	*arkèta*
Pourquoi ?	γιατι ;	*yiati ?*
Souvent	συχνα	*sichna*
Tout à fait	μαλιστα	*malista*
Un peu	λιγο	*ligho*
Chaud/chaleur	ζεστο/ζεστη	*zèsto/zèsti*
Frais/froid	κρυο	*krio*

Le temps qui passe

Temps	χρονος	*chronos*
Année	χρονια	*chronia*
Mois	μηνας	*minas*
Semaine	(ε)βδομαδα	*(è)vdhomadha*
Jour	μερα	*mèra*
Heure	ωρα	*ora*
Matin	πρωι	*proï*
Midi	μεσημερι	*mèssimèri*
Après-midi	απογευμα	*apoyèvma*
Soir	βραδυ	*vradhi*
Nuit	νυχτα	*nichta*
Hier/avant-hier	χτες /προχτες	*chtès / prochtès*
Aujourd'hui	σημερα	*simèra*
Demain/après-demain	αυριο / μεθαυριο	*avrio / mèthavrio*
Quelle heure est-il ?	τι ωρα ειναι ;	*ti ora inè ?*
Une heure	μια η ωρα	*mia i ora*
Une heure et demie	μια και μιση	*mia kè missi*
À deux heures	στις δυο η ωρα	*stis dhio i ora*
Lundi	δευτερα	*dhèftèra*
Mardi	τριτη	*triti*
Mercredi	τεταρτη	*tètarti*
Jeudi	πεμπτη	*pèmpti*
Vendredi	παρασκευη	*paraskèvi*
Samedi	σαββατο	*savato*
Dimanche	κυριακη	*kiriaki*

En ville

À droite	δεξια	*dhèxia*
À gauche	αριστερα	*aristèra*

Avenue	λεωφορος	*lèof**o**ros*
La prochaine rue	η πρωτη οδος	*i pr**o**ti odh**o**s*
Place	πλατεια	*plat**i**a*
Route	δρομος	*dhr**o**mos*
Rue	οδος	*odh**o**s*
Village	χωριο	*chori**o***
Église	εκκλησια	*èkliss**i**a*
Gare	σταθμος	*stathm**os***
Kiosque	περιπτερο	*pèr**i**ptèro*
Magasin	μαγαζι	*maghaz**i***
Maison	σπιτι	*sp**i**ti*
Monastère	μονη / μοναστιρι	*mon**i** / monast**i**ri*
Temple	ναος	*na**o**s*
Musée	μουσειο	*mous**s**io*
Office du tourisme	γραφειο τουρισμου	*ghrafío tourism**ou***
Police	αστυνομια	*astinom**i**a*
Change	συναλλαγμα	*sin**a**laghma*
Argent	λεφτα / χρηματα	*lèft**a** / chr**i**mata*
Bon marché	φτηνο	*ftin**o***
Cher	ακριβο	*akriv**o***
Combien coûte... ?	ποσο ειναι...;	*p**o**sso **i**nè... ?*
	ποσο κανει...;	*p**o**sso k**a**ni... ?*
Autobus	λεωφορειο	*lèofor**i**o*
Bicyclette	ποδηλατο	*podh**i**lato*
Poste	ταχυδρομειο	*tachidhrom**i**o*
Boîte aux lettres	γραμματοκιβωτιο	*ghramatokiv**o**tio*
Adresse	διευθυνση	*dhi**è**fthinnsi*
Lettre	γραμμα	*ghr**a**ma*
Timbre	γραμματοσημο	*ghramat**o**ssimo*
Téléphone	τηλεφωνο	*til**è**fono*

En voyage

Avion	αεροπλανο	*aèropl**a**no*
Aéroport	αερολιμενας	*aèrolim**è**nas*
Bateau	βαπορι	*vap**o**ri*
Plage	παραλια / πλαζ	*paral**i**a / pl**a**z*
Port	λιμανι	*lim**a**ni*
Train	τραινο	*tr**è**no*
Billet	εισιτηριο	*issit**i**rio*
Aller simple	απλη μεταβαση	*apli mèt**a**vassi*
Aller-retour	επιστροφη	*èpistro**fi***
Première, seconde classe	πρωτι, δευτερη θεση	*proti, dhèftèri thèsi*
Un billet pour...	ενα εισιτηριο για...	***è**na issit**i**rio yia...*
Arrêt	σταση	*st**a**ssi*
Carte d'identité	ταυτοτητα	*taft**o**tita*
Passeport	διαβατηριο	*dhiavat**i**rio*
Consigne	μπαγαζια	*bagh**a**zia*
Valise	βαλιτσα	*val**i**tsa*
Montagne	βουνο	*voun**o***
Camping	καμπινγκ	*k**a**mping*

À l'hôtel

Hôtel	ξενοδοχειο	*xènodhochio*
Réservation	κρατηση	*kratissi*
Avez-vous une chambre ?	εχετε ενα δωματιο ;	*èchètè èna dhomatio ?*
Une chambre à deux lits	ενα δωματιο με δυο κρεβατια ενα διπλο	*èna dhomatio mè dhio krèvatia èna dhiplo*
Une chambre à un lit	ενα δωματιο με ενα κρεβατι	*èna dhomatio mè èna krèvati*
Propre	καθαρος	*katharos*
Baignoire	μπανιο	*banio*
Douche	ντους	*dous*
Salle de bains particulière	ιδιαιτερο μπανιο	*idhiètèro banio*
Petit déjeuner	πρωινο	*proïno*
Service compris	μαζι με το φιλοδωρημα	*mazi mè to philodhorima*

Au restaurant

Restaurant	εστιατοριο	*èstiatorio*
Taverne	ταβερνα	*tavèrna*
J'ai faim	πειναω	*pinao*
J'ai soif	διψαω	*dhipsao*
Déjeuner	προγευμα	*proyèvma*
Dîner	γευμα	*yèvma*
Garçon, la carte	γκαρσον, τον καταλογο	*garson, ton katalogho*
Menu	καταλογος	*kataloghos*
Donnez-moi l'addition	δωστε μου τον λογαριασμο	*dhostè mou ton logharìasmo*
Combien vous dois-je ?	τι σας οφειλο ;	*ti sas ofilo ?*
Toilettes	τουαλετες	*toilètès*
Bon	καλο	*kalo*
Mauvais	κακο	*kako*
Pain	ψωμι	*psomi*
Olives	ελιες	*èlyès*
Beurre	βουτυρο	*voutiro*
Huile	λαδι	*ladhi*
Vinaigre	ξιδι	*xidhi*
Sel	αλατι	*alati*
Poivre	πιπερι	*pipèri*
Sucre	ζαχαρη	*zachari*
Assiette	πιατο	*piato*
Couteau	μαχαιρι	*machèri*
Fourchette	πιρουνι	*pirouni*
Cuillère	κουταλι	*koutali*
Boisson	πιοτο	*pioto*
Bière	μπιρα	*bira*
Café	καφες	*kafès*
Eau fraîche/froide	ωρεσκο / κρψο νερο	*frèsko / krio nèro*
Thé	τσαι	*tsaï*
Vin	κρασι	*krassi*
Vin blanc	ασπρο κρασι	*aspro krassi*

Vin résiné	ρετσινα	*rètsina*
Vin rouge	κοκκινο κρασι	*kokino krassi*
Hors-d'œuvre	μεζεδες	*mèzèdhès*
Œufs au plat	αβγα ματια	*avgha matia*
Légumes	χορτα, χορταρικα	*chorta, chortarika*
Pommes frites	πατατες	*patatès*
Poisson	ψαρι	*psari*
Poulpe	χταποδι	*chtapodhi*
Calamars	καλαμαρακια	*kalamarakia*
Crevettes	γαριδες	*gharidhès*
Viande	κρεας	*krèas*
Boulettes de viande	κεφτεδες	*kèftèdhès*
Brochettes de viande	σουβλακι	*souvlaki*
Côtelette	μπριζολα	*brizola*
Agneau	αρνακι	*arnaki*
Mouton	αρνι	*arni*
Poulet	κοτοπουλο	*kotopoulo*
Spécialités	ειδικοτητα	*idhikotita*
Courgettes farcies	κολοκυθακια γεμιστα	*kolokithakia yèmista*
Feuilles de vigne farcies	δολμαδες	*dholmadhès*
Salade	σαλατα	*salata*
Yaourt	γιαουρτι	*yiaourti*
Fromage	τυρι	*tiri*
Dessert	γλυκο	*ghliko*
Fruits	φρουτα	*frouta*
Gâteau d'amandes au miel	μπακλαβας	*baklavas*
Glace	παγοτο	*paghoto*

Santé

Aspirine	ασπιρινη	*aspiríni*
Hôpital	νοσοκομειο	*nosokomío*
J'ai mal à la tête	με πονaει το κεφαλι μου	*mè ponaï to kèfali mou*
J'ai mal au ventre	με πονaει η κοιλια	*mè ponaï i kilia*
J'ai très mal aux dents	με πονουν πολυ τα δοντια μου	*mè ponoun poli ta dhondia mou*
Médecin	γιατρος	yatros
Pharmacie	φαρμακειο	*farmakio*

Automobile

Automobile	αυτοκινητο	*aftokinito*
Essence	βενζινη	*vènzini*
Frein	φρενο	*frèno*
Garage	γκαραζ	*garaz*
Huile	λαδι	*ladhi*
Phare	φαναρι	*fanari*
Pièces de rechange	ανταλλακτικα	*andalaktika*
Roue arrière/avant	πισινη/μπροστινη ροδα	*pissini/brostini rodha*
Stationnement (parking)	σταθμεθσις	*stathmèfsis* ◆

Index

Aradena (LC) : nom de lieu (département). ***Daskaloianis*** : personnage. **Écotourisme** : mot-clé. Les folios en **gras** renvoient aux développements les plus détaillés. Les folios en ***gras italique*** renvoient aux *Bonnes adresses*. **Abréviations pour les départements : H** : Heraklion - **L** : Lassithi - **R** : Rethimnon - **LC** : La Canée.

A

B-C

D

E

F-G

LOCATION DE VOITURES EN CRÈTE
BSP-AUTO.COM
01 43 46 20 74
Ma location de voiture pour les vacances
avec bsp-auto.com c'est :
- La garantie du meilleur tarif
- Une offre tout compris
Km illimités
Assurances incluses
Annulations et modifications sans frais
- La moins chère des options "0 franchise"
Je ne paie ma location que 5 jours avant le départ
Réservations gratuites
Tel: 01 43 46 20 74
Des conseillers spécialisés 7/7
REMISE EXCEPTIONNELLE
AVEC LE CODE : EVASION
www.bsp-auto.com

Ce guide a été établi par **Aude Bracquemond**.

Aude Bracquemond, passionnée par la Crète, y fait depuis plus de trente ans de fréquents et longs séjours. Elle est linguiste et familière du monde du tourisme et de ses exigences. Soucieuse de guider avec efficacité, d'informer sans ennuyer et de faire partager ses passions, elle sait remonter aux sources, répondre à toutes les curiosités, communiquer ses coups de cœur et livrer ses meilleures adresses.

Un **remerciement** chaleureux à tous ceux qui ont permis à l'auteur de découvrir et de transmettre toutes les richesses de cette île : les nombreux amis, dont Kostas, Stella, Dominique ; les personnes qui animent les offices de tourisme à Paris et en Crète, les musées historiques et archéologiques, les fouilles et les sites qui méritent l'attention ; les Crétois, les Crétoises et les Français de Crète, soucieux de partager un patrimoine exceptionnel.

Direction : Nathalie Bloch-Pujo. **Direction éditoriale** : Cécile Petiau. **Responsable de collection** : Marie-Caroline Dufayet. **Édition** : Jean Tiffon. **Informatique éditoriale** : Lionel Barth. **Conception de la maquette intérieure et mise en pages** : Catherine Riand. **Documentation** : Sylvie Gabriel. **Lecture-correction** : Capucine Jahan. **Cartographie** : Frédéric Clémençon, Aurélie Huot. **Fabrication** : Caroline Le Page. **Couverture** conçue par npeg.fr et réalisée par Susan Pak Poy.

La présente édition a été établie en collaboration avec aa-éditions, Natalie Delval et Lætitia Gely.

Photographie en couverture : petite chapelle sur une colline, vers Milatos, Crète © waldhaeusl com/BILDAGENTUR /Age Fotostock

Pour nous écrire : **evasion@hachette-livre.fr**

Pour nous lire sur le web :

www.guide-evasion.fr

Imprimé par Industria Grafica Cayfosa , ctra.
De Caldes, km3, Sta. Perpetua Mogoda, 08130 Barcelone, Espagne
Achever d'imprimer : janvier 2014 - Dépôt légal : janvier 2014
Collection n° 25 - Édition n° 01
ISBN : 978-2-01-245402-6
24-5402-3

À nos lecteurs

Ces pages vous appartiennent.
Notez-y vos remarques, vos découvertes,
vos bonnes adresses. Et ne manquez pas
de nous en informer à votre retour.

Hachette Tourisme
Guide Évasion – Courrier des lecteurs
43, quai de Grenelle - 75905 Paris Cedex 15
evasion@hachette-livre.fr

Rendez-vous également sur la page Facebook Guide Evasion
et sur www.guide-evasion.fr